重庆市普通高中教育教学改革研究重大课题 "数字化背景下的i

（课题批准号 2015CQJWGZ1010）研究成身

中学甲骨文教程

陈勇明◎主编

四川辞书出版社

图书在版编目（CIP）数据

中学甲骨文教程/陈勇明主编. —成都：四川辞书
出版社，2021.9

ISBN 978-7-5579-0856-0

Ⅰ.①中… Ⅱ.①陈… Ⅲ.①甲骨文—中学—教材
Ⅳ.①G634.301

中国版本图书馆 CIP 数据核字（2021）第 107599 号

中 学 甲 骨 文 教 程

ZHONGXUE JIAGUWEN JIAOCHENG

陈勇明　主编

责任编辑 / 胡彦双		
责任印制 / 肖　鹏		
封面设计 / 范春燕		
出版发行 / 四川辞书出版社		
地　　址 / 成都市槐树街 2 号		
邮　　编 / 610031		
印　　刷 / 四川翔川印务有限公司		
开　　本 / 787mm×1092mm　1／16		
版　　次 / 2021 年 9 月第 1 版		
印　　次 / 2021 年 9 月第 1 次印刷		
印　　张 / 20.75		
书　　号 / ISBN 978-7-5579-0856-0		
定　　价 / 68.00 元		

本书编委会

主　编：陈勇明

编　委：李思蓓　　何　曲　　何政文　　刘柏梁　　王天海

　　　　刘　谦　　陈万明　　胡　姗　　陈　英　　马　颖

　　　　刘　佳　　张　军　　谭　亮　　李　敏　　祁　容

　　　　陈小梅　　杨　睿　　李　晗　　刘　政　　龙晓艳

　　　　张玉薇

序

李　勇　（重庆市杨家坪中学校长、研究员）

中华传统文化源远流长、博大精深，它时时在影响着我们的思维习惯，形塑着我们的文明礼仪，规范着我们的言谈举止。传统文化的精髓流淌在每一个中国人的血脉之中，至今仍生生不息。传统文化关乎国家认同、民族情感和个人的身份意识。随着经济的日益全球化，文化间的碰撞和交流日渐频繁，但同时越来越多的青少年却沉沦在外来文化的浪潮里，对传统文化缺乏敬畏之情。有情怀的教育工作者，对此莫不痛心疾首。

杨家坪中学作为重庆市重点中学、德育示范学校，多年来一直秉承着"人皆能大成"的办学理念，注重升学质量提升的同时更注重个人素养的全面发展，尽可能地为教师搭建提升自己的平台，为学生提供成就自己的空间。2015 年，我校承担重庆市市级教改重大课题"数字化背景下的课堂教学改革研究"（批准号 2015CQJWGZ1010）。以此为契机，我们希望在我校建构起体现中国文化特色、地域特色而又具有创新性的"大成"校本课程体系。陈勇明老师在这之前就结合数字化手段和甲骨文本身的字理特征，做了开创性的工作，他是我校甲骨文课程的设计师和先行者。

陈勇明老师刚刚开设本课程时，可谓困难重重：那么生涩难懂的甲骨文能被中学生理解和接受吗？如何选择并安排教学内容？如何设计中学甲骨文课堂教学？如何进行课后评价？如何构建起完善的教学体系？这些都不是短期内所能解决的，也非闭门造车所能探究明了的。陈勇明老师立足于一方讲台，坚持探讨数字化教学手段在中学甲骨文教学中的运用，经过多年的教学实践和理论探讨，硬是闯出了一条新路子，开创了一门中学教学的新课程。从他最初将信息技术手段零星地运用于单个的甲骨文文字教学，到现在将数字化教学手段、学生识字心理、甲骨文的字理综合起来进行课堂实践，整合研究，最终获得重庆市政府教学成果奖，我们看到的是他一步步艰辛地走过来，用辛勤的汗水浇灌出了教学科研上的智慧之花。我们惊喜地发现：甲骨文并不是那样的高冷，它与我们今天的语言文字、生产生活都有那么多奇妙的联系。

凡事预则立。2019 年，习近平总书记在《致甲骨文发现和研究 120 周年的贺信》中指出："甲骨文是迄今为止中国发现的年代最早的成熟文字系统，是汉字的源头和中华优秀传统文化的根脉，值得倍加珍视、更好传承发展。"2021 年，教育部印发的《中华优秀传统文化进中小学课程教材指南》中也指出："开展中小学中华优秀传统文化教育，对于永续中华民族的根与魂，坚守中华民族的共同理想信念，筑牢民族文化自信、价值自信的根基，维护国家文化安全，增强国家文化软实力，培养青少年做堂堂正正的中国人，具有重要意义。"在中华传统文化教育已经成为时代所趋、家国所需之时，杨家坪中学的甲骨文课程历经重庆市教改重大课题的锤炼和打磨，现呈现在广大读者面前。

翻阅这本书，就如同进行一次传统文化的探秘和寻根之旅。一个个甲骨文就是一个个精彩纷呈的历史故事。在图画般的文字背后，我们能体悟到古人对山川河流、日月星辰、风雨雷电等的认知。在丰富多彩的卜辞里，我们能感受到中华文明的璀璨多姿。

这本书并非空讲义理的务虚之作，更非等闲之辈的"急就章"。陈勇明老师受过古文字学的专业训练，加之十余年的教学实践、实验作为支撑，我们相信本书是一本理论联系实践的好书。它或将激起一些有志青少年学习文字学的兴趣，由此走进学术的殿堂，将来成为大家，让冷门绝学熠熠生辉。退而言之，现代汉字难识难记，不少学生对此深感头痛，而甲骨文是汉字的源头，通过本书的学习，学生对汉字字形、字义的演变过程及其形义关系当有更深刻的理解，从而建立起更加完善的汉字知识体系。本书或将开创中学汉字教学的新路径。

在本书的编写过程中，有越来越多的其他学科的老师也加入到中学甲骨文教学的科研之中，并从中受到启发。我们相信本书的出版将会使更多有志于斯的同人受益。愿本书在成为我校"大成"教研的智慧之泉，帮助我校在学术科研上更上台阶的同时，也能激发广大校外同人的科研兴趣，使更多的同道中人加入数字化背景下中学甲骨文教学的探究队伍，把中华文明的薪火快乐地传递给年轻一代。

2021 年 4 月 6 日

前　言

中学生学点甲骨文，其意义不用赘言，其快乐不可尽言。

汉字难识难记，世所公认。常规的中学汉字教学，多由老师一笔一画、耳提面命地教，学生则一字一读、死记硬背，这种教学方法呆板低效，枯燥乏味。甲骨文是汉字的源头，年代久远、构形古朴，保留了许多造字时的原始信息，所以甲骨文的学习对现代汉字的学习有重要的作用。如"丞"字，据今形学生难会其义，而其相应的甲骨文写作♨，它生动地描绘了一个人掉到坑里，有人用双手将其拯救起来的情景。所以"丞"有帮助、协助的意思，这就不难理解"丞相"就是"协助皇帝的人"。又如"女""母"二字，据今形我们无法理解二者意义上的逻辑联系。但甲骨文中的♀（女），描绘的是一个双手靠前、端庄平坐、恬静优雅的女子形象；♀（母）则表明女子做了母亲后，需哺育孩子，身体（胸部）发生了变化，故加两点予以强调。通过对这两个甲骨文的学习，我们便了解了"母""女"的区别，而此二字在甲骨文中常可通用，又能让我们领会其在意义上的紧密联系。系统地学习甲骨文，将有助于我们从整体上理解汉字形义上的逻辑联系，从而构建起更加严密的汉字知识体系。

一个甲骨文就是一幅生动的简笔画，学习甲骨文是享受美的过程。甲骨文中，♨（山）有山形，♨（水）有水样，♨（禾）字描绘的是嘉禾抽穗的低头形状，♨（屯）字就像种子刚刚长出了嫩芽，♨（屮）字恰似青青的小草在苗壮成长。甲骨文所刻画的日月星辰、工具器皿等，莫不栩栩如生，令人赏心悦目。学习甲骨文可让我们穿越喧嚣的尘世，进入一个原始的、古朴的奇妙世界。在这个世界里，通过奇妙的文字，我们将体验古人如何捕猎农耕、祭天祀祖、消遣娱乐等。这种心灵上的美育、德育，是很多学科无法给予的。

一个甲骨文也是一段生动的历史故事，蕴含着远古社会丰富的政治、经济、文化、哲学等方面的信息。如♨（大）字刻画的是站立着张开双臂的人的形象，它反映的是"天地之间人为大"的哲学思想；♨（王）字刻画的是斧钺的形象，它在远古时代是掌权者的象征。这些甲骨文告诉我们，中华民族具有悠久的历史传统、独特的思维模式。

甲骨文、金文、篆书、隶书、楷书等一脉相承，是中华文化的重要载体，且本身也是中华文化的一部分。学习中华优秀传统文化，必然要学习古代的文字，学习古文字，首先要学习甲骨文。

此外，让中学生学点甲骨文，或可发掘一二有志青少年，激发其对祖国传统文化的热爱之情，让他们"板凳愿坐十年冷"，使冷门绝学后继有人。其意义不容小觑。

随着当下文字文化热的持续升温，国家对冷门绝学日益重视，中学甲骨文教学也会如雨后春笋。可以预见，在不久的将来，此所谓的冷门绝学将成为热门学科。

但在日渐数字化的语境下，针对青少年的甲骨文教学研究几乎属于学术空白，既无可资借鉴的、高效的、现存的教学方法，又无统一的、科学的、高效的教程。而调查发现，对古文字怀有浓厚兴趣的青少年不在少数，他们常感登堂无门，名师难求，更找不到适合于他们阅读或自学的甲骨文读物。一边是"小学"的根底需要"童子功"，传统"国学"后继乏人，一边是有志于斯的广大青少年缺乏专业的引领，常空怀壮志，问道于盲，笔者对此深有感触。

随着校本选修课的兴起，笔者从 2010 年开始在重庆市杨家坪中学探究数字化背景下中学甲骨文的教学问题，立志开发一门既有理论深度又含实践经验的中学甲骨文教程。经过数年教学实践经验的积累，笔者于 2015 年参与重庆市普通高中教育教学改革研究重大课题"数字化背景下的课堂教学改革研究"（课题批准号 2015CQJWGZ1010），取得较大进展，同年获重庆市九龙坡区政府"软科学"专项资助，2017 年又获重庆市政府教学成果奖。在此基础上，笔者又于 2019 年获批主持重庆市社会科学规划普及项目"快乐甲骨文"（批准号 2019KP04），并以"优秀"结题。至今仍教研不辍，以图精益求精。

结合青少年认知规律、识字经验和甲骨文字系字理，以十余年的数字化教学实践作为支撑，或许是本书的一大亮点。

第一章是笔者在教学实践和实验基础上的理论探讨。十余年的教学实践表明：数字化技术能够与中学甲骨文教学有效整合，开创汉字教学的新路径。实践层次的整合即探究数字化技术在中学甲骨文教学中的运用；理论层次的整合即在实践和实验的基础上，探讨教学内容（甲骨文）、教学对象（中学生）、教学方式（信息技术手段）及教师四者的兼容规律。实践与理论的交互作用助推了中学甲骨文教学新路径的开辟，使该门学科拥有广阔的后续探究空间和学术前景。

第二章是在第一章基础上研发的中学甲骨文课程标准。

第三章讲述甲骨文"根字"的教与学。独体甲骨文在成片卜辞的用例中占绝大多数，有些独体甲骨文、偏旁或符号是合体甲骨文的重要构字部件，笔者统谓之"根字"。学习了这部分内容，学生就有了对复杂甲骨文进行结构拆分、意义合成的基础知识，所以它是学习甲骨文的根基所在。

第四章则是在"根字"基础上讲解甲骨文单字。本章有对"根字"的回顾，更多的是依据"根字"进行"字族"串联。本章的编排体例与第三章相对应，试图建立起从"根字"到相关甲骨文单字的逻辑框架，十分注重知识的系统性。学生按此方法学习甲骨文，定能举一反三，事半功倍。

三、四两章是本书的核心，旨在帮助青少年快速掌握基本甲骨文的形、音、义。此两章的内容编排，遵循了由浅入深、由易到难的体例，结合了青少年形象思维为主、抽象思维为辅的心智规律，吸收了笔者在数字化背景下的甲骨文教学的基本经验。实践证明，这样的内容编排次序能够让学生在短期内迅速掌握基本的甲骨文。

第五章为甲骨文成片识读，旨在引领学生"登堂入室"，为他们今后继续学习甲骨文甚至研究甲骨文搭建起过渡的桥梁。本章精选有趣的成片卜辞，讲述其基本体例，补充相关的文化、历史知识，重在培养学生成片识读的基本技能。

第六章讲解甲骨文书法艺术。从殷商时代甲骨文刻写的常识入手，从本源上探寻甲骨文书法的本来章法，再略讲甲骨文书法小史。最后根据笔者教授甲骨文书法的课堂实践经验，让学生学习一些书写甲骨文的基本技巧，同时也增强他们学习的兴趣。

本书后附有笔者编制的章节练习，旨在让"教"与"学"相得益彰。学生可以在练中学，学中练；教师中或有同好者，亦可从中捃摭一二。

笔者的初衷是既写一本理论与实践相结合的专著，同时又开发一门方法可复制的、学生可自学的实用性教程。考虑到广大青少年是本书主要的读者，故在风格上尽量减少学术性表达，而以浅显易懂的描述性语言为主。

开发一门课程需要大量的教学实践和实验，又因中学甲骨文教学尚是一个全新的学术领域，尤需长期的经验积累和理论探讨，笔者每取得小小的进步，都历尽艰辛。相信读者尤其是青少年读者读完此书，一定会有长足的进步和意外的收获。

学习甲骨文是辛苦的，但学习中的快乐也是非常多的。"汝非鱼，安知鱼之乐？"希望我们在探索的海洋里做一条快乐的鱼！

陈勇明谨识

2020 年 10 月 16 日于重庆市杨家坪中学彩云湖校区大成楼 108 室

目 录

▶第一章

数字化背景下中学甲骨文的教与学

第一章 数字化背景下中学甲骨文的教与学

数字化的本义指将一切信息转变为二进制代码，以便于在计算机、网络、多媒体等现代技术下运行，其呈现方式包括文本、照片、音频、视频等。数字化有时又称为信息化。本章所谓数字化主要是指教育教学方面的数字化，包括教学内容的数字化，教学手段的数字化，教学环境的数字化，数字化教育教学思想和理论等。本章探索的具体问题是数字化媒介如何与甲骨文教学内容、学生的心智发展规律、老师的主导作用相结合，如何提高中学甲骨文教学的效率，如何提高学生学习甲骨文的兴趣，以及如何设计和安排数字化背景下教学内容的先后次序等具体问题。

本章以笔者十余年的中学甲骨文教学实践、实验为基础，结合教育学、心理学基本理论和甲骨文的基本字系字理，进行规律性的总结。当然，本章主要目的在于探寻出数字化背景下中学甲骨文教与学的有效方法，同时也论及中学甲骨文教材的编写、该门学科教学的前景展望等问题。

第一节 课前准备

一、综述

数字化背景下的中学甲骨文教学，课前准备烦琐而耗时。首先，教师当具有专业的甲骨学知识，汉语言文字学知识，教育学、心理学常识等。在备课前还应当准备相关的专业书籍，此无须多言。

其次，教师当熟悉学生的心智特征和识字规律，走进他们的生活，了解他们的日常，感受他们的所思所想。现代教育体制下的中学生，无论是初中生还是高中生，都有升学的压力。他们在繁忙的课程之余，渴望疲惫的身心得到调解。他们对新奇的知识，尤其是对那些远离应试教育又能给他们带来巨大愉悦体验的新奇知识，总是乐此不疲。他们喜欢在欢歌笑语中接受形象生动的教学内容，实不愿再耗费脑力进行繁复的、逻辑性的推理和思考。

再次，教师当熟悉现代数字化教学手段，尤其是信息技术下的多媒体教学，既能细致入微地展示各个知识小点，又能完美地呈现知识体系的框架和脉络，还能从声音、图像、文字等多角度进行知识传授，从而将枯燥乏味的传统课堂变为生动活泼的数字化课堂。但是，无论是PPT图片演示，还是动画、视频等场景的再现或模拟，都各有优劣，在教学上表现出不同的效果。过度使用和使用不足都当避免。

在数字化教学实践的基础上，根据学生实际情况，我们确定了中学甲骨文教学内容的核心是甲骨文文字，而对于成片卜辞的识读、殷商的历史、先秦的文化知识等，也有涉及，但不作为重点。甲骨文文字可分为独体甲骨文和合体甲骨文，合体甲骨文是建立在独体甲骨文基础之上的。而在甲骨文中占80％以上的独体甲骨文，又以象形字为基础，这便能很好地与学生先形象后抽象的心智发展规律、信息技术展示知识的形象性特点相结合。课前准备活动也是基于数字化背景下的教学准备活动，备课的素材不仅仅限于传统的纸质文本的收集和整理。我们提倡"让甲骨文课堂走进生活"的教学理念，自然资源、民风民俗、历史文物、网络资源等尽在我们的备课视野之内。

二、自然资源

东汉的许慎在其《说文解字》（后简称《说文》）中说："黄帝之史仓颉，见鸟兽蹄迒之迹，知分理之可相别异也，初造书契。" 又说汉字的造字是"近取诸身，远取诸物。"① 这是在对汉字进行全面研究后的整体体悟和精深论述。甲骨文的基本构件多单独成字，大量独体甲骨文便是对自然界的山川草木、花鸟虫鱼、飞禽走兽、风雨雷电等的描摹。

只要心中充满对甲骨文的满腔热忱，这个世界便是处处都充满"甲骨文"的精彩世界。巍峨的山川、弯曲的河流、发芽的豆子、艳丽的花朵，它们的主要特征在其对应的甲骨文中被刻画得淋漓尽致。河中欢快的小鱼、池中散漫的乌龟、树上栖息的小鸟、田间低飞的燕子，其对应的甲骨文也无异于一幅幅生动的简笔画。甲骨文中的"象"字，刻画了大象拖着长长的鼻子的样子。而至今东南亚一些国家还有训象役使的传统，那便是甲骨文中"象"变成"为"字的历史场景的再现。无论是家养的耕牛，还是原上的野牛，其实它们都慈眉善目，与世无争。自古人对牛有着深深的情感，人们千百年来吃它的肉、利用它的力。如果仔细端详现实中牛那弯曲的长角、明亮的眼眸、宽阔的嘴角，你便能体悟到甲骨文中的"牛"字，实际上刻画出了牛那温和的面部特征。走进动物园，我们会注意到老虎的血盆大口、豹子身上的斑斑点点、猕猴的顽皮机警，这些主要特征在相应的甲骨文中也刻画得十分传神。

或日出东方，阳光下小鸟在练习飞行，人在地面留下长长的影子；或昼尽夜来，窗外月光如水，透过窗棂洒入房间……这些美好的时光和场景都有相应的甲骨文来描摹和记录。或电闪雷鸣、狂风呼啸、大雨倾盆、冰雹直下，或薄雾冥冥、飞沙走石、宛如妖怪出没……这些惊悚的场景也体现在相应的甲骨文之中。

现代数字化技术为我们提供了随时随地记录这些自然奇观的便捷条件。只要我们肯做有心人，或漫不经心地拍摄春花秋月，或争分夺秒地记录"惊鸿一瞥"，都能为我们的甲骨文教学提供绝好的素材。

三、生活场景

所谓"近取诸身"，实际上即是古人造字时，取仿自己的身体及动作。古人对自身手足、口鼻、耳目等方面的认知，我们今人当然身同此身，情同此感。故对有关身体部位和器官的甲骨文，只要我们体会到其刻画的具体形象，就会很快对其了如指掌。对于古人的劳动场景，因社会的进步，今天劳动工具和劳动方式都发生了巨大的变化，我们似乎难以

---

① （东汉）许慎. 说文解字 [M]. 中华书局，2013：316.

体悟，但实际上，人的举手投足、一颦一笑、动作姿势等，古今一辙。甲骨文对"手"的各种动作的刻画，对人体的屈蹲、站立、立正、稍息等姿势的描摹，对狩猎、杀伐、祭祀等各种场景的记录，我们都不难理解。如古人使用"耒"的动作与我们今天使用铁锹的动作大同小异；古人用蚌壳除草，与我们今天用镰刀割草的姿势也基本相同。且在现代社会里，仍然还有未脱离传统工具的劳动方式，比如种植、除草、收割、采摘、舂脱等，只要我们时时留意这些劳动和生活的场景，就能更好地理解某些甲骨文的原始含义。

四、民风民俗

民风民俗颇具生命力，往往能经受住时间的考验，甚至千百年不变。有些习俗虽然改变了，但仍可窥见其遗存古风的影子。比如抢婚习俗，虽然今天在某些地方成了一种增添喜气的闹剧，但是通过这种风俗，我们可直观地理解甲骨文中的"妻""妥""敏"等字的造字本义。又比如被称为戏剧活化石的土家傩戏，其本源是一种驱疫逐鬼的宗教性仪式，带有原始巫舞的性质，但通过对傩戏面具及其舞蹈的观察，我们便能深刻地感受并很快地理解甲骨文中"鬼""巫""畏"等字的原始含义。再如留心颇具地方特色的祭祀风俗，能让我们更好地体会甲骨文中"祝""尞""祖"等字的文化底蕴。今天我们逢年过节祭祀先祖，与先秦时人们祭祀先祖并无太大差异；今天庙宇里的求神问卦，也很难说不与商周占卜文化一脉相承。通过观察遗留至今的民风民俗，我们可反溯文字背后的文化因素，追踪甲骨文所隐含的文化渊源。因此，民风民俗当是十分珍贵和难得的备课素材。

五、历史文物

甲骨文中大量的文字刻画的是远古的食器、礼器、兵器和日常器具，其字形与相应的出土文物能相互印证。此外，商周以前的文物，有些也能作为甲骨文教学的材料。比如原始社会的乐器、玉器及礼器等。因为商代的甲骨文已经是一种比较成熟的文字，可以肯定中国在甲骨文之前已经有了文字，只是比较简单。教师可以到博物馆，通过合法的拍照或录像收集相关素材，也可以通过网络收集。现在一些重要的考古文物，常可在网络上找到其图像。

六、网络资源

日益数字化的现代社会，网络几乎无所不在、无所不能。众多网站上丰富的文字图片，精美的考古实物图，以及花鸟虫鱼、风雨雷电等照片，只需合法和符合学术规范地引用，便可作为重要的备课素材使用。中国社科院发布的考古、古文字和先秦史的研究成果，中国知网上一些相关文章，不仅提供了备课材料，还可增加教师的甲骨学知识，开阔我们的学术眼界。网络上同行发布的一些有关汉字教学的视频、动漫、动图等，应有尽有，也可作为切磋和借鉴的对象。

第二节　数字化背景下的独体甲骨文教学

收集到的资料还需进行数字化处理，无外乎图片、视频、音频等几种类型。这看似简单，实际上却非常复杂。首先要对这些材料先进行归类、加工和再剪辑，这需要判断哪些材料用在哪些甲骨文的教学中比较恰当，这很考功力。一般而言，独体甲骨文教学重在对该文字进行形象展示，使用的数字化备课材料无非是展示该字如何取象于物。合体甲骨文的教学则并非一定要展示对应之物或对应之景，其侧重点在于揭示其如何合体成字。而对于古今形体变化不大的字，无须使用数字化材料辅助，也可达到较好的教学效果。

理论的探讨往往难副其实，教学经验的积累更显重要。我们的探讨是从独体甲骨文教学实践开始的。

一、以图配文　形象展示

文字由形、音、义组成，甲骨文教学的重点在形、义。前文已经提到，根据甲骨文的构形规律，可将之分为独体甲骨文与合体甲骨文两部分，而合体甲骨文又是建立在独体甲骨文基础之上的。即便是甲骨文中构形比较抽象的形声字，也不存在着单独充当声符的部件字，"所有充当声符的部件本身是一个表义字，即声符是借一个表义字来充当的表音部件"，而"本于图画的文字即为表义字"①。

独体甲骨文除少量纯由指示符号构成外，多是独立的象形字，且其象形性又多保留了写实的图画特征，故教学的重点在彰"形"，形彰则义明。我们的教学实践表明：因文字产生于图画，以图配文是现代数字化技术运用于独体甲骨文教学的有效途径，它有助于学生建立起字与物之间的形象联系。而独体甲骨文所象之物又多是学生已经熟悉的事物时，以图配文无疑建立起了甲骨文与学生的"先前知识和经验"的连接桥梁，有助于学生的"深度学习"②。

教学中对独体甲骨文的配图并非毫无章法，最基本的要求是准确、生动、符合史实。描摹山川、草木、虫鱼、飞禽走兽、日月星云等的独体甲骨文，尽可采用今人所拍摄的相关照片。因为这些甲骨文所反映的自然景象或动植物，在历史的长河中并无形体上的重大改变。而有关古代武器、器皿、劳动工具等的独体甲骨文，则尽可能配以相同或大致相同时代的考古实物图片，以求文字与对应的实物准确一致。如甲骨文中的𤼈（鼎）字，配以商代及其以前时代的鼎的实物图片，这是恰当的。因为甲骨文虽为商代文字，但其产生及所反映的实物或在商代以前。若配以周代的鼎的实物图片，亦算不差，因为商代的铸鼎技艺仍在周代延续。但若配以周代后所铸的鼎的图片，则不妥。尽管错讹时空的配图也有助于学生对相应甲骨文的理解和记忆，但我们期望学生能准确地把握甲骨文所反映的相应时代的历史真实及其语义。至于一些无考古实物可象的甲骨文如卜（扴）字，以及表示虚构形象的甲骨文如𢆶（鬼）、𢍰（龙）等字，则可据文献的记载尽量准确地绘制其图或引用前人的绘图来辅助教学。

对于甲骨文中指事字的教学，纯由抽象符号组成的甲骨文如"一""二""三""上""下"等字，毕竟占少数；而建立在具体事物基础上的指事甲骨如"刃""亦""甘""牟"等字的教学，也可以图配文，并标识出其指事之处。

少数甲骨文的合体字，也可以图配文来帮助学生联想其所表义的语境。如当我们讲授�（伐）字时，配以考古发掘的商代人祭坑的实图，比配以现代战争下惊悚的杀戮图片要

---

① 陈年福. 从甲骨文论早期形声字的声符形化现象 [J]. 浙江师范大学学报（社会科学版），2016，（2）：55-61.

② Beattie V，Collins B，Mcinnes B.Deep and surface learning: a simple or simplistic dichotomy? [J].Accounting Education,1997,（6）:1-12.

准确和高明得多，且更能激发学生对该字背后文化现象的思考。

以图配文后，还需进一步展示该文字取象于物的动态过程。文字毕竟是抽象的符号，并不是实物的完全临摹。运用多媒体技术，能全方位、多角度、动态地展示古人如何从具体的实物揣摹出抽象的文字符号。Ψ（羊）取羊头、Ψ（牛）取牛面，ㄔ（豕）、ㄘ（犬）则是对猪、狗形象的整体刻画。或利用PPT的"动作"功能，或自制动图，或自制小视频，都可完美地向学生展示古人以简驭繁的造字智慧。这正是运用数字化手段进行甲骨文教学的精髓所在。

二、教学实验 深度探究

根据教学实践经验和甲骨文的构字规律，我们确定了先独体后合体的教学顺序。实践表明：课堂辅之以数字化技术常规手段如图片、动图、视频等，比单纯的口授效果好。但这毕竟是一种笼统的直观感受，还需严谨的教学实验来量化和深入探究。为此，我们设计并进行了一组独体甲骨文的教学实验。

为对比课堂上运用数字化技术的常规手段即使用图片、视频（动图）与传统口授为主的教学手段的效果，在三个教学班，分别用单纯讲解、图片辅助（PPT）和视频（或动图）展示三种方式教授一组独体甲骨文，一周后进行课前听写，即根据相应的楷体字写出其甲骨文，然后计算正确率。该正确率即可反映三种不同教学手段的教学效果。数据如表1。

表1　独体甲骨文教学效果对比表

甲骨文 \ 正确数及占比 \ 人数	口授组（50人）		图片教学组（52人）		视频（动图）教学组（50人）	
	人数（人）	占比（%）	人数（人）	占比（%）	人数（人）	占比（%）
⊙（日）	45	90	49	94	49	98
☆（禾）	40	80	44	84.6	43	86
◁（目）	38	76	46	88.4	44	88
ㄩ（止）	39	78	43	82.6	46	92
☆（隹）	31	62	44	84.6	47	94
☆（辰）	21	42	39	75	42	84
ㄅ（刀）	49	98	50	96	49	98
�♀（戊）	24	48	47	90	47	94
ㄏ（爪）	26	52	33	63.4	40	80
☆（簋）	17	34	41	78	42	84
平均	33	66	43.6	83.7	44.9	89.8

说明："口授组"即教师采用"粉笔+黑板"的传统教学模式，以讲解为主；"图片教学组"则主要是教师制作PPT进行教学；"视频（动图）教学组"主要通过视频或动图展示该甲骨文如何脱形于实物。无实物者如"爪"字，则绘制图片或自制动图。对于由抽象的指示符号构成的表抽象意的独体甲骨文如一、上、下等，毕竟量少，不在本实验之列。

显然，传统的授课方式的教学效果不及辅之以图片者，而辅之以图片者又不及辅之以动图或视频者。这足以证明数字化技术在甲骨文独体字的教学中具有重要作用。这也很好理解，单纯的教师讲解需要学生凭空想象独体甲骨文所象之形，辅之以图片则给学生以直观的感受，动图则更能吸引学生的注意力和激发其想象力，佐之以视频则调动学生耳听目视，使其运用多感官和从多渠道投入学习。但这种效率的递增比率，针对不同的甲骨文又有所不同，甚至每个甲骨文都不一样，这表明了每个甲骨文都有其独特的教学难易程度。

上表数据还表现出了一些规律性的特征。首先，"日""禾""刀""目"等甲骨文，采用不同的教学方法，其教学效果变化并不大。这或可理解为因其都是常见字，所象之形简单易懂，学生能根据老师的讲解"近取诸身，远取诸物"地理解，故一学就会。当然，这也表明针对这些甲骨文的教学，有过度使用数字化教学技术的可能。

其次，甲骨文中"戉""㹜""簋"等字，非今天常用字，其所象之物也非今人常见，故采用不同的教学方法，其教学效率差异较大。结合认知语言学的相关理论，或可对这种现象做出合理的解释。温格乐（F. Ungereer）和史密德（H. J. Schmid）在《认知语言学入门》中说："认知语言学就是以我们的经验世界，以及我们感知外界并进而将其概念化的方法为基础，来解释语言现象的一种方法。"[①] 冯志伟进一步解释道：认知语言学的"认知"，"指的是包括感知觉、知识表征、概念形成、范畴化、思维在内的大脑对客观世界及其关系进行处理从而能动地认识世界的过程，是通过心智活动将对客观世界的经验进行组织，将其概念化和结构化的过程"。[②] 因甲骨文产生年代久远，其所象之形越是陌生，学生在学习时，越想用当下所获取的已知的经验来将远古的未知世界"概念化"和"结构化"，学习起来就越发困难。

随后我们对学生进行单独访谈，发现他们对独体甲骨文所象之形的生疏程度以及使用数字化教学技术对这些甲骨文所象之形展示的详略程度，影响其学习效果。

选用另一组独体甲骨文，重复以上实验，除数据略有变化外，可得出相同结论。通过这组实验，我们探究出数字化背景下独体甲骨文教学的基本方法。

第三节　数字化背景下的合体甲骨文教学

甲骨文的单字教学，独体字是重点，合体字则是难点。下面探讨如何突破合体甲骨文这一教学难点，然后结合上节所探讨的独体甲骨文的教学经验，进而探究在数字化教学背景下甲骨文文字教学的整体规律。

一、甲骨文的笔画、部首、"根字"与"字族"

笔画是现代汉字的基本单位，笔画拆分也是现代汉字教学的基本方法。但甲骨文尚未完全定型，笔画有讹化、变异、连笔以及虚实不定、方圆不分等特征，学界对甲骨文笔画的数目和种类至今尚未形成较为统一的认识。对甲骨文进行笔画拆分在识字教学上意义不

---

① 温格乐（F. Ungereer）和史密德（H. J. Schmid）的论述在其著作 *An Introduction to Cognitive Linguistics* 中的原文是："Cognitive linguistics, as presented in this book, is an approach to language that is based on our experience of the world and the way we perceive and conceptualize it." 转引自冯志伟著《现代语言学流派（增订本）》第 676 页。冯志伟. 现代语言学流派（增订本）[M]. 北京：商务印书馆. 2013.

② 冯志伟. 现代语言学流派（增订本）[M]. 北京：商务印书馆. 2013：677.

大，不过对甲骨文书法教学颇有用处，但非本章讨论重点。

甲骨文主要还是建立在"部首"基础之上的——学界众多的甲骨文字典便是仿许慎《说文》540 部排检，故"部首"是天然的、便捷的甲骨文教学单位。但甲骨文的"部首"又有别于一般意义上的"部首"①，它们其实多是独体的甲骨文。但是，对合体甲骨文深入分析，就会发现并非所有的合体甲骨文都是由独体甲骨文构成，还包括一些抽象的指示符号。所以我们说，合体甲骨文由独体甲骨文以及一些抽象的指示符号构成。笔者将构成合体甲骨文的基本独体甲骨文和指示符号统称为"根字"。或可说，"根字"即构成合体甲骨文的基本单元。如甲骨文中的 𦥯（酉）、𠂊（人）就是重要的"根字"，而 𠃊、𠃌 等符号也是重要的"根字"。所谓"字族"，就是字体结构中含有相同"根字"的一组甲骨文。如 𨟠（酒）、𪲔（富）、𪲷（尊）等字，因都含有 𦥯（酉）这一"根字"，便组成一个"字族"。又如 𠘧（北）、𠈃（保）、𠂠（及）、𠤏（比）等，都含有 𠂊（人）这一"根字"，便组成另一"字族"。组成"字族"的甲骨文在意义上要与"根字"有联系。

在合体甲骨文的教学中，首当对其进行合理的、准确的拆分，讲清该字的本身结构。结构简单的合体甲骨文的拆分，如将 𡥩（好）拆分为 𡥀（子）和 �（女），将 𣏟（休）字拆分为 𠂊（人）和 𣏟（木），仅通过 PPT 的相关功能，就可以充分展现。但对结构复杂的甲骨文的拆分，则应当用更复杂的多媒体手段如动图、视频来进行。如 𤕪（仆）字，用视频能生动地展示该字所示有罪的仆人手拿撮箕将污物倒掉的形象。又如 𩙿（饮）字描绘的是一个人对瓶饮水的情形，𥁋（监）字是一个人对着盛水的器皿照面的画面，此类字取象于一系列连贯动作的瞬间片段，我们可用自制视频展示这一连贯动作，让学生来感悟这些甲骨文造字的意境及其含义。此外，一个甲骨文也是一幅生动的历史画面，如 𤩅（璞）字刻画了古人在山中采玉的生动场景，𡧄（寇）字刻画的是强盗入室抢掠的惊悚画面，如用动画的形式展示出这些字所表现的画面，学生通过声音、文字、图像等，会深深感受到汉字取意的形象生动。

二、传统教学手段与数字化手段下合体甲骨文教学的效果对比实验

同样，为了进一步研究数字化教学手段在合体甲骨文教学中的效果，我们又仿照独体甲骨文的教学实验设计了一组合体甲骨文的教学实验。针对一组表义具体、有形可象的合体甲骨文，分别用单纯讲解、图片辅助（PPT）、视频（或动图）展示三种方式进行教学，依然是一周后进行课前听写，再计算正确率。结果如表 2。

表 2　合体甲骨文教学效果对比表

人数 正确数及占比 甲骨文	口授组（50人）		图片教学组（52人）		视频（动图）教学组（55人）	
	人数（人）	占比（%）	人数（人）	占比（%）	人数（人）	占比（%）
𠄞（见）	36	72	30	57.7	32	58.2
𡲢（逐）	40	80	42	80.8	47	85.5

① 刘志基. 读《新编甲骨文字形总表》兼论甲骨文字形检索系统的完善［J］. 辞书研究，2006，（2）：85-96.

正确数及占比 / 甲骨文 / 人数	口授组（50人）		图片教学组（52人）		视频（动图）教学组（55人）	
	人数（人）	占比（%）	人数（人）	占比（%）	人数（人）	占比（%）
（牢）	34	68	34	65.5	31	56.4
（何）	30	60	32	61.5	35	63.6
（保）	32	64	35	67.3	40	72.7
（安）	41	82	40	76.9	38	69.1
（采）	37	74	41	78.8	45	81.8
（习）	25	50	35	67.3	39	70.9
（薅）	20	40	17	32.7	15	27.3
（教）	19	38	20	38.5	30	54.5
（男）	39	78	37	71.2	36	65.5
（乘）	31	62	35	67.3	38	69.1
（妇）	29	58	19	36.5	21	38.2
（典）	35	70	21	40.4	27	49.1
（辇）	17	34	20	38.5	21	38.2
平均	31	62	30.5	58.7	33	60

　　说明："口授组"的教学重在拆分合体甲骨文的结构和简述其含义；"图片教学组"的教学即用图片再现静态的场景，重在展示该字的意境和简述其结构，如"休"字配以人在树下休息的图片，"保"字配以大人背着小孩的图片；"视频（动图）教学组"的教学则是将静态的图片动态化，如"休"字录制一段人在树下休息的场景视频，"何"字录制一段人挑着东西行走的场景。当然，甲骨文的"何"字，学界或认为是以人扛戈、以人扛木等含义。对于合体甲骨文中形声字如"问"字，以及对于表义抽象又无形可象的甲骨文如"得"等字，不在本探究之列。因为这些甲骨文即便勉强以图片会意或以视频等手段展示，也显冗余。

　　将上表数据纵向对比，发现合体甲骨文本身的难度影响教学效果，其中形旁孳乳、讹化的甲骨文，教学难度更大。如甲骨文"辇"字的教学即如此。

　　再将上表数据横向比较，发现运用数字化技术手段与单纯的口授相比，其教学效果并不更好。此点尤值探讨。另选一组合体甲骨文重复上述实验，结论相同。或因不同班级的学生学习独体甲骨文的差异影响了合体甲骨文的学习？将同一甲骨文教学班级随机分成三组，再重复上述实验，结论依然相同。

　　细分析之，甲骨文中"采"字的教学可辅之以手摘果的图片，也可用一段采摘果实的视频。"习"字的教学可辅之以幼鸟在阳光下练习飞翔的照片，也可用鸟在阳光下飞翔的视频。但"男"字用一张男人锄田的图片辅助教学尚可，若用一段男人在田间劳动的视频来表示"男"这个静态的名词，则显得表义不明。同样，用视频来表示"妇"字的含义也不恰当。动词不宜用静态的图片展示，名词又不宜用动态的视频教学。"典""见"在甲骨文中本为动词，却很难用视频展示其义。数字化教学手段使用不当，不符合当下青少年常规的思维模式，则不利于他们在既有的认知逻辑体系中将新学甲骨文与旧有知识建立起联系，一定程度上影响了教学效果。但这可能并非主因。

进一步结合教学内容分析，合体甲骨文表义并非是独体甲骨文表义的简单叠加。上述合体甲骨文教学过程中，传统的方法重在拆分其结构，学生即可据拆分后的独体甲骨文，在头脑中建构起合体甲骨文的所合之义。而数字化教学手段在合体甲骨文的教学过程中，侧重于用形象的图像来表述合成的意义，反而画虎类犬。且花哨的图片和视频，反而转移了学生学习甲骨文的注意力，不利于学生抽象思维的发挥。

三、拆分合体甲骨文结构是数字化背景下合体甲骨文教学的重要方法

前面教学实验表明：数字化教学手段与合体甲骨文教学整合点可能在于如何拆分合体甲骨文之形，而非彰显其合成之义。为验证此假设，我们再选用一组比较复杂的合体甲骨文，做教学对比实验。实验结果如表 3。

表 3　拆分合体甲骨文教学效果对照表

人数 正确数 及占比 甲骨文	口授组（49 人）		视频（动图）教学组（51 人）	
	人数（人）	占比（%）	人数（人）	占比（%）
（宝）	29	59.2	37	72.5
（鼓）	27	55.1	38	74.5
（龢）	30	61.2	41	80.4
（宿）	37	75.5	40	78.4
（馨）	20	41.8	39	76.5
平均	28.6	58.4	39	76.5

说明：静态的图片对合体甲骨文的拆分难以动态展示，虽然可在诸如 PPT 的教学模板中使用"动作"的功能把合体甲骨文的构形分解为多图，但实际上也不如连贯的视频或动图展示那样便捷。例如，我们可以将（宝）分解为、、三张图片，也可用一段连贯的视频来展示该字的构形，显然用视频展示该字比用图片展示该字更加便捷。因此，本实验只做"口授组"与"视频（动图）教学组"的对比。即教师对口授组的教学采用"粉笔+黑板"的传统教学模式，以讲解为主，对该甲骨文进行拆分教学；视频（动图）教学组则将每个甲骨文的结构制作成一段视频或动图，以充分揭示该字的各组成部件。对于表中的"鼓""龢""馨"三字还配以敲鼓、吹竽、敲磬等相关视频。

上表显示，只有教学侧重点一致，教学效果才有可比性。数字化教学手段对合体甲骨文的教学，仍然比常规的单纯讲解更具优势。对构形复杂的合体甲骨文如此，对构形简单的合体甲骨文当然更如此。上述实验也表明，并非所有的合体甲骨文的教学都适宜于配以相应的表义图片或视频。

甲骨文中的合体字一般分为形声字和会意字。从理论上讲，使用数字化教学手段进行合体甲骨文教学，会意字的教学效果当比形声字的教学效果更好，因为会意字不含表音的抽象部件，各部件所象之形更易展示。但我们的教学实验也证明，或许是因为甲骨文中大量的形声字其声符兼具表义功能，如甲骨文"宿""鼓""歠"等字，使用数字化教学手段时的教学效率同样不低。这或可从另一角度证明合体甲骨文的教学重点在于对其各构字部件的拆分，而不在于展示各部件所象之形。对于甲骨文中的假借字，学界将之视为用字方式，不在本讨论之列。

四、四个基本教学要素的兼容规律

实践是理论的基础，缺乏实践经验支撑的教学理论多流于形式，对具体的甲骨文教学来说空疏无用。而教学实践中所积累的零星的教学方法和经验，要升华为系统的、具有普遍指导价值的理论，也需要教学实验来反复论证及检验其可重复性。此处所强调的教学理论，不过是在甲骨文教学实践和实验基础上，探讨数字化教学手段与中学甲骨文教学的整合规律。我们又从教学系统中四个基本要素即教学内容（甲骨文）、教学对象（中学生）、教学方式（数字化教学手段）及教师着手，来探讨它们之间的兼容规律。

由前面探讨可知，数字化教学技术、教学对象、教学内容以及教师在甲骨文教学过程中是动态的、多维度的、立体的兼容：当教学内容是常见的独体甲骨文时，简单的数字化教学技术甚至直接的讲述，就可让学生建立起形与义、字与物之间的形象联系；当教学内容是陌生的、其所象之物在现实世界已不存在时，则需要充分利用数字化教学手段来帮助学生建立起形与义、字与物之间的形象联系。当教学内容是合体甲骨文时，应利用数字化技术将甲骨文的拆分作为教学的重点，帮助学生建立起合体甲骨文与各部件之间的逻辑关系。合体甲骨文自有其表义的规律，绝不是各构成部件的简单叠加，不一定适宜用数字化手段将各构成部分进行形象展示。学生在学习独体甲骨文时主要是运用形象思维，而在学习合体甲骨文时，则主要是运用抽象思维。老师在整个教学过程中，主导着学生、教学内容以及数字化教学技术或手段等各个方面，应根据实际情况灵活地调整授课内容及方法。此四要素的兼容，首当重视学生的认知规律和思维特征，这是前提，是人本主义教学观的基本要求；次当利用甲骨文的基本字理，这是核心，是提高教学效率的关键；还当注意数字化教学技术过犹不及、利弊参半的本身特性，这是教学效果的保证。当然，教师的综合水平和协调能力，是决定以上教学要素兼容程度的关键。

第四节　数字化背景下的甲骨文活动课

组织甲骨文活动课，旨在营造生动逼真的学习环境，调动学生视、听、嗅、触等多种感官参与学习，促进师生、生生间的交流合作，增进学习兴趣，从而达到增强教学效果的目的。数字化技术辅助下的中学甲骨文教学活动课，形式多样，并无固定模式，兹略举几例。

一、看图写字

如利用多媒体展示鼎、戈、刀、矢、草、木、虫、鱼等图片，要求学生写出相应的甲骨文。这种活动看似没有意义，实际上学生在写的过程中，能体会到这些甲骨文如何取象于物，感受到甲骨文造字之美，体悟到古人原始的造字方法。这种方法不拘一格，又可使用多媒体展示图片、甲骨文、今字，要求学生对应连线等。

二、表演

如让学生模仿甲骨文"立""大""望""女""从""并""交"等字的形体，借助道具表演甲骨文“监”“饮”“卿”“既”等字所反映的生活场景，并录制视频进行课堂观赏和交流。

三、小游戏

课后作业，独体甲骨文的识读，合体甲骨文的拆分，同部首甲骨文的归纳，甲骨文如何取象于物等，都可开发成生动有趣的小游戏，让学生在快乐中学习。

四、野外探源

学生三五成群，或在教师带领下，周末或假期外出，拍摄花草虫鱼、高山流水、劳作场景等。要求学生据景系文，或据文找景，并解释此情此景与哪一甲骨文表义有相同或相似处。如有同学抓拍烈日下劳动的民工，说这是甲骨文（众）字所刻画的场景；有的同学拍摄刚刚萌芽的小草，说这是甲骨文（生）的形象；等等。再运用多媒体在课堂展示这些野外探源的照片或视频，让学生讨论评述。当然，这些学生挖掘的材料亦是绝好的备课资源。

五、书法课

关于甲骨文的书法问题，详见本书第六章。这里仅略微论及。

甲骨文的书法很重要，但现在有关甲骨文书法的论文屈指可数。而社会上大量有关甲骨文的书法课程基本上都是没有章法，多数是以篆书的书写方法来写甲骨文。这并不符合甲骨文本来的“书写”方法，无法给学生美的享受。

对甲骨文本来的书写笔顺和书写方法，目前即便借助显微镜、现代信息技术等手段，也无法完全探明。即便复原了甲骨文本来的书写方法，现代人也不可能依葫芦画瓢。因为今人受到现代汉字书写习惯的影响，笔画笔顺已经固化。

董作宾将甲骨文书体整体上分为五期，每期风格各有不同。数字化背景下的甲骨文书法课堂，可首先让学生感受不同时期的书体特征。其次甲骨文形体变化较大，我们尽可能地选用与后来汉字或今天汉字形体能相对应的形体作为临摹对象。书写方法借鉴今人的书写习惯，先左后右，先上后下。而根据学者的研究，甲骨文单字的本来书写顺序完全可能是先右后左，先下后上。最后，在写字的时候，可以先方后圆，比如“子”字，可以先练习这种写法，再临摹这种形体。在书写的时候，最好先临摹成片甲骨文，然后再借鉴董作宾等人的甲骨文书法作品。老师在课堂上，也可通过事先录制短视频的方式给学生示范，再将学生的书法作品进行数字化处理，在课堂上展示，并加以点评。

六、课后交流

因教学内容是久远而又构形复杂的古文字，教学对象是感性而又充满好奇心的青少年，中学甲骨文教学更需课后的互动。QQ 群、微信群、腾讯会议等现代通信手段，打破了时空的限制，为课后师生、生生间的互动提供了理想的场所。通过课后互动，一则可查漏补缺，弥补课堂上的不足；二则可以解答学生因课堂所学而引申出的种种其他问题，诸如先秦的卜筮、周祭、干支纪年、征战讨伐等。这些现代信息技术手段，还可用于交流学习经验，以及用于对甲骨文所反映的商代社会及文化现象进行深入讨论等。

第五节　教学内容的次序安排及学习方法

现在转换视角，谈谈教学内容的次序安排和从学生角度谈谈学习甲骨文的方法。

笔者心目中理想的甲骨文教学内容的次序当首先符合学生的心智规律，然后符合甲骨文本身的字理规律，最后当兼容现代数字化教学手段。就甲骨文学习内容和阶段而言，可将之粗分为文字识读、成片卜辞解读、殷商历史与文化研究三个主要阶段。也就是说先要识读单个甲骨文，才有识读成片卜辞内容的基础，成片卜辞的识读当然需要熟悉卜辞格式、干支纪时、卜辞语法等基本知识与技能技巧。成片识读之后，才能在卜辞基础上进行大系联，进而将碎片化的卜辞内容建构成整体，以此研究商代的历史和文化。大学甲骨文教学基本上都是从成片识读直接开讲，而中学甲骨文教学不可能这样做。本书的主要目的是解决甲骨文文字识读的问题，这也是进入甲骨学领域的基础和入门问题。然后再讲解几片成片卜辞，让学生理解卜辞的基本格式、基本内容等。青少年学习甲骨文时，应当遵循由浅入深、循序渐进的基本次序。

一、教学内容的次序安排

（一）理论探讨

教学次序影响教学效果，这在甲骨文教学中体现得尤其明显。甲骨文教学内容次序的安排背后需有心理学、教育学和文字学的相关理论来作支撑。首先，教学内容次序的安排要符合中学生的心理特征。他们处于青少年时期，具有很强的好奇心和记忆能力。但是他们学习繁忙，考试不断，长期处于高压状态。实际上多数学生不愿意再花时间和精力来增加额外的学习负担，而是渴望通过快乐的活动或者快乐的课程来放松心情。他们不喜欢死记硬背的东西，但乐于接受生动有趣和依靠理解记忆的知识。当他们在结合已学的甲骨文或已有的知识，通过推导的方式来理解和识读另一甲骨文时，能获得快乐，颇有成就感。他们不太喜欢复杂的推理来耗费脑力，但喜欢看形象生动的东西，尤其是逼真的画面，活泼的视频，可以放飞自我。

从文字学理论的角度而言，许慎的"六书"说依然是理解甲骨文的主要途径，此为学界共识。一般在本课程的开始，就应该首先讲解"六书"理论。根据"六书"理论来分析甲骨文，独体字主要是由象形字、指事字构成，而合体字则主要由会意字、形声字构成。假借、转注是两种用字方法，不作为讨论重点。但假借字在甲骨文中比较多，还需要适当论及。据此，教学顺序当先独体后合体，独体中先象形字后指事字，合体字中先会意字后形声字，这是符合文字学理论的，也符合由浅入深、由具体到抽象的基本教学原则。

从教育学的理论来看，教师起主导作用，学生起主体作用。但因甲骨文过于久远，教师的引导非常关键，尤其是在引领学生入门阶段，对"根字"的教学必须体现出教师在课堂上的主导角色。而在学习与"根字"相关的甲骨文"字族"的阶段，则应该以学生为主体，以启发式教学方式进行。

（二）具体次序

针对中学甲骨文的教学，我们确定的总体次序是先独体后合体，先简单后复杂，先具体后抽象，这样做的目的是使教学内容严密而富有逻辑性，从而在教学上达事半功倍之效。中学甲骨文教学内容次序的安排还应遵循温故而知新的原则，让新知识建立在学生已有的知识基础之上，并在教学中建立起二者的逻辑联系，学生在学习中就不会单纯地死记硬背，而是理解性的记忆。在具体的教学次序的探索过程中，我们实验了两种模式。

一是"滚雪球"模式。比如，在学完甲骨文中的"子"字和"女"字后，再学甲骨文"好"字，可以肯定这比直接学甲骨文"好"字容易。在此基础上，当学习了甲骨文中的"宀"字后，将"宀"与已学甲骨文"子""女""好"进行串联，看是否有新的甲骨文与之相关，于是我们发现甲骨文"安"字由"宀"和"女"组成。以此类推，学习就像滚雪球似的进行。我们曾试图将所有已识的甲骨文纳入这样的教学系统，但这种模式还需要长期的教学实践探索。因为到底从哪个"根字"开始，中间"根字"的教学次序如何，都还需进一步探讨和实验。而且这种教学次序，重形而不重义，其优点是教学的单字间具有严密的逻辑次序，符合教育学原理，但缺点是不利于将表义相近或相关的甲骨文归为一类。

二是"下围棋"模式。下围棋是先布关键点，然后以点布阵进行"攻城略地"，它并不是一子连着一子的低效扩张。我们可先学完甲骨文的"根字"，再在"根字"的基础上来进行组合，来讲解合体甲骨文。"根字"的学习主要以学生在象形基础上死记硬背为主，简单但比较乏味。于是，我们又将"根字"分为十五组，一组学完，先进行组内根字间的组合和串联，看有哪些相应的合体甲骨文，然后对这些合体甲骨文进行教学。待下一组"根字"学完，同样先进行组内串联，再对这些串联起来的合体甲骨文进行教学。然后将此组的"根字"与上一组的"根字"进行相互间的串联，找出合体甲骨文进行教学。这种方法是我们教学研究的主要方向，也是本书编排体例的主要依据。

我们在吸收"独体+合体"的甲骨文教学经验基础上，结合甲骨文构字字理和学生的识字规律，开创了"根字+单字+字族+成片识读+书法实践"的教学结构模式。根据"根字"表义的不同属性，归纳为人体、动物、山川、自然、器皿等 15 个类别，分门布居。同一"字族"的甲骨文依附于相同的"根字"之后，一些甲骨文中的会意字含有数个"根字"，则视情况妥善判其归属。全部"根字"教学完毕，学生识读和拆分甲骨文单字的能力大大提升。常见的甲骨文单字教学完毕，学生在老师的引导下基本上可识读成片甲骨文卜辞。

以"根字"为核心统筹全局，整个内容呈现出多维的立体结构。实践证明，这样的甲骨文教学次序是高效可行的。

二、学习方法

首先，青少年当要克服畏惧心理。甲骨文是汉字的源头，汉字是以象形为基础的，甲骨文也是建立在具体物象基础之上的。与今天的汉字相比，甲骨文更接近事物本身的形象，它非常生动、简单、明了，并不那么高冷。世界上任何一种文字，其初始阶段都比较简单，也不尽完善。如果甲骨文比后来的汉字更复杂，这不符合文字本身的发展规律。语言文字的产生和发展都遵循"经济"的原则，不然它就会在使用的过程中被淘汰。文字是记录社会的符号，随着社会的进步，人类认知水平的提高，文字有一个从简单到复杂，再到基本定型的演化过程。所以，对甲骨文的学习，完全不必有畏惧心理。

其次，"以今溯古"是学习甲骨文的基本方法。这里所谓"以今溯古"，即是指将自己平时所学的已有知识运用于甲骨文的学习。尤其是我们学习了现代汉字，掌握了一定的汉语言文字学知识，应当将所学的甲骨文与已经掌握的汉字建立起思维上的逻辑联系，这样才能经久不忘。人类的认知经验表明：从已知得出未知比较容易，而学习完全陌生的知识是比较困难的。

再次，理解记忆比死记硬背有效。基础甲骨文的学习肯定需要一定的死记硬背，比如甲骨文"根字"和独体甲骨文的学习，死记硬背是必需的。但是甲骨文又是比较成熟的成系统的文字，尽管形体尚不固定，但每一甲骨文文字的结构却有规可循。这也就表明，学习甲骨文并不全靠死记硬背，而是要注意方法。通过理解性学习获取的知识比死记硬背更牢靠，更系统。学习甲骨文一定要按照先"根字"后单字的次序，建立起字间普遍的逻辑联系。学习甲骨文切忌毫无章法，像过去石匠打石头一样今天打一块，明天打一块，而应像现代开山修路那样，先择点安放炸药，一引爆就炸掉一大片。学习"根字"的目的和作用也就在此。万事开头难，但这部分内容是学习的起点和关键。

最后，要多书写。课堂上跟着老师练习书写甲骨文，课后自己也要多写。甲骨文具有简而不陋的优美结构，书写能更好地体悟它的构形特征和神韵。不少同学对甲骨文最初没有"感觉"，写着写着就与之建立起了深厚的情感，最后甚至能对不同书体特征的甲骨文作出优劣鉴别。笔者曾发现有痴迷于甲骨文的学生，走在放学的路上，看见枯树的枝干，马上摘一根树枝在地上写甲骨文的"木"字；有同学在城里看见赤脚的工人，马上写出甲骨文的"止""疋"字；有同学说他看见圣诞节有人在街上玩狼牙棒，便想起了甲骨文的"殳"字，不由写在手心；等等。这种发自内心深处的热爱都是自然而然流露出来的。只要多练多写，没有学不好的。记住：记音文字如英语，当多读，这是从声音上感悟其意义；而记形文字如甲骨文或后来的汉字，当多写，这是从形体上感悟其意义。

第六节　数字化背景下甲骨文教学的学术前景

一、教学内容的择取和优化组合

教学内容的择取、组合和教学次序的安排，一定程度上决定了课堂的呈现模式和效果。本研究从教学内容而言主要解决以甲骨文为中心的教学问题，而这些甲骨文又以有形可象、有物可指者为主，当然这也是甲骨文的主体。但如何更好地将甲骨文的基本字理运用于教学之中，还需深入探究；如何对教学内容进行排列组合，并使教学次序更加科学、更加合理，还需更多实践；一个甲骨文往往既有象形字体，又有形声字体，且异体众多，如何让学生全面把握、高效记忆，尚需结合文字学理论继续进行教学研究。此外，我们以"根字"作为甲骨文的基本单元进行教学探讨，而有学者主张以笔画或图画类的线条来拆分甲骨文的结构，是否可从笔画的角度来建立起新的甲骨文教学模式，也值得研究。虽然关于甲骨文笔画的种类和数目学界仍有争议，但当持续关注学界动态，也许最新的研究成果即可转化为教学的捷径。

对于甲骨文教学与其他古文字教学的关系问题，本书略作探讨。显然，甲骨文的学习，对金文的学习大有裨益。因为商周甲、金并存，甲骨文通过形体和结构的变化，自然而然过渡到金文。而金文的学习又有利于简帛文、篆书的学习。所以我们在讲解某个甲文时，不时地做历时的形体比较。但如何在甲骨文的教学过程中兼顾一脉相承的金文、篆书、简帛文字等，也还需探讨。

对于成片甲骨文的识读和文化阐释，乃后续研究重点。因涉及内容庞杂，探究数字化背景下其与信息技术整合的兼容点，亦需大量的教学实践和实验，非短期所能完成，也非本书所能尽言。

二、对教学对象的研究

从教学对象而言，中学生的甲骨文识字心理及其机制有待按年级、年龄细化和深入研究。他们学习甲骨文前后情感、态度、价值观的变化，也还需持续关注。对于一些甲骨文教学实践中的典型案例，需不断收集、不断总结和不断结合教育学、心理学做实证的分析。笔者曾拟定了一个研究目标：对学生在数字化教学手段辅助下学习每一甲骨文的难易程度做量化的研究，以此深入探究他们学习甲骨文的认知过程及其阶段性特征。这种基础研究，无疑对推动青少年学习现代汉字也具有重要意义，惜乎至今尚未彻底完成。

三、对教育手段的运用

从教学手段而言，信息技术发展一日千里，应时刻关注最新技术，将其运用于课堂。甲骨文涉及的知识非常广泛，根据教学内容分单元、分阶段、分时段探究其与数字化技术的整合，道阻且长。笔者初步判断，多媒体手段在甲骨文教学中起主要作用，而信息技术的搜集、系联功能将在成片卜辞的教学中起重要作用。

此外，尤当注意数字化教学技术是手段而非目的。有些甲骨文本身就构形简单，生动有趣，辅之以图片、视频只会画蛇添足；并非所有学生对教师剪辑或自制视频都是乐意接受；在课堂上播放预制的视频时，我们不可能根据课堂随时发生的意外情况做及时的修正；等等。

四、教师的素质和作用

在甲骨文教学过程中，教师的主导地位至为关键。教师需熟悉各教学要素的特性并统筹全局，科学整合；对已经识读的甲骨文烂熟于心，并能熟练书写；对商周的历史能顺手拈来，加以运用；对先秦的考古发现当随时掌握，以辅助教学；对先秦的关键文献也当比较熟悉，可以在课堂上随时举例运用。此外，教师还当熟悉各种信息技术手段，并具有自制各种课件的能力，尤其是自制并剪辑、修正视频的能力和自制动画的能力。当然，教师若有绘画基础，对甲骨文教学无疑是锦上添花。教师还应懂得相关的教育学、心理学、文字学理论。但以上这些都绝非一日之功。

综上，中学甲骨文教学研究是一个实践与理论交相促进的过程，也是一个教学相长的过程。从教学要素的兼容角度来研究数字化背景下的中学甲骨文教学，还需持续的实践、实验和理论研究，尚有较大的后续探索空间和较为广阔的学术前景。

▶第二章

中学甲骨文课程标准

8. 对汉字的历史文化内涵等有一定的探究意识；

9. 对甲骨文有一定的美学鉴赏能力，能阐述甲骨文的构形之美；

10. 热爱母语；

11. 增强文化自信；

12. 增强文化认同感。

第三节 课程结构及课程内容

本课程主要由甲骨文识读、文字学理论、历史文化知识三部分组成。

甲骨文识读是本课程的核心内容，由甲骨文偏旁部首及"根字"、单字、成片识读三个教学单元组成。甲骨文偏旁部首及"根字"是本课程的入门基础，单字是学习重点，成片识读是最终教学目标。单字教学阶段将根据"根字"进行字族串联，以达事半功倍之效；成片识读阶段注重补充甲骨文卜辞书写体例、分期、纪时等相关文化知识，为学生继续学习和研究奠定基础。

文字学理论包括"六书"理论、文字学基础知识和语言学知识等。该部分内容穿插在整个教学过程之中，重点训练学生的运用能力，即根据所学文字学理论，对甲骨文进行单位切分、结构分析和表义分析。以此帮助学生对甲骨文由感性识读向理性认知飞跃。

相关先秦历史、文化知识的传授贯穿于单字详解和成片识读阶段，而不单独讲授。至于甲骨文书法部分，为课程逻辑计，则归属为汉字文化部分。

课程结构及教学内容见下图：

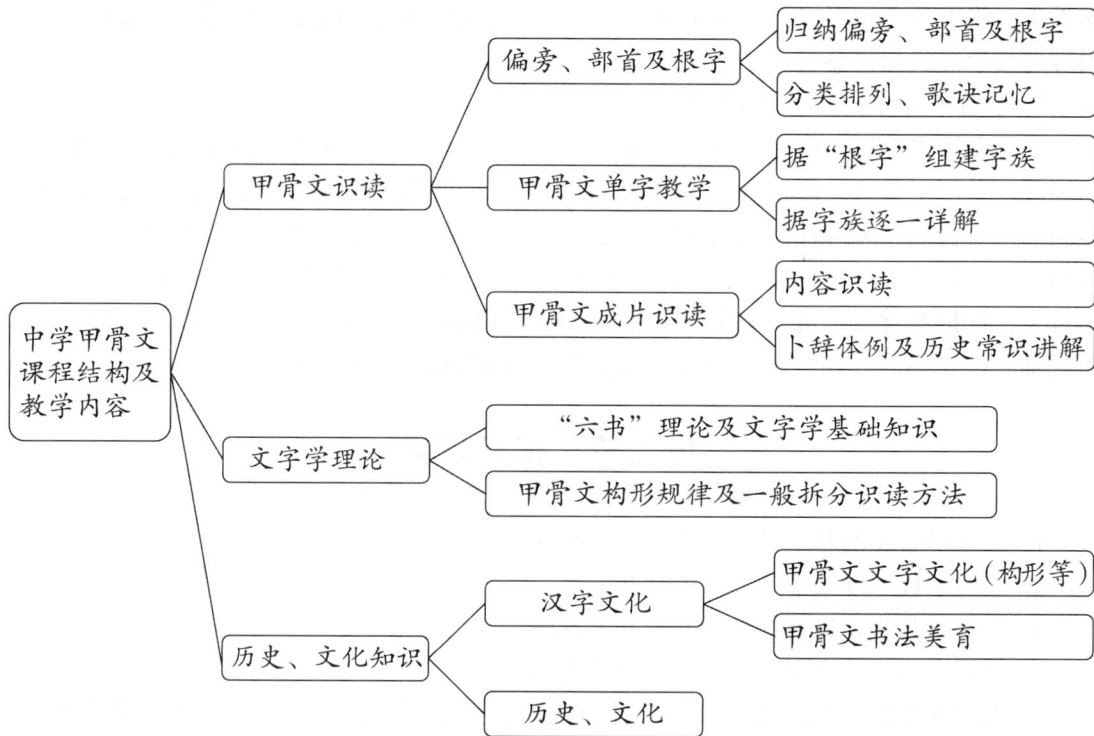

第四节 课时与进度

按照本课程的教学理念和内容设计，课时、教学进度与教学内容的制定遵循先易后难、层层深入的原则，详如下表：

《中学甲骨文》课时与进度					
课程名称	中学甲骨文/快乐甲骨文		课程性质	知识拓展课	
总课时	20课时	总时长	900分钟	类型	选修课
序号	标题		时长	关键词	任务
1	导入课：为何学习甲骨文？		45分钟	甲骨文、价值、兴趣、举例、课程概述	导入
2	甲骨文偏旁及"根字"教学之一：人体、器官类		45分钟	根字、多媒体、人体、器官	偏旁及根字教学
3	甲骨文偏旁及"根字"教学之二：动物类（一）（二）（三）		45分钟	根字、多媒体、动物、家禽、猛兽、飞禽、虫鱼	
4	甲骨文偏旁及"根字"教学之三：神灵类		45分钟	神灵、祭祀	
5	甲骨文偏旁及"根字"教学之四：自然类（一）（二）（三）		45分钟	天空、宇宙、大地、山川、草木	
6	甲骨文偏旁及"根字"教学之五：器物类（一）（二）（三）		45分钟	器物、器皿、纺织、日常	
7	甲骨文偏旁及"根字"教学之六：武器、刑具类		45分钟	武器、刑具	
8	甲骨文偏旁及"根字"教学之七：其他类		45分钟	根字、演化、简省	
9	形近"根字"、"六书"理论及甲骨文形变规律		45分钟	形近"根字"、"六书"、形变规律	单字教学
10	有关人体、器官、动作的字族		45分钟	字族、人体、器官、动作	
11	有关动物、神灵的字族		45分钟	字族、动物、神灵	
12	有关自然、器物、武器的字族		45分钟	自然、器物、武器	
13	非规律性构形甲骨文学习		45分钟	干支、合文、数字	
14	成片甲骨文识读教学（一）		45分钟	龟甲整治、卜辞体例、识读常识	成片识读阶段
15	成片甲骨文识读教学（二）		45分钟	卜辞、详解	
16	成片甲骨文识读教学（三）		45分钟	卜辞、详解	
17	甲骨文书法（一）		45分钟	简史、方法、借鉴	甲骨文书法
18	甲骨文书法（二）		45分钟	笔画、笔顺、练习	
19	活动课		45分钟	问卷、表演、书法比赛	实作总结
20	结业		45分钟	测评、颁证、总结	

以上只是建议进度及课时安排，授课教师在实际教学过程中可以根据不同的学生人数、学期周数等情况适当调整内容及课时。授课内容及顺序依据笔者践行多年的"根字+单字+字族+成片识读+书法实践"教学模式和教学经验总结而成，效果良好，建议不做太大调整。

第五节　学业质量测评

一、质量测评原则

本课程学业质量主要指学生在完成本课程后的知识收获、情感升华和思想表现等方面。本课程并不是以应试为主要目的，故学业质量的测量标准以本课程规定的核心素养为主，以课程设计理念、课程内容、课程结构体系为测量维度，坚持知识拓展与思想素养相结合、教学与教育相结合、阶段性测评与总体测评相结合、知识识记与知识运用相结合，进行全方面、多形式、多维度的测评。

二、质量测评要点、测评时段及测评方式

测评类别	测评内容及时段	质量描述	测评方式	水平判定	备注
		中学甲骨文课程质量测评要点、测评时段及测评方式			
阶段性测评	偏旁及根字教学阶段	1. 能准确识记各偏旁及根字的构形； 2. 能理解各根字的基本含义； 3. 能掌握各根字的书写方法； 4. 能理解各偏旁及根字的古今变化； 5. 能识别各偏旁及根字在不同甲骨文中的形变； 6. 能记住根字教学阶段的口诀。	1. 课堂提问； 2. 师生互动； 3. 随堂作业； 4. 拆字游戏； 5. 考试。	对学生学习质量只分A、B两个等级。	重在激发学生兴趣，考评次之。
阶段性测评	单字教学阶段	1. 能拆分甲骨文单字的构成偏旁或根字； 2. 会从以形表义的角度理解该字的本义； 3. 具有用"六书"理论分析甲骨文的构形类别的能力； 4. 能理解、识别同一甲骨文的各种异体； 5. 能分析某些甲骨文的古今讹变； 6. 能记住800余个基础的甲骨文，并会书写； 7. 能领会某些甲骨文的文化内涵。	1. 课堂练习； 2. 听写； 3. 随堂作业； 4. 拆字游戏； 5. 考试； 6. 讲甲骨文文字故事。	主要是以学生识读甲骨文个数作为主要判定标准。如下： 上上751-800个； 上中701-750个； 上下651-700个； 中上401-650个； 中中301-400个； 中下201-300个； 下上151-200个； 下中101-150个； 下下100个及以下。	
阶段性测评	成片识读阶段	1. 掌握商代占卜常识及单片甲骨文的形成过程； 2. 掌握成片甲骨文的书写体例，并对任意一片甲骨文逐条进行准确的卜辞划分； 3. 能根据已学单字识别相应的甲骨文，并说出卜辞大意。	1. 拓片识读； 2. 讲述大意； 3. 考试； 4. 书法临摹。	不评等级，重在评定学生学习时的表现。	

针对性测评	理论素养	1. 能背诵并理解许慎"六书"内容； 2. 能用"六书"理论分析甲骨文； 3. 掌握甲骨文的构形规律和特征； 4. 能将所学文字学理论应用于现代汉字的学习； 5. 能据形索义，从而探讨汉字的本义。	1. 默写； 2. 抽背； 3. 运用； 4. 考察。	不评等级	
针对性测评	思想情感	1. 增加汉字文化知识； 2. 提升对祖国语言文字和文化的热爱，增加民族自豪感； 3. 能比较、分析古今汉字相关文化现象； 4. 关注并正确评价一些汉字现象，如听写大赛、甲骨文作文等，并能正确使用汉字。	1. 问卷调查； 2. 课堂交流； 3. 言行观察； 4. 谈话法考察。	不评等级	
总结性测评	课程总体把握情况	从知识、技能、情感、态度、价值观等总体考查学生学习效果。	1. 书法比赛； 2. 考试； 3. 问卷调查； 4. 学后感。	1. 书法择优奖励； 2. 考试以分划等。	问卷及学后感作为课程建设之用。

通过本课程的学习，学生能在短期内熟练背诵甲骨文偏旁部首和"根字"口诀，从而掌握基本的根字。学生通过了解汉字偏旁部首的古今变化来更好地理解汉字（含简化后的汉字）的形体结构和表义特征，这对他们学习现代汉字大有裨益。本课程能帮助学生在记忆汉字时对汉字进行思维上的深度加工，即以理解记忆为主，同时还能将"六书"等基本的文字学理论运用于汉字的识读中，从而提高学习效果，达到事半功倍的目的。

通过本课程的学习，学生在掌握了基本的甲骨文的构形、书写方式，了解了甲骨文与现代汉字的渊源之后，会更加热爱祖国的语言和文字，从而增加民族自豪感。

第六节 实施建议

一、教学建议

1. 注重甲骨文偏旁部首和根字的教学，充分发挥学生的形象思维能力

本课程教学当从小处着手，即从甲骨文偏旁部首及"根字"的教学开始，这是甲骨文教学的基础和入门内容。汉语造字表义有其特殊性，偏旁部首及"根字"是其最小的单位——取象单位。因此，准确讲述、形象展示甲骨文的偏旁部首和"根字"，充分发挥学生的形象思维能力，做到课堂生动有趣、师生亲切互动是顺利推进本课程的基础。

在进行甲骨文偏旁部首及"根字"的教学时，应当充分利用现代教育技术的成像优势全面展示甲骨文以形表义的诗画属性，要适当列举典型例字以使课程妙趣横生，将甲骨文偏旁部首及"根字"与现代汉字的偏旁部首及现代汉字相互对照、比较，呈现汉字古今孳乳讹流变的脉络，使学生了解祖国文字源远流长的历史。

2. 加强甲骨文单字的教学，充分挖掘学生的逻辑思维能力

甲骨文单字的教学是本课程教学的核心内容。研究表明，构建系统性的知识比零碎的知识点更容易被理解、记忆、掌握和运用。中学生逻辑思维已经成熟。在进行甲骨文单字教学时，应充分利用学生已经具备的逻辑思维能力，通过小组学习、讨论式学习或自主学习等形式，引导他们对甲骨文进行准确的拆分，以此巩固所获得的知识。不要按照传统的识字教育方法一字一字地讲述，而应以"根字"为依据，进行形旁串联，字族归纳，从而达到事半功倍的效果。在教学过程中，还当结合现代汉字，讲解古今形变及字义演变的基本规律。

3. 发挥甲骨文的美育功能，传播汉字文化，增强身份认同感

语言文字是民族身份的象征。甲骨文因其优美的构形形式，丰富的表义特征，具有独特的美育功能。

教学时应充分发挥甲骨文的美育功能，通过拆字游戏、书法教学等形式，让学生感受、体会、欣赏甲骨文之美，从而增强其对祖国语言文字的敬畏之情、亲近之感。

在成片识读阶段，应当教会学生理解殷商时代占卜的流程及文化背景，补充先秦时期的相关历史知识，使学生在学习甲骨文文字时感受祖国历史的源远流长、祖国文化的博大精深。

文字是交流思想、表达感情的重要手段和工具，它以整个民族的文化生活习惯为背景。因此，文字的教学离不开文化的传播。在教学中对甲骨文背后的民族文化进行讲解和阐发，能增强学生的民族认同感，增强其民族自尊心和归属感，使其树立起文化自信。

4. 遵循由浅入深、循序渐进的教学原则，注重知识板块间的逻辑联系

教学实践表明，"根字+单字+字族+成片识读+书法实践"的教学方法符合甲骨文及汉字的字理，符合青少年的认知规律和心智发展水平，符合现代教育理念。这种教学模式必须遵循由浅入深、循序渐进的教学原则，环环相扣，进行螺旋式的推进。跳跃式的选讲很容易破坏内容之间的有机联系，给学生一种支离破碎之感，不利于学生进行系统性的消化和吸收。一旦发现学生在某个教学阶段的基础知识比较薄弱，教师应当立即查漏补缺，以免出现知识脱节。除此之外，教师还要注重知识板块之间的逻辑联系。

教完"根字"教学任务后应当通过拆字游戏实现学习过渡，以巩固所学的偏旁部首和"根字"，为单字教学打下基础。单字教学任务完成后应当补充讲解天干地支、合文、异文、先祖等甲骨文知识，为成片识读打下基础。

5. 充分利用数字化手段创设情景，开展探究式学习

甲骨文及汉字教学模式既不可因循守旧，也要打破唯技术至上的观念。将数字化教学手段与甲骨文教学进行适度结合，能使课堂教学从内容到形式都尽善尽美。利用数字化教学手段创设师生互动、生动有趣的课堂环境，能有效激发学生的好奇心和吸引学生的注意力，引导他们开展探究式学习。借助数字化教学手段优化和整合课堂教学内容，能使课堂教学多样化，也能给学生带来多样化的学习体验。与此同时，教师在教学过程中应极力避免数字化教学手段缺乏人文关怀的负面影响，要使课堂充满智慧和情感。

二、评价建议

1. 着眼于学生甲骨文及文字学素养的整体评价

本课程评价的根本目的在于帮助学生全面提高文字学核心素养，增加学生对祖国语言文字的热爱。评价不是为了应试，评价过程亦即学生学习和体验快乐的过程。因此，本课

程评价应围绕甲骨文"根字"板块、单字板块、成片识读板块、文字学基本理论板块、汉字情感变化板块以及学生课堂体验所表现的身心是否愉悦等方面，全方位、多模态地进行整体评价，而不应简单地用冷冰冰的数字或空洞的话语进行没有温度的测评。评价的内容、方式、注意事项等可参考前文《中学甲骨文课程质量测评要点、测评时段及测评方式》。

2. 注意把握各个学习板块的具体内容和特点

本课程评价需把握不同板块的具体内容和甲骨文学习需循序渐进的特点。评价时要统筹学习阶段、学习内容与学习要求。各个板块的教学目标与内容，既相对独立又彼此关联。评价时既要突出每个板块的学习重点，尤其是甲骨文"根字"教学、单字识读，又要兼顾各个板块之间的相互联系，体现学习的渐进性、内容的综合性与评价的多元性相一致。

3. 倡导评价方式多元化

本课程倡导快乐学习、体验式学习，其成绩评定要综合考查教学过程、教学情境和教学效果。教师应根据不同阶段、不同学生、不同教学内容采用诊断性评价、形成性评价或终结性评价等不同评价方式，用发展的眼光看待学生，以鼓励性评价为主；要把阶段性评价与总结性评价、针对性评价与综合性评价、课堂评价与课外评价、知识性评价与思想性评价等结合起来进行多元评价。

不同的评价方式具有不同的优势和缺陷。教师应当根据不同的评价目的采用不同的评价方式，如课堂提问、师生互动、随堂作业、拆字游戏、现场测试、课堂观察、自我总结、书法评比、听写等。

4. 注意评价结果的利用和影响

评价的目的在于发现不足，弥补不足，发现优点，发扬优点。教师要严格控制评价的信度和效度。

本课程强调师生互动和启发式教学，注重过程评价。要适时表扬那些课堂上积极参与互动，课后认真完成作业的同学。在"根字"教学完成后，有"拆字游戏"训练，实际上是阶段性评价。在单字教学完成后，有一次统一的测验，也是阶段性评价。在最后一课进行总结性评价。当然，教师还可以考试的方式进行测评。教师也可将这些评价及时反馈给学生甚至家长，让学生记录在日记或学习体会之中，成为他们成长记录的一部分。

对学生的测评也是对教师自己教学质量的测评。教师可利用最后一课的问卷调查了解学生对汉字文化产生的情感和思想变化，以此作为自己改进教学的重要参考。

第七节 课程建设与规划

在中学讲授甲骨文属于新生事物，是基础教育教学改革和教学创新的重要组成部分。它涉及中华优秀传统文化的薪火相传和发扬光大，是为培养青少年文化自觉与文化自信而进行的大胆探索。中学甲骨文课程建设将会在更多参与者的共同努力中健康发展并逐步完善。

建议授课教师主要从教学内容、教学对象和教学手段三个方面继续探索和实践，也即从甲骨文基本字理、青少年身心发展规律和认知阶段特征、现代教育技术三方面进行探索和实践，详见下图。

```
                                              ┌─ 基本构字部件
                          ┌─ 甲骨文的基本字理 ──┤
                          │                   └─ 常见字族归类
            ┌─ 教学内容方法 ─┼─ 成片识读的技能技巧
            │             │                   ┌─ 历史文化
            │             │                   │
            │             └─ 甲骨文的文化教学 ──┼─ 汉字文化
《中学甲骨文》      │                              │
课程建设与规划 ─┤                              └─ 美育功能
            │
            ├─ 教学对象方面 ─┬─ 中学生识读甲骨文规律的考察
            │             │
            │             └─ 中学生汉字认知心理研究
            │
            │             ┌─ 理论部分 ── 认知语言学与甲骨文教学的整合
            └─ 教育手段方面 ─┤
                          └─ 实践部分 ── 数字化手段在甲骨文教学中的运用
```

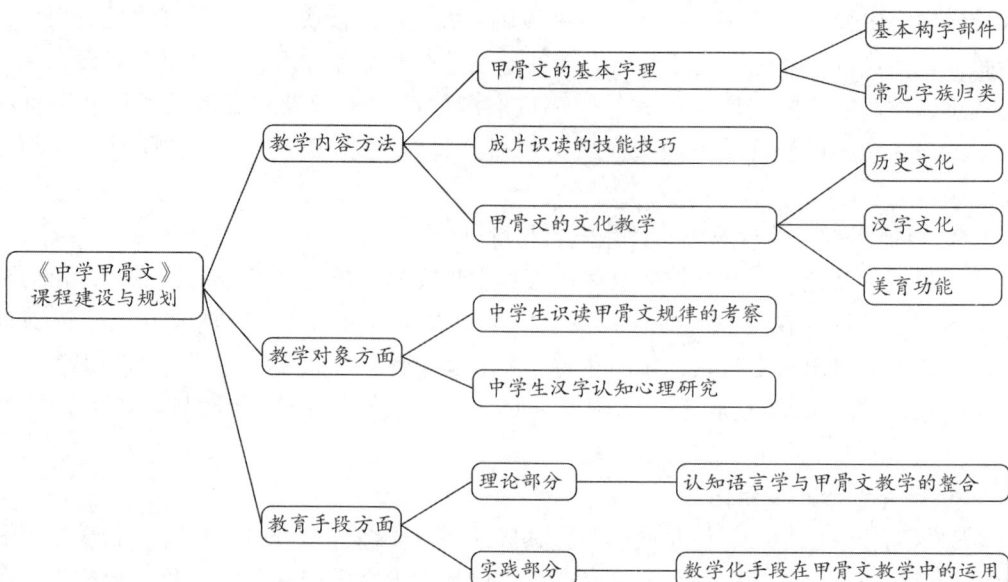

1. 从教学内容而言，要从甲骨文的基本字理和文化角度进行探究，合理安排教学内容

对甲骨文进行单字教学时，到底是以什么作为教学单位？没有定型的甲骨文固然没法按照现代汉字教学那样进行笔画拆分，但也有部分甲骨文是看得出固定的笔画甚至笔顺，是否可以采用笔画教学？如何拆分甲骨文的基本构字单位？如何构建甲骨文教学的内容系统？按照怎样的教学单元进行教学？如何让课堂内容的呈现更具逻辑性？成片识读内容如何摘取和采取何种教学方式？等等问题，都还需探讨。

此外，对甲骨文背后的文化进行挖掘，到底挖掘到什么程度才适宜于中学生？如何让甲骨文课堂不偏离文字教学的本质特征，同时又能传播优秀传统文化尤其是汉字文化？还需研究。我们认为，本课程的未来规划当从甲骨文所反映的古代社会（历史文化）、甲骨文与现代汉字的渊源关系（汉字文化）、甲骨文构形及书法教学（美育实践）三个方面进行深化。

2. 从教学对象而言，中学生的识字心理及对甲骨文识读、理解、记忆过程需要继续研究

对中学生识读甲骨文的规律的考察，具有重要的教学意义。还需要收集更多的案例，结合教育学、语言学、心理学等进行分析总结。但毕竟本课程尚处于发轫阶段，这方面的案例积累还不够，理论总结也有待深入。

此外，对中学生汉字认知心理的研究，也对本课程具有借鉴价值。有学者做过这方面的研究，但是他们研究的多是中学生对现代汉字的认知规律。甲骨文与现代汉字有渊源关系，但也有很大的不同。研究中学生对甲骨文的认知规律，要在借鉴相关研究成果的基础上开创一条新路径。

3. 从教学手段而言，当从数字化教学技术与甲骨文教学的实践和理论两个方面继续研究

教学过程中当注意认知语言学理论的运用，当收集更多真实的课堂案例，对教学手段进行效果分析，重点探究教学手段与教学内容的兼容问题。要注意收集数字化教学技术运用于甲骨文教学的正、反两方面的案例，并结合相关的教育学、心理学理论进行分析和解读，总结规律。最终达到教学方法可复制、教学经验可推广的目的。

▶第三章

甲骨文"根字"学习

第三章 甲骨文"根字"学习

本章主要学习甲骨文的"根字"。所谓"根字"即构成合体甲骨文的基本独体字，包括少量的抽象字符。因《说文》所立 540 部并不能穷尽甲骨文所有的构字部件，现代汉字的偏旁部首更不能与甲骨文的构字部件一一对应，所以我们根据甲骨文自身的构形特征，比照众多甲骨文构形相同的部分进行串联和分析，从而确定基本的甲骨文构字部件，姑且谓之"根字"。为便于学生分类学习和掌握系统性的知识，有些独体甲骨文并非是很常用的构字部件，我们也将之放在本章学习。

本章力求简单易懂，让学生在较短的时间里把握这些内容，迅速入门。在编写的过程中，为便于学生记忆，我们首先以口诀的形式描述甲骨文"根字"的形体特征和含义，再辅之以表格形式加以简单注释。学生当对照表格中每个甲骨文形体结构及其注释，先理解口诀的含义，再行记忆，定会事半功倍。

学界已有前贤比较深入地研究了甲骨文的"构件""偏旁"或"部首"等①，而本书针对的是中学生的甲骨文教学问题，即如何引领他们走入古文字学的殿堂之门，所以本章无意再穷尽性地将所有甲骨文构字部件进行归纳和研究。我们只是根据多年的教学实践经验，选取常见的、有趣的、独体为主且构字能力较强者作"根字"，以作为青少年学习甲骨文的起点。

第一节 汉字"六书"理论

甲骨文字，不难识读，

近取诸身，远取诸物。

"象形""会意"，"形声""转注"，

"指事""假借"，说文"六书"。

万丈高楼平地起，甲骨根字记清楚。

当前学界多是参照《说文》的"六书"来解读甲骨文，尽管有其弊端，但仍不啻为学习甲骨文的基本理论和方法。许慎在《说文解字·叙》里提出了汉字造字的"六书"说，其原文是：

一曰指事，指事者，视而可识，察而见意，上下是也；

---

① 参见：毛祖志. "偏旁分析法"及其运用浅说——以甲骨文考释为中心 [J]. 甲骨文与殷商史，2018：400-428；苏彩菊. 甲骨文常用基础构件变异研究 [D]. 河北大学，2014；竺海燕. 甲骨构件与甲骨文构形系统研究 [D]. 华东师范大学，2005；杨韵. 甲骨文偏旁系统研究 [D]. 华东师范大学，2015；张露璐. 甲骨文偏旁形体研究 [D]. 华东师范大学，2014；等等。

二曰象形，象形者，画成其物，随体诘诎，日月是也；

三曰形声，形声者，以事为名，取譬相成，江河是也；

四曰会意，会意者，比类合谊，以见指挥，武信是也；

五曰转注，转注者，建类一首，同意相受，考老是也；

六曰假借，假借者，本无其字，依声托事，令长是也。

详解如下：

1. 所谓"指事"字，许慎定义为"视而可识，察而见意"。这句话中的"视"，意思是一般地看；而"察"意思是仔细地看。全句的意思是：乍一看就能够认识该字，即该字似曾相识，仔细看就能看出该字所表示的具体含义。例如"上""下"就是这样的字。一般而言，指事字分为两种，一种是由纯指示符号组成的字，例如此处的"上""下"及表数字的"一""二""三"等。另外一种由具体的一个独体字再加一个抽象的指示符号构成，例如甲骨文中的"亦（腋）""本""末""刃""甘"等。

2. 所谓"象形"字，许慎定义为"画成其物，随体诘诎（jí qū）"。此处"诘诎"的意思就是弯曲。全句的意思是：根据物体本身的形象来描画其形象，并随着物体本身的轮廓来描画其轮廓，类似于依葫芦画瓢。如"日""月"就是这样的字。

3. 所谓"形声"字，许慎定义为"以事为名，取譬相成"，学界有多种解释。许慎定义中的"名"，一般指名称、命名。也就是说，这个事物人们称它什么就将它命名为什么，这是指形声字中的声符。"取譬相成"是说形声字中的义符，其中"譬"的含义不是譬喻，而是指譬况，也就是指以近似的事物来比照说明。全句的意思是说，形声字由两部分组成，如以"江""河"二字为例，分别以工、可为其名，也就是声符；又因江、河都是水类，于是以"氵"旁譬况其义。

4. 所谓"会意"字，许慎定义为"比类合谊，以见指挥（huī）"。这里的"谊"同"义"；"指挥"也就是"指挥"二字，表面意思是所指所挥，实际上也就是该字的含义。全句的意思是：会意字也就是将若干独体字合在一起，以显示其另外的意思。如将止、戈合在一起表示"武"，人、言合在一起表示"信"。

5. 所谓"转注"，许慎定义为"建类一首，同意相受"。目前常见的观点是：只要具有相同的部首，所含同部首的字的意思相同或相通。比如"考""老"二字，都有"耂"这个部首，所以"考"就是"老"、"老"就是"考"，二者意思相同。这种解释比较牵强，学界对此颇有争议。因为如此定义，便与形声字中的"同形符、意相连"没有差异。

6. 所谓"假借"字，许慎定义为"本无其字，依声托事"。字面意思很简单，就是说本来还没有这个字，但是已经产生了这个字的读音，于是就根据这个读音找一个同音字来代替它。如"令"本义指命令，后来指县令。又如"长"的本义是头发长，后来指代长短的长，县长的长等。假借字非常复杂，但在甲骨文中常见，我们在成片识读中经常碰见。虽然假借来的字多表声，但其原始意义还是建立在象形基础之上。

以上"六书"，学界认为真正的造字方法是象形、指事、形声、会意四种，而假借和转注是两种用字的方法，故习惯上称"六书"为"四体二用"。我们重点掌握象形、指事、形声、会意这四种造字方法，要学会用它们来分析甲骨文的形体结构，以增强记忆，提高学习效率。

第二节　基本"根字"记忆

一、人体

口诀：

万物皆有灵，天地"人"为主。

侧面"单人"正面"大"，跪坐"卩"（jié）屈风姿"女"。

"交"像双脚交错站，突出正面与腿部。

襁褓之"子"脑袋大，"尸"字臀部很突出。

"耂"（老）来拄杖行走艰，散发驼背蹒跚步。

注解：

根字	甲骨文	描　　　述
人	𠂉	像侧面的人形，演化为后来的单人旁，即"亻"。
	大	正面的"人"，也即今天的"大"字。注意它和甲骨文"立"字的区别，立（立）也为常见根字。
卩	𠂤	通"节"。跪坐的人，即屁股坐在脚后跟上，双腿并拢，很优雅，《礼记》中有详述。
女	𡥅	此字将女性描绘得风姿绰约，端庄文静。比较一下，看它与𣫱（母）字差异在哪？
交	交	像人双脚交叉正面站立的形象。
子	子	描绘襁褓中的婴儿形象，头大，双脚捆着。该字其他写法有𧶜、𤲃，这两种写法一般不做构字部件。此外，"子"的变体为"巳"，写作𢀈。
尸	尸	像侧卧或侧坐的人，突出臀部，屈膝。
耂（老）	老	像老人拄杖形，头发散乱，背驼。又写作𦒷，甲骨文构形左右无别，详略无别。

二、器官

口诀：

横"目"如炬"耳"若月，"自"（鼻）似皇冠"口"有缺。

手上变化千般样，佐"左"佑"又"同一辙。

"爪"像鹰爪手，与"爫"（zhǎo）无区别。

两手同向为朋"友"，举手打"共"（拱）作揖别。

"廾"（jǐ）像屈蹲展双臂，手中像有物提携。

"止"（趾）画脚掌又有指，拇指突出很特别。

"首"画兽面只取象，本来意思便同"页"。

张口哈气读为"欠"，反"欠"为"旡"（jì）打饱嗝。

"而"本下颌须"冉"冉，口中门"齿"若有缺。

"骨"像股骨去筋肉，"歺"（è）像残骨带鲜血。

注解：

根字	甲骨文	描　述
目		画的是一只目光如炬、眼球凸出的眼睛。
耳		就像弯月一样的耳朵。
自		鼻子，刻画得像一顶皇冠。自者，鼻也。至今人们常手指自己的鼻子，说"我"如何如何。
口		画的就是口的形象。
左		左手形象，即佐助的"佐"。
又		右手形象，甲骨文中以此为部件的字较多，有时同"佑"。比较一下：☶(双手为"友"）。
爪		向下抓东西的手，或者鸟爪状。甲骨文中无"手"字，而金文中有☶(手)字。
友		援人以手，就是朋友，所以是两只手朝同一方向。
共		两手向内像拱手形象。
廾		像屈蹲的人两手持物，又写作☶，左右无别，正反无别。
止		像左脚掌，突出大拇指等。☶(之)，脚在地上，本义是到某处去，后来演化为"走之"（辶）。
首		徐中舒先生认为像人首之形。其实更像兽首之形。像狗头，异体较多。看看☶、☶、☶分别是什么头？
页		突出脑袋形状，下为屈蹲的人形。
欠		表示张口哈气，即打哈欠。
旡		表示气逆侧头打饱嗝。
而		就是下巴上有长长胡须的样子。
冉		毛浓密，柔弱下垂貌。金文写作☶，其特征更明显。注意与甲骨文"而"比较。
齿		娃哈哈，娃哈哈，不用解释。又写作☶、☶、☶，有两颗牙的、三颗牙的，还有一颗牙的。
骨（冎）		"骨"字最初写作"冎"。像剔去肉的骨架。
歺		残骨的样子，似乎骨上还有肉和血。尤其像肩胛骨的样子。

三、动物（一）

口诀：

"牛"画面，"羊"画角，

"豕"（shǐ）尾短，"犬"尾翘。

"不"是鸟儿飞上天，又像花蕊盛开貌。

"希"（yì）是狸猪足长毛，又像河豚水中跳。

"马"儿低头张嘴喘，粗脚散尾有鬃毛，

合成字中常简省，突出眼睛与细腰。

注解：

根字	甲骨文	描　　述
牛	🐂	牛太大了，只画牛头形状。一说为俯视时牛身形状。金文中的"牛"写作🐂。
羊	🐑	即羊头，注意"角"是拐弯了的。
豕	🐖	嘴大、体肥、尾短、腿短，几笔就把猪的形象画出来了。金文中的"猪"写作🐖。
犬	🐕	嘴大，身长，尾翘。
不	🌸	花蕊盛开之形。《说文》又云："不，鸟飞上翔不下来也。"甲骨文又省写作🌸。
希	🐗	长毛兽，如野猪、长毛狸等。又说该甲骨文像屠宰后被挂起的祭品。
马	🐴	憨厚、老实、埋头苦干，尾巴分叉，脊上鬃毛飘飘。有时简化为🐴。注意脚端的细微刻画，甲骨文中马、虎、豹等也有这种细微的刻画。

四、动物（二）

口诀：

"兕"（sì）角尖，"象"鼻长，

"廌"（chuò）"兔"头部不一样。

血口老"虍"（虎）斑点"豹"，"麋""鹿"惶恐草上跳。

"廌"（zhì）乃神兽辨曲直，飞"龙"如虹步步高。

注解：

根字	甲骨文	描　　述
兕	🦏	独角的犀牛形象。
象	🐘	鼻子长是其主要特征。🐘金文象。
廌	🐇	一种像兔子、青色的兽，比兔子大。🐕金文廌。

兔		眼大，尾短。甲骨文中"龟"与"兔"的区别在头部，但许慎在《说文》中说龟的头像兔头，腿像鹿腿。
虍（虎）		老虎的特点是血盆大口，怒目圆睁。该字甲骨文有多种写法，如写作，与金文虎相似。
豹		最大特点：斑纹。
麋		角像鹿、头像马、身像驴、蹄像牛，常谓之"四不像"。
鹿		突出特征：角分叉，惶恐的眼睛，善于奔跑的蹄。
廌		一种传说中可以判断疑难案件的神兽，像牛，一角，角直。但其甲骨文字形二角。
龙		像龙的侧面图，传说中的神物。有头冠、有角、张口、长尾。古人认为龙两头喝水，也即为"虹"。甲骨文"虹"写作。还有人认为该字来源于海马的形象。

五、动物（三）

口诀：

短尾"隹"（zhuī），剪尾"鱼"，昨夜遇蛇无"它"乎？

"它"本"虫"，皿中"蛊"，心若蝎子"万"般毒。

鱼相遇，嘴相触，此乃"𩵋"字记清楚。

"黾"（měng）像蛙，善吹鼓，刻画正面俯视图。

"广"（wěi）字头，像屋梠（lǚ），又像器皿快倾覆。

爬行"龟"，"翌"通"羽"，"贝""心"差异在底部。

兽"角"尖尖有纹饰，"辰"蚌锋利作农具。

注解：

根字	甲骨文	描　述
隹		短尾鸟侧面的形象。
鱼		又写作。
它		蛇的形状。又写作、，刻画的是蛇咬脚跟的形象。
虫		与蛇形相似。（蛊），器皿中培育的害人之虫。
萬（万）		毒蝎形象。与繁体"萬"字形象更相似。
𩵋		鱼儿相遇，嘴巴相触的形象。
黾		青蛙正面俯视图。金文中的黾。
广		像屋梠，也即屋檐。像倾覆器皿。后来写成，《说文》说这是人在悬崖边，所以危险，错。
龟		这是龟的正面俯视图。侧面形象是。

羽	（甲骨文）	该甲骨文是一片羽毛的形象，有时又写作（符号）、（符号）。卜辞中羽与翊、昱同，但指将来之日而不限于第二日。而甲骨文中有"翊"字，写作（符号）或（符号），从羽立声，也常在卜辞中指将来之日。而（符号）或（符号）有学者认为也像羽毛之形，释为"羽"，借为"翌"，徐中舒先生则认为当为"彗"，与"羽"不同。
贝	（甲骨文）	打开的贝壳形象，后来表示货币。
角	（甲骨文）	角的形象，角上有纹。简化为（符号）。
辰	（甲骨文）	蚌蛤侧视图，左上像壳，右下像爬行时蠕动的肉体，学名"斧足"。

六、神灵

口诀：

"示"像庙中搭祭台，又像祖先神位牌。

"帝"乃祭天架木柴，又像花蒂朝下开。

"尞"是交错放材木，点火祭天或燎原。

"吊"是人死置野外，背弓搭箭防兽来。

"且"为祖先神位牌，又说刀俎案板台。

"鬼"乃人形大花脸，持棍"畏"惧把命害。

注解：

根字	甲骨文	描 述
示	（甲骨文）	有时写作（符号），其实就像土地庙里的祭台，又像祖先牌位。
帝	（甲骨文）	架柴祭天，或花蒂形状。
尞	（甲骨文）	交叉放柴，点火祭天，四周火星飞溅。
吊	（甲骨文）	人背着弓的形象。古人死后不葬，放置野外，孝子亲友背弓防备禽兽来食。
且	（甲骨文）	祭祀祖先的神位牌，又说是案板，即"俎"的初文。但郭沫若说像男性生殖器形象，不妥。
鬼	（甲骨文）	上像鬼脸，下人形。常言"大头鬼"。
畏	（甲骨文）	像鬼持棍子很吓人的形象。

七、自然（一）：天空宇宙

口诀：

"日"圆"月"不圆，天边"云"舒卷。

"雨"从云下滴，"夕"与"月"相连。

"凤""凡"借作"风"，"申"字像闪电。

注解：

根字	甲骨文	描 述
日	⊖	太阳是圆的，有人说中间一横是耀斑，其实不是，仅是增饰符号。
月	☽	月亮只有十五圆，多数时间不圆。
云	☁	上像天，下像弯曲舒卷的云。
雨	⚏	像天上云层掉下雨滴。瓢泼大雨成线，掉到地上成点。
夕	☽	与月同体，月出为夕。
风	𢒉	借"凤"为"风"。
	𠘧	借"凡"为"风"。后写作"飌"，意思是风吹虫生。
申	𦥔	天空中闪电的形象，也就是打雷的意思。

八、自然（二）：大地山川

口诀：

"土"是地面生圆坨，"山""丘"形变便像"火"。

碎"石"悬崖萧萧下，井"田"纵横相交错。

"阜"（fù）本土山陡峭坡，陟降不慎便坠堕。

"京"为高地搭亭台，商代都城故曰"亳"。

"水"字构成千般物，江州河洛现水波。

注解：

根字	甲骨文	描 述
土	△	表示地面上有土块的形象。
山	⛰	山峦起伏的形象。
丘	𡉣	像突兀的山丘，又云四周高中间低的地方叫"丘"。
火	🔥	火苗燃烧上窜的形象。
石	𥐮	悬崖边掉下石头的形象。简写作 厂，只有悬崖形象。
田	𝌆	井田形象。有时写作 ⊞，复杂些而已。
阝（阜）	𨸏	陡峭的土坡。简写为 阝。
京	𦊆	在高地搭建的亭台。商代都城叫"亳"，写作 𩫕。
水	𣲎	合成字中常简写为 川。

九、自然（三）：草木

口诀：

"屯"是种子发芽状，"才"是草木破土形。
"生"像嫩苗出地面，"屮"（chè、cǎo）画小草头与茎。

脚踏青草又"夆"（逢）君，恰是"朝"朝"暮"暮情，
眼前荆棘生倒"束"（cì），"禾"抽穗"来"麦苗新。

"屮"（zhī）如小草初繁茂，又为"有"字牛头顶。
"木"画树木根、茎、枝，寥寥几笔便成型。

注解：

根字	甲骨文	描 述
屯		种子发芽状，又说是"春"的本字。
才		草木从地面破土而出的样子。
生		一棵小草从地面生长起来的样子。
屮		小草苗壮生长的形象。，屮的另一种写法。
夆		上为"止"，下为一棵草。脚遇上草，或曰形声字，表示相遇。"逢"的本字。
禾		抽穗的嘉禾，故头是偏的。
来		就像麦子的根、杆、叶。，成熟后的麦穗，头下垂。
屮		一说像牛头，一说像小草出地面，一说是"又"，借为"有"。此字有"又""有"二义。
木		树木的根、杆、枝状。

十、器物（一）

口诀：

"皿"本敞口盛物器，碟碗杯盘形不一。
"酉"为古代酿酒器，或为平底或尖底。
"卣"（yǒu）为古代盛酒器，口小腹大有盖提。
"爵"是古代饮酒器，分酒温酒都便利。
"鼎"本炊具和礼器，二耳三脚有纹饰。
"鬲"（lì）为煮饭敞口器，三足中空有道理。

"鬳"（yàn）像蒸笼分两层，上甑下鬲各为器。

"皀"（xiāng、guǐ）为餐具盛饭食，卿卿我我香气溢。

"壴"（zhù）为羽饰大腰鼓，咚咚锵锵有架子。

"豆"像今日高脚杯，实为古代盛肉器。

"乍"字解说有多种，浇铁作器最合适。

"录"为辘轳打水样，又说钻木取火状。

"庚"为铃铛叮当响，又说风车在脱糠。

"舟""车"二字无多言，象形取义不用讲。

注解：

根字	甲骨文	描 述
皿		器皿，盛物用，其形状有碗、碟、杯、盘等。
酉		装酒器具，或为酿酒器，还有人认为是打水尖底瓶。
卣		圆弧形酒器，口小，腹大，有盖，盖上有提。
爵		饮酒器，上有柱，中间为容器，下像足，也可以分酒、温酒用。金文写作，一目了然。
鼎		二耳、三脚（因视角差省一脚），或有纹饰，蒸煮食物用，又作礼器。
鬲		三足开口器，有些有纹饰，一种炊具。三足中空，便于盛水和烧火传热，鬲的另一写法。
鬳		上甑子下鬲，或分或连，用来蒸食物。有时写作，形声化了。与鼎、鬲相似。
皀		像餐具装满米饭，俗话"帽儿头"，香气四溢。"簋"的初文。
壴		上有羽饰的鼓的形象，下像鼓脚。
豆		有纹饰的杯状容器。
乍		一说古人衣服领子的形象；又说钻木取火的样子；还说像浇铁作器，是"作"的初文。
录		井上辘轳打水形象，又说像钻木取火形象。"录"又写作"彔"。
庚		一说像今天农村用的风车，脱糠用。上面像漏斗，带皮谷物从此处倒进去，中间一竖就是粮食出口。又说像农村的连枷。还说像摇动当当响的乐器，即铃铛。
舟		船的形象。
车		古代车的形象。

十一、器物（二）

口诀：

"叀"（zhuān）轮纺"丝""网"交织，毛"巾"悬挂左衽"衣"。

"东"囊装物两头捆，"耑"（zhǐ）乃缝口针线密。

注解：

根字	甲骨文	描　述
叀		古代纺丝的纺轮形象。若了解古代纺纱知识，此字便一目了然。
纟（丝）		一捆丝的形状。注意比较：(玄)。
网		交错而结的网。或写作 、 。
巾		吊挂的毛巾形象。
衣		古代的衣服就是衣襟往一边遮覆。
东		两头捆住装东西的袋囊。
耑		针线上下相缝之处，有时省作 。注意和 (带)的区别。

十二、器物（三）

口诀：

"工"为工匠工形尺，又云夯石夯地基。

"帚"像农村铁扫把，晒干捆扎好扫地。

"爿"（pán）像床形侧视图，用来坐卧和休息。

"宀"（mián）像小屋侧面墙，"户"为墙上单扇门。

"靣"（lǐn 廪）像粮仓圆形屋，中有小窗上有顶。

窗上雕花即为"囧"，井口轮廓即为"井"。

"用"像卜兆和水桶，又说架上挂大钟。

"斗"为容器带长把，"力"为耒耜翻土用。

"午"像今日碓窝棒，"畢"（毕）为古代捕兽网。

"玉"像竖线穿玉珠，"单"为叉棍狩猎忙。

商人善用"竹"，式样新又奇。

竹片编作"册"，竹条作筲"其"（箕）。

"于"（竽）是竹乐器，"丙"（tiàn）本花纹席。

"聿"字最生动，手握竹管笔。

注解：

根字	甲骨文	描　述
工	工	工匠用的工形尺，即曲尺；另一说法是刀具；还有说法是"夯"的形状，异体为 凸 和 𠄌。
帚	彐	像农村铁扫把形象，一种植物，常晒干做扫把或扫帚。
爿	爿	《说文》云："反片为爿。"实际上就是"床"的初文，坐卧休息的家具。
宀	宀	房屋墙壁侧视图。墙壁上开窗户就是"向"，写作 向。
户	户	单扇为"户"，双扇为"门"（門）。甲骨文"门"写作 門。
囧	囧	中间开着小窗，上带屋顶的小屋，即粮仓。平常说"仓廪"，实际上是方仓圆廪。简写为 仓。
囧	囧	雕花的圆窗户。
井	井	井口的形状。
用	用	一种说法是钟；另一说法是骨版上有卜兆，表示施行之意；还有种说法是表示水桶。
斗	斗	容器的一种，旁为斗把，与北斗星形象相同。
力	力	翻土的木杈，也就是"耒"。
午	午	两头大中间细的棒槌，舂米谷用，农村叫作"碓窝棒"，又叫作"杵"。
畢（毕）	畢	徐中舒先生认为是带长柄的网状田猎工具，学界或认为该字为"禽"。
玉	玉	一串玉的形象。丰 为其异体。
單（单）	單	叉状的木杆，用作狩猎工具。
竹	竹	竹枝和竹叶的形状。
册	册	竹简的形象，用细绳或牛皮细带穿过中间。
其	其	畚（běn）箕，或筲箕。
于	于	乐器的一种，即笙，是"竽"字的初文。又写作 于、丂。
丙	丙	有花纹的席子。
聿	聿	用手握笔，𦘒 为另一写法。

十三、武器、刑具

口诀：

弯"弓"飞"矢""自"（duī）本师，

坚"戈"利"刀""㫃"（yǎn）为旗。

"辛"像凿子"㚔"（niè）像铐，斧"斤"圆"戉（yuè）""戚"带齿。

"殳"（shū）或有齿或无齿，或可刺击或抢击。

注解：

根字	甲骨文	描　　述
弓	弓	弯弓的形状。
矢	矢	箭的形状，下为羽。
自	自	"师"的本字。一说其像弓箭；一说是小土堆高处，部队休息坐卧之处。
戈	戈	古时戈的形状。
刀	刀	刀的形状，上为把，下为刀背和刀口。
㫃	㫃	像树干上飘扬着旗帜。
辛	辛	像木匠的凿子，一种刑具。
㚔	㚔	像手铐一样的刑具，有铐手和铐脚的两类。
斤	斤	斧斤。甲骨文中"王"字也是斧头形象，写作 王。
戉	戉	圆口斧形武器。
戚	戚	边缘有齿的斧形武器。
殳	殳	战车上所用的杖类兵器，用竹或木制成，顶端装有圆形金属头，有的前有三棱矛头，有的装有金属刺球，即可冲杀，又可抢击。

十四、抽象符号

口诀：

四面合"囗"（wéi，围），三面合"凵"（jí，集），

左右开口"匚"（fāng，方）形器。

"八"与"别"同，"乂"（wǔ，五）有"爻"义，

戈柄古人叫戈柲（同"必"）。

十字路口，"行"道迟迟，

聚族而居，"亚"形屋基，

"方"像人在城，又像刀具和耒器。

朝上为"凵"（kǎn，坎），朝下为"冂"（jiōng，扃），

"冃"（mào，帽）有帽样，"牢"像牢笼，

"丙"像鱼尾，又与"内"同，

"中"像旗帜形，又像箭射中。

"亘"（gèn）像水旋转，又说风回还，

"乃"像乳房形，又说腿屈弯。

注解：

根字	甲骨文	描　　述
囗	▢	像四面合围之形状，"围"的初文。又说是城的意思。
亼	∧	像三面合围之形状，"集"的初文。
匚	⊐	方形的器皿。又写作┌、┐，粗细无别，左右无别。
八	八	左一刀右一刀，像分开之形，故与"别"同义。
乂	乂	与"爻"义相同，由此旁构成的字多与教育教学相关。
丨（必）	丨	戈柲之形，即戈的把。
行	行	像十字路口。
亚	亞	聚族而居的建筑群平面图，又说是墓基平面图。
方	方	由省略的"围"和人字构成，会意人在方国中。另一说法，耒柄或刀柄。
凵	U	表示器物，如春（春）字；又表示"坎"，即坑，如臽（臽）字。甲骨文中尚无以此为字的，但有以此为根字的字。
冂	⋂	一说指郊外、野外；又说像门扃之形状，指国门之意。
冃	冃	帽子的形状。
牢	牢	像农村关牛、羊、猪等的小房子，出口窄小。
丙	丙	一说鱼尾；一说插旗的石头底座。与"内"字相同。
中	中	一说旗帜中间的圆环，一说射箭时的目标。又写作。
亘	亘	水流回旋的样子，又说是风回还的样子。由它构成的字多有曲折、回旋义。
乃	乃	一说妇人奶头形状；一说像人腿曲蹲形状；还说是一根绳索的形状。注意与甲骨文（弓）比较。

第三节　甲骨文的形变规律及识读技巧[①]

牢记前面所学"根字"，便有了拆分甲骨文结构的基础知识。但是，这些"根字"在甲骨文中并不是一成不变，甲骨文的构形也不像现代汉字那样一字一形、规范统一。要学习甲骨文的单字，还需要学习一些甲骨文及其"根字"的形变知识。这些知识也是十分重要的，因为它有利于提高甲骨文单字的识读技巧。

一、形体上的繁简关系

（一）"写实"与"写意"

因为甲骨文以象形为主，象形多取象于具体事物，所以甲骨文多像简笔画。我们画过简笔画就知道：同一事物，不同的人有不同的画法，同一个人在不同时候画法也不一样。当时间充足时，就画详细些；当时间仓促时，就画简单些；有时甚至寥寥几笔就成形了。当然这也与个人的心情、兴趣及习惯等有关。甲骨文也有繁复的写法和简略的写法，比如甲骨文的"鸟"字，繁复的写法就是，也就是刻画出鸟的轮廓，实际上带有"写实"的味道；而其简写体就是，重点刻画鸟的头和喙，身子、尾巴和爪子统统"写意"。甲骨文的马字，繁复的写法是，突出马头、眼睛、鬃毛、马蹄等，刻画出马的轮廓；另一种写法是，马的身子、蹄子、尾巴都变成"写意"了。所以，许多甲骨文"根字"，在甲骨文合体字中一般都要变形。就像简笔画一样，我们无法规定一幅简笔画用多少笔画成，有的简略些，有的详细些。但是，文字毕竟不是图画。取象于物，日趋简化，最终固定成符号，这是早期汉字发展的重要规律。但当时并没有统一规定，哪一种写法是规范的，哪些写法是不规范的，没有人来做文字上的规划。所以，甲骨文中繁体和简体、正体和反体，以及各种异体都同时流行。我们在识读以及记忆甲骨文时，最基本的是要知道繁、简无别，而且要看得出来其中不同繁、简写法的"根字"。这很考我们的眼力，也很考我们的甲骨文基本功。当然万变不离其宗，我们应该多记多背基本"根字"。有时候当我们从一个复杂的甲骨文中看到了变异的"根字"时，那种心旷神怡的感觉是无法言表的。

（二）由繁至简

文字讲究实用高效，所谓语言的"经济"原则，不仅仅体现在文字的数量上，还体现在文字结构的繁简方面。由繁至简是甲骨文的一个总体趋势。"王"的甲骨文有的写作，它刻画的是一把斧钺的形象，是集权的象征。后来在此基础上简化为，然后进一步简化为，还略微保留了点"斧口"的痕迹。但这三种字体都在流行，说不清楚谁最先发明了该字的简化写法。"采"的甲骨文写作，上面是一只手，下面是树上的果实，显然该"采"字的含义就是采摘果实。但是在龟甲上刻画果实的形象还是比较麻烦，而且有时候采摘的并不是果实，完全可能是采摘树叶如采摘桑叶，所以该字后来简化为，下面只有"木"字，而不见"果实"了。

由繁至简的方式多种多样，比如减少笔画，减少"根字"，采用其他更简单的"根

---

① 本节内容及书末"索引"为重庆市语委课题"20 世纪的汉字检字法与汉字简化"（项目编号：yyk21236）研究成果。

字"替代等。甲骨文中的"圂"，本义是猪圈，同期中有圂、圂两种写法，一个字是表示"猪圈里有两只猪"，一个字是表示"猪圈里有一只猪"，没发现"猪圈里有三只猪"的写法。在农村养过猪的人都知道，猪圈里两只猪的现象是有的，但猪长大后体型庞大，经常争食、打圈，一般而言，猪圈里养一只猪是主要的饲养方法。所以后来圂字流行于世，即今天的"圂"字，这是有依据的。又如甲骨文中的"羴"字，表示羊的膻味。羊越多味道越大，所谓"一群羊子不知膻"，甲骨文中有写作羴，也有写作羴，但最后，写作三只羊的"羴"字流传下来。因为"三"就表示多了，其他冗余的相同"根字"便淘汰掉了。

（三）由简至繁

根据甲骨文的分期，我们也发现了许多甲骨文的形体演变是由简至繁的。比如甲骨文的"福"字，最早是由"酉"来表示"福"字，写作酉。"酉"本来是一种用来酿酒和装酒的器皿，如果用来指代"福"字，显然它承担的表义功能太多了，容易搞混。于是又造了一个新字来表示"福"，即福字，通过加"示"旁强调该字与神灵相关。甲骨文中的"巳"字写作巳，它本来是甲骨文"子"的变体，甲骨文"子"写作子。古代文献记载，祭祀祖先时常常让小孩子来代替祖先，即充当"尸"，所以"巳"本来就是"祀"的初文。但是为了增加祭祀的色彩而在"巳"基础上加"示"旁，从而增加表义特征，甲骨文写作祀，也就是"祀"字。讯字像一个人反绑着手，还有一个"口"旁，此即"讯"字，表示问询。但有时候为了强调手被绑着，该字又加"丝"旁写作讯，从而使讯问罪犯的意思更加明显。由逻辑学知识可知，概念的外延变小则内涵增大，外延增大则内涵缩小。甲骨文的构形也是如此，同一个字，在构形时，每增加一个"根字"或字符，则其意思范围反而缩小，但其表义也就更加明确。

由简至繁的另一主要途径是甲骨文的形声化。我们熟悉甲骨文后，会明显地感觉到甲骨文中许多形声字由会意字转化而来。甲骨文中的"艮"（fú）写作艮，它像一只手从背后按住了一个人，表示制服。但该字后来形声化，写作服，也就是"服"字。该字左边加了"舟"的简省体，右边为原来的"艮"字表声音，实际上是声中兼义。甲骨文中的"鸡"字最先当是象形字，写作鸡或者鸡，一个刻画从鸡头前看到的鸡的正面形象，一个刻画的是鸡的侧面形象。但后期甲骨文多写作鸡，显然，该字从佳奚声，即"鸡"的繁体字"雞"，也就是形声化了。

如何看待这种由简至繁的形体变化？它不与文字的"经济"原则发生矛盾了吗？仔细分析这些由简至繁的甲骨文就会发现，形体的由简至繁并不是该字的功能由简至繁，也不意味着使用更加复杂了。恰恰相反，这些变繁的甲骨文要么在表义上更加准确，要么形声化后的读音更加便于沟通交流，显然也更加有利于人们掌握该字和利用该字。也就是说看似形体变复杂了，其使用却变得更加简便了。这也告诉我们一个经验：汉字形体的复杂化并不决定其使用功能的复杂化。

二、位置上的复杂关系

甲骨文中除了像数字一、二、三、四等表义简单、形体固定的文字外，其他的一般都有多种写法，也就是说有多种变体。而这些变体不能叫学界常说的"异体字"，而只能叫

"异形字"。我们认为异体字是不同偏旁部首构成含义相同的字，相同偏旁只是位置关系的改变和正反形态的变化而构成的字，即是"异形字"。甲骨文中的异形字具有以下特征。

（一）左右无别

比如说"翊"，今天写作"翌"，表示第二天的意思。该字甲骨文写作🔣，左边是"立"右边是"羽"，但有时候也写作🔣，即左边是"羽"右边是"立"，两种造型表示的完全是一个字。再如"任"由"亻"和"壬"两个"根字"组成，甲骨文写作🔣，但有时又写作🔣。甲骨文左右无别，这可能是一种书写习惯造成的。

（二）正反无别

如甲骨文"人"字，有时写作🔣，又写作🔣；甲骨文"女"字，可以写作🔣，也可以写作🔣；甲骨文"射"字，刻画的是一张弓和一支箭的形象，可以写作🔣，也可以写作🔣；甲骨文"任"字，有时写作🔣，但也写作🔣；甲骨文"明"字，可以写作🔣，也可以写作🔣。

我们或可说甲骨文中的"根字"间的位置关系，一定程度上反映实际事物的某些空间位置特征。如甲骨文"射"字的两种形体，这不是说可以"向左射"，也可"向右射"，这只是平面符号表达立体的现实现象，并没有表示真正的向哪个方向射箭。但的确没有"向天上射"和"向地下射"的甲骨文造型。

正反无别实际上是把某个甲骨文沿着纵向的中轴线旋转180度，我们把它叫作"纵向旋转"。打个比方，我们在纸上写某个字，然后拿起翻个面，我们就看到该字背面的轮廓，此时与正面的字形相比，就是"纵向旋转"了。为什么会出现这种现象？学界争论不休，我个人认为当时的甲骨文刻写很有可能以右手握刀刻写为主，但并没有限制左手握刀刻写，从而造成左右无别，这点笔者深有体会。我从小是"左撇子"，小学一年级写字时左手写字，写出来的字无意识地与别人右手写的相反，但很快就被老师纠正过来，用右手写字。今天学者用显微镜观察甲骨文的形态，发现大多数是右手持刀刻写的。因为右手持刀，刀向右倾斜，刻画的线条在龟甲上留下的凹槽轮廓也是向右倾斜居多。当然也有向左倾斜的，这完全可能是因为刻写者是"左撇子"，用左手持刀刻写造成的。当一版甲骨上面的文字的凹槽多是朝右，极个别朝左，这可能是刻写者右手刻写太久，换成左手刻写，让右手放松下。这方面的研究还有待深入。

（三）上下无别

比如说甲骨文中的"昔"字，写作🔣，或写作🔣，一说该字是人们对过去洪水滔天的深刻记忆，所以刻画的是洪水的波浪形象，加上"日"字表示时间。另一种说法是发洪水时只见到水中的太阳或水面上的太阳，山川全被淹没了。但无论哪种说法，两字表示的意思相同，所以该字在结构上是上下无别。再如甲骨文"侯"写作🔣，有时又写作🔣，本义指射箭的靶，所以从"矢"，这两种形体表义也是没有差异的。

上下无别的甲骨文有时候是上下两个"根字"交换了位置，但"根字"的形体不发生变化，如上面的"昔"字的甲骨文的两种写法就是如此。但有时候不仅交换位置，而且还发生了形体变化，似乎是沿着横向的中轴线发生了180度旋转，我们将之称为"横向旋转"。如上面所举"侯"字的甲骨文的两种形体，就是这种关系。

（四）内外无别

有些甲骨文的异形字间内外无别。如甲骨文中的"贾"字，也即是"贮"字，从贝从宁，"贝"表示货币，财富，"宁"表示仓库。"贮"字甲骨文有□和□两种写法，一则"贝"在"宁"下，一则"贝"在"宁"之中，两者意思完全相同。

（五）其他位置关系

有时候，某一个甲骨文的变体很多，这些变体中根字之间的关系可谓上下、左右、正反等都包括了。比如"名"字，是由"夕"和"口"两个根字构成，而"名"的甲骨文有这些写法：□、□、□。显然此字中两根字的关系是一种复杂关系。又如"昃"字，从日从仄，表示太阳偏西，人影变长。它的甲骨文写法众多，如□、□、□、□、□、□，这些写法或许表明了在不同时间点、不同角度观察人影和太阳间的位置关系变化，从而将之刻画在文字之中，生动地再现了文字背后的奥妙。

三、甲骨文的笔画特征

（一）总体特征

甲骨文以象形为主，最先是取象于物，然后才有抽象的文字符号。甲骨文处于由图画向文字的过渡阶段，这是我们了解甲骨文笔画的切入点。我们都知道，简笔画的笔画其实是非常复杂的，有曲线、直线、实线、虚线等。甲骨文中的"吉"，写作□，上面像尖锐的兵器，或说是斧钺一类，下面像放兵器的地方，把兵器存放，不打仗了，表示吉利。但又有写作□的，显然这种写法象形性减弱了，进一步向抽象符号过渡。甲骨文中的"单"（單），写作□，本来是利用树杈做成的狩猎工具，就像今天警察用的钢管叉子。为了防止树杈做成的这个工具在狩猎时从中间剖开，于是又在树杈分叉处缠绕绳子，在两个分叉头端也绑上石块一类的东西。绑上石块很多人都不明白是什么道理，其实主要是防止狩猎时野兽咬住叉端，不绑石块肯定会咬坏杈子端头，下次就无法使用了。这个字又写作□，显然就简化了中间部分，将叉端的主要特征还保留了下来。而对于抽象意义的文字，也有一个从具体到抽象的过程，比如甲骨文中的"中"，写作□，像彩旗飘飘。表示插旗帜的地方，也就是集中的地方。后来又写作中，这个字就进一步抽象化了，符号化了。甲骨文处于由图画向文字符号过渡的阶段，所以我们拆分甲骨文的笔画时，有些可以分清笔画，有些就不能分清笔画。

（二）曲直不分

我们通过分析大量甲骨文，认为由曲线到直线，由圆到方是甲骨文笔画演变的主要规律。比如甲骨文中的"日"，写作☉，也即是说画个太阳的样子，中间点上一点，有专家说中间那一点不是指太阳黑子，而是因为中间太空虚了，所以要点上一点。但不管怎么说，商代甲骨文主要是用刀刻，圆形没有方形刻写容易，因为圆形不一定一下刻得圆。所以有了方形的写法，即□，后来进一步简化，写成□。由此导致了甲骨文笔画上曲线直线并行，方形圆形同在。

（三）虚实不分

甲骨文的刻写就好比刻章，刻章有阴文和阳文；甲骨文的刻写又好比绘画，绘画有写实有写意。这样也就比较容易理解甲骨文笔画的虚实问题了。比如甲骨文的"才"字，其写法有：

1	2	3	4	5	6

第1种是刻画小草的尖头长出地面的形状，地面以及地下部分都详细地刻画出来，采用写实的方法。到田野去拔一棵小草端详一番，就会发现它的根茎部分带着泥土，就是这种形状。然而这种写法毕竟费事费时，于是第2种写法出现了，开始减少不影响总体轮廓的填充笔画。第3种则只画轮廓，中间填充笔画也没有了。第4、5两种写法中，小草根部带坨泥土的轮廓也开始弱化。第6种写法则简化到最简程度了，再简化就难以表示小草刚长出地面的主要特征了。至此，该字由实笔转向虚笔。这六种写法，并不是严格按照以上顺序演变、固化的，因为前文已经说了，当某种新的写法产生后，旧有的写法依旧盛行，于是最终导致多种写法并行，所以我们说甲骨文"虚实不分"。但在文字史上，最终是简化的、实用的写法流传于后世。

又如，甲骨文"封"的写法主要有：

1	2	3	4

第1种写法是实笔刻画，即在一堆土上种植一棵树苗，表示边界。第2种写法弱化土堆，保留树木特征。第3种写法，土堆开始虚化，只勾画轮廓，树苗特征保留。第4种写法树苗特征也简化了。

（四）轮廓直线化

甲骨文即便是刻画实物的轮廓，虽然最初是曲线为主，但后来也逐渐直线化了。这是因为刻画实物轮廓的曲线比直线更复杂，不好运刀，也不够简便省时。比如甲骨文的"天"，归纳起来有以下几种写法：

1	2	3	4

第1种写法是刻画人的形象，突出人的头部，也就是如许慎所说："天，颠也。"人的头顶即为天。但第2种写法显然比第1种写法简单，将人的头部变成方框，将下边大字逐渐直线化。第3种写法中，方框也只写两横（另一说法两横代表"上"字）。第4种写法中，笔画减少，直线逐渐变成直横和直竖。由此，我们看到了甲骨文"天"字上部由圆圈演变为方框，再演变为双横线，进而演变为单横线的形变过程。

综上，甲骨文中刻画实物的轮廓需要曲线，曲线显然比直线复杂，刻写更困难，所以直线取代曲线。但在直线刻写中，标准的直竖比斜竖容易，标准的直横比斜横容易，因为凡是斜着的直线需要有角度上的掂量，不容易把握。所以直线又逐渐直横化和直竖化。经过千百年的积累，也就促成了今天的汉字直横直竖笔画比较多，显得方方正正。

再看一例，甲骨文的"示"与祭祀有关，表示祖先的牌位，有如下写法：

1	2	3	4	5	6
𒑊	帀	示	示	丅	丁

第 1 种是刻画实物的轮廓，上为牌位，用木板或石板做成，下为底座，也用木材或石材做成。这种形象与今天庙宇里的牌位类似。第 2 种写法是第 1 种写法的虚化，只刻画牌位的主体即一横一竖，周围增加修饰符号。第 3 种写法减少增饰符号。第 4 种写法是在上边增加一短横，下面增饰符号进一步减少。上面一短横强化的是祭祀祖先时的祭品，有时是一条带子什么的，挂在牌位上端，有时是牺牲玉帛，放在前面祭台前，人跪在祭台前看过去，也是这种形象。第 5 种写法是继续减弱下面的增饰符号。第 6 种写法上面的一短横也去掉，只剩下一直横和一直竖，达到最简。

四、形声化

前面讲甲骨文由简至繁的演变时，提到了形声化问题，这里再进一步阐述。因为形声字的造字能力特别强，也特别符合文字由表义到表声的普遍发展规律，所以在汉字史中，早在甲骨文时期就开始形声化了。甲骨文的形声化使得甲骨文的笔画增多，但是使用、理解、记忆等却更加方便，可见古人并不是单独地从笔画多少的角度来看待文字先进或落后的问题。

甲骨文的形声化方式之一是加声旁，原来的形体作为表义的"根字"。如甲骨文中的"星"，最先是以几个圆圈代表天空中的星星形象，写作𖾐。后来形声化，加"生"旁，写作𖾑。当然也有写作𖾒的，不过"星星"数量增多而已。但在甲骨文第一期就有了𖾐、𖾑、𖾒这几种写法，到了第三期𖾐的写法还在流行。若不管形体出现的时间先后问题，各期中𖾑的写法最多，最流行，它后来就演变为今天的"星"字。这说明形声字取代象形字，是汉字发展的大势所趋。

甲骨文形声化的第二种方式是增加形符，原来的甲骨文文字演变为声符。如甲骨文中的"宿"字，其最初写法是𡧱，也就是和"夙"是一个字，像一个人在席子上睡觉休息，该形体出现在第一期。但该字发展到第五期，加了"宀"旁，强调人在屋里头的席子上休息，写作𡨄，原来的"夙"便成为声符。

但也有甲骨文形声化后，说不清原来的形体在形声结构中充当形符还是声符。如甲骨文中的"白"，写作𦥑，一说像古代的容器，一说是拇指甲盖。而甲骨文的"百"写作𦥓，增加了一横，表示一容器的含量就是数字一百。这两个字的甲骨文第一至五期都有，且"白"的含义有伯、数词百以及白色的含义，而"百"却只有表示数字的含义，它不可指代"白色"和"伯"的含义。这说明，"百"是在"白"基础上演化而来，也就是"白"字的形声化。当然该字也是会意字，许慎说该字从一从白。原来的"白"在"百"中不能判断是形符还是声符，应该说是声中兼义。

五、异体字

本书所谓甲骨文中的"异体字"，是指由不同符号构成的相同的甲骨文。因为造字的方式多种多样，可以象形，也可以形声，还可以会意等，就是同一种造字法，也有由不同"根字"组合起来的造法，所以甲骨文异体字就产生了。比如甲骨文中的"祀"字，可以写作Γ，这是象形；也可以写作Γ，从示巳声，这是形声；又可以写作Γ，像一个人举着小孩让他坐在神位上充当祖先神灵，这是会意。又如"牢"，今天的"牢"字是从宀从牛，也就是说"牢"本来指的是牛圈，后泛指一切牲畜的圈。但甲骨文有这几种形体：

1	2	3	4
𤘒	𤘒	𤘒	𤘒

第1种是常规写法，也就是牛圈；第2种却是指羊圈；第3种是马圈；第4种干脆只刻画这些牲畜的圈的轮廓。实际上这种牲畜的圈开口较小，房屋也低小，与人住的房屋"宀"有区别，可以视为"宀"的变体。以上几种"牢"字形体，我们习惯上将第1种视为正体，其他的就是异体。可以得出这样的结论：牛、羊、马在"牢"字中的含义是相等的，都是指代牲口；有时候不要这些动物，直接画"圈"的形象，因为关牲口的"圈"的特征明显，一看就知道是关牲口的。

甲骨文中的"囿"字，有两种写法，一种是刻画园囿的轮廓，但里面是"木"字，写作$\boxplus$，一种是刻画园囿的轮廓，但里面是"屮"字，写作$\boxplus$。这两个字表义也完全相同。这说明"木"和"屮"在构成甲骨文时，可能因形近而混淆，也可能因义近而混淆。但甲骨文中的"告"，写作Γ、Γ、Γ，可以推想上边的"牛"和"屮"两个根字的混用，是因为书写时因形近而混用。

六、相似根字

或因为世界的万事万物相互间本来就有很多相似之处，或因为甲骨文在发展过程中孳乳、简化、形声化、直线化以及异体化等因素，甚或因为个人的刻写习惯等，导致出现了大量的相似根字。例如下表：

编号	根 字	说 明
1	⊖(日)、白(白)、白(百)、白(百)	"日"是太阳的形象，"白"是大拇指形象或者容器形象，"百"是在"白"基础上加"一"。
2	貝(贝)、心(心)	"贝"是蚌壳形象，"心"是心脏形象，二者差异在两字的底端。
3	矢(矢)、交(交)	"矢"是箭的形象，"交"是人交腿站立的样子。
4	工(工)、�(柲)	"工"是工匠用具，"柲"是戈把的形象。
5	田(田)、西(西)	"田"像井田，"西"像鸟窝。
6	口(口)、井(井)、凡(凡)	"口"像围城，写小点就是"口"字；"井"像井沿；"凡"像船形。
7	⻔(门)、牢(牢)、宀(宀)、六(六)	甲骨文中"门"不单独成字；"牢"像开口较小的一间牲口房屋；"宀"是房屋侧面形象；"六"是"庐"的形象，也像房屋。
8	山(山)、火(火)、丘(丘)	甲骨文中"山"与"火"的差异在两字的底部，"丘"则四周高中间低。
9	欠(欠)、无(无)、祝(祝)	"欠"就是打哈欠，开口朝前；"无"字一般侧头；"祝"开口朝上，表示祈求。

10	𧼒(尸)、𧼓(身)	都是人的形象，差异在腹部，因为"身"的本义是怀孕。
11	𠂇(父)、𠬝(殳)、𤰞(攴)	"父"是手持棍；"殳"是手持抢击武器；"攴"像手持鞭（后演化为"攵"），以上三者常通用。
12	𠂆(虫)、𠃜(巳)	"虫"是尖头长尾，"巳"像小孩大头。
13	𠂇(尹)、𠂇(父)	二字构形基本相同。"尹"指手握权杖的人，"父"指手握棍棒的人。
14	𤰞(毕)、單(单)	"毕"是网状的狩猎工具；"单"是叉状的狩猎工具，有时简写为𢦏。
15	𥄷(祝)、邑(邑)	"祝"是人跪地，开口朝上，表示祈求；"邑"是上为口，下为人，表示城中有人。
16	卅(卅)、中(中)、牛(牛)、有(有)	"卅"表示三十，"中"是小草形状，二者因形近而易混淆；"牛"是牛头形状，"有"也是牛头形状，二者相似。

　　我们只是部分地列举了甲骨文中的形近根字，学习它们有利于分辨甲骨文的细微差别，并准确理解它们的含义。但是，千万不要机械地通过甲骨文的形体分析，就决断地说某甲骨文的根字是某字。如甲骨文的"分"，写作𠔿，甲骨文的"勿"写作𤔔，甲骨文的"爪"写作𠬪，似乎这些字中有相同的"根字"，其实完全不同，"分"字是分开的意思，从刀；"勿"是指旗杆上的彩旗随风招展，是曲轴旗杆的形象；"爪"是老鹰爪子的形象。又如甲骨文中的"攴"和"殳"本来有不同含义，但也可能因为形近而义通。甲骨文𢼸和𢻻，两字的差异在一个从攴，一个从殳，这是两个不同的甲骨文。前者是"攸"字，后者却是"役"字。而𤕻、𤘾，二字右边一个从父、一个从攴，其实都是手持棍状，这却是一个字，即"牧"字。

　　再看下表中的甲骨文：

1	2	3	4
𣠣	𣠤	𣠥	𣠦
東（橐）	束	束	索

　　第1字是"东"，甲骨文与该字繁体"東"神似，又说像两头捆绑的橐囊的"橐"字；第2字似乎是"東"的简写，前面我们讲了甲骨文中有这种只刻画轮廓的简化方法，但实际上它是"束"字，也就是两头捆绑的包裹的样子，又说是像绳索缠绕木棍；第3字是第2字的繁化；第4字是"索"字，像用双手搓绳子的样子。这几个字明显有相似的部分，第1、2两字有意思上的相同之处，但第1、2字与第4字之间，如果说也有意思上相关联之处，则非常迂曲。从这几个字也可以看出甲骨文形体演化的复杂性。

七、"根字"在甲骨文中的平面呈现与立体呈现

刻写甲骨文一般都是平面呈现事物的主要特征，但并不是说没法刻画立体的事物形象。先看下表：

1	2	3	4	5	6	7	8
⊕	囚	囷	夼	弇	髙	𠧪	中
亚	囚	因	因	京	高	郭	贯（毌）

第 1 字为"亚"，其繁体为"亞"，学界认为是地基的意思。显然，这个甲骨文的造型只能是刻画平面的地基，是俯视时的情形。第 2 字是"囚"，像人在监狱里面，是内外关系。第 3 字是"因"，也就是人四仰八叉躺在席子上面，这是用平面的手法表现立体的事物关系。因为该字主要不是为了体现人在席子内，而是人在席子上，所以"因"有依靠的意思。这也就不难理解第 4 字这种"因"字的写法，表示身子和双手靠在某个东西之上。第 5 字为"京"，表示高高的亭子或楼阁的样子。第 6 字"高"也表示亭子高高的样子。第 7 字表示多个亭子，指代城墙。因为城墙每隔一定距离得修小亭子，里面有人负责防卫和管理行人进出。第 5、6、7 字我们一般人认为都是侧视时的形象，但徐中舒先生在识读这几个字时却认为是俯视。他说：上古人们都是穴居，"京"的甲骨文，上部分是从地穴走出的过道和过道上的篷子，篷子的作用是防止地穴过道被雨水打湿；下为地穴居室，中间还有柱子撑住；而"高"也是穴居形象，上面还是出口小道和篷子，下面是高地，高地里面的"口"是穴居的居室；"郭"则是地穴出口，多挖了几条通道而已。徐中舒先生的解说能自成体系，不能说没有道理。"贯"的甲骨文则很难说明是平面展示还是立体展示某个东西从另一东西中间贯穿。它可以是平面展示某个东西从另一平面的中间穿过；也可以是从俯视的角度描绘一根线从"田"状东西的中间贯穿。

▶第四章

甲骨文单字详解

第四章　甲骨文单字详解

　　本章是在第三章的基础上，详解常见甲骨文单字。为了学习上的循序渐进和记忆上的逻辑关联，本章内容在总体框架结构上与第三章一一对应，分节呈现。这样做的原因也是便于数字化教学手段在甲骨文教学中的运用，遵循第一章所举的教学实验的结论。

　　对于甲骨文形体的选用尽可能地截取该甲骨文的异体字和异形字，凸显该甲骨文的常规写法。截取每一甲骨文形体的个数视该甲骨文的异体字或异形字个数而定，多则六个，少则一个，一般是五个，列表呈现。但本章并非按照董作宾所分甲骨文形体为五期的顺序和徐中舒先生《甲骨文字典》的做法排列。尽可能多地呈现甲骨文单字的主要形体，旨在训练学生的辨字解字能力，奠定学生成片识读的基础。

　　对有些相对中学生而言不常用且估计他们比较陌生的字，标注拼音。对一些常见的字，则略去注音。

　　截取原版甲骨文字形旨在让学生记住其本来面目，以训练学生识读原版拓片的能力，减少转写引起的形体和笔画误差，为下一阶段即"成片识读"奠定基础。对于到目前为止只有一个形体的甲骨文，或者因甲骨残毁而导致的字形不明的甲骨文，增加其临摹形体，便于学生识读。而列表呈现的每个甲骨文的各类形体中，我们将与今字关系最紧密的形体放在第一列。每个截取的甲骨文原图，注有相应的编号，标明其来源。每一甲骨文隶定出对应的今字，标明其编号，便于检索。

　　需要强调的是，这些截取自原版的甲骨文，高低宽窄不一，笔画有粗有细，字形忽明忽暗，本书将尽量保持其原状。因为我们若为了美观而将截图高低或宽窄作统一的调整，其上的甲骨文即刻改变其原版的形态，这无异于削足适履。对于有些截图中不清晰的甲骨文，除了参阅我们临摹的形体外，更好的办法是与同一组截图中的其他形体进行对比和系联，一般都能揣摩出其字形结构。这将大大提高我们识别甲骨文的眼力和能力。

　　对每一个甲骨文的讲解，首先讲清其形体结构，这是因为甲骨文是象形为主，以形表义是甲骨文的主要特征。然后从共时的角度讲同一甲骨文的异体字或异形字之间的形变关系。偶尔也要结合金文、篆书和楷书等从历时的角度讲解其形体变化规律，让学生知道甲骨文与现代汉字的逻辑联系，从而建立起更加完善、牢靠的知识系统。

　　对每一个甲骨文意义的讲解，尽量浅显易懂，尽量与前章内容和学生的已有文字学知识、语文知识以及生活常识等建立起联系，用已知推导未知。同时将每个文字与中国古代尤其是商代的文化、历史、文物等相结合，让学生在学习甲骨文的同时学习优秀的传统文化，让学生在文化和历史的背景中来感悟每个甲骨文的形和义。我们还尽可能地援引《说文》的说法，以拓展学生的文字学知识。

第一节 与"人体"相关的甲骨文

索引编号：1	1	2	3	4	5
人					
	合 21642 子①	合 32272 历	合 6057 反宾	合 37 宾	合 24892 出

　　该字刻画的是一个站立的人的侧面形象。其中第 1、2、3 种形体是刻画向左站立的人的形象，第 4、5 种形体刻画的是向右站立的人的形象。仔细观察会发现上表中每个甲骨文的形态都不一样，学会玩味体悟，久之会感到很有乐趣。此外，甲骨文中的"大"字刻画人正面站立的形象，甲骨文中的"交"字表示人交腿站立的形象，甲骨文中的"女"字表示人曲蹲的形象。待学完这些甲骨文后再比较记忆，就能举一反三了。侧面的人后来演变为"亻"部和"人"字。

　　这里补充说下表格设计，最左栏第二行表示所学甲骨文对应的今字，或叫隶定汉字。若该字较陌生，估计学生不认识，则在其下一行对应的栏内注音，若该字是常用字，估计学生认识，则不用注音。该字上一行对应的栏内是该字在本书中的索引编号，主要是考虑检索的方便。后面 1、2、3、4、5 表示所截取甲骨文的形体编号，而每个甲骨文形体对应的下一栏则标明其出处。为便于学生理解和解说，在行文中会使用繁体字、异体字，在必要时说明其对应的今字。后表同此。

2	1	2	3	4	5
匕					
	合 1623 正宾	合 27578 无	屯 652 历	合 19886 自	合 2359 宾

　　该字有多种说法，一种说法是"妣"的本字，这在甲骨文中用例最多。该甲骨文像一个弓腰驼背的人形，第 4 种形体甚至像一个曲臂趴着或俯伏的"人"。有人说：上古社会是靠劳力和蛮力的时代，抬不起头的主要是妇女。故"妣"本义为地位低下的妇女，后来代指女性，又多指女性长辈。此说不妥，商代妇好墓出土的文物证明了商代的妇女地位是很高的。"妣"表示女性长辈这种含义保留至今，有个成语叫"如丧考妣"，意思是如丧父母。在甲骨文中，"匕"也表示一种雌性符号，可能来源于此。

　　第二种说法认为"匕"是取饭的饭勺或者汤勺。《说文》云："匕，相与比叙也。从反人。匕，亦所以用比取饭，一名栖。"大意：匕，一起比较而排列次序。字形采用反写的"人"字。匕，也是用来舀取食物的勺匙，用作礼器时又叫"栖"。栖，一般用角制

---

　　① 援引简称说明：合：《甲骨文合集》；合补：《甲骨文合集补编》；屯：《小屯南地甲骨文》；英：《英国所藏甲骨集》；怀特：《怀特氏等收藏甲骨文集》；花东：《殷墟花园庄东地甲骨》；村中南：《殷虚小屯村中南村甲骨》；京都：《京都大学人文科学研究所藏甲骨文文字》。此外，简称后面的数字表示甲骨版号，版号后的文字表示分组。如"合 1623 正宾"表示该字截取自《甲骨文合集》第 1623 版正面，属于宾组卜辞；"合 10302 正甲宾"表示该字截取自《甲骨文合集》第 10302 版正面甲图（因原版甲骨碎成多块，拼合后分成三块，再拓成三图，以甲乙丙分别标号），属于宾组卜辞。

成。其实甲骨文中的"匕"，与甲骨文中的"人"十分相似，并非《说文》所说的"从反人"。甲骨文中字形左右无别，"反人"还是"人"字。

《三国志》云："先主方食，失匕箸。"说的是曹操赞刘备是英雄，刘备刚要吃饭，吓得丢掉了手中的汤勺和筷子。《管子》："左执虚豆，右执挟匕。"说的是左手拿着空"豆"，右手拿着勺子准备舀。今天"匕首"一词中，显然"匕"字表示的是带柄刀具了。可以想见，古人捕获野兽，割肉的餐具如小刀子当然也是杀人的武器。"匕"在甲骨文中还表示一种用牲法，可能与此意相关。

郭沫若通过对甲骨文中牡、牝二字的各种形体进行对比，认为甲骨文"匕"是女性生殖器形象，而甲骨文"牡"（♀⊥）中的"⊥"是男性生殖器形象。

3	1	2	3	4	5
兀	合 10301 宾	合 19790 宾	合 5871 宾	合 19642 宾	合 20333 宾

该甲骨文是在"人"的头部位置加一横，这一横是指示符号，指高处的平地。该字与"元"同源，两者金文都写作 ˀ。金文不过将该甲骨文的一横写成圆点，篆文写作 ⼌，继承了甲骨文字形特征，隶化后的楷书写作"兀"，可谓一脉相承。

《说文》云："兀，高而上平也。从一在人上。"大意：兀，高而上部平坦的地方。字形采用"一""人"会意，"一"表示平，"人"表示高。中国古人以"人"为高，以人形为"大"，其中所蕴含的哲理值得研究。

4	1	2	3	4
叹	合 13637 反宾	合 20407 自	合 16936 反宾	合 10201 宾
jí				

该字字形表示人在天地之间，上一横表示天，下一横表示地，中间是人的形象。天地之间人为大，该字为"亟"字，"亟"又是"極"（极）的本字。《说文》云："亟，敏疾也。从人，从口，从又，从二。二，天地也。"大意：亟，敏捷迅速。字形采用"人""口""又""二"会意，意思是人生天地间，手口并作，动作敏捷，乃能成大事。显然，《说文》据篆书解说，有些牵强附会。

5	1	2	3	4	5
尿	合 17375 宾	临摹	合 17959 宾	合 137 正宾	合 7251 宾	合 20086 宾

这个字就是"尿"字，也即"溺"字，此两字古音相同。此字造型一目了然，不用多讲。胡适说，"古人叫做溺，今人叫做尿"，"古人悬梁，今人上吊"。在甲骨文中，"人"和"尸"相通，而尿液形象后来演变为"水"旁，于是有了"尿"的写法。

6	1	2	3	4	5
介	合 19027 宾	合 19028 宾	合 2926 正	合 816 正宾	合 2340 宾

该甲骨文字形像人身上穿着铠甲的形象。中间是人，两边的四点像连在一起的铠甲，有时用两点表示。所以该字本义指铠甲，一种用来防身的防具。但甲骨文中的"介"表示多的意思，有"多介父""多介兄"等用例。徐中舒先生认为这是因为铠甲相连，故有多意。

另一说法，该字像人身上长了疥疮，故是"疥"的本字。还有人认为该字像人身上长毛的形象，最惊悚的说法是在祭祀时人被火烧，周围四点表示火花四溅，被焚人就充当天人之间的中介人角色。文献中的确大量记载了古代焚巫以求雨的场景，但甲骨文中有指焚人的文字，即"熯"（hàn）字。

《说文》云："介，画也。从八，从人。人各有介。"大意：介，就是画界限的意思。字形采用"八""人"会意，"八"是分开的意思，而"人"与"人"之间界限最分明，所以以人喻界限。显然这是后起意了。"介"跟其派生字"界"同音同义。从该字甲骨文、金文和篆文的字形看，介由"人"和"八"构成，是会意字。但从甲骨文来看，"八"是指示符号，是铠甲的形象。

7	1	2	3	4	5
从	合 6016 正宾	合 199 宾	合 7428 宾	合 36425 黄	屯 1094 无

甲骨文中的"从"，就是一个人跟在另一个人的后面，表示跟从的意思。它是"從"的本字。该字在甲骨文中的用例主要用作动词，表跟从、从事的含义。但也用作介词如"从东""从南"，用作副词如"从雨""从日"等。"从雨"就是果然下起大雨，"从日"就是果然日出。

8	1	2	3	4	5
比	合 32615 历	合 19773 自	屯 2618 无	合 27885 正何	合 10080 宾

该字字形与甲骨文"从"相混，像两个人并肩而行，造字本义为两人肩并肩挨着。但有人认为是男女媾和形象，实在误会了此字。但"比"的确有勾结、狼狈为奸的意思。如《论语》中说"君子周而不比，小人比而不周"。

《说文》云："比，密也。二人为从，反从为比。"大意是：比，两者关系密切。两人相随构成"从"字，反写"从"字遂成"比"。

这个字后来在汉语中运用得很生动。"其比如栉"，形容密得像梳篦。此外还有"比肩而立""天涯若比邻"都是形容关系亲密。比目鱼，现实中真实存在，两只眼睛长在一边，《尔雅》所谓"东方有比目鱼，不比不行"，故名。比翼鸟，中国古代传说中的鸟。此鸟仅一目一翼，雌雄须并翼飞行，故常用以比喻夫妻恩爱，亦比喻情深谊厚、形影不离的朋友。

中国人对爱情常常借物抒情，比翼鸟是不存在的，是人们想象的，不过反映了传统独特的爱情观。

甲骨文造字常常"近取诸身，远取诸物"，比如二人正面并立为"并"，二人相背为"北"，二人同向为"比""从"。这些字都十分形象生动。

9	1	2	3	4	5
立	合 23668 出	合 811 正宾	合 20332 自	合 20196 自	合 32786 历

"立"上面是"大"，像一个人的正面形象；下面一横，代表地面；意思就是人正面站在地面上。《说文》云："立，住也，从大立一之上。"《说文》中并无"住"字，"驻"其实就是"住"字，其所说的"立"就是人站着不动。《说文》对"立"字形体的分析是很准确的。清代学人认为人所立的地方就是"位"，所以"立"又通"位"。

10	1	2	3	4	5
并	合 33570 无	合 32833 历	合 33174 无	合 4551 宾	合 32832 历

"并"表示两人并排在一起，下面的一横或者二横强调并排的含义。《说文》云："并，相从也。从从，开声。一曰：从持二干为并。"大意：并，相跟随。字形采用"从"作形旁，采用"开"作声旁。另一种说法认为，"并"是由"从"字带着两个"干"字而构成的。"从"本义就是二人相从，又指代两个人；"干"也就是"竿"的本字，两个人手持二竿，是一人持一竿的合并之义。清代有学者认为："人持二竿为并"，相当于"又（手）持二禾为兼"。

11	1	2	3	4	5
竝 bìng	合 4393 反宾	合 20149 正自	合 32886 历	合 34557 历	屯 2943 无

"竝"像两个人正面站在一起，其实就是"並"字。《说文》说："竝，併也。从二立。"大意也是指二人并肩而立，所以字形采用两个"立"会意。汉字简化后，"并"与"並"两字统一为"并"。

12	1	2	3	4	5
化	合 33195 历	合 6654 正宾	合 7647 宾	合 150 正宾	合 10275 正宾

该字的甲骨文由一个头朝上站立的"人"和一个头朝下的"人"构成，二人相倒相背之形，一正一反，像耍杂技、翻跟斗，以示变化。

又有人认为甲骨文的"化"字，似与中国哲学中的阴阳鱼之形象异曲同工，也表示运动变化。还有学者认为甲骨文的"化"字体现了古人的造字智慧，反映了中国哲学最神秘的东西，其实没有这么玄乎。《说文》云："化，教行也。从匕，从人，匕亦声。"大意：化，就是教化施行了，人改变了。字形采用"人""匕"会意。匕，表示变化，《说文》说"匕"表示倒着的人。一个人彻底改变，洗心革面，就是倒过来了，就叫作"化"。这是强调古代教化施于上而行于下。

13	1	2	3	4	5
非					
	合 34479 历	合 32126 历	合 16927 宾	合 36922 黄	合 33147 历

"非"像两个人背靠背，表示违背。该字与甲骨文"北"字相似，不过在两个人的头部各有一短横。而其异体如第 5 种形体，在下面加双反向的手。但另一说法说是像鸟的两个翅膀，左右相背。《说文》云："非，违也。从飞下翄，取其相背。"大意：非，违背的意思。字形采用"飞"字下部表示"翅膀"的字形部分构成，采用左右两翼相背的含义造字。所以"非"的本义就是违背，忤逆。飞的繁体写作"飛"。篆书写作 飛，像鸟头和两只翅膀，所以《说文》说"非"像"飞"字下的两只翅膀。

14	1	2	3	4	5
旨					
	合 5479 宾	合 880 正宾	合 6016 正宾	合 6828 正宾	合 14188 宾

"旨"，上像"匕"，即取饭用的勺子，下面是口，以勺子取饭入口，表示味道好极了。后来"口"隶变为"甘"。甲骨文中的"旨"主要用作方国名，如"旨方"。《说文》云："旨，美也。从甘，匕声。"大意：旨，就是味道好极了。字形采用"甘"作形旁，"匕"作声旁。

15	1	2	3	4	5
元					
	合 4855 宾	合 15219 宾	合 722 正宾	合 16435 宾	合 27894 无

甲骨文中的"元"字，下面是"人"，上面是"上"，表示人的头。它是一个会意字。但是，有时候甲骨文中一横与两横没差异，方框与圆形没差异，虚框与实框没有差异。商代青铜器上的"元"写作 元，很明显这是一个象形字，突出人的脑袋。古书中"勇士不忘丧其元"，"狄人归其元"，其中"元"都指人的头部。

人最重要的当然是头部了，所以元又有大、关键的意思，比如"元首"。甲骨文中有用作大的含义，又表示事物的开始。汉语中用"元首"表示第一号人物，用"首都"表示第一号城市。英语中也有这种用法，cap 表示"头"的词根，captain 表示舰长、机长、头号人物；capital 表示首都。看来语言都是相通的。

《说文》云："元，始也。从一，从兀。"大意：元，就是开始的意思。字形采用"一""兀"会意。兀就是高的意思，许慎是说"元"就是从一开始、从最高处开始的意思。

16	1	2	3	4	5
身					
	合 376 正宾	合 13669 宾	合 13666 正宾	合 13666 正宾	合 17980 宾

"身"，像一个女人挺着大肚子的形象，表示怀孕了。"身"与"孕"在甲骨文中是同一字，后来分化。徐中舒先生也持此观点。直到今天，"身""孕"二字还混用，常听见人们说"她有身了"，实际上就是说她怀孕了。在甲骨文中，"身"字因突出的是腹部，所以有时又指腹部。《说文》云："身，躳也。象人之身。从人，厂声。"大意：身，就是人的躯体。像人的身体的形状。字形采用"人"作形旁，采用"厂"作声旁。《诗经》云："大任有身，生此文王。"这里的"身"也是怀孕的意思。

此外，就有关"身"的甲骨文字形来说，第 1 种形体与今形最接近，都是身体朝左，但甲骨文用例中流行的是 2、3、4、5 这几种形体，即身体朝右。就甲骨文"身"和"孕"的形体和用例而言，还是有很大的差异，所以本书还是将它们分开讲述。

17	1	2	3	4	5
孕					
	合 10136 正宾	合 2680 正宾	合 21207 自	合 21071 自	合 709 正宾

该甲骨文第 1 种形体刻画的是女性的形象，其上半部分突出了女性特征，与甲骨文的"女"字相似，而该字下半部分突出了腹部凸起，表示怀孕。第 2 种形体与第 1 种类似，只是身子略微前倾。第 3 种形体刻画的是怀孕妇女坐着的形态，该字造型十分优美，突出了肚子里面怀上孩子，所以有一竖作为指示符号。第 4 种形体则是站立的妇女，肚子中直接刻上"子"字，此乃"孕"字无疑。第 5 种形体是第 4 种形体的变体，不过是把"身"形简化为"人"形，再刻上"子"的甲骨文。由此可知，古人在造"孕"字时，要么突出女性特征和大肚子的形象，要么突出大肚子加上孩子形象。再从用例来说，甲骨文中有"疾身""妇好孕""妇孕"等词语，说明"身"与"孕"是有区别的。妇好是商代一位能征善战和多子的女头领，甲骨文说妇女或妇好怀孕时是用"孕"字，说身体有病如肚子痛时是用"身"的形体。两者没有混用。

18	1	2	3	4	5
允					
	合 583 反宾	合 1075 正宾	合 17198 宾	合 21703 无	合 20956 自

"允"，刻画的还是一个人的形状，有人说刻画的是人点头的形象。《说文》云："允，信也。"大意：允，诚信。而许慎解释"信"字又说人言为信。也即是说，"允"与

"信"其实都指人要诚信，可见商代人的思想意识和道德境界。甲骨文中，"允"常用作"信"的含义，且这个字常见。注意其形体的变化，第1、2、3种形体都是常见的写法，就是刻画人的形象。第4种形体在原文中实际上是呈长条状，是非常优美的曲笔写法。第5种则直接简写成"人"。

19	1	2	3	4	5
长					
	合 7986 反宾	合 7983 正宾	临摹	合 7982 宾	合 14295 宾	合 6067 宾

学界对甲骨文的"长"字尚有争议，徐中舒先生认为以上几种形体就是"长"字，本书从之。甲骨文"长"是象形字，第1、2两种形体是上为"长"，下加"止"，表示道路长远，或行走的路长远。第3、4、5种形体写法一样，上面是飘逸的头发，下面是挂着拐杖的老年人形象，整个字表示年长的意思。该字造字本义是指头发飘飘的挂杖老人，后来"长"又表示县长的长，也表示年龄大的老者。

《说文》云："长，久远也。从兀，从匕。兀者，高远意也。久则变化。亾（wáng）声。"大意：长，就是说时间久远，字形采用"兀""匕"会意。兀，是高远的意思。匕，表示变化。亾声。

这里讲讲汉字字义演化的一个现象："长短"的"长"后来和"县长"的"长"是一个字，但读音不同，这是音变形不变。语言学中词汇的使用具有"经济"的原则，也就是说一个不多一个不少，其他语言如英语中也有这种现象。如果一个字被借用表示其他含义，要么音变，要么音不变形变。如"采"本义是采摘果实，但后来演变出表示精彩的"彩"，是音不变形变。

20	1	2	3	4	5
及					
	合 5455 宾	合 27987 无	合 20348 自	合 256 正宾	合 4473 自

"及"，可以分解为一个人和一只手，像一只手从背后抓住前面的人。想必古人穿着长衣，后面的人要抓住前边飞奔的人，只有抓住他后面随风飞起来的衣服。《说文》云："及，逮也。从又，从人。"大意：及，从背后追上并逮住前边的人。字形采用"又""人"会意。今天"及"有赶上的意思。《说文》的解说是非常准确的。

21	1	2	3	4	5	6
何						
	合 26975 宾	花东 320	合 27150 何	合 18971 何	合 275 正宾	合 30926 何

该字刻画的是一个人荷锄而归的样子，也似乎是肩上扛着东西的样子，所以是"荷"的本字。"何"本来是会意字，后来形声化。也有人理解为：守关的士卒肩扛戈戟。第1、2、3、4四种形体相似，都是肩上有扁担或锄头样的东西，以手握着扛在肩上。第5、6两

种形体将人的头部刻画得详细些。第 5 种形体像一个人扛着扁担或锄头还在回头看的样子，十分传神。第 6 种形体则扛着扁担，扁担上搭着箆箆类的东西，十分悠闲的样子。有学人认为 5、6 两种形体与前面 1、2、3、4 的形体不同，是两个字，本书认为实际上是一个字，只是繁简不同。《说文》云："何，儋也。从人，可声。"大意：何，就是挑担，以肩荷物。字形采用"人"作形旁，"可"作声旁。

22	1	2	3	4	5
众					
	合 37 宾	合 26881 何	合 31997 历	合 26894 何	合 26882 何

"众"的繁体是"眾"，该甲骨文是会意字。常言道"三人成众"，"三"表示众多，"众"的意思就是许多人，许多。其甲骨文字形表示许多人在炎炎烈日下并排劳动。当时的统治者、贵族是不会劳动的，只有平民大众才会下田劳动。所以众人，就是一般人、群众。后来指代许多人，普通人、一般人。

甲骨文造字是取象于物，但相中有义。表义又取其实质性的主要特征。"众"字就体现了这个特点。劳动者叫作众人，还是自由人，不是奴隶，待遇还是比较好的了。"王令众人曰协田"，意思是殷王命令这些劳动人民赶快下田劳动。今天我们常说"劳苦大众"，也多是指在烈日下挥汗如雨的人。

23	1	2	3	4	5
休					
	合 8154 宾	合 24397 出	合 21722 子	合 3360 宾	合 8161 宾

该字是个会意字，从人，从木。就像一个人在大树下休息。商代人经常出猎，要长途飞奔，追赶猎物，当然需要休息，一般又是在树下休息。商代的人也要挖地种田除草，干活干累了也要休息，有过农村生活经验的人就知道，一般都在树下休息。此字至今未变。该字要么左边人右边木，要么右边人左边木，"木"和"人"的形体略有挈变。

24	1	2	3	4	5
兄					
	合 2876 宾	合 20019 自	村中南 427 历	合 19761 自	合 30627 无

"兄"，上面是一个口，很夸张，嘴巴很大，下边是一个人。一种说法，就是以口训人的兄长。中国文化重视血缘关系，所谓"长兄为父，长嫂为母"。这个字反映了这种现象。另一种说法，"兄"在甲骨文中是"祝"的本字，表示祝祷。这个口是朝上的，表示向天祈祷。但该字下面的"人"不是长跪不起，与今天庙宇里祈祷的人姿势有些不同。详见甲骨文"祝"的说解。

《说文》云："兄，长也。从儿，从口。"段玉裁解读说：兄的本义就是滋长、多的意思。该字从儿从口，表示人说话总是滔滔不绝，无穷无尽，所以引申为滋长的意思。而兄比弟先出生，年龄比弟弟更大，所以叫"兄"；"弟"的意思就是次第，因为后出生，所以叫"弟弟"。

25	1	2	3	4	5
天	合 36535 黄	合 17985 宾	合 18400 宾	合 22454 自	屯 643 自

"天"，下面是一个正面站着的人形，也即是"大"字，上边有时候是方框，有时是圆圈，有时两横，有时一横。我们不能拘泥于一笔一画的差异，因为甲骨文是取象于物，就像简笔画，有时候描绘得详细点，有时候描绘得简略点。甲骨文中一横有时等于两横，横有时候等于虚框，虚框有时候等于实框，方形有时候等于圆形。"天"的意思就是说人的头上就是"天"，这是一个指事字。《说文》云："天，颠也。至高无上，从一大。"大意：天，就是头顶的天空。天是至高无上的，所以字形由"一""大"构成，也即是以天为大。平常我们说"一大为天"，"天"字与"人"字紧密相连。中国古人很早就讲究天人合一，这反映了中国古人特有的哲学思想。

26	1	2	3	4	5
竞	合 4338 宾	合 1487 宾	合 31706 无	合 27938 无	合 106 反宾

"竞"的繁体是"競"，其甲骨文字形像二人并列竞争的样子。另一说法认为像两个头部加"辛"的人并列在一起，似乎是在战场上相互追逐。还有说法认为像两个人张大嘴在互相争辩。第 1、2 两种形体就是两个头部加"辛"的人并列的样子。第 3 种形体是第 2 种形体的简化，第 4 种形体是第 3 种形体的进一步简化。第 5 种形体则表示并列正面站着的两个人。《说文》云："競，强语也。一曰逐也。从詰，从二人。"大意：竞，一种说法是争着说话。一种说法认为"競"是相追逐。字形采用"詰"和二"人"会意，表示二人不断争辩。

27	1	2	3	4	5
夫	合 4413 宾	合 14849 宾	合 30167 无	合 940 正宾	合 18592 宾

"夫"是在"人"的头上加一横，这一横代表发簪。该字本义是男子成年了，束发了，也即是成大丈夫了，可以结婚了。《说文》云："夫，丈夫也。从大，一以象簪也。周制：以八寸为尺，十尺为丈。人长八尺，故曰丈夫。"大意：夫，成年的男子。字形用"大"表示人，用"一"表示成年男子头发上的簪子。周代八寸为一尺，十尺为一丈。成年男子身高八尺，接近一丈，所以称为"丈夫"。有人把"丈"折算下来，也就是 1.695 米。"八尺男儿"也就更矮小了。

28		1	2	3
夭				
		合 17993 宾	临摹	合 17230 宾
		合 27939 何	临摹	

该甲骨文像一个人挥舞着两臂，翩翩起舞，妖艳无比，也就是"妖"的本字。或可认为是走路挥动两臂，是"跃"的本字，所以有"逃之夭夭"的说法。《说文》云："夭，屈也。从大，象形。"大意：夭，像人扭曲脖子的样子。字形采用"大"作偏旁，是一个象形字。《说文》的解释比较准确。《诗经》："桃之夭夭，灼灼其华。之子于归，宜其室家。"植物初长成都迂曲未伸，但长势可观。所以"桃之夭夭，灼灼其华"是说桃花初开，长势繁茂。引出下句比喻女孩子今天出嫁，会让婆家兴旺发达。

29		1	2	3	4	5
矢						
zè		合 1051 正宾	合 1051 正宾	合 1051 正宾	合 14709 宾	合 21110 自

该甲骨文刻画的是人歪脖子的形象，也就是睡落枕了。古同"侧"。《说文》说："矢，倾头也。"也表示头歪在一旁。该字后来又与"厂"字意思相同。上表第1、2、3种形体出现在同一版，第3种形体突出头部并实描，第4、5种形体则是将头部刻画成虚框。

30		1	2	3	4	5
亢						
kàng		合 18070 自	合 18562 宾	合 20723 自	合 10302 正甲宾	屯 312 历

有人认为，"亢"的甲骨文是在人的腿部位置加一斜横，表示双腿活动受限制。古代奴隶主或战胜者为防止桀骜不驯、反抗强烈的奴隶或俘虏逃跑，以暴力方式束缚他们的双腿。因此"亢"是"抗"的初文。但《说文》说："亢，人颈也。从大省，象颈脉形。"大意是说：亢，就是人的颈部。字形采用有所省略的"大"作偏旁，像颈部大动脉的形状。《说文》的解说很有道理，古人已经认识到脖子上有大动脉，事关生死。所以《汉书》又有"绝亢而死"的说法，也即是所谓的"抹脖子"。但脖子处也是喉咙所在处，所以又有人说是"吭"的本字，所以有"引吭高歌"一词。

31		1	2	3	4	5
美						
		合 27352 无	合 31023 无	合 36971 黄	合 3107 反宾	合 14381 宾

古人以羊为主要肉食品，肥壮的羊吃起来很美味，所以羊大为美。加上商代常把羊用于祭祀，因而"羊"具有"祥"的含义。但甲骨文的"美"字又像是"大"字加上羊角状的头饰，就像今天印第安人的装束形象。或许商代的上等人头上戴着类似羊角一样的饰

物，以此为"美"。在现代某些少数民族中，羊角被认为是具有辟邪作用的装饰物，看一下非洲土著部落首领的头部装饰，就易于理解这一点。而第4、5两种形体，似乎又表明"美"字上部不一定是羊角头饰，又有点像今天印第安人华丽的羽毛头饰形象。《说文》云："美，甘也。从羊，从大。羊在六畜主给膳也。美与善同意。"大意：美，甜美爽口。字形采用"羊""大"会意。羊在六畜之中是提供肉食的主要来源。"美"与"善"一个意思。

32	1	2	3	4	5
央					
	合 3006 宾	合 3026 宾	合 3008 宾	合 10405 正宾	合 10067 宾

"央"，突出的是头部和脖子，这是人的中心位置，所以有中心枢纽的含义。还有说是遭殃的"殃"字，因为该字又像是一个人被吊，或脖子上套着枷锁的形象。《说文》云："央，中央也。从大在冂之内。大，人也。央旁同意。一曰久也。"大意：央，就是指中心位置。字形采用"大"作偏旁，像"大"在"冂"之内。"大"，即"人"的正面形象。"央"与"旁"意思相同。《诗经》中有"夜未央"之说，实际上也就是夜晚二更三更时，也就是说夜晚还没过多久。所以"央"有"久"意。又指天尚未亮但夜已过半，汉代就有"未央宫"，皇帝天还不亮就起来上班了，"未央"表示勤政。

33	1	2	3	4	5
亦					
	合 20957 自	怀特 18 宾	合 24247 出	英 1998 何	合 21677 子

"亦"是"夜""腋"的本字。此甲骨文字形是在一个人的两臂下，各加一点指示符号，表示手臂下的两腋，也就是我们所说的胳肢窝。这是一个指事字。《说文》云："亦，人之臂亦也。从大，象两亦之形。"大意：亦，人的胳肢窝。字形采用"大"作偏旁，用两点特指臂弯下两个腋窝。

34	1	2	3	4	5
夹					
	合 24245 出	合 24241 出	合 24239 出	合 6063 正宾	合 20187 自

"夹"的繁体是"夾"，一"大"加二"人"的形象。徐中舒先生认为"夹"的甲骨文像两个人被夹在一个人的两腋之下，或者两个人架着一个人在中间，两种说法均通。《说文》云："夹，持也。从大侠（挟）二人。"大意：夹，从左右两侧夹持着一个人。字形采用"大"和两个"人"会意，表示一个人被两人从左右两边挟持。《说文》说该字中间为"大"，甲骨文中"大"也是人的形象，可见《说文》的解释是非常准确的。上表第4、5两种形体是省略写法，也就是省略左边或右边的"人"。

35	1	2	3	4	5
舞	合 12836 反宾	英 996 宾	合 33954 历	合 12827 宾	合 27891 无

这个字当识读为"無",也就是"舞"的初文,但甲骨文中多用为以舞求雨,所以一般直接识读为"舞"。该甲骨文字形像一个人两手挥动着牛尾巴一样的东西,翩翩起舞。甲骨文的"舞"显然强调的是手上的动作,手上拿着东西而舞。后来的"舞"字强调脚上的动作,就像非洲的踢踏舞,脚掌如风驰电掣一般,又叫作"鬼步舞"。所以《说文》说:"舞,乐也。用足相背。从舛(chuǎn),无声。"大意:舞,就是快乐的表现。跳舞时两脚相背("舛"就是两足相背的形象)。字形采用"舛"作形旁,"无"作声旁。《毛诗序》说:"情动于中而行于言,言之不足,故嗟叹之;嗟叹之不足,故歌咏之;歌咏之不足,不知手之舞之足之蹈之也。"

"無"的篆书写作 𣡮,实际上与上表第 5 种形体相似,不过篆书中间多了一个"亡"字。

36	1	2	3	4	5
文	怀特 1701 黄	合 36168 黄	合 36151 黄	合 4611 反宾	合 18682 宾

甲骨文的"文"字,刻画的是一个人的形象,上表第 1、2 两种形体即如此。第 3、4 两种形体是在人形的胸部刻画叉形符号。第 5 种形体是在人形的胸部刻画心形符号。所以有学者认为"文"是"纹"的初文。直到今天,"文身"和"纹身"到底哪个正确,还聚讼纷纭。"文身"是一个民族的习俗,所纹图案有些是表示氏族符号,有些是表示自然崇拜,不一而足。一般而言,只有生活在热带的人才时兴文身。寒冷地区的人文了身,穿着厚厚的衣服,怎么给人看?

《说文》云:"文,错画也,象交文。"大意:文,就是交错的纹路,像交叉的图纹。这里强调一下许慎所谓的"文"。许慎认为伏羲氏观鸟兽之迹创立了"文",文就是花纹,然后在"文"的基础上不断合成孳乳,那就是"字"。

37	1	2	3
夸	合 30691 无	合 4813 宾	临摹 · 合 19117 宾

甲骨文中的"夸"字用例实在太少,但能识读此字为"夸"字。上表第 2、3 两种形体是上为人形,即"大"字,下为"于"字。第 1 种形体左为"于",右为"大"。"于"在甲骨文里通"吁",刻画的是一种乐器形状,有点像笙。这个字其实是形声兼会意,表示人夸夸其谈,像乐器那样发出悦耳的声音。也就是"说的比唱的好听"的意思。

《说文》云:"夸,奢也。从大,于声。"大意:夸就是夸张的意思。这里的"奢"训解为"大"。字形采用"大"作形旁，"于"作声旁。

38	1	2	3	4	5
逆	合 5951 正	合 32185 宾	合 4919 宾	合 4920 宾	合 12341 宾

该甲骨文是一个会意字，上边像一个倒着的"大"，表示人，下边是表示脚的"止"，合起来表示一个人的头朝别人脚趾的方向，也即与别人前进的方向相反。另一种说法是上边不是人形，而是"牛"的甲骨文，人的脚朝牛头走去，显然是悖逆的行为，因为牛会用角触人。后来该字演变为形声字，从辵（chuò），屰（nì）声。第3、4两种形体就加了"彳"旁，也就是后来的"辵"，表示道路。第5种形体是在3、4基础上减去"止"。

《说文》云："逆，迎也。从辵，屰声。关东曰逆，关西曰迎。"大意：逆，相向迎接。字形采用"辵"作形旁，"屰"作声旁。同一动作，在关东叫"逆"，在关西叫"迎"。《左传》云："宣公如齐逆女。"所以迎亲也叫作"逆"。

39	1	2	3	4
尻 kāo	合 7075 正宾	合 17976 正宾	临摹	合 21803 宾	合 376 正宾

该字是指事字，指人的屁股。甲骨文先刻画一个人的形象，然后又特意画一个符号指示人的臀部。《说文》云："尻，脾也。从尸，九声。"脾也就是"臀"字。清代段玉裁在《说文解字注》中说：尻就是俗话"沟子""屁股"。《聊斋志异》云："身已半入，止露尻尾。"

40	1	2	3	4
臾 yú	合 1107 宾	临摹	合 32509 历	合 17955 宾	合 21231 宾

"臾"像两只手扶着一个人，一说做好事；又像两只手捆绑着一个人，一说做坏事；还说是"腴"的本字，有肥沃的意思。《集韵》云："臾，善也。"《说文》云："臾，束缚捽抴（zuó yè）为臾。从申，从乙。"束缚就是捆绑的意思，捽就是持抓头发的意思，抴就是拖曳的意思，所以"臾"的本义就是捆绑而牵引。

41	1
尾	合 136 正宾	临摹

甲骨文中的"尾"字目前就发现这么一例。在该甲骨文中，人形非常突出，并在人形的臀部加上了动物尾巴一样的东西。整个字表示屁股后面装饰尾巴。显然，人是没有尾巴

的，除非返祖现象。这种装饰今天看来很难理解，但是看看国外的少数民族，什么样的装饰都有，有穿鼻孔的，有拉长脖子的，有打唇孔套着圆盘的。有的崇拜老虎，就在脸上刻上虎头的纹饰；有的崇拜孔雀，就把孔雀的羽毛编成头饰；有的崇拜野猪的獠牙，就在自己的嘴里也装上獠牙。所以，古人完全可能看见野生动物比如猴子、老虎、狮子等都有尾巴，便给自己也装饰一个尾巴。模仿动物形象是古代中外民族动物崇拜的一个特点。《后汉书》记载西南少数民族，从盘古开天以来，"好五色衣服，制裁皆有尾形"。原来，尾形的服装就像我们今天的燕尾服一样，是一种民风民俗。

《说文》云："尾，微也。从到（倒）毛在尸后。古人或饰系尾，西南夷亦然。"大意：尾，就是细微的意思。"尸"就是指人；倒垂的"毛"就是尾巴；毛在尸后，从而会意为"尾"字。

42 屎	1	2	3	4	5
	合 5624 宾	合 9570 宾	合 9572 宾	合 9574 宾	合 9576 宾

"屎"字非常形象生动，像一个人曲蹲的形态，再在屁股后面加上几点，此字不用解说，就像一个人拉屎的形象。四川话叫"屙巴巴"。《说文》中没有"屎"的形体，而有其异体字，写作"菡"。《说文》云："菡，粪也，从艸，从胃省。"实际上是个会意字，从胃里出来的东西当然是屎。古人用屎来作为肥料，对庄稼施肥，所以该字就这么会意。汉代人以"矢"指代"屎"。

43 欠	1	2	3	4	5
	合 18008 宾	合 914 反宾	合 9099 宾	合 32344 历	合 7235 宾

"欠"就像一个人打哈欠的样子。上表第1、2两种形体是一样的，是一个向右边曲蹲着的人，口也向右张开。与之相反的是第5种形体，一个人向左曲蹲，向左开口。而第3、4两种形体是站立着的人打哈欠的样子。

《说文》云："欠，张口气悟也。象气从人上出之形。"大意：欠，像人张口打呵欠。像气息向上发出的样子。古人所谓"伸欠"，身体疲劳就往前伸展，精神疲劳就打哈欠。注意：甲骨文中"欠"是口朝身子的前方，而"旡"却是朝身子相反的方向打饱嗝。

44 旡	1	2	3	4	5
jì	合 18006 宾	合 13587 宾	合 21476 宾	合 808 反宾	合 1751 宾

"旡"的含义是饮食后引起打嗝，头朝向身体的反方向。胃里的气体从嘴里出来，并发出声音，即打嗝儿。《说文》云："歙食气屰不得息曰旡。从反欠。"也是说人喝汤吃饭，胃里进了空气需要排出，于是就打饱嗝。该字与"欠"的写法相反，"欠"就是打哈

欠，是吸入气息，而"旡"是气息需要排出时才出现的动作。又一说法这是"既"的初文，表示吃完饭了，头朝向一边。结合甲骨文的"飨"字，这种说法也很有道理。上表中第1、2、3种形体是常见写法，第4种形体下边蹲着的人形变为"女"的甲骨文，第5种形体是刻画一个站着的人，头朝向一侧张口打嗝的样子。

45	1	2	3	4
巴				
	合 6479 正宾	合 32 正宾	合 6475 正宾	合 8411 宾

该字有两种说法，一种认为"巴"像一个人曲蹲着，突出他的手部，表示善于攀爬。巴蜀地区多山地，五千年前到三千年前，这里生活着善于在深山、丛林、崖壁间攀爬的人，被称为"巴人"。巴人骁勇善战，留下许多美丽动人的传说。比如巴蔓子割头留城，又比如武王伐纣召集巴人打先锋，巴人在战场上载歌载舞、视死如归。其实因为多山的缘故，西南山区的人都善于攀爬。今还有"巴东""大巴山""下里巴人"等词，多与攀爬意义相关。李宗仁的桂军之所以闻名，一个重要原因是他们多是西南人，他们在崇山峻岭间长大，所以善于攀爬，动作敏捷。今天四川话还把"爬山"读为"巴山"，"爬树"读为"巴树"等，学者认为是音转现象，其实也是一种比拟用法。

另一种说法是古代川东地区山高林茂，多蛇，"巴"字刻画的就是蛇的形状。笔者曾请教考古专家，他们也说"巴"的本义就是蛇。

《说文》云："巴，虫也。或曰食象蛇。象形。"大意：巴就是蛇，或者是吃大象的蟒蛇。它是一个象形字。古书记载"巴蛇吞象，三岁出其骨"，可见古代西南地区有大蟒蛇。现代汉语中"眼巴巴""巴望"可理解为像蛇那样专注地望着。

46	1	2	3	4	5
苟					
jì	合 21954 子	合 21091 自	合 32906 历	合 32294 历	合 20390 自

这个字一说是"芍"字，而"芍"又是"苟"的初文，"苟"又是"敬"的初文，"敬"又是"儆"的初文。说得非常复杂。这里直接采用徐中舒先生的说法，该甲骨文字形像一只狗，两耳向上耸立，蹲坐在地上，为"儆"（警）的初文，也就是警戒的意思。上表第1、2种形体将这种含义生动地表现出来了。第3种形体明显是人蹲坐在地上的形象，或可理解为人坐地守卫。第4种形体突出了狗耳朵下垂。第5种形体突出了狗的大耳朵，强调听觉灵敏和守卫情形。但该字在甲骨文的用例中并没有表示守卫、警戒的含义，而是指方国名或者神祇名。此甲骨文形体不一，多不清晰，所以都临摹了一遍。

47	1	
尧		
	合 9379 自	临摹

“尧”的繁体是“堯”，该字的甲骨文目前为止仅发现此一例。该字的结构有两种说法：一种说它像一个人头顶着陶器，就像非洲某些土著居民一样。所以尧是头顶陶器者的祖先。另一说法，“尧”的上边是“丘”，下边是蹲着的“人”，人和大相通，“丘”即四周高中间低的一块地，所以是会意字，表示高高的土丘。又说该字上面的形状是两个土块，甲骨文的“土”字就这么写，从垚（yáo），从兀。“垚”是土地高兀突出，所以“尧”表示高。

《说文》云：“尧，高也。从垚在兀上，高远也。”大意：尧，高高的地方。字形采用“垚”“兀”会意，“垚”是土上有土，表示高土堆，土堆又在“兀”之上，“兀”是突出的意思，所以合起来就是又高又远的意思。

为什么把先民的祖先叫“尧”“舜”“禹”，其实大有来头。“尧”就是至高的意思，“舜”就是至大的意思，“禹”就是虫的意思。古人解说禹为虫，是因为虫爬行时曲脊，而大禹治水得了足疾，走路跛行，二者相似。故还有“禹步”之说。

48	1	2	3	4	5
邑					
	合 6057 反宾	合 23675 出	合 17706 宾	合 20495 自	合 21583 子

该甲骨文上部不是“口”，而是“囗”（围），表示城邦，或者四面有围墙的聚居区，下为曲蹲的人（卩）。该字本义是人们居住的城邑。我们常说家就是好哇，赖在家里不想走。这个甲骨文的形象就是一个人想着家里，想赖在家里的样子。上表中前 4 种形体相同，第 5 种形体将上下结构改为左右结构。

《说文》云：“邑，国也。从囗。先王之制，尊卑有大小，从卪。”大意：邑就是指城市。在先王的制度中，有尊卑高下的不同，所管辖的地域有大小不同，所以字形采用“卪”作偏旁，意思是有所节制。《说文》据篆书说邑，比较牵强。古代“国”也是“城”的意思，历史上的“国人之乱”指的是城里人叛乱。所以“国”“邑”相通，不过称别人的城市叫“大国”，称自己的城市叫“敝邑”。

甲骨文中的“正”，是人朝着城市走去，去征伐；甲骨文中的“各”，也是人朝城邦走去；甲骨文中的“出”，是脚从城邦中走出来；甲骨文中的“邑”，是头朝向城的地方。

49	1	2	3	4	
飤					
sì	合 20147 自	合 17952 宾	合 17953 宾	合 20326 自	临摹

"飤"同"飼"，后简化为"饲"。飤是一个会意字，其甲骨文字形从食、从人，表示给人食物吃。《说文》云："飤，粮也。从人、食。"大意是说"飤"就是粮食的意思，该字由食、人组成。在古汉语中常见词类活用现象，《说文》说飤是名词，表粮食的意思，当表示以食物食人的时候，就是动词，同"饲"。不过"饲"是形声字。

东方朔在《七谏》中云："子推自割而飤君兮，德日忘而怨深。"介子推跟从晋文公流亡时，曾割股肉以飤晋文公，后不愿受封而逃深山。晋文公听闻周围人说自己忘恩负义，深有负罪感。于是上山找介子推，烧山逼介子推出来，结果介子推宁愿抱木而被烧死，也不愿出来。

甲骨文中，类似"飤"同"饲"的，还有"禽"同"擒"、"兽"同"狩"等，这种现象一般是研究甲骨文语法的学者在研究，也值得关注。

50	1
冕	 合 33069 历	 临摹

该字的甲骨文目前为止仅发现此一例。它是一个会意字，下面是"人"，上面像人头上戴着帽子。所以它是冠冕的"冕"的本字。这个字的整体形象，就像女孩子出嫁时头上蒙着头巾的样子。"免"假借为"免除"的意思后，另造"冕"字表示帽子。"免"字又同"娩"。《国语》说："将免者以告。"《汉书》载："妇人免乳。"《史记》曰："朔妇免身生男。""免身"是分娩的意思，"免乳"也是分娩的意思。又说"免"字通"勉"，是努力、尽力的意思。如《吕氏春秋》中云"免耕杀匿，使农事得"。

51	1	2	3	4	5
令	合 14 正宾	合 33526 历	合 32229 历	合 4480 宾	合 21629 子

该字上为朝下的大嘴巴"口"，这种写法在甲骨文中多次出现，"合"的甲骨文便如此；下面是屈蹲的人，十分卑贱的样子；整个字表示上有命令，下面的人只得俯首听命。甲骨文中"令""命"二字相同。但徐中舒先生认为：上面不是"口"，而是铃铛形象。古代以摇铃铛为号，召集众人集合，发令人发号施令，人们跪下受令。也甚有道理。上面第 5 种形体是简写。

《说文》云："令，发号也。从亼卪。"大意：令，就是发号施令的意思。字形采用"亼（集）""卪（节）"会意。将人们聚集起来发号施令，让人们有所节制，所以从"卪"，显然这种说法欠妥。"令"的甲骨文下面是"人"不是"节"。

52	1	2	3	4	5
吹	合 9362 自	合 9359 宾	英 2674 正	英 2674 正	合 9361 宾

该甲骨文造型十分生动，像一个蹲着的人，张嘴吹气。从欠从口，会意明确。《说

《文》："吹，嘘也。从口，从欠。"大意：吹，张口嘘气。字形采用"口""欠"会意。

53	1		2	
叩				
	合 1060 自	临摹	屯 1239 无	临摹

"叩"字从人从口，会意，表示责问，责问的同时难免打骂，所以"叩"主要有问和击两个意思。今天有"叩问"一词。而词语"叩胫"，就是以杖棍击胫骨，是惩罚的一种方式。该字又同"扣"，"小扣柴扉久不开"，指的是轻轻敲门。《说文》无"叩"字，只有"敂"字。《说文》云："敂，击也。从攴，句声。读若扣。"该字从"攴"，表示与击打有关。

54	1	2	3	4	5
印					
	合 20717 自	合 19755 自	合 36481 正黄	合 17096 正宾	合 21535 子

该甲骨文像一只手抓住一个跪着的人的头部，这是"印"字。有人说这是"印"字，也就是"抑"的本字。因为被压着的、跪在地面的人很难过，说成是"抑"字有些道理。"印"的甲骨文中的"手"有时写为甲骨文中的"爪"，有时写为甲骨文中的"又"，两者相通，都表示手。《说文》云："印，执政所持信也。从爪，从卩。"大意：印，执政者所持的信物，即公章。字形采用"爪""卩"会意，卩的意思就是规矩、礼节、节制，也有表示抑制的意思。

注意将该字与"及""孚"等进行比较。

55	1	2	3	4	5
畐					
fú	19777 自	花东 290	合 32174 历	合 22229 无	合 722 正宾

该甲骨文就是一只手按住一个人的形象，是"服"的本字。《说文》云："畐，治也。从又从卩。卩，事之节也。"意思说这个字表示手持节符，治理政事。

注意该字的与"印"的比较。"畐"是从后背用手按住人，"印"是从前面按住人。

56	1	
服		
	合 36924 黄	临摹

甲骨文"服"，目前也只发现一个用例，一种形体。该字有多种说法，一种观点认为，最左边的偏旁代表木板，右边是一只手按住一个人，这个人可能是罪人，意思是把人按在木板上。可能还问被按住的人，你服不服？那罪犯答道：我服了。那木板也可能就是枷

锁。另一说法，此字是形声字，左边是舟，表义，右边是殳，表声，整个意思表示使用。《说文》云："服，用也。一曰车右騑，所以舟旋。从舟，殳声。"大意：服，运用，使用。一种说法认为，"服"是马车右边的骖马，以便马车可以向右转弯。

57	1		2	
承	合 4094 宾	临摹	合 9175 宾	临摹

此字上面是曲蹲的小孩的形状，下面是双手，整个字就像一个小孩被双手举起。今天常见大人将小孩高高举起。《说文》云："承，奉也。受也。从手，从卪，从収。"大意：承，将礼物授予他人，也表示恭敬地领受他人礼物。显然许慎将该字中小孩的形象误解为"卪"，错。

58	1	2	3	4	5
母	合 685 正宾	19907 自	19907 自	合 4924 宾	合 20693 自

甲骨文"母"与"女"相通，的确有这样的用例。但也有学者认为甲骨文中"母""女"二字区别明显，"母"是在"女"字上加两点指示符号，表示妇女因生育而要哺育孩子，特别强调两乳的变化。卜辞中用作"母"的地方可以用"女"代替，但识读为"女"的地方没有写作"母"的形体的。此外，甲骨文还用"母"借做"毋"。徐中舒先生则认为：甲骨文中"母""女"是一字，为强调女性特征，所以特加两点突出女性的乳房，有时还加一横突出女性的头饰。说加两点指示女性乳房，从而突出女性特征，倒是说得通，但说加一横为头饰突出其女性特征则不妥。因为当时男女发饰与今天有较大不同，当时女性留长头发，男性也留长头发。女性戴发簪，男性也戴发簪。

《说文》云："母，牧也。从女，象裹（huái）子形。一曰象乳子也。"大意：母亲哺育孩子就像牧牛一样。这是以声为训。另一种说法，字形采用"女"作偏旁，像怀抱孩子的样子。还有一种说法认为，"母"的字形像给孩子喂奶的样子。

59	1	2	3	4	5
每	合 36492 黄	合 33514 无	合 29185 无	合 29185 无	合 29323 何

一说该字是形声字，其小篆字形从屮，母声。但该字也可说是声中兼义，屮是草木初生的样子，就像女人的头发那样茂盛。一说"每"为"母"的异体字，这个字在甲骨文中经常用作"母""悔""晦"。该字还可说是会意字，就是妇女头上的装饰的形象，这种头饰与甲骨文中的"美""羌"等字所表现的头饰相似。《诗经》中"原田每每"，是说原田草木茂盛。也许古人认为，草木生长茂盛，与妇女头发茂盛有相同的意蕴。

《说文》："每，艸盛上出也。从屮，母声。"大意：每，草叶茂盛，叶片向上长出的样子。字形采用"中"作形旁，采用"母"作声旁。

60	1	2	3	4	5	6
安						
	合 33561 无	合 33550 无	合 5373 宾	合 29378 无	合 905 正宾	合 22464 无

"安"字构形实在优美，特选六例。它由"宀"和"女"字构成。一说在古代的农业社会，有房有女人，男人就安心了，或安顿下来了。此说还是有一定道理，今天还有"安家""安家立业""安身"等说法，"安"的意思，耐人寻味。另一种说法是女人在家里才安全。这种说法也有道理，古代部落打仗，刀枪剑棍齐上阵，遇到男的都杀了或弄瞎一只眼睛做奴隶（郭沫若观点），女的一般都抢走。"安"的甲骨文的特殊写法是上表第 5 种形体，"女"字四周有四点，像女人跪坐在家里浑身还在出冷汗。

但《说文》云："安，静也。从女在宀下。"也就是说：安，娴静。字形采用"宀""女"会意，表示屋下有女人，正娴静地坐着。其场景有点像今天的日本女人娴静地坐在家里，低眉交手于胸前，默默等待老公回来的场景。今天又有"安定""安静""安宁"等说法。但清代学者认为：《说文》以"静"说"安"，而"静"字的含义是女的非有大故不出家门，也就是"守闺房"。也很有道理。但通过甲骨文的用例来看，"安"的确有安全的意思，但并不特指女性在家才安全。甲骨文的"女"旁与"人"旁相通。

61	1	2	3
敏			
	合 532 宾 / 临摹	合 39459 无 / 临摹	合 21057 无 / 临摹

"敏"是一个形声字，从攴，每声，也就是上表第 3 种形体。第 1、2 种形体，一种说法像用手整理头发的样子，所以说是动作很敏捷；另一种说法是用手抓捕女人的样子，动作也很敏捷。这些说法都有道理，尤其是大量甲骨文反映了抓捕女人的情况，值得研究。《说文》云："敏，疾也。从攴，每声。"大意还是动作快捷。但也有望文生义者居然说该字像是一个孕妇，肚子里有孩子，所以怕人摸她，因为怕伤到孩子。这种说法不可信。

这里讲点语源学常识，今天看来很多形声字在甲骨文中是可以作会意字讲，这说明"形声"这种造字法最初并非主流。甲骨文中有许多同声替代的假借现象，替代的部件后来又成为形声字的声旁，这种现象非常值得研究。

62	1	2	3	4	5
妻					
	合 693 宾	合 30380 无	合 18016 宾	合 689 宾	合 696 宾

"妻"字还是表示以手抓女人的形象，徐中舒先生认为是古代抢女为妻的习俗的反映。《说文》云："妻，妇与夫齐者也。从女，从中，从又。又，持事，妻职也。"大意是说长头发的妇人在家做事情，这是她的职责。

63	1	2	3
妠			
nuán	合 454 正宾	合 14084 宾	合 6655 反宾

若能从上表第 1 种甲骨文形体中看出两个"女"字，不错，已经不容易了。若能看出第 2 种形体中的两个"女"字，非常不错。若能看出第 3 种形体中的两个"女"字，已经是高手了。研究甲骨文就要考眼力和耐心，第 3 种形体其实是一上一下的两个女字，可以识读为"妾"，也就是"姣"的异体字。

"妠"的意思是争吵、愚笨，显然甲骨文刻画的是两个女人在一起的形象。今天有句话"三个女人一台戏"，意思是说女人在一起爱说闲话，其实是带有歧视的意味。

64	1	2	3	4	5
如					
	合 19136 宾	屯 2672 历	合 32227 历	合 13944 宾	临摹	合 5650 宾

会意。从女，从口。一种说法表示遵从，男人怎么说，女的就怎么做。《说文》："如，从随也。从女，从口。"《左传》也说："女子从人者也。有律以如己也。"注意，第1、2、3、4 种形体的写法，"口"字在"女"的前面；第 5 种形体，"口"在"女"的上面。

65	1	2	3	4	5
讯					
	合 659 宾	合 6746 宾	合 19128 宾	合 19129 宾	合 36389 宾	临摹

"讯"，像一个人反绑着双手，被人讯问。注意：甲骨文中"如"字是双手交叉在前，"讯"字是双手反绑在后，二者差异明显。《说文》云："讯，问也。从言，卂声。"上表第 5 种形体，像一个人双手反绑着，被别人审问。"口"表示问询，还特意在"人"的手后面加"纟"的甲骨文，突出捆绑的含义。

66	1	
奴		
	合 8251 正宾	临摹

"奴"字目前为止仅见一例，该字从女，从又。"女"指女奴，有时又指代人，不分男女，"又"表示手，整个意思是说被抓来的人充当奴隶。但也有人认为，甲骨文的"女"，如果双手在蹲着的人形前面，则为"女"，如果双手在蹲着的人形后面，则为"奴"，这是一个象形字。目前这种说法在学界并未得到普遍认可，本书不从。《说文》云："奴，奴婢，皆古之辠人也。"《周礼》曰：'其奴，男子入于辠隶，女子入于舂藁。'

从女，从又。"大意：奴和婢，都是古代的罪人。《周礼》上说那些变成奴隶的，男的交给负责差役的官员，专门做犯人该做的事，女的交给负责舂米炊煮和种菜的官员，她们就舂米和种菜。字形采用"女""又"会意。清代学者认为，该字从女从又，是因为奴隶最早起于女奴，后来泛指男女奴隶，从又表示做事。

67	1	2	3	4	5
交	合 32509 历	合 9518 宾	合 15667 宾	合 20799 自	合 35324 历

该甲骨文像一个两腿左右交错站立的人。《说文》云："交，交胫也。从大，象交形。"大意：交是交叉小腿而立的样子。字形采用"大"作偏旁，就像两腿交叉的样子。中国古代把越南叫作"交趾"，是因为古时传说那里的人腿脚上没有关节，睡觉要人相扶才能起来，两腿像交错着一样。其实也就是今天所说的"罗圈腿"，四川有句谚语"走路光敲帮，吃饭喝米汤"，说的就是这种情况。很多是走路的习惯导致的，并不是腿上有毛病。

68	1	2	3	4
效	合 20048 自	合 3094 宾	合 32782 宾	合 6256 自	临摹

此甲骨文左边是箭的形象，也就是"矢"，右边是"攴"，表示持械攻击的样子。又是箭射，又是手持棍子打，所以是有效果的。但另一说法，这是形声字，本义是模仿，左边是交，右边是攴，从攴，交声。《说文》云："效，象也。从攴，交声。"大意：效，就是模仿的意思。字形采用"攴"作形旁，"交"作声旁。"象"在古汉语中有效仿的意思。

69	1	2	3	4	5
黄	合 8478 宾	合 595 正宾	合 916 正宾	合 553 宾	合 33167 历

"寅""黄"在甲骨文中同源，后分化。《说文》云："黄，地之色也。从田，从芰（guāng），芰亦声。芰，古文光。"大意：黄，中原地区土地的颜色，字形采用"田""芰"会意，"芰"也是声旁。"芰"是"光"的异体字。为什么从光？有人认为，黄，晃也，明晃晃如日光，所以从光。也就是说，黄与日光同色。但甲骨文中的"黄"明显的像人佩戴玉串的形状，或可能是将玉石串成像今天项链的形状，然后佩戴在脖子上。所以有学者认为它为"璜"的本字，但"璜"的含义是半璧形的玉，此说略有不妥。甲骨文中的"黄"字主要表人名或地名。还有人认为，甲骨文中的"黄"应该是一个大肚子的女人的形象，纯属望文生义。

70	1	2	3	4	5
儿	合 7893 宾	合 20534 自	合 20592 自	合 3399 宾	合 3397 宾

"儿"的繁体写作"兒"。该甲骨文刻画的是婴儿形象，头部尚未长丰满，头顶凹陷，下面是人形，意思就是头顶尚未长满的婴儿。另一说法，上面刻画的是嘴里门牙尚未长齐，正处于换齿阶段的幼儿形象。《说文》："兒，孺子也。从儿，象小儿头囟未合。"大意：儿，就是幼子。字形采用"儿"作偏旁，像小孩的头盖骨没有密合的样子。

注意：甲骨文的"子"刻画的是头大身子小的婴儿形象；"儿"字刻画的是头顶尚未长成的婴儿形象。

71	1	2	3	4	5
孚 fú	合 903 正宾	合 32435 历	合 15149	合 764 宾	合 137 反宾

该甲骨文从又从子，"又"代表手，"子"代表人，本义是俘获，也即是"俘"的本字。上表第1、2种形体是常规写法，第3种形体是简化写法，"又"简化为一短竖，甲骨文用例中有大量这种写法。第4、5两种形体加上了"彳"旁，表示道路，或强调在路上或行进中抓获俘虏。

也有学者认为"孚"的本义是鸟在孵卵，是爪子覆在蛋上的形象，是"孵"的本字。《说文》就说："孚，卵孚也。从爪，从子。一曰信也。"这种解释也有道理。

72	1	2	3	4	5	
保	合 24945 出	合 20305 自	合 3683 宾	合 26094 出	合 18970 宾	临摹

"保"的本义是保护孩子，至今有"保姆"之说。该甲骨文从人从子，会意大人保护和照料孩子，第5种形体像双手从背后搂着孩子的形态。古人将小孩用背带兜住背在背上的传统一直延续到现代，我们小时候都有这种经历，父母有时是反手将我们背在背上。当然也有从正面将孩子抱在怀里的，所以这个甲骨文也有人识读为"抱"，但在学界流行的识读是"保"。这个甲骨文造型的生动之处在于刻画了古人带孩子的一个生活场景，完全像一幅意境深远、充满慈爱的简笔画。

73	1	2	3	4	
孙	合 10554 宾	合 30527 无	合 31217 何	合 14126 宾	临摹

"孙"，左边是子，右边是彡（丝），彡与系是一字，大意就是说后人若丝，不绝如

缕。《说文》云："孙，子之子曰孙。从子，从系。系，续也。"孙的繁体是"孫"，所以《说文》说从子从系，系还是连续不断的意思。

74	1	2	3	4	5	6
毓						
yù	合 22666 出	合 32763 历	合 14857 宾	合 35404 黄	合 27320 无	合 22663 出

"毓"字又通"育"，是生育的意思。该字左边是一个女人的形象，右边是一个倒着的小孩，小孩在女人的屁股后面，正如上表中第1、2种形体。第3种形体是小孩头朝上，其实上下无别。头朝上的这种形体较少，在《合集》第14857片，出现了有倒着的小孩和头朝上的小孩的两个"毓"字，可见两种写法同时存在。当然，小孩头朝上的"毓"字在甲骨文用例中占少数，将它理解为"寤生"未尝不可。《左传》记载："庄公寤生，惊姜氏，故名曰寤生，遂恶之。"古人是害怕生小孩脚先出来的，因为医疗不发达，容易导致难产。姜氏生郑庄公时就发现庄公脚先出来，于是就讨厌他，给他起名叫"寤生"。上表第4、5、6三种形体中，小孩周围还有几点，这是什么？课堂上学生答的千奇百怪，有答血水的，答尿水的，有说不知道的，我印象最深的就是有一年一个男生答出是"羊水"，我说很对，全班哄堂大笑。加的这几点只能理解为生孩子时的羊水。整个字就是生育小孩的形象。甲骨文中还有一个表示生小孩很艰难的形象的字，就是"冥"字。

75	1	2	3	4	
弃					
	合 8451 宾	临摹	合 18492 宾	合 21430 自	合 9100 宾	临摹

"弃"的繁体为"棄"，上表中第1种形体上面是个头向外的婴儿，三点表示羊水或血水，中间是簸箕或是农村用的筲箕，下面是两只手，整个意思也就是用双手将簸箕或者筲箕中的婴儿扔掉。第2种形体是简化写法，只有"子"和"其"。第3种形体也是简化写法，刻画的是双手直接将婴儿扔掉的形象。第4种形体是第1种形体的繁化，是在右边加了甲骨文的"索"字，意思是将捆绑的婴儿扔掉。这个字再现了古代的弃婴现象，这种现象笔者小时候在偏远的农村还见过。或者是天生残疾，或者是难以养活等原因，于是有人将婴儿装在箩筐或者筲箕中扔在当道的路口，真是狠心。

76	1	2	3	4	5
老					
	合 22322 子	合 20280 自	合 13758 反宾	合 20613 自	合 21054 自

"老"，像一个长发老者，弓腰驼背，拄着拐杖。古代"考""老"同源。《说文》云："老，考也。七十曰老。从人毛匕。言须发变白也。"大意：老，就是考，年纪大了。

人到七十叫"老"。采用"人""毛""匕"会意。"匕"是变化的意思，表示人老了，须发都变白了。

77	1	2	3	4
夌				
líng	合 16047 正宾	合 8243 宾	临摹	合 1095 宾	合 18684 宾

像一个人从另一个人头顶跨过，一说是"凌"的本字，侵犯、欺侮的意思。又说是"陵"的本字，也就是斜坡的意思。《说文》："夌，越也。从夂，从峚。峚，高也。一曰夌徲也。""峚"就是"陆"的借字，指高大的山陵，夌从夂从峚，指的是从山陵上跨越。而"夌徲"也就是"凌迟"，本义是指山陵渐平，比喻王道渐废。后来有种刑法叫"凌迟"，就是一刀一刀地割肉，让人慢慢地死去。

78	1
耊		
dié	合 17938 宾	临摹

这是一个形声字，本义年老。《礼记》说：耄耊就是七八十岁的年纪，泛指老年。《说文》云："年八十曰耊。从老省，从至。"该字亦作"耋"。甲骨文中仅见此一例。这算是甲骨文中比较生僻的一个字了，结合甲骨文"考""老"等字，可见敬老爱老是中华文化的传统，甲骨文中有这样一个字，或表明了当时对老人的认知和尊重。

79	1	2	3
散			
wēi	合 17942 宾	合补 6003 正	合 27996 无

"散"是"微"的初文，《说文》云："散，妙也。从人，从攴，豈省事。"也就是微小的意思。《说文》认为该字是形声字。上表第 1、2 种形体明显是右边像一个人长出头发的样子，左边是攴，所以该字从攴、从人，也就是所谓"人心惟危，道心惟微"的意思。

第二节　与"器官"相关的甲骨文

一、与"目"相关的甲骨文

80	1	2	3	4	5
臣					
	合 20354 自	合 5567 宾	合 619 宾	合 5570 正宾	合 117 宾

"臣",是特殊指事字,刻画的是"目"竖着的形象。本来眼睛应该是横着的,为什么竖目表示臣?这是因为臣仆在部落首领面前,只能低三下四,不敢正视,只能斜着眼睛偷看,于是就这样刻画"臣"的形象。《说文》:"臣,牵也,事君也。象屈服之形。"大意:臣,被牵制的人,侍奉君王的人。字形像一个人屈服之形。《说文》这种说法是错误的。

81	1	2	3	4	5
民	合 13629 宾	临摹	18272 宾	合 20231 自	合 20231 自	合 20231 自

郭沫若说:"民"的甲骨文上面是眼睛,下面是针的形象,意思是手持利器刺瞎战俘眼睛,使其无法逃跑,成为顺从的奴隶。笔者曾就此字请教彭裕商师,彭先生认为此说不确。另一种说法结合"直"的甲骨文对比,二字都有"目",指示之笔画方向正相反。由此可知,"民"字实际上指的是目光向下,引申指地位低下的普通人。还有人认为民字下面的"十",代表脸上刻的记号,是奴隶的标志。但在商代,地位最低下的还不是"民",应该是奴隶和仆人。结合商代的历史,该字下的"十"旁,也可能是"力"或者"又"的变体,"力"也就是耒器形象,"又"是手的形象,"民"表示干事的人,劳动的人。《说文》:"民,众萌也。从古文之象。"大意:民,广大的平头百姓。字形承袭古文的形象。

82	1	2	3	4	5
直	合 22050 午	临摹	合 32301 历	合 35295 历	合 32877 历	合 21714 子

"直"是在一只眼睛的正上方加一竖直线。徐中舒先生说这一竖线就像建筑领域常用的吊锤线。因为重力的作用,待吊锤静止后,吊锤线与地面呈垂直状态,所以用眼睛顺着朝上看就是"直"。但我们平常看某条线是否直,只要确定两点,眯着一只眼睛,用另一只眼睛看,就能确定直不直了,所以从目从一竖。不管是上看下看,左看右看,反正两点确定一条直线。又说该字是用眼睛看曲折的地方,曲折便无所逃遁。如《说文》云:"直,正见也。从乚,从十,从目。"大意:直,就是正眼看。字形采用"乚""十""目"会意,意思是用眼睛辨别曲直。乚的意思就是不直,十目表面意思就是十只眼睛看,也就是仔细看。

83	1	2	3
臧 zāng	合 3297 反宾	临摹	合 12836 正宾	合 6404 反宾

"臧",左边是臣,臣是竖着的眼睛的形象,这里指代地位卑下的人,右边是戈,这个字的意思就是在战场上抓住了将作为奴隶的人。这些人不敢反抗,反抗显然就会被杀掉,所以百依百顺,所以臧有好、顺的意思。《说文》也说:"臧,善也。从臣,戕(qiāng)声。"但《说文》将其说为形声字,则是从篆书字体来说的。汉代无"藏"

"臟"（脏）字，而是用"臧"字代替，汉末才造此二字。段玉裁说"凡物善者必隐于内也"，所以有人便造了从艸之"藏"，又私造了"臟"字，他批评这种改易经典的做法不可从。但这种现象很值得研究，它反映了早期汉字的孳乳现象。

84	1	2	3	4	5
面					
	老 2462 自	合 21427 自	临摹	合 21428 自	临摹	合 7020 宾	花东 113

"面"字外面是框，里面是"目"字，外面的框表示面庞、脸颊，里面的目表示眼睛。一个人面部最吸引人的地方当然是眼睛，它是心灵的窗户，所以面字这样写，突出眼睛的形象。《说文》云："面，颜前也。从直，象人面形。"《说文》又说："䴹（miàn），麦末也。"也就是说面是人的颜面，是人的脸。䴹，是麦子磨成粉，是面条的来源。后来简化字将两个字合为"面"。上表第 4 种形体是竖向刻画，目前仅见此一例。有学者把第5 种形体也识读为"面"，但这种形体显然和甲骨文的"首"混淆了，我们只需理解和记忆前面三种常规形体就行了。

85	1	2	3	4	5
眉					
	合 7693 宾	屯 142 历	合 19165 宾	合 3420 宾	合 3421 宾

"眉"字用夸张的眼睛配上夸张的眉毛，体现出汉字的描绘之美、表现之美。此字常常与人的貌美相关。在其基础上若下面加上一个"女"字，就是甲骨文的"媚"字。古人可能认识到了一个人尤其是女人的美貌主要是由眼睛和眉毛决定的。难怪今天许多成语都与此相关，如"眉清目秀"等。《说文》云："眉，目上毛也。从目，象眉之形，上象额理也。"大意：眉，眼睛上边的眉毛。字形采用"目"作偏旁，像眉毛的形状，上部的褶皱就像额头的皱纹。此说法有些不妥。

86	1	2	3	4	5
媚					
	合 14797 宾	合 2535 宾	合 6592 宾	合 655 正甲宾	合 5592 宾

"媚"是个形声字，从女眉声，上边是眉，下边是女。《说文》云："媚，说也。从女，眉声。""说"就是"悦"字，《说文》意思是说，"媚"就是让人看到就高兴。可见古人也爱打望，而且表达得毫不含蓄。

87	1	2	3	4	5
湄					
méi	合 28515 何	合 28519 无	合 28520 无	合 28500 无	合 29155 无	临摹

"湄"是形声字，从水，眉声。本义：岸边，水与草交接的地方。《说文》云："湄，水艸交为湄。从水，眉声。"《诗经》云："所谓伊人，在水之湄。"显然这个字又声中兼义，眉在脸的边缘，湄指代河的边缘。甲骨文中经常出现"湄日"，也就是终日、整日的意思。

88 见	1	2	3	4	5
	合 21305 自	合 12984 宾	合 16941 宾	合 23679 宾	合 30989 无

"见"的繁体字是"見"，该字的甲骨文上为目，下为人，本义是睁着眼睛看。《说文》："见，视也。从儿，从目。"大意：见，就是目视。字形采用"儿""目"会意。

89 望	1	2	3	4	5
	合 6476 宾	合 32 正宾	合 32896 历	合 32897 历	合 26993 无

"朢"与"望"本为二字，后合并简化为"望"。"朢"是一个会意字。上面是"臣"，甲骨文中"臣"和"目"是一个字，就是像眼睛的样子。上表第 1、2 种形体下面是"人"形，表示人用眼睛望。第 3、4、5 种形体是"壬"（tǐng）形，就像一个人站在高高的土堆上，进行远望。后来小篆字形朢又加"月"字，表示望的是月亮。抬头望的动作最常见的莫过于望月亮，因为望太阳太刺眼，望远处高山未必能突出"望"的动作，所以古人取象于抬头望月表示"望"。《说文》云："朢，月满，与日相朢，以朝君也。从月，从臣，从壬。壬，朝廷也。"显然不妥。

90 相	1	2	3	4
	合 36844 黄 临摹	合 38158 黄 临摹	合 38158 黄 临摹	合 8628 宾

"相"左边为木右边为目，有时写作上从目下从木，意思相同，本义表示仔细地看。但是为什么该字取象于用眼睛看树木呢？而不是看大地？看天空？《易》中说："地可观者，莫可观于木。"原来，古人先是经过了狩猎、采集阶段，天天爬树找吃的，天天在林间搜寻野兽、飞禽，最熟悉的当然莫过于树木，所以就这样取象了。所谓"近水识鱼性，上山知鸟音"，天天爬树就熟悉树木，就对树木看得仔细，辨别得清楚。

《说文》云："相，省视也。从目，从木。《易》曰：'地可观者，莫可观于木。'《诗》曰：'相鼠有皮。'"大意：相，就是仔细地察看。字形采用"目""木"会意。这是因为《易》上说："地上可观察者，莫过于树木。"《诗经》上有诗句："注意看吧，那老鼠都有张皮。"

91	1	
顺		
	屯 2080 无	临摹

　　"顺"是一个会意字,从页(xié),从巛(chuān)。页,甲骨文中表示人的头部,巛本来指川,也就是江河。所以《说文》云:"顺,理也。从页,从巛。"理的本义就是治玉,治玉按照纹理就叫"顺";而"顺"字中"页"表示人,"巛"本义河流顺畅,"顺"整个意思就是表示人顺利。另一说法,"页"指人形,"巛"是头发形状,所以"顺"的意思就是理顺头发,又指有顺序。该甲骨文的确像一个人头发飘飘,十分柔顺的样子。但目前为止,有关"顺"的甲骨文就见此一例。

92	1	
沬		
huì	合 31951 无	临摹

　　"沬"像是一个人在水盆前,用手洗头发和洗脸。"沬"的本义当是泡沫,我小时候常用皂荚洗头,也有少量泡沫。想必商朝人知道如何利用植物的汁液来洗脸洗头。该字后来形声化,从水,未声。《说文》云:"沬,洒面也。从水,未声。湏,古文沬从頁。"还是说"沬"指的是用水洗脸。

93	1		2		3	
监						
	合 27742 无	临摹	合 27740 无	临摹	合 30792 无	临摹

　　"监"的繁体字是"監"。该甲骨文从见从皿。见,既是声旁也是形旁,表示睁大眼睛看;皿,表示洗脸盆。所以"监"表示人睁大眼睛看脸盆里自己的形象。在铜镜出现之前,人们盛水为镜。这很好理解,人类的自我意识天生就有,最早看自己形象一定是在湖边或河边。于是,后来就盛水为镜。俗话"也不撒泡尿照照",反映了人类原始时期以水为镜的风俗遗存。《说文》云:"监,临下也。从卧,衉省声。魯,古文监从言。"大意:监,就是低头看。字形采用"卧"作形旁,用省略了"臽"的"衉"作声旁。魯,这是古文写法的"监",采用"言"作偏旁。这种解说实在迂曲。古代"监""签""鉴"三字通用。

94	1		2	
童				
	合 30178 无	临摹	屯 650 无	临摹

　　"童"上是辛,表示一种刑具,可以戳眼睛割鼻子,中间为目,下面是人,整个字刻

画的就是一个站着的，因为害怕眼睛睁得大大的，头上有刑具的有罪之人。《说文》："童，男有辠曰奴，奴曰童，女曰妾。从辛，重省声。"大意：童，男孩子有罪的就叫"奴"，"奴"也叫"童"，女奴叫"妾"。字形采用"辛"作形旁，用有所省略的"重"作声旁。

95	1	2	3	4	5
省					
	合 5116 宾	合 21524 无	合 9611 宾	合 9639 宾	合 3416 正宾

该字从中从目，又说从眉省、从中。甲骨文像眼睛在观察小草，本义是仔细地察看。《说文》云："省，视也。从眉省，从中。"大意：省，仔细看。字形采用有所省略的"眉"和"中"会意。之所以从中，段玉裁认为因为中是指草木初生。草木初生时的变化非常细微，需要仔细地看才能发现，所以"省"的意思就是仔细地看。另一说法，早期先民种植植物、庄稼，唯恐不能成活，故日日视察观看，所以从中。

96	1	2	3	4	5
智					
yuān	合 28804 无	合 28087 何	合 28233 无	合 5319 宾	屯 4233 历

这个字多识读为"智"，从第 1 种形体看出，右边可隶定出"夗"，左下有"目"，左上为三个"中"的形象，于是学界识读为"智"。该字不常见，多数学者认为是一种祭祀方法。这里仅仅略带提及。《说文》云："智，目无明也。从目，夗声。"《广韵》曰："智，井无水也。"井无水干枯，与目无明相似。这里要告诉大家，甲骨文中还有大量的字没有识读出来，有些字的识读还有争议，如此字。

97	1	2	3	4	5
眔					
dà	合 267 正宾	合 20399 自	合 764 宾	合 269 宾	合 7066 宾

郭沫若认为该甲骨文指眼睛流泪，所以从目从水。今天四川话说人掉眼泪叫"掉眔子"，很生动的。《说文》认为："眔，目相及也，从目，从隶省。"也即是眼睛看眼睛。与"隶"相关的字多与触及有关，如"逮"。

98	1	
嚚		
yín	合 18650 宾	临摹

《说文》中说"朋，众口也"，也就是人多嘴杂。《说文》又说："嚚，语声也。从朋，

臣声。"也就是有声而不能成语，喑哑难言，有时候又同"喑"。"嚚"还有愚蠢而顽固的意思。

二、与"耳"相关的甲骨文

99	1	2	3	4	5
取	合20138 自	合4734 宾	合32833 历	屯1082 历	合5788 宾

"取"是会意字，从又，从耳。甲骨文字形，左边是耳朵，右边是手（又），合起来表示用手割耳朵。古代作战，以割取敌人首级或左耳以计数邀功。《说文》云："取，捕取也。从又，从耳。《周礼》：'获者取左耳。'《司马法》曰：'载献聝。'聝者，耳也。"大意：取，捕杀的意思。字形采用"又""耳"会意。《周礼》上说："获胜者割下敌人的左耳。"《司马法》上说："载献聝。"聝，就是耳朵。

秦国统一前，秦孝公任用商鞅变法，秦国成为"尚首功之国"。战士打仗取敌人首级，回来可领赏。可以想象，首级太重，挂在腰间会影响战斗，所以后来取耳朵领赏。但这种习俗的历史应该还要更久远，《说文》引《周礼》云："大兽公之，小禽私之，获者取左耳。"捕获大的野兽就交给公家共同平分，捕获到小的野兽就归自己私人所有，不管大小，都把野兽的耳朵割下，以此来评定成绩。原始社会中，部落氏族集体狩猎，得到猎物后均分，但留有一部分给予功大者以奖励。割取猎物左耳的现象当比取死敌之耳的现象出现得更早，也更普遍，应该是"取"字表义的直接来源。国外斗牛，对表现好的斗牛士也是割取牛耳进行奖励，其实也具有原始狩猎奖赏的遗风。

100	1	2	3	4	5
闻	合1075 宾	合1137 宾	合1136 宾	合18089 宾	合10936 正宾	临摹

"闻"像一个人蹲着的样子，然后举手掩着一只耳朵，表示仔细地听。第4、5种形体突出耳朵的形状，也表示在认真地听。第4种形体与甲骨文的"望"字相混淆。文字在象形、会意过程中出现相混淆的情况，古人是如何处理的？这种现象也值得研究。篆文闐是另造的会意兼形声字，由门、耳会意，表示在门里听门外的动静，遂演化为今天的"闻"字。《说文》云："闻，知闻也。从耳，门声。"大意：闻，就是知道了，听到了的意思。字形采用"耳"作形旁，"门"作声旁。

101	1	2	3	4	5
联	合32176 历	合32176 历	合32721 历	花东203	合4070 反宾

"联"的繁体是"聯"，甲骨文字形就是在耳朵边加丝，从耳从丝，造字本义是指系在两耳上的耳链。籀文𦕈也像是在耳朵两侧连着丝。篆文聯还是耳朵边加丝。其实，耳朵连着头，"丝"也表示连续不断，所以"联"就表示连续不断的意思。《说文》也说：

"聯，连也。从耳，耳连于颊也；从丝，丝连不绝也。"大意：联，就是相连。字形采用"耳"作偏旁，表示耳朵连着脸；采用"丝"作偏旁，表示像丝一样连续不断。

注意：在甲骨文中，"取"表示把耳朵割下来；"联"表示连绵不断；"孙"表示子孙不绝如缕。

102	1	2	3	4
圣				
kū	合 33209 历	合 33213 历	合 33211 历	合 33210 历

"圣"像手抓土的形象。历史上说，晋文公逃难途中向百姓要吃的，百姓给他捧来一捧土，晋文公抽鞭子要打农夫，随从马上制止。因为手捧土就是"圣"字，是神圣的，得土地者得社稷。晋文公停下手来，后来懂得爱惜民力。

《说文》云："圣，汝颍之闲，谓致力于地曰圣。从土，从又。"大意：圣，汝河、颍水之间的一带，人们将致力于土地开发利用的人称作"圣"。所以字形采用"土""又"会意。但繁体字"聖"的含义却是指耳提面命的人，或善于用耳朵听、用口说的人，故与"圣"是两个字，后简化合二为一。

103	1	2	3	4
聖				
shèng	合 14295 无	临摹	合 10478 自	合 18094 宾	合 14295 无

该字是个形声字，从耳，呈声。但甲骨文字形，一边是口字，一边是耳朵和人形，表示既善用耳朵听，又会用口说，这就是"聖"人。或者是"聖"人说的话，一般人只有洗耳恭听，就像四川话说的"扯起耳朵听"。《说文》云："聖，通也。从耳，呈声。"大意：聖，就是通达事理的人。该字甲骨文的字形采用"耳"作形旁，采用"呈"作声旁。显然此处《说文》对该字的拆分与该字甲骨文的结构不相合。这是我们读《说文》时应该注意的。

104	1
聑	
tiē	合 36943 黄	临摹

"聑"，又读 zhé，像两个大耳朵相对，意思是安适，又指耳垂。《说文》云："聑，安也。从二耳。"段玉裁《说文解字注》进一步解释道："二耳之在人首。帖妥之至者也。凡帖妥当作此字，'帖'其假借字也。"意思是说两个耳朵在人的头上，是最妥帖不过的。后来以"帖"来表示妥帖，不再用"聑"了。

三、与"自"相关的甲骨文

105	1
臬	
niè	合 6333 宾　　临摹

　　本义箭靶子，该字是会意字。自是指鼻子，人脸的中心，而"臬"是射箭的中心，下面从木，指用木杆竖起箭靶。《说文》云："臬，射准的也。从木，从自。"意思是射箭的靶子，引申为目标、准则。古代为了测日影，确定日期，也是立一根木杆，再在木杆周围画一个圆圈，也像箭靶形状，所以该字又指代测日影的标杆。故"臬"有标准、法式、圭臬等意思。

106	1		2	
鼻				
	合 1098 宾	临摹	合 8189 宾	临摹

　　《说文》云："鼻，引气自畀（bì）也，从自畀。""自"是"鼻"的初文，其甲骨文刻画的是鼻子的样子，"畀"是给予的意思。合起来表示鼻子不断地呼吸，自相给予。所以《说文》认为"鼻"是一个会意字。但我们今天认为这是一个形声字，"畀"作声符。"自"和"鼻"同时在甲骨文中流行，甲骨文中"自"的确有作"鼻"的用例，也有作"自己"的用例。而甲骨文中的"鼻"字却是作地名。这表明不是像有些学者所说的那样："自"最初表示鼻子，后来因为"自"要表示自己的意思，于是就造了"鼻"字表示鼻子。我们研究甲骨文往往会有许多新的发现，会改写传统语言学的某些观点。

107	1	2	3	4	5
臭					
xiù	合 8977 正宾	临摹	合 7066 宾	合 10093 宾	合 32461 反宾	合 4649 宾

　　"臭"上为自，下为犬，自是鼻子的意思。狗的鼻子最善于嗅闻味道，所以臭字从自从犬。《说文》云："臭，禽走臭而知其迹者，犬也。从犬，从自。"大意：臭，指的是打猎时，禽兽逃跑，留下味道，猎犬用鼻子一嗅，就知道禽兽逃匿的踪迹。所以字形采用"犬""自"会意。

　　后来本义由"嗅"代替，而"臭"读为 chòu，今天单指难闻的气味。在汉语发展过程中，其意义发生了一种奇怪的变化，语言学家把这种现象叫作"正反同训"。比如"其臭如兰"不是说臭味像兰花，而是说香味像兰花。"臭"字表示香味和臭味两个意思。"落成""粪除""养病"等词语都是这种用法。

108	1		2		3	4
劓	合 5994 宾	临摹	合 5995 宾	临摹	合 6226 宾	合 8986 反宾
yì						

"劓"从自从刀，"自"刻画的是鼻子的形象，所以"劓"也就是用刀把鼻子割掉的意思。这是古代的一种刑法，在今天一些国家的少数部族中还在施行。

109	1		2		3	
洎	合 11006 正宾	临摹	合 3012 反宾	临摹	合 7047 宾	临摹
jì						

《说文》说："洎，灌釜也。从水，自声。"就是往锅里浇水，也指代肉汁。《吕氏春秋》又说："市丘之鼎以烹鸡，多洎之则淡而不可食，少洎之则焦而不熟。"古代用鼎炖鸡很不好掌握火候。掺水太多味道太淡，掺水太少肉外面烧焦了里面还不熟。该字的另一个意思是到、及。如常说"自古洎今""洎乎近世"。

110	1	
濞	合 8357 宾	临摹
bì		

此字的一个意思是漾濞县，中国云南省的一个县。显然这不是造字本义，因为商朝尚未统一西南。统一西南当在秦朝，秦朝也是费了九牛二虎之力才将当时的西南统一。《说文》说："濞，水暴至声。从水，鼻声。"这当是造字本义，也就是大水突然到来，发出的轰轰轰的响声。也许是古人听到从鼻孔发出的打鼾声，于是想到洪水的声音，当然这是一种猜测。

四、与"口"相关的甲骨文

111	1	2	3	4	5
曰	合 8233 宾	合 26992 无	合 32870 历	合 20315 自	合 37863 黄
yuē					

"曰"是一个指事字，下面口形，上面加上短横，表示说话的声音。现代汉字中，"曰"与"日"相似。在甲骨文中两字区别比较大，"日"是象形字，是个圆圈，有时为了书写便利，刻写成方框。"曰"为口上一横。甲骨文的"曰"有时简写为"口"。

112	1	2	3	4	5
甘					
	合 1901 宾	合 22427 自	合 517 历	合 8005 宾	合 8004 宾

"甘"是在"口"中加一短横，这一短横是指示符号，代表口腔内的舌头或嘴部的动作，整个字形表示用口、舌品尝美味。《说文》云："甘，美也。从口，含一。一，道也。"大意：甘，味美。字形采用"口"作偏旁，像口中含一。"一"是"道"的意思。《说文》的解说非常值得玩味，《说文》解释"一"时说"道生于一"，解释"甘"字也说是口中含"一"，也就是说我们吃的不是食物而是"道"。这个"道"显然不是味道的意思，而是说我们吃的东西要符合天道，要符合万物之道。这把中国的饮食文化推向了很高的境界。人活着的基本需求不就是为了一口吃的吗？但要符合"道"。

113	1	2	3	4	5
品					
	合 20276 自	合 23713 出	合 38586 黄	合 34525 历	34526 历

"品"是个会意字，从三口。口代表人，三表多，意即众多的人口。《说文》云："品，众庶也。从三口。"这里"庶"很难理解，"庶人"也就是一般的大众，"庶物"也就是万事万物。那么"众庶"的含义是众多事物的种类、等级和格调。所谓"天子千品万官"，意思就是天子给众多官员定等级。今天有词语"品尝"，实际上也是厨师给食物定等级。另一解释，品，代表多人之口，多人之口都说好当然好，都说不好当然不好，这就是等级。值得留意的是"品"字有两种结构，一种与今天的"品"字相同，一种是倒"品"形。此外，我常在课堂上说甲骨文的书写先后顺序超乎我们的预期和想象，上表第5种形体的笔顺就是如此，值得揣摩和归纳。

甲骨文中有两口的"吅（xuān）"，古同"喧"，又读为 sòng，同"讼"，诉讼的意思。有三口的"品"。还有四口的"㗊（jí）"，表示喧哗，又读为 léi，即古文"雷"字。这里就不详解了。

114	1	2	3	4	5
名					
	合 19617 宾	合 19617 宾	合 19616 宾	合 9502 宾	合 9505 宾

"名"从口从夕，指天黑时只能通过呼叫对方的名字或自己的名字来交流。《说文》云："名，自命也。从口，从夕。夕者，冥也。冥不相见，故以口自名。"大意：名，就是自己对自己的称谓。字形采用"口""夕"会意。口，就是喊。夕，就是天黑。天黑了人们互相看不见，所以用嘴向别人说自己的名字。可以想见，古代没有电灯，照明条件也有限，晚上找人只能喊。

我们理解甲骨文的深刻含义，要回到当时的历史条件，所以大家还需要同时学好先秦的历史和文化知识。

115	1	2	3	4	5	6
吉						
	合 5280 宾	合 16330 宾	合 5281 何	合 16329 无	合 29864 无	合 27515 何

"吉"的第一种说法：兵器放在器皿中，表示没有战争。第二种说法：士口为吉，表示古代的"士"说的话是要算数的，就是好话。上表第1、2、3、4种形体，的确像锐利的兵器放在器皿中；第5、6种形体的确是士旁和口旁。《说文》云："吉，善也。从士口。"大意：吉，就是美好。字形采用"士""口"会意。

此外，有人认为"吉"字上面是饭，下面是装饭的东西。装满饭，有饭吃当然是好事，而且装得满满的，四川话叫"帽儿头"。又有人说是庄稼长得好曰"吉"，庄稼长得不好曰"凶"（如凶年）。还有人说"吉"是家里囤积满了粮食的形象。这些解读都难以贯通，不足为据。

116	1		2	
吝				
	合 25216 出	临摹	合 4990 宾	临摹

"吝"为形声字，从口，文声。本义顾惜，舍不得。《说文》云："吝，恨惜也。从口，文声。《易》曰：'以往吝。'"大意：吝，有两个意思，一个是悔恨，一个是痛惜。字形采用"口"作形旁，"文"作声旁。《易》上说："长此以往而不舍弃，将会后悔的。"为什么要从口？段玉裁认为："凡恨惜者多文之以口。非文声也。"人们总是爱把悔恨和不舍说出来，所以从口。他认为此字是一个会意字。

117	1	2	3	4	5
占					
	合 20333 自	合 19886 自	合 12532 正宾	合 11484 正宾	合 37832 黄

"占"在卜辞中有大量用例，它是一个会意字，从卜，从口。卜是象形字，是龟甲上的裂纹的样子，"占"就是以口问卜，推测吉凶。《说文》云："占，视兆问也。从卜，从口。"大意：占，主祭者在祭祀后察看占卜的兆纹来判断吉凶，询问天意如何。字形采用"卜""口"会意。这是很准确的解释。但上表中第3、4种形体在外边加了方框，这个方框像甲骨文中的"凸"字，也就是龟板和动物肩胛骨的样子。由出土的甲骨形状可知，古人先在甲骨上钻凿，然后用点燃的树枝或蓍草根茎灼烧钻凿之处，龟甲和骨版上就会出现裂纹，然后根据裂纹判断吉凶。第3、4种形体就将龟甲和骨版的样子也加上去了。第5种形体是黄组卜辞出现的形体，黄组卜辞接近商代末期了，显然写字比较随意，相当于是第3、4种形体基础上的行书和草书。

118	1	2	3	4	5
舌					
	合 19174 宾	合 5532 正宾	合 2561 宾	合 14523 宾	合 19092 宾

"舌"就像从口里伸出了分叉的舌头。人的舌头是不分叉的，常见的动物中蛇的舌头分叉，又叫作"蛇信子"。蛇的舌头分叉的特征很明显，而且蛇的舌头能敏锐地察觉空气中的气味，所以甲骨文"舌"就取象于它。我们小时候看见蛇，印象最深刻的也是蛇吐信子。上表中第1、2种形体是常规写法，第3、4、5种形体是加上两点或三点指示符号，表示蛇的唾沫或增饰符号。

《说文》云："舌，在口，所以言也、别味也。从干，从口，干亦声。"大意：舌头，在人的口中，用以说话和辨别味道的器官。字形采用"口""干"会意，"干"也是声旁。

119	1	2	3	4	5
言					
	合 4521 宾	合 4519 宾	合 26729 出	怀特 1130 出	合 30638 何

"言"刻画的是口和舌头的形状，因为说话主要靠嘴巴和舌头，所以这样造字。在古代，有一种刑罚就是割掉舌头，以惩罚那些乱说话的人。但上表第3、4、5种形体明显地是从口从辛，辛在甲骨文中是指一种刑具，所以从口从辛的意思就是祸从口出。它表明古人认识到了口舌容易惹是非，说话要小心。

《说文》云："言，直言曰言，论难曰语。从口，辛声。"大意：言，直接说话就叫作"言"，与人争论辩驳叫"语"。其他说法是：自己说话叫"言"，回答别人的问难叫"语"；自己说话叫"言"，与人反复争辩才叫"语"。而关于孔子言论的《论语》，其中既有孔子的"言"，也有孔子回答别人问难以及与人争辩的"语"。"言"既然是直接说出自己的话，表达自己的观点，所以当非常小心。孔子说："余欲无言也。"我们今天也说："无声胜有声！"能够不说的还是不说吧。

通过这些字，你是否感受到了汉字背后深刻的文化内涵呢？注意甲骨文中这几个字的比较：舌，取象蛇的舌头，有分叉；言，祸从口出，所以从口从辛；告，从口从牛，告诉他人牛要触人；曰，指说出的话。但徐中舒先生认为：言、舌、告三字实际上是同一字。

120	1	2	3	4	5	6
古						
	20149 正自	合 3831 正无	合 3833 无	合 10111 宾	合 16666 宾	合 21242 自

"古"，从两口一竖，表示从一个口传到另一个口，也就是一代一代口耳相传的意思。在没有文字的时代，的确是靠口耳相传来讲述古老的故事，所以这些故事叫作"传说"。这就是该甲骨文的本来含义。但上表中第6种形体从口从申，"申"在甲骨文中有"神"

的意思，现代汉语中有"说"的意思，所以也解释得通，表示口耳相传的神话传说。

在甲骨文中，方框虚实无别，实方框后来又演变为直横，所以以甲骨文"古"字上面的"中"演变为后来的"十"，也就写成今天的样子。《说文》云："古，故也。从十、口。识前言者也。"大意：古，就是过去的旧闻故事，字形采用"十""口"会意，表示多代人口耳相传，那当然是很古老的事情了。《说文》是据后来篆书解说的，"古"的篆书上面正好是"十"。

121	1	2	3	4	5
合					
	合 3297 反宾	合 31888 宾	屯 248 历	合 18100 宾	合 22243 妇

《说文》云："合，合口也。从亼，从口。"大意：合，指的是众口相合。字形采用"亼""口"会意。"亼"是"集"的古体，众口相合表示意见一致或者互补。《诗经》云："妻子好合，如鼓瑟琴。"瑟、琴是两种不同的弦乐器，用它们共同来演奏一首乐曲时，可能是合奏，也可能是一呼一应，也可能是主次配合等。"合"字的两个"口"有写作一样的，但更多的写法并不一样。"合"字的甲骨文上面部分似乎还像装东西的盖子，下面的部分当然为"口"，所以该字还可指东西的盒子，通"盒"。"杨修之死"中曹操用"一合酥"表示的其实就是"一盒酥"。两者"相合"就是用盖子盖住的意思。

另外《序卦传》说"嗑者，合也"，可能蕴含了"合"字的古义。"嗑"就是用上下牙齿咬东西，上下牙齿尽管长的不一样，但总是相合的。这也就是"合"的原始意义了。

由此可知，即便一些简单的汉字，结合它的甲骨文形体追溯它的本义，也能了解到其背后蕴藏着的丰富的民族文化信息。

此外"合"的甲骨文的上面部分，可以识读为"亼"，也可识读为"口"，如甲骨文"令"字；还可识读为"肉"，如甲骨文"豚"字。

122	1	2	3	4	5
吕					
	合 6567 宾	合 6780 宾	合 6567 宾	合 3823 宾	合 29341 无

该甲骨文与现代的"吕"字相比形体没有多大变化。《说文》说："吕，脊骨也。象形。"即是说这是一个象形字，像背脊骨的样子。肉市场上常常见到猪牛的背脊骨，样子的确如此，一环连着一环。所谓"心吕之臣"，比喻很重要的辅佐人员，就像某人的心和背脊骨一样。它比"股肱之臣"还重要。

五、与"手"相关的甲骨文

123	1	2	3	4	5
父					
	合 2128 宾	合 32225 历	合 371 正宾	合 2221 宾	合 201 正宾

"父"是一个指事字，像右手或左手持棒之形，左右无别。意思是：手里举着棍棒教育百姓的官吏。所以古代有"堂邑父"的称谓，皇帝也被称为"君父"，官员被称为"父

母官"。后来指教子女守规矩的人，即家长，父亲。这很好理解：商周重视血缘关系，所谓"人道亲亲也"，宗法制就是建立在血缘关系基础上的商周根本政治制度。一家之主的父亲，具有生杀予夺的权力。《说文》云："父，矩也。家长率教者。从又举杖。"大意是说：父，是规矩的化身，是一家之长，是带领、教育子女的人。字形采用"又"作偏旁，像手举棍棒教训子女的样子。这就是中国传统文化中的父权文化，有其存在的道理，但也的确有些不妥当的地方。

甲骨文的"母"字，表示温柔、贤惠、端庄，甲骨文的"父"字，表示持棍打人。

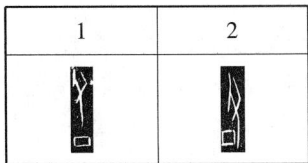

1	2

这里补讲一下关于甲骨文的"合文"问题。左图中1、2列都是"父丁"二字，第1种形体截取自《合集》32225历组卜辞，第2种形体截取自《合集》32224历组卜辞。第1列中"父"和"丁"两字分开写；第2列中两字就是合在一起写，为"父丁"合文。这两种写法无论是字的形体结构还是笔画特征都证明很可能是一人所写，这就不禁要问，为什么会产生合文？合文对甲骨文的形体演化有什么影响？这些问题见仁见智，学界还在探讨之中。有从行款角度推测，认为合文主要与甲骨文直书下行有关，为了节约书写空间，所以合文。有观点认为是由于文字初创阶段，书写的随意和个人书写习惯导致的。还有从语法角度研究的，从合文的位置角度研究的，从内容角度总结的，等等。一般而言，甲骨文合文多是数字、人名、官职、地名、固定名称等。它是否是会意字的雏形，是否对会意字的形成造成影响，尚无确论。同学们只知道有这种现象即可，要深入研究当然还需要有较深的甲骨学功力。

124	1	2	3	4	5
尹 yǐn	合 19771 自	合 32980 自	合 30451 自	合 3476 历	合 20746 自

这是一个十分生动的会意字，字形一竖表示木棍、权杖、鞭子等，而"又"表示手，所以"尹"的意思是驱使、管理百姓的官员。"尹"统指手持棍棒，驱民劳作，又引申为治理的意思。《说文》云："尹，治也。从又丿，握事者也。"大意：尹，治理的意思。字形采用"手""丿"会意，表示一手掌握许多事务。"丿"是指示符号，表示手里要做的事情。甲骨文中还有"伊"字，注意比较记忆。

125	1	2	3	4	5
伊	合 32982 历	合 23563 出	合 32933 历	合 21573 子	合 33329 历

甲骨文中"伊"主要指伊尹，商代著名的大臣，辅佐成汤。《说文》云："伊，殷圣人阿衡，尹治天下者。从人，从尹。"早有学者认为：阿衡就是伊尹，阿有倚的意思，衡有平的意思，伊与阿、尹与衡都是双声，伊尹是成汤所依倚而治理天下的重要帮手，所以阿衡就是伊尹。《说文》说伊尹为"殷圣人阿衡也"，可见汉代的人就知道这点了。甲

文确实证明了"伊"主要指伊尹，因为大量卜辞记载了商代人祭祀伊尹。后来此字字义发生变化，"伊人"指的是心中的那个人，因太喜欢又不好直呼其名的那个人。"伊始"就是指刚刚开始。

126	1	2	3	4	5
君					
	合 24133 出	合 24135 出	合 24132 出	合 24137 出	合 24134 出

"君"从尹从口。尹的甲骨文像手执工具，表示治理；口表示命令；合起来的"君"表示手持权杖，发号施令的人。《说文》云："君，尊也。从尹，发号，故从口。"大意：君，就是天下至尊的人。字形采用"尹"作偏旁，又因为发号施令，所以同时采用"口"作为偏旁。

注意：甲骨文中的"王"是斧钺的形状；"君"是持棒驱使人民，发号施令的形象；"尹"是手执权杖管事的形象；"父"是手持棍棒要打人的形象；"攴"是手持棍棒劳动的形象。

127	1	2	3	4	5	6
司						
	合 9741 正宾	合 20276 自	合 20367 自	合 26070 出	合 27606 无	合 37862 黄

"司"的甲骨文字形，从倒人从口，或从又从口，表示用口发布命令的人，它有统治、管理的含义。《说文》云："司，臣司事于外者。从反后。"大意：司，在外管事、办事的人员或官吏。字形"从反后"，意思是说与表示帝王的"后"相对的就是"司"，即有司，也即做事或者管事的人，没有帝王的权力大。今天还有"司令""司工人员"的说法。在甲骨文中，"司"与"后"是一字，因为甲骨文形体左右无别，正反无别。最有名的是我们中学的历史教材里，以前有个叫"司母戊方鼎"的商代鼎，现在改叫作"后母戊方鼎"。

128	1	2	3
肘 zhǒu			
	合 4899 宾　临摹	合 13677 正宾　临摹	合 11018 正宾　临摹

"肘"上半部分是"又"，表示手的意思，这点大家都看得出，下半部分是手臂到肩膀的部分。而第1种形体特别加了一个指示符号，这个指示符号有人说其实就是专门指肱二头肌，也就是手臂上的肌肉，它决定了一个人手臂力量的大小。但很明显，这个指示符号加在手臂关节拐弯处，并不是指肱二头肌。第2、3种形体没有加指示符号，是象形字，但明显地突出了手臂的部分，这就是它与甲骨文"又"的差异。我们将它楷化为"肘"。"肘"其实来源于"寸"，寸其实就是手形加上一点，寸也就是手腕的"寸口"位置，即中医把脉的位置，"寸"可能来源于上表第1种形体。

今天的"肘"字指的是上臂、前臂相连接的部分，四川话叫作"倒拐子"。有个词语叫"掣肘"，就是捉住某人的"倒拐子"，表示阻难其做事的意思。"东坡肘子"指苏东坡发明的一种烹煮猪腿的方法。写毛笔字时要求"悬肘"，实际上是将手、手腕、前臂及整个"倒拐子"都悬起来。

这个字最好与甲骨文的"疋""厷"字结合起来记忆。甲骨文的"疋"，指的是腿杆。腿上肉较多，所以"疋"的甲骨文刻画得肥大些；胳膊上肉相对较少，所以"肘"的甲骨文刻画得细小些。甲骨文的"厷"才是指人的上臂，也就是肱二头肌处。

129	1	2	3	4	5
厷 gōng	合 13680 宾	合 5532 正宾	合 13679 正宾	合 13680 宾	合 13681 宾

"厷"是一个指事字，该字甲骨文在"又"的下方加一个半圆的指示符号，表示手臂上鼓起的肌肉，也就是肱二头肌。"厷"又是"肱"的初文。《说文》云："厷，臂上也。从又，从古文∠（gōng）。∠，古文厷，象形。肱，厷或从肉。"大意：肱，手臂的上部位置。字形采用"又""∠"会意。∠，这是古文写法的"厷"，像人手的曲臂的形状。肱，这是"厷"的异体字，字形采用"肉"作偏旁。今天所谓的"肱"泛指手腕到肩膀的位置。成语"股肱之臣"，指的是非常得力又非常重要的大臣。

130	1	2	3	4	5
尤	合 34722 历	合 28766 无	合 35484 无	合 23143 出	合 25561 无

"尤"的甲骨文从又，表示手，而手指上加一横，表示手受到阻碍。另一说法，手上这一横表示砍掉手指，所以指灾祸。卜辞中有大量"亡尤"的用例，就是问是否有灾祸。《说文》云："尤，异也。从乙。又声。""乙"的本义是种子发芽受到阻碍，迂曲难出。"尤"的意思也是迂曲难出，所以显得格外不同。所以，"尤"具有错误、怨恨、与众不同等意思。成语"怨天尤人""以儆效尤"等含义是很生动的。

131	1	2	3	4	5
叉 zhǎo	合 36902 黄	合 6450 宾	临摹	合 41768 黄	合 5814 宾	合 41014 何

"叉"是"叉"的异体字。"叉"的读音与含义均与"爪"同。《说文》说："叉，手足甲也。从又，象叉形。"但甲骨文的"叉"从又，表示手，还有几点指示符号表示指甲。最先指手指甲，后来引申也表示脚指甲。该字另一说法就是张开手指叉取物品，可以是碎物也可能不是。《说文》："叉，手指相错也。从又，象叉之形。"大意：叉，手指相交错取物的形象。字形采用"又"作形旁，像叉东西的样子。

132	1	2	3	4
采	合 20960 自	临摹	合 20397 自	合 12814 正宾	合 11726 宾

采的甲骨文有两种构形，上表1、2是一种写法，3、4、5是另一种写法。两种写法上面从又或者从爪，都表示手的形状；两种构形的区别在下面，下面要么从木要么从果，也就是说"采"的意思是要么采树叶比如桑叶，要么采果实，当然也可能采花、草、根等。远古时代的人们，采集植物的花、叶、果等作为食物。按照马克思的观点，人类最早当在树上采摘果实，后来下到地面，于是便渐渐地能直立行走了。

当然这两种构形也有可能是繁简关系。这里要说下甲骨文字体演化过程中的省略现象。一般而言，有重复的偏旁往往省略掉。比如前面讲的"步"字，本来有"行"旁表十字路口，后来先将"行"省略部分，再进而全省。有些字的细枝末节部分无关乎整个字的构形表义，如"采"字，本义当为采摘果实，后来省掉果实的部分。

"采"在使用过程中发生孳乳，当表示采摘动作时产生"採"字，当表示颜色时产生"彩"字。"采"其实与"採"字本义相同，因为"採"无非增加了一个手旁，强调手的动作。而"彩"字，篆文中的"彡"是装饰符号，表示光、色、影等。所以"彩"的造字本义是光色，即多元、丰富的光色。在成语"兴高采烈"中，明显地看出这里的"采"就是"彩"的原形。但成语用字往往约定俗成，所以就用"采"字，指人的脸色。因为成语不易改变，保留了"采"字表颜色的古义，这为我们追寻文字衍化和使用的历史轨迹提供条件。

《说文》云："采，捋取也。从木，从爪。"大意：采，就是采摘。字形采用"木""爪"会意。《说文》又云："彩，文章也。从彡（shān），采声。"大意：彩，纹饰多彩，焕然夺目。字形采用"彡"作形旁，表示多彩的意思，"采"作声旁。

133	1	2	3	4	5
史	屯 992 历	合 20088 自	合 21703 正子	合 27333 何	合 5498 宾

"史"是个会意字。一种说法，从又持中，又表示手，中就是中正的意思，合起来表示史官记录历史时要公正。《说文》云："史，记事者也。从又持中。中，正也。"

另一种说法，该甲骨文上面像是一块木板，中间是一支笔，下面是手，合起来就是用手在一块"板"上写字的人。当然记录的是重要事情，然后传达给其他人去做，所以"史"通"吏""使""事"。卜辞中大量用作"使"。

134	1	2	3	4	5
友	合 6057 宾	合 38762 黄	合 8202 宾	合 8236 宾	合 21050 自

首先注意：甲骨文中这个字是"友"不是"双"，"双"字在《说文》中根本没有。

"双"是"雙"的俗体，后来就成了"雙"的简化字。甲骨文的"友"由两个"又"组成，"又"表示手，两只手在一起，表示互相帮助，成为朋友。注意这两只手无论是向左还是向右，方向是一致的。《说文》云："友，同志为友。从二又。相交友也。"大意：友，志趣相投叫作"友"。字形采用两个"又"会意，像两人握手变成好友。

135	1	2	3	4	5
收					
shōu	合 23 宾	合 8948 宾	合 19933 自	合 22214 妇	合 8934 无

"收"由两个"又"组成，像左右两只手朝向中间，此即"收"字，也就是"收"的异体字。《说文》云："收，捕也。从攴，丩声。"也就是说"收"的意思是捕获罪犯。

136	1	2	3	4
丞				
	合 2279 正宾	临摹	合 18004 宾	合 763 宾	合 19835 自

"丞"字构形十分生动。下面是"凵"，也就是陷阱的意思，上面是一双手，中间是一个人，像一个人掉进了坑里面，有两只手将其拯救出来。"丞"是"拯"（zhěng）的初文。

古代有"丞相"一职。"丞"的本义是将人从坑里拯救出来，故有帮助的含义，"丞相"就是帮助皇帝处理政事的人。

有时候省略掉"凵"，如上表第 2、3、4 种形体。这时就容易和甲骨文"承"相混淆。注意"丞"字是双手从上向下救人，而"承"字是双手从下向上将小孩高高举起，两者构形相反，但都生动逼真。

137	1		2	
弄				
	合 18189 宾	临摹	合 18189 宾	临摹

"弄"字左右像两只手，中间是玉的简体，意思就是双手拿着一串玉把玩。这双手后来演变为"廾"，甲骨文中的玉，本像串着的一串玉，后来简化为"工"的样子，今天又演变为"王"。《说文》云："弄，玩也。从廾持玉。"也即是说"弄"是玩玉。今天有词语"玩弄"，完全成了贬义词，细想该词颇有语源。

138	1	2	3	4	5
争					
	合 137 正宾	合 67 正宾	合 1114 宾	合 11917 宾	合 6552 宾

"争"是个会意字。甲骨文上为一只手，下为一只手，争夺中间的一样东西。一种说

法，中间为半环状的珏，代表玉器、宝物，所以争夺的是宝物。另一种说法认为争的是牛角，这种说法牵强，古人不会为牛角而争。

篆书🈳上为"爪"，表示手，下为"又"，中间表示某一物体，还是像两人争东西的样子。许慎在《说文》中说："争，引也。从受厂。""受"表示两只手，"厂"是拖曳的意思，《说文》还是说两手夺取某一东西。到底商代人发动战争争夺的是什么？通过卜辞可以知道，有夺取土地的，有夺取猎物的，有抢人的，有争夺财富的。所以甲骨文"争"中间半环状的东西是抽象符号，不是具体的东西。

139	1	2	3	4	5
受					
	合 9951 宾	合 9810 自	合 9890 无	合 10103 宾	合 9774 宾

"受"是会意字，由两个"又"和一个"舟"构成。"又"表示手，"舟"表示运输工具。古代主要的运输工具是船，主要的运输手段是水运，后来才有了陆运，中外莫不如此。英语中"交通"一词写作 transport，trans 的意思是变化，port 的意思就是港口，transport 就是指由一个港口运输到另一个港口，那就是"交通"。汉语中甲骨文"受"，一只手表示把东西搬上船，另一只手表示又搬下来，也就是说主动给予和主动接受是一个字，这就是语言学家经常所说的"受授同辞"。甲骨文中的"受"就体现出这个特点。

《说文》云："受，相付也。从受，舟省声。"许慎的伟大就在于他并没有看过甲骨文，只看过其他古文字，于是据此在《说文》中说"受"是"从受，舟省声"。甲骨文、金文及其他战国文字字形都证明了这点，"受"的甲骨文中的确有像舟形的形体。这样看来，受是一个会意兼形声字。

140	1	2	3	4	5	6
兴						
	合 6531 宾	合 7198 无	合 21746 宾	合 6530 正宾	合 27365 何	合 16081 无

"兴"的繁体是"興"（xīng），是比较复杂的会意字，从舁（yú），从同。"舁"的甲骨文是四只手，"同"的甲骨文实际上是写作两个部分，上面部分一般认为是"凡"，甲骨文有这个字。但实际上不是，它像是农村打夯的大石头，四面各有一根粗绳子，或者捆两根木杆，就有四个把；"口"表示打夯时被打砸的对象。"興"这个字的意思就是众人一起拉起打夯的石头打下去。农村修院坝，筑路，修河堤，都需要打夯。所以这个字本义就是举起的意思。上表前 4 种形体是简化写法，第 5 种形体与"興"一脉相承，第 6 种形体是第 5 种形体的讹化。

《说文》："興，起也。从舁，从同。同力也。"大意：興，就是众人合力抬举起某东西。字形采用"舁""同"会意。"舁"指的是四只手，"同"表示大家同心合力。

141		1	2		3	
曼		合 23685 出	合 583 反宾	临摹	合 4508 宾	临摹

"曼"的构形很清楚，从二又从目，是双手张目的形象。甲骨文中用于人名、地名和方国名。《说文》云："曼，引也。从又，冒声。"许慎据篆书"曼"的形体说字，因为该字中有"又"，所以他说是"引也"。实际上古汉语中"曼"通慢、漫、蔓，而这几个字都有"长"的意思，许慎的原意是说引而使变长。

142	1	2	3	4	5	6
夬 guài	合 21367 自	合 19884 自	合 23708 出	合 9368 宾	合 21864 子	英 1821 历

"夬"从又从〇，又表示手，〇表示玉，整个字表示以手持玉石的形象。注意：〇是一个汉字，同"零"，但因为西方阿拉伯数字引入后，"0"和"零"变成大小写关系，"〇"便很少使用。

但另一说法：该字是"玦"的初文。玦是半环形有缺口的佩玉，古代常用来赠送，表示决绝，也就是绝人以玦。《说文》云："夬，分决也。"不像今天，朋友绝交，恶语相向；夫妻离婚，老死不相往来。古人诀别时还送个礼物给你，让你怀念一辈子。

143	1	2	3	4	
朮 zhú	合 2940 宾	合 16267 宾	合 18406 宾	合 3238 正宾	临摹

"朮"是"秫"的初文。《说文》云："秫，稷之黏者。从禾；朮，象形。朮，秫或省禾。"稷是古代的农作物，段玉裁认为就是北方的高粱，分黄白二种。该甲骨文下像其根，上像其穗，根茎柔软。另一说法是识读为"术"（zhú），多年生的草本植物，有白术、苍术等数种，根茎可入药。

144	1	
乳	合 22246 妇	临摹

"乳"是一个会意字，从孚从子，像手抱婴儿喂奶的形象。这个字造型十分生动，女人跪着，双手将小孩抱在怀中，小孩张大口，表示饥饿，且该字特意突出了乳头。《说文》："乳，人及鸟生子曰乳，兽曰产。从孚、从乙。乙者玄鸟也。《明堂月令》：'玄鸟至之日，祠于高禖以请子。'故乳从乙，请子必以乙至之日者。乙，春分来，秋分去，开生之候鸟，帝少昊司分之官也。"意思是说人和鸟产子叫乳，而野兽生产叫作产。这种说法

显然不妥，与甲骨文构形表义完全不同。《说文》解说"乳"字的其他内容十分迂曲，此不赘言。

145	1	2	3	4	5
寻					
	合 28087 何	合 24399 出	合 3108 宾	合 30297 无	合 36914 黄

"寻"的繁体是"尋"。甲骨文的"寻"像一个人张开双臂，在测量某东西的长度，因为人的臂长大致等于人的身高，古人可能已经发现这点。古代有八尺为寻的说法，又常说人的身高八尺。第3种形体像是在张开双臂测量席子的长度，席子正好与人的身高相当，也就与臂长相当。第4、5种形体又像是用一根绳子或棍子在测量某东西长度，同时下加"口"旁，或表示测量后说出某东西的长度。

但许慎在《说文》中说"寻"还有另外的一个意思，即治理的意思。《说文》无"寻"有"燖"，学界认为二字实是同一字。《说文》云："燖，绎理也。从工，从口，从又，从寸。工口乱也，又寸分理之，彡声。此与𢯱同意。度人之两臂为寻，八尺也。"大意：寻，就像找出乱丝的头绪一样加以治理。字形采用"工""口""又""寸"会意。工、口表示紊乱，工为器，口也是器，表示需要治理；"又""寸"是手的意思，表示治理；"彡"表示读音。这个字与𢯱的造字方法类似。"寻"也作度量单位，两臂张开的总长度为一"寻"，八尺左右。

146	1		2		3	
鬥						
dòu	合 152 宾	临摹	合 14583 宾	临摹	合 39323 宾	临摹

甲骨文中的"斗"和"鬥"是两个不同的字。"斗"是一种量器，"鬥"是两人斗殴。甲骨文"鬥"形体变化并不大，上表第1、2种形体像两人相互抓扯对方的头发，打对方的头，抓对方的脸，怒发冲冠。它的简略写法就是省掉头发。而第3种形体则与前几种有所不同，像是两人分别一手持盾牌，一手持武器，相向而立，这就不是斗殴，而是决斗了。《说文》云："鬥，两士相对，兵杖在后，象鬥之形。"大意：鬥，两个兵士对抗，兵械背在背后，像双方争斗的形象。

147	1	2	3	4	5	
夙						
sù	合 20346 自	合 9804 宾	合 26897 无	合 21189 自	合 20231 自	临摹

"夙"的甲骨文从月从丮，或从夕从丮。月或夕都像月亮，代表夜晚或天还没有亮；"丮"像一个人蹲在地上，双手有所操持，也就是我们常说的摸黑。整个字像一个人在月夜下劳动，表示天未亮就开工了。这是一个会意字。

《说文》云："夙，早敬也。从丮，持事虽夕不休，早敬者也。"大意：夙，早上起床后就忙个不停，操劳做事。采用"丮"（执）作偏旁，表示日夜操劳，天黑不歇，天亮就起来。成语"夙兴夜寐"说的是人的勤劳，把"夙"字用活了。

148	1	2	3	4	5
若	合 21129 自	合 24980 出	合 33123 历	合 20057 自	合 14195 宾

　　"若"像一个蹲着的女人，双手高举，正整理茂盛的头发。所以"若"有"顺"的意思，本义就是用手理顺头发。甲骨文中有"顺"字，也是表示头发顺。不过，"顺"与"若"相比，一个头发朝下，一个头发朝上。

　　《说文》云："若，择菜也。从艸右。右，手也。一曰杜若，香艸。"大意是说，"若"表示摘菜，摘菜当然需要选择，所以若的意思就是选择。另一说法是表示一种名叫"杜若"的香草。在古代汉语中，"若"常用作选择的意思，同时也有表示顺从的意思。

149	1	2		3	
艺	合 23241 正出	临摹	合 27382 何	临摹	屯 2170 无	临摹

　　"艺"古同"埶"，该甲骨文像一个人手持草木幼苗栽种的样子。《说文》云："埶，种也。从坴、丮。持亟种之。""坴"是土块的意思，《说文》的意思是："埶"就是种植的意思，所以从手从坴。手里持有禾苗，很想马上种下。上表第 1、2 种形体是常规写法，第 3 种形体简化了人栽种的形态，而以"又"代手，但加了"土"的甲骨文，强调栽种义。

六、与"止"相关的甲骨文

150	1	2	3	4	5
之	合 137 正宾	合 30637 无	合 30552 无	合 2498 正宾	合 13399 正宾

　　"之"从止从一，止或左或右，表示左脚或右脚，左右无别。在"止"下面加一指示符号横，表示要到的地方。所以"之"的本义是到某地方去。《说文》云："之，出也。象艸过屮，枝茎益大，有所之。一者地也。"大意：之，草木长出地面。像植物已经过了生根发芽的阶段，枝茎日益强大苗壮。字形底部的指示符号"一"，代表地面。显然，许慎将"止"误解为"屮"。

151	1	2		3	
企	合 18982 宾	临摹	合 18983 宾	临摹	合 18981 子	临摹

　　"企"上为"人"的侧面形，下为"止"，指代脚。之所以突出脚趾，是因为"企"的本义为了远望而跂起脚。《说文》云："企，举踵也。从人，止声。"大意：企，跂起脚朝前看。字形采用"足"作形旁，"止"作声旁。显然，《说文》将其解说为形声字，而在甲骨文中该字是会意字。但《说文》对该字的释义是非常准确的。

152	1	2	3	4	5
各					
	合 10405 反宾	27304 何	合 31230 无	合 22001 无	合 2083 宾

"各"从夂从口，夂表示脚，口表示城邑，注意该字中脚趾是朝向城邑的，所以表示朝城走去，与甲骨文的"出"字相反。甲骨文中的"出"，是脚趾背向城，表示出城。

《说文》云："各，异辞也。从口夂。夂者，有行而止之，不相听也。"大意：各，表示各说各的话，各干各的事。字形采用"口""夂"会意。夂，表示有人要走，口表示有人以言语阻止，但两两不相听从，各干各的。显然《说文》的解释十分迂曲。

153	1	2	3	4	5
正					
	合 20423 自	合 27247 何	合 1587 宾	合 6441 宾	合 900 宾

"正"字上为口，下为止。口表示村落，人民所居住的地方，又说表示城市，止表示脚，整个意思表示向城市走去，它是"征"的初文。该字甲骨文中"口"是方框，金文则方框填实，写作，后又演变为一横，即今天的"正"字。因为甲骨文是用刀笔刻画，金文是铸造。"正"在卜辞中也常用作"征"，比如"正鬼方"。当然，甲骨文中也有"征"字。"正"在卜辞中也常表示"正月"和一种祭名。

《说文》云："正，是也。从止，一以止。"大意：正，就是纠正错误，使不正确的变为正确。字形采用"止""一"会意，"止"表示停止，"一"表示阻止。

154	1	2	5
疋			
shū	合 19956 宾	合 21019 自	
3	4		
合 6975 宾	合 576 宾	临摹	合 22236 妇

"疋"字，刻画的是脚、小腿直到膝盖处。上表第5种形体非常生动，原字也非常大，是目前所见最大的一个甲骨文。第1种形体下为止，代表脚，上为突出腿肚子的小腿。第2种形体则省略止，只有脚和小腿的模样。第3、4种形体"止"字则在上面了。《说文》云："疋，足也。上象腓肠，下从止。"但甲骨文上下无别，所以下像脚及腓肠，上从止。

155	1	2	3	4	5	
前						
	合 4819 宾	合 4822 宾	合 4824 宾	合 18245 自	合 5769 正	临摹

目前学界多将该甲骨文识读为"前"。上边是表示脚的"止"，"止"的周围还有几点，表示溅到脚上的水；下边表示"舟"，以舟代步叫作"前"。上表第 1、2、3 种形体是繁体。第 4 种形体将"舟"简写成"凡"，因甲骨文中"舟"与"凡"形近而讹。第 5 种形体继续简化，省掉三点水。《说文》云："不行而进谓之前，从止在舟上。"《说文》的说法是非常准确的。也有学者认为该字像脚在盆中，表示洗脚。

156	1		2		3	
复						
	合 43 宾	临摹	合 20233 自	临摹	合 19354 宾	临摹

"复"字，一种说法，上面是声符"畐"（fú）的省形，下面是"夂"，表示脚的意思，整个意思表示走来走去。后来增加义符"彳"（chì），强调来回走动。"复"是"復"的简化字。《说文》："復，往来也。从彳，复声。"大意：復，前往又回来。字形采用"彳"作形旁，"复"作声旁。

另一种说法，"复"字上面是房屋，也就是地穴式的房屋，这种房屋前后两边开口；下面是脚掌，意思是返回自己的房屋就叫作"复"，可备一说。

157	1	2	3	4	5
韦 wéi					
	合 11850 宾	合 515 宾	合 1777 宾	合 9743 正宾	合 10026 正宾

"韦"的繁体是"韋"。"韋"的甲骨文字形中有口，也就是城邑，上下或左右是二止或三止，表示脚，这个字的造字本义是围绕城邑，进行巡逻和警戒，或者进行攻击。该字的金文、篆文继承了甲骨文字形。

"韋"字后来发生了分化，篆文加"行"另造"衛"，表示巡逻和保卫；加"口"造"圍"（围），表示环绕城邑围攻、进攻；加"辵"，表示违背的"違"（违）。

《说文》："韋，相背也。从舛，口声。兽皮之韦，可以束枉戾相韦背，故借以为皮韦。"大意：韦，就是相违背的意思。字形采用"舛"作形旁，"舛"就是两只脚相互违背，采用"口"作声旁（其实"口"也是形旁），兽皮经过炮制就成了熟皮，可用来捆绑弯曲的东西，让它变直。所以被借用为表示"皮革"的"韦"字。清代朱骏声《说文通训定声》又说：熟皮，就是去毛处理后的皮革；熟皮叫作韦，生皮叫作革。平常我们说"韦编三绝"，这里的"韦"就是熟牛皮的意思。

158	1	2	3	4	5
往					
	合 492 宾	临摹	合 24492 出	合 28593 反历	20715 自	合 614 宾

"往"上为"止"，也就是脚的意思，下为王，表声音。该字字形从止王声，意为从这个

地方往那个地方走去。后来加了"彳"旁，强化走的动作。《说文》云："往，之也。从彳，㞷声。𢔌，古文从辵。"古汉语中的"之"也是到某个地方去的意思，与"往"同义。

159	1	2	3	4	5
耑					
duān	合 20070 自	临摹	合 8266 宾	合 8267 宾	合 6843 无	合 6842 无

"耑"是"端"的初文。"耑"的甲骨文上为"止"加上几点增饰符号，下像植物繁茂的根系。"止"的意思是脚，这里指植物的根端。整个字的构形好像韭菜或小草刚刚发芽。上表第1、2、3种形体相同；第4种形体则是前三种形体的繁化；第5种形体则是从中从止，然后加几点增饰符号，这种写法最形象，表示小草由根端生长出来，指代事物刚刚发端。所以它是"端"的初文。"耑"又同"专"，意思是专一、专门。《说文》云："耑，物初生之题也。上象生形，下象其根也。""题"的意思就是额，人的额在最上端，事物的"额"就是指代事物刚刚出现。该字上端像植物生长的样子，下端像它的根。所以《说文》认为"耑"的意思就是植物初生。

七、与"骨""歺"相关的甲骨文

160	1	2	3	4
冎				
guǎ	合 32770 历	临摹	合 3236 宾	临摹	合 18837 宾	临摹	合 17230 正宾

"冎"是"剐"的初文。"冎"的甲骨文就是几节肉被去除的筒子骨。或可能是人的股骨破碎后的样子。笔者曾专门花了半天时间，到农贸市场猪肉铺去找与这个甲骨文相似的骨头，结果功夫不负有心人，发现猪身上连着的筒子骨就像甲骨文中的"冎"字。封建时代有一种把人的身体零割碎剐的残酷的死刑，叫作"剐刑"，也即"凌迟"。我们平常用的"千刀万剐"，是有历史依据的。上表第4种形体即从刀，冎声，也就是甲骨文"剐"。剐去肉后就只剩下骨头，所以甲骨文"冎"又通"骨"，且"冎"与"骨"音近义通。

161	1	2	3
死			
	合 17060 自	临摹	合 21306 乙自	临摹	合 17057 宾	临摹

"死"是一个会意字，第1种形体中，左边是人；右边是"歺"（è），指残骨。整个字指人死后，只剩残骨，人的形体与魂魄分离，生命终止。另一说法，该甲骨文像一个跪着的人，低头祭拜地上的残骨，心里非常难过的样子。生死乃大事也，该字体现出中国古人对死者的祭祀之礼，表达了他们对逝去生命的哀婉悲痛之情。第2种形体人形简化，第3种形体人形进一步简化。

《说文》云："死，澌也，人所离也。从歺，从人。"大意是说，"死"就是生气耗尽，表示人的灵魂与躯体相分离。字形采用"歹""人"会意。北师大的邹晓丽在其《基础汉字形义释源》中认为，死，澌也，意思是平民百姓死了，像烧红的铁丝在水里"嘶"的一声；诸侯死了叫"薨"，意思就是"轰"的一声；而帝王死了叫"崩"，意思就是山崩地坼。

162	1	2	3	4	5	
葬	合 17171 宾	临摹	合 6043 反宾	合 6943 宾	合 6943 宾	屯 4514 历
						临摹

"葬"，从人从爿从口，爿是古代类似床的木板。整个字表示人死后被放在木板上，然后被放进地下的一个空间里。第1、2种形体相同，表现了商代人死后被埋葬的场景。第3、4种形体省略掉人，是简化的写法。第5种形体则是从爿从歹，"歹"表示残骨，这里指代死亡的人，整个字指的是将死者的尸体放在木板上，再放在野外。

后来的"葬"字，在"死"字周围加了"中"，表示将死者的尸体置于草莽之中。《说文》云："葬，藏也。从死在茻中；一其中，所以荐之。《易》曰：'古之葬者，厚衣之以薪。'"也就是说，"葬"是埋藏的意思。字形采用"死"作偏旁，像是人死了，被埋在草莽中；"一"表示在草莽之中用于放置死者尸体的木板。《易》上说：古代下葬，只能用厚厚的草木将尸体包裹起来。

古人重视生死之事。甲骨文中的"死"，就是人对着一堆遗骸跪拜哀悼；"葬"，就是将尸体埋入坑中或放在木板上；"吊"就是祖先死后将其放在木板上，置于野外，盖上野草，亲人好友持箭防野兽破坏祖先遗骸；等等。我们通过对比这些甲骨文，便可大致知晓商代的丧葬习俗。

第三节 动物（一）

一、与"牛"相关的甲骨文

163	1	2	3	4	5
有	合 137 宾	合 22824 出	合 1713 宾	合 19796 自	合 19957 反宾

"有"字，刻画的是牛头的形象，与甲骨文"牛"字的写法形似。牛是古代重要的肉食来源，便于驯养，体型庞大，所以古人以牛为有。且古人祭祀祖先时，以牛为"太牢"，这是最重要的祭品之一。

甲骨文的"有"有时候同"又"。而楷书"有"又有以手持肉的意思，能吃肉当然富有。《说文》云："有，不宜有也。《春秋传》曰：'日月有食之。'从月，又声。"《说文》的解说十分迂曲，认为"有"是不应该有的而有了，如日食、月食就是不应该有的而有了。显然有误。

164		1	2	3
牟				
móu		合 18274 宾	临摹	合 14313 正宾	合 18275 宾

"牟"是一个会意字，从牛从口，意思是牛鸣叫的声音。它也是"哞"的初文。《说文》云："牟，牛鸣也。从牛，象其声气从口出。"

165		1	2	3	4	5	6
牡							
mǔ		合 23151 出	合 3157 宾	合 14271 宾	合 2303 宾	合 8233 宾	花东 98

"丄"在古代汉语中是"上"的异体字，而甲骨文的"丄"，是雄性指示符号。上表第1、2种形体表示公牛，第3种形体表示公羊，第4种形体表示公猪，第5种形体表示公鹿，第6种形体表示公马。后来，只有表示公牛的"牡"流传了下来，代指一切雄性动物。可能是因为牛的形体较大，性别一目了然。公牛为"牡"，母牛为"牝"。《说文》云："牡，畜父也。从牛，土声。"大意："牡"就是雄性牲畜。字形采用"牛"作形旁，"土"作声旁。显然，《说文》的解说与甲骨文的"牡"不符，甲骨文中的"牡"是会意字，而《说文》将其作为形声字。

中国古代的阴阳观念十分强。"牡"字的意义后来发生了有趣的变化。如指男性生殖器，东方朔《神异经》："男露其牡。"后又指代雄性植物，如"牡麻者，枲麻也。"后又指丘陵，故有"丘陵为牡"之说。后又指古代锁器的一部分，相当于锁簧，门闩。如"牡飞"的本义为门闩脱落了，不见了，比喻内乱就要出现了。这种语言现象值得研究，因为世界上许多其他语言都将世间万物分为阴性和阳性，而古代汉语似乎也有这种倾向，只是后来汉语词汇不讲阴阳。今天我们只能从"他""她""你""妳"等少量词汇中看出汉语词汇表达的阴阳观念。

166		1	2	3	4	5
牝						
pìn		合 22945 出	合 34079 历	合 23364 出	合 27627 无	合 3411 宾

"牝"是会意字，但今天将其说成形声字，从牛，匕（bǐ）声。在甲骨文中，"匕"象征雌性动物，又指代女性祖先。上表第1、2、3种形体表示的是母牛，第4种形体表示的是母羊，第5种形体表示的是母马。后来，特用表示母牛的"牝"字代指一切雌性动物。《说文》："牝，畜母也。从牛，匕声。《易》曰：'畜牝牛吉。'""畜母"的意思是雌性动物。《易》中解说离卦时认为饲养母牛是大吉大利的，或许是因为母牛可以生崽。农村仍有这种风俗，农民喜欢母牛而不喜欢公牛，就是因为母牛可以生崽。

"牝"字后来在使用时发生了变化。如"牝朝"指女人当政；"牝鸡司晨"指代妇女乱政。由此可知古代文人用词之刻薄。

167	1	2	3	4	5
牧	合493 正宾	临摹	合4849 宾	合21069 自	合28351 无	合32031 历

"牧"从牛从攴，上表第1、2种形体即如此，像手执鞭子赶牛，就是放牧的意思。笔者小时候在家乡放牛，也常一手牵牛，一手持鞭，深感此字造型生动。第3种形体是从羊从攴，意思是手执鞭子驱赶羊群，即牧羊。而第4种形体加了"彳"旁，表示道路和行走，强调了放牧时的移动。第5种形体在第4种形体的基础上加"止"，"止"表示脚，强调了放牧时的追赶。后来将牧牛的"牧"字保存了下来。《说文》云："牧，养牛人也。从攴，从牛。"意思是说"牧"指的是养牛的人。

168	1	2	3	4	5
物	合23216 出	临摹	合8278 宾	合23163 出	合37107 黄	合37042 黄

"物"从牛从勿，两者位置或左右或上下。"勿"本是一种杂色的旗帜，所以"物"的本义就是指各种颜色的牛，后来指代万事万物。《说文》云："物，万物也。牛为大物；天地之数，起于牵牛，故从牛，勿声。"大意：物，万物。牛为大物，天地万物之数，起于牵牛星。因此字形采用"牛"作形旁，"勿"作声旁。这种解说蕴含着古代文化，不能说全是臆说。

169	1	2	3	4	5	6
牢	合21260 自	合34449 宾	合34449 宾	合34450 宾	合34453 宾	合33631 无

"牢"字，外像牛羊圈，四周有围栏，只有一个方向有较小的开口；中间是牛或者羊。整个字形就像牛或羊被关在围栏里。可见，商周时期，牛、羊是主要的牲畜，晚上要被关入圈中。这种关牛、羊的圈就叫作"牢"。所以，上表第6种形体省略掉"牢"中的牛或者羊，直接刻画圈的形象。"牢"在卜辞中经常指用来祭祀的牲畜及祭祀的类别。这是因为祭祀的牛、羊经常要被关在圈里饲养一段时间，才能杀掉用以祭祀祖先，所以"牢"具有了引申义。

《说文》云："牢，闲，养牛马圈也。从牛，冬省。取其四周币也。""闲"也就是"阑"，"阑"也就是"栏"，今简写为"栏"。"栏"也就是养羊、牛、马的圈。段玉裁认为，因为要防止牛、羊触咬，所以要用栏杆围成圈。《说文》认为字形采用"牛"和省略了的"冬"会意，则过于牵强。"冬"的篆书写作 ，"牢"的篆书写作 ，它们的确有相同的形旁，但通过甲骨文可知，这里并不是以省略后的"冬"字作为偏旁。

二、与"羊"相关的甲骨文

170	1	2	3	4	5	6
羌	合 22577 出	合 1806 宾	合 6002 正宾	合 32071 历	合 32075 历	合 27987 无

现羌族同胞分布在甘肃、青海和四川一带。甲骨文所记载的"羌人"是否就是现在的羌族，尚无定论。由卜辞可知，商人经常与羌人交战，常把抓获的羌人作为人祭。甲骨文的"羌"字就像头戴羊角头饰的人的侧面形象。上表第 1、2、3 种形体简单生动，像头戴羊角或羊角状头饰的样子。第 4、5、6 种形体是该字的繁化写法，尤其是第 6 种形体将人形刻画得比较细致，且在背后加"系"的甲骨文，表示被抓获的羌人。

《说文》云："羌，西戎牧羊人也。从人，从羊，羊亦声。"大意：羌人，就是西部边陲的牧羊人，所以由人旁和羊旁组成，羊又表声。

古代聚居于黄河中下游地区的人对边陲居民有歧视，故《说文》中还说："南方蛮闽从虫，北方狄从犬，东方貉从豸，西方羌从羊，此六（异）种也。西南僰人、僬侥，从人；盖在坤地，颇有顺理之性。唯东夷从大。大，人也。夷俗仁，仁者寿，有君子不死之国。孔子曰：'道不行，欲之九夷，乘桴浮于海。'有以也。"

171	1		2		3	
姜	合 22099 午	临摹	合 32160 历	临摹	合 20015 自	临摹

"姜"为形声字，从女，羊声。本义指水名，就是姜水。另一说指放羊的女人，又一说为头戴羊角饰物的美女。在甲骨文中，"姜"字上为羊，下为女，构形清楚明了，只是上表第 3 种写法中下部的女旁略有形变。甲骨文中头戴羊角饰品的字除了"姜"，还有"羌""美"等。《说文》云："姜，神农居姜水，以为姓。从女，羊声。"大意：姜，神农氏所居住的地方，即姜河流域，遂以河名为姓。

172	1	2	3	4	5
羞	合 30768 何	合 15922 何	合 32768 历	合 18146 宾	合 111 正宾

"羞"是一个会意兼形声字。甲骨文"羞"的字形是以手持羊，表示进献之意。小篆从羊，从丑，丑亦声，"丑"是"手"的讹变。

羊在商代是重要的牲畜。通过甲骨文可知，羊、牛在商代都已经被驯养了。羊的性情温顺，味道鲜美，饲养方便，深受人们喜爱。它是吉祥的象征，卜辞中经常出现"大吉羊"一词，意思就是大吉祥。羊常被用来祭祀和招待客人。

《说文》云："羞，进献也。从羊，羊，所进也；从丑，丑亦声。"大意：羞，就是进献的贡品。字形采用"羊"作偏旁，羊，是所进献的贡品；字形又用"丑"作偏旁，"丑"同时也是声旁。

注意：在甲骨文中，手抓住羊就是"羞"，手抓住人就是"俘""及"等，手抓住二禾苗就是"兼"，手抓住鸟就是"获"。

173		1		2
恙				
	合 8877 宾	临摹	合 21870 子	临摹

"恙"，上面是羊，下面是心，与今天的"恙"字形体一样。《说文》云："恙，忧也。从心，羊声。"大意：恙，是忧愁的意思。字形采用"心"作形旁，"羊"作声旁。羊，其实既是声旁也是形旁，是"痒"的省略。

174	1	2	3	4	5
羴					
shān	合 6999 宾	合 25817 出	合 22219 妇	合 4625 宾	合 21434 自

"羴"字又同"膻"，指羊群所散发的气味，又指群羊。这是一个会意字，羊多必然气味浓。一般用三羊表示羊群，也有用四羊表示的。

三、与"豕"相关的甲骨文

175	1	2	3	4	5
豖					
chù	合 378 正宾	合 14439 宾	合 21789 子	合 938 反宾	合 14705 子

《说文》云："豖，豕（shǐ）绊足行豖豖。从豕系二足。"即说该字像猪走路时绊脚难行的样子。孟子曰："如追放豚，既入其苙，又从而招之。"意思是把放养的猪赶进猪圈里，当它入圈后，又跟在后面把它的脚捆住，怕它跑了。这种说法显然不妥。猪的脾气火爆，把猪脚捆着，猪照样会乱跑。一般是用绳子套住猪的脖子，将其拴在柱子上，久了猪就习惯了，而不是捆住猪脚。另外一种说法认为，该字表示阉猪的情景，字形就像猪的生殖器被割断一样，表明商人已经懂得阉割家畜了。这种说法也不妥，因为无论是阉割公猪还是母猪，都不是割断其生殖器。阉割公猪是割掉其睾丸，阉割母猪是从其腹里勾出子宫、卵巢及输卵管部分，再割弃掉。

注意：甲骨文中的"豕"，像猪的形状，刻画的是长嘴、圆腹、短尾的动物。甲骨文中的"犬"（狗）与"豕"（猪）字形相似，区别在于尾的长短。长尾的为"犬"，一般上翘；短尾的为"豕"，不上翘。

176	1	2	3	4	5
豭					
jiā	合 11241 宾	临摹	合 19932 自	合 11242 无	合 22133 妇 合 22141 妇

"豭"的意思是公猪，刻画的便是公猪的形象，并突出了其生殖器。因为猪是常见动物，所以常用"豭"指代所有雄性动物。公猪特别勇敢，古人善于类比联想，所以以佩戴豭、豚形象的饰物表示勇敢。辛亥革命时出现"豭尾"一词，本义指公猪尾巴，当时是对男子发辫的贬称。现代汉语有"猪狗不如"一词，古语则常说"豭狗"，比喻行为卑劣之人。

177	1	2	3	4	5
豚					
	合 9774 正宾	合 15857 宾	合 34462 无	合 28180 无	合 24391 无 临摹

"豚"，从月从豕，月表示肉，讹化为口或 A 形符号。豕表示猪，繁简写法不同。"豚"本义就是小猪，这种猪肉古人爱吃，今人也爱吃，叫作乳猪肉。古人常用豚来祭祀。

178	1	2	3	4	5	6
彘						
zhì	合 1339 宾	合 15788 宾	合 11258 宾	合 728 宾	合 34122 历	合 11262 宾

"彘"的构形十分清晰明了，就是一支箭射中一头猪的形象。该字甲骨文的多数结构表明，这支箭已经贯穿这只猪了。罗振玉认为，野猪性格暴躁，猎人见到野猪往往都得避让三分，非远距离射杀不可得。卜辞中的"彘"也是野猪的意思。

179	1	2	3	4	5
家					
	和 13584 正宾	和 13584 正宾	临摹	屯 332 历	和 13586 宾 合 136 正宾

"家"，上面是宀，也就是房子；下面是豕，也就是猪。为何"家"字这样写，尚无定论。《说文》云："家，居也。从宀，豭省声。"《说文》说家是居住的地方，这没有问题。但说"宀"是形旁，省略了"段"的"豭"作声旁，便被清代学者认为迂曲难通。段玉裁认为："家"像屋里养着一头大腹便便的猪。猪是繁殖力旺盛的动物，而古人也特别希望家族繁茂。段说旋即引来批评之声，清代其他学者认为他重畜生不重人，认为他的观点绝非该字的本义。但甲骨文中的确有从宀从豭的写法，如上表第 4 种形体。又说此"家"下并不是"豕"，而是"亥"，甲骨文中的确又有似"亥"的写法，如上表第 3 种形体。"亥"的古体就是一男一女，家的意思就是一男一女在房屋里生育孩子。众说纷纭，莫衷一是。

不过古代并没有把猪看作是贬义词，当时人们对猪并没有今天这种贬义情感。其实研究表明，猪是非常聪明的动物。还有另一说法认为该字是形声字，甲骨文"家"是表示动物在特定场地交配，从而把"家"解读为"中"，表示交媾。此说过于牵强。

上表中第 5 种形体是从宀从二豕，是"家"的繁化写法。

180	1	2	3	4	5
圂					
hùn	合 11276 宾	合 11277 宾	合 11280 宾	合 9063 宾	合 9064 宾

《说文》云："圂，厕也。从口，象豕在口中也，会意。""圂"就是厕所的意思，实际上也是猪圈的意思。猪圈肮脏，故圂又有不干净的意思。其实很有道理，农村养猪的地方常常就是厕所的所在地。甲骨文的"圂"主要有两种写法，一是从口从毚，一是从口从二豕。

四、与"犬"相关的甲骨文

181	1	2	3	4	5	6
狐						
	合 10255 宾	合 41814 黄	合 37498 黄	合 37502 黄	合 33364 无	合 28323 何

"狐"，刻画的是像狗一样的动物，另外加"亡"表示声音。识读这个字需要结合音韵学的知识，古代亡、无、瓜都是一个读音，所以此字才被训读为"狐"。

《说文》云："狐，祅（妖）兽也。鬼所乘之。有三德：其色中和，小前大后，死则丘首。从犬，瓜声。"大意：狐，是一种充满妖气的野兽，是鬼神所依附的野兽。狐有三德：毛色中和，体形前小后大，死后则头朝出生时的山丘。字形采用"犬"作形旁，"瓜"作声旁。

狐狸在中国文化中很早就被赋予妖魔鬼怪的含义，人们认为其狡猾，是鬼怪附体的动物。"狐狸精"就是狐狸成精，传说是古代淫妇的化身，专门勾引男子。当然"狐死首丘"是赞美狐狸不忘本。有卜辞记载王田猎，获得狐狸三十多只。狐狸在四川话中叫"毛狗"，在二十世纪的川北山区到处都是，在商代也应该比较多。

182	1		2	
尨				
máng	合 4652 宾	临摹	合 11208 宾	临摹

"尨"是一个会意字，从犬，从彡。"彡"表示毛发又长又多，常用作修饰符号，所以"尨"的本义是多毛的狗。但多毛的狗为何写作尨？因为甲骨文的狗是写作犬，后来才楷化为尨。《诗经》云："无使尨也吠。"意思是"我们"幽会时，不要使得"我"的狗也叫起来。另外通"庞"，是高大的意思，柳宗元《黔之驴》："虎见之，尨然大物也。"此外，尨还读 méng，意思是杂乱、芜杂。

183		1		2	3	4	
狈							
		合 18370 宾	临摹	合 18371 宾	合 18372 宾	合 29420 无	临摹

"狈"，上面是犬旁，刻画的是犬类动物，从其大口和长尾巴可知；下面为贝，表示声旁。该字后变成左右结构。古人已经发现了狼与狈的关系，今天还常说"狼狈为奸"，它源于唐代的《酉阳杂俎》，后《字汇》详载云："狼前二足长，后二足短；狈前二足短，后二足长。狼无狈不立，狈无狼不行，若相离则进退不得矣。"就是说狼和狈是同一类动物，狼的前腿长，后腿短；狈则相反，前腿短，后腿长。狈每次出去都必须依靠狼，把它的前腿搭在狼的后腿上才能行动，否则就会寸步难行。而真实的情况是，狼与狈常配合狩猎，遇到地洞或灌木丛就由狈去，而遇到开阔地带就由狼追。往往是狼把猎物赶到灌木丛或地洞里，而狈又常常把猎物由灌木丛或地洞赶到开阔地带，二者都从对方获益。但狼狈配合狩猎时还是狼获利较多些。

这里再补充讲讲汉语的表义形式。世界上所有的文字都经过从象形到象声，从具体到抽象的发展过程。汉字在甲骨文阶段，已经有了比较完备的造字方法。基本的造字方法是象形、指事和会意，而形声、假借是比较抽象的造字方法或用字方法。甲骨文中表示动物的字一般都是象形字，但形声化则意味着甲骨文是比较成熟的、有系统的文字了。我们还可推想，古人应该是先认识"犬"，熟悉了犬的形象后，认识狼、狈等动物，故犬是象形字，后来发现狼、狈等形象类似犬，但为了让其和犬有所区别，于是采用形声法造字。

184		1		2	
莽					
		合 18430 宾	临摹	合 18409 宾	临摹

"莽"中间是犬的形状，一般是指猎犬，周围是木或者草。犬在林中追逐猎物，就是该字本义。后演变为今天的"莽"字。

《说文》云："莽，南昌谓犬善逐菟艸中为莽。从犬，从茻（mǎng），茻亦声。"大意：莽，南昌人称猎犬善于在草丛中追逐兔子，这就是"莽"。所以字形采用"犬""茻"会意，"茻"也是声旁。今天有"莽莽苍苍"的说法。

185		1		2	3
狼					
		合 11228 宾	临摹	花东 108	花东 108

狼的形状似犬，所以"狼"字从犬。"良"为声旁，在甲骨文中有繁简两种写法。在古人看来，狼是一种贪婪、狡猾的动物。所谓狼狈为奸、仓皇狼顾、跋前疐后等，说的就是狼。

186	1	2	3	4
猷 yóu	合 33076 历	临摹	合 33076 历	合 33078 历	屯 2351 历

"猷"后来演变为犹豫的"犹","猷"又是"猷"（yóu）的异体字。《说文》云："犹，玃属。从犬酋声。一曰陇西谓犬子为猷。"玃音 jué，古书上说："故狗似玃，玃似母猴，母猴似人。"玃就是一种大猴子，与狗相似。所以《说文》说猷为犬子，也就是小狗。

187	1	2	3
献	合 31812 无	临摹	合 36345 无	合 26954 何	临摹

"献"的繁体是"獻"，该字的甲骨文形体或从犬从鬲，或从虍从鬲。"犬"为狗，"虍"为虎，"鬲"为一种炊具，用来烹煮食物，烹煮好的食物用来祭祀祖先，这是一个会意字。但是，《说文》云："獻，宗庙犬，名羹獻，犬肥者以獻之。从犬，鬳声。"意思是说举行宗庙祭祀时，犬叫作"羹献"。"羹"是良好的意思。"犬"是人们所喜爱的动物，喂养肥了用来祭祀祖先时礼仪当然要隆重。这是一个会意字，从犬鬳声。鬳也是鬲属器皿。以上二说皆通。上表中，我们还可认为第 3 种形体是第 1、2 种形体的简化。

五、与"马"相关的甲骨文

188	1	2
驳	合 36836 黄	临摹	合 36987 黄	临摹

"驳"由"马"加"爻"构成，而"爻"的本义是组成八卦的长短横棍，卦的变化取决于爻的变化，故"爻"也表示交错和变动的意思。《说文》云："爻，交也。象易六爻头交也。""驳"的本义是马的颜色不纯，后来指一切东西颜色不纯。《说文》又云："驳，马色不纯。从马，爻声。"大意：驳，马的毛色不纯。字形采用"马"作形旁，"爻"作声旁。由上分析可知，这个字其实是声中兼意。今天，词语"驳杂""斑驳"用其本义。

189	1	2	3	4
驶	合 28195 何	临摹	合 28195 何	临摹	合 28195 何	合 28195 何

该甲骨文只在同一版甲骨片上发现了表中的四个形体，可以识读为"驶"，在卜辞中表示马名或官职名。从马，史声。但"驶"字后来表示马行疾快。

190		1		2
騽				
xí		合 37514 黄	临摹	合 37514 黄	临摹

该字不用记，只要看得出其左边是"习"繁体"習"、右边是"马"就行了。据《说文》云："騽，马毫骨干也。从马，習声。"意思是马膝胫间多长毛。

191	1	2	3	4	5
騂牛					
xīng	合 30436 何	合 27342 何	合 33607 历	合 35843 黄	合 35843 黄

该甲骨文从羊从牛，上为羊下为牛，是"騂"字的初期写法，现代汉字已无该字形体。本义指赤色的马、牛、羊等，亦泛指赤色。《说文》云："騂，马赤色也。从马，觲省声。"周代崇尚赤色，继承商代传统。此外，《说文》又说："垟，赤刚土也。从土，觲省声。"垟是赤色坚硬的土地。

第四节　动物（二）

一、与"虎"相关的甲骨文

192	1		2		3
虐					
	合 8857 正宾	临摹	合 17192 正宾	临摹	合 14315 反宾

"虐"从人从虎，或左边是人右边是虎，或右边是人左边是虎。老虎伤人吃人，当然是十分惨虐的了。小篆字形写作𧆪，从虍从爪从人，即虎反爪伤人，隶变后省略"人"字。《说文》云："虐，残也。从虍，虎足反爪人也。"大意：虐，指虎虐杀人。字形采用"虍"作偏旁，像虎反爪伤人的样子。

193	1	2	3	4	5
暴					
	合 697 宾	临摹	合 5516 宾	合 10206 宾	合 30998 无	合 27887 无

由该甲骨文第 1、2、3 种形体可知，其形体左上边是戈，右下边是虎，或者上边是戈下边是虎，也就是以戈击虎的意思，一般识读为"暴"。因为"暴"的一种异体写作"虣"，而"虣"中的"武"从戈从止，所以我们将此字识读为"暴"。所谓"暴虎冯河"指的就是空手与老虎搏斗，鲁莽地涉水过河，比喻有勇无谋。《论语》："暴虎冯河，死而无悔者，吾不与也。"在古代，持戈与老虎搏斗，是非常勇敢的行为。今天非洲某些部落仍持标枪围猎

狮子，往往不小心便会有死伤，其场景可能与此字描绘的相似。上表中第4种形体是从虎从支，是前面几种写法的变体。第5种形体是从虎从戈从廾，不过是增加了双手而已。

194	1		2		3	4
虤 yán						
	合33130 历	临摹	合33131 历	临摹	合40020 无	合8205 宾

"虤"，老虎发怒的样子。古人说："虎居不同山，龙居不同渊，羊群犬独，皆自然之理。"老虎的领地意识很强，所以两只老虎在一起必然发怒、打架。这个字就取义于此。

二、与"龙"相关的甲骨文

195	1	2	3	4	5
龙					
	合7073 正宾	合6594 宾	合6591 宾	合7861 宾	合4035 宾

"龙"是个象形字，其字形表示一种大嘴巴、长尾巴、头有冠的动物。"龙"是古代传说中一种有鳞有须，能兴云作雨、腾云驾雾、变化万端的神物。我们自称为"龙的传人"。《说文》云："龙，鳞虫之长。能幽能明，能细能巨，能短能长；春分而登天，秋分而潜渊。从肉飞之形，童省声。"大意：龙，鳞甲类动物之王。能变暗能变明，能变细能变粗，能变短能变长；春分时刻登天而去，秋分时刻下潜深渊。字形采用"肉"作形旁，呈飞天状，以有所省略的"童"作声旁。上表中的第1、2种形体相同，也是甲骨文中"龙"的常见写法；第3种形体头冠"辛"有变化；第4种形体"辛"讹变为"有"；第5种形体省略头冠"辛"。

196	1	2	3	4	5
虹					
	合13444 宾	合10406 反宾	合13443 正宾	合10405 反宾	合13443 正宾

"虹"是一个象形字，像腰腹呈拱形的神龙，头尾两端各有一个张着大口的龙头。古人以为虹是雨后出来饮啜水气的神龙。《说文》云："虹，螮蝀也。状似虫。从虫，工声。"《说文》的解说出自《诗经》，《诗经》云："螮蝀在东，莫之敢指。"今天我们知道彩虹是雨后太阳光线照射到空气中的水滴，光线被折射和反射，形成七彩的光谱。古人不懂这些知识，以为虹的产生是由于阴阳不和，婚姻错乱，因而将它视作淫邪之气。刘熙在《释名》中云："淫风流行，男美于女，女美于男，互相奔随之时，则此气盛。"《诗经》说彩虹在东边出现了，这是一件令人忌讳不齿的事，所以大家都"莫之敢指"。今天则将彩虹视为美好的象征，俗话说"不经过风雨，怎么见彩虹"。

《尔雅》分虹为雌、雄两种，考古发现了距今五千年左右的玉器"双龙首璜"，古代谶纬以为虹为天子气象，所以，双龙首表示伏羲和女娲，雌雄意味着交媾繁殖，进而意味着代代相传。汉代墓砖以及道家书籍中的伏羲女娲图多为人首蛇身交尾状，与双龙首璜的造型一致，是希望后人生生不息之美好宏愿。这也是中国古人思考人类来源的实物证据，因此我们千百年来自称为"龙的传人",是有深刻的文化渊源的。

197	1	2	3	4	
庞					
	合 371 正宾	临摹	合 7358 宾	合 1899 正宾	合 9538 宾	临摹

"庞",形声字,从广(ān),龙声。广,像高屋形,所以"庞"的本义指高屋。但"龙"在人们心目中有大的意思,"广"也有大的意思,所以"庞"字也可以说是一个会意字。《说文》云:"庞,高屋也。以龙,广声。"段玉裁注:"谓屋之高者也,故字从广。"注意"广"的读音是 ān,与"庵"古音相同,本义指石崖,后指依石崖而建的房屋。古人住房,多是充分利用自然环境,有在石崖脚居住,有在山洞中居住,所以"广"又有房屋的意思。

上表中第 1、2、3 种形体是常规写法,第 4 种形体加了双手。

198	1		2		3	
咙						
	合 4659 宾	临摹	合补 6255 宾	临摹	花东 255	临摹

"咙"上像龙形,下为口。《说文》云:"咙,喉也。从口,龙声。"大意:咙,喉咙。字形采用"口"作形旁,"龙"作声旁。

199	1		2	
泷				
lóng	合 3755 宾	临摹	合 902 正宾	临摹

上表中,第 1 种形体从龙从水,两个部分都是简写;第 2 种形体,左边是一条河,右边是龙,两个部分都是繁写。或认为"泷"是从水龙声,形容流水的湍急,又形容雨下得很大的样子。也可理解为声中兼义,古人认为水与龙相关,龙来必然下雨。《说文》云:"泷,雨泷泷貌。从水,龙声。"段玉裁认为:"泷泷,雨滴貌也。音转读为浪浪。"也就是说,表声音的"龙",也形容雨滴的声音,进而形容下大雨的样子。

200	1	2	3	4	5
龚					
	合 23615 出	合 5624 宾	合 36926 黄	合 26630 出	合补 7480 何

"龚"像是用双手将龙高高举起的形象,表示崇拜、供奉神龙,也可能表示舞龙,是会意字。但《说文》云:"龚,给也。从共,龙声。"大意:龚,供给的意思。字形采用"共"作形旁,采用"龙"作声旁。上表第 1、2、3 种形体是常规写法,从龙从廾;第 4、5 种形体是繁化写法,尤其注重刻画"龙"字的轮廓。甲骨文中的这种刻法可能是后来雕刻上阴刻和阳刻的源头,值得研究。

201	1	2	3	4
儱				
lóng	合 9772 宾	合 9773 宾	合 4929 宾	合 4930 宾

这个字在甲骨文中不常用，本义是马笼头。从该甲骨文形体可以看出它从龙从又，"又"同"有"，所以该字为"儱"字。《说文》云："有龍，兼有也。从有，龍声。"意思是说"儱"有兼有之义。

三、与"隹"相关的甲骨文

202	1	2	3	4	5
获					
	合 10861 自	合 181 宾	合 10514 宾	合 20706 正自	合 24446 出

准确地说，该甲骨文当识读为"隻"（zhī），很明显从隹从又，像一只手逮住了一只鸟。《说文》云："隻，鸟一枚也，从又持隹。持一隹曰隻，二隹曰雙。"但是，通过分析卜辞，"隻"当是"獲"（获）的初文，以手持鸟，当然是捕猎时收获了。《说文》云："獲，猎所获也。从犬，蒦声。"

甲骨文中有各种飞鸟的象形字，比如燕子、老鹰、短尾的隹及长尾的凤等，一般认为隹是短尾鸟，如野鸡类。但在甲骨文中，隹很可能是经过驯化的鹰，以手持鹰，外出打猎，这可能是"获"的本义。

203	1	2	3	4	5
雀					
	合 1051 正宾	合 585 反宾	合 20168 自	合 32839 历	合 20169 自

"雀"的上面的点表示"小"，甲骨文中的"小"和"少"是一个字；下面的"隹"表示鸟，特指短尾鸟类。所以，该字整体表示体型小的鸟。《说文》云："雀，依人小鸟也。从小隹。"意思是说雀就是依人的小鸟。是会意字。

204	1	2	3	4	5
雝					
yōng	合 9799 宾	合 31138 无	合 6016 正宾	合 3123 宾	合 37655 黄

上表第 1、2 种形体像套鸟的连环，第 3、4 种形体像鸟的腿脚被套住的样子，第 5 种形体加了水旁。这个字被识读为"雝"，其异体为"雍"，有阻塞的含义，在甲骨文卜辞中常用作人名或地名。结合甲骨文"雄""毕""隻""雝"等字，可知商代人捕鸟至少有下套、用弓箭射、徒手抓等方式。

205	1	
翟		
dí	合 37439 黄	临摹

该字上边为"羽"，下边为"隹"的残体，识读为"翟"是没有问题的。"翟"，本义是一种山里的长尾野鸡。古人抓住这种野鸡，将其羽毛作为装饰，或者用于乐舞，此即所谓"翟羽"。此外，该字又同"狄"，古称中国北方的民族为"狄"。

甲骨文中有"雉"，也表示野鸡，不过用箭射才能获得；甲骨文中有"获"，表示用手捉鸟；有"隹"，表示短尾鸟类；也有表示家鸡的"鸡"。

206	1	2	3	4	5
雉					
zhì	合 10921 宾	合 10513 宾	合 35345 无	合 18335 宾	合 37364 无

"雉"是形声字，从隹，矢声，本义是野鸡。甲骨文中的"彘""雉"等字总是以"矢"作声旁，说明这是商代人常以箭射的对象，也即经常捕猎的对象。有学者说，"彘""雉"这两个字从矢，就是因为这些禽兽非得用箭射不可，不然不能获取。野鸡的确有这个特点，它落地后立刻前行，遇见沟壑或障碍立刻钻入草丛，然后头朝向后方观察动静。稍有动静就立刻起飞，一般在三十米外看见人就起飞，且把窝搭在隐蔽性极强的草丛中。所以它异常狡黠，不易被抓获。至于"彘"，因为它太凶猛，所以不得不用箭远距离射杀。

207	1	
椎		
	合 13159 反宾	临摹

"椎"的甲骨文左边是木，右边是隹。一种说法，"隹"是"追"的同音假借，所以"椎"又通"槌"，有些道理。"椎"本来指一种小木棒，敲打东西用。但也有人说"隹"既是声旁也是形旁，"隹"是一种鸟，其甲骨文形体像一种短尾的鸟类，且鸟中比如啄木鸟用尖嘴啄木头，而"椎"是用短木头敲打东西，二者相似，故该字声中兼义。《说文》云："椎，击也。齐谓之终葵。从木，隹声。"大意：椎，用尖锋利器刺击。齐人称之为"终葵"。字形采用"木"作形旁，"隹"作声旁。

208		1	2	3
脽 shuí		合 6090 正宾	临摹	合 18347 宾	合 8818 宾

"脽"在甲骨文中不常用，在汉语中指臀部。"隹"指短尾鸟，带有尖嘴，尾椎、脊椎都是带尖的骨头。"脽"就是多肉的尾椎，即臀部。汉语中有比类意通的现象，值得关注。

209		1		2		3	
鸡		合 5270 宾	临摹	合 18341 宾	临摹	合 37472 黄	临摹

"鸡"的繁体写作"雞"。甲骨文的"鸡"大致有三种写法，上表第 1 种形体刻画了鸡头偏向一边的正面形象；第 2 种形体刻画了鸡的侧面形象；第 3 种形体形声化，从隹奚声。《说文》云："雞，知时畜也。从隹，奚声。𪆎，籀文雞从鸟。"意思是鸡是对天亮敏感、能打鸣报晓的家禽。字形采用"隹"作形旁，"奚"作声旁。

甲骨文"鸡"字的形体很值得研究，尤其上表中的第 1 种形体，是刻画鸡的正面形象，头歪在一侧，这是鸡侧面看人的真实神态。笔者观察发现，鸡从正面看某个高处的东西时，常用一只眼睛看而不是两只眼睛看，所以头歪在一旁；但鸡看其身下或很近的东西时，常用两只眼睛看，有时头也偏来偏去地看。可见古人观察得很仔细。

210		1		2	
淮		合 36642 黄	临摹	合 36956 黄	临摹

"淮"从水从隹，《说文》云："淮，水，出南阳舞平氏桐柏大复山，东南入海。从水，隹声。""淮"也就是指今天的淮河，是中国南北分界线。"淮"字在甲骨文中常用作地名。但另一说法是只有大鸟才能飞越的大河，所以"淮"有大的意思，如《尚书》中"淮雨"指的是大雨。

211		1	2	3	
萑 zhuī、huán		合 40747 无	合 18432 自	临摹	合 10047	临摹

《说文》云："萑，草多貌。从艸，隹声。""萑"本指芦苇一类的植物。"萑泽"一词就是芦滩，专指盗贼出没处。"萑苻"是春秋时郑国沼泽名，据记载，那里芦苇密生，盗贼出没，后以此代指贼之巢穴或盗贼本身。沼泽地中有很多鸟，赶之不去，人爱躲在其中偷偷摸摸干坏事，鸟也躲在其中求生存，二者有相似之处。

212		1		2		3
旧		合 22884 出	临摹	合 36486 黄	临摹	合 3522 宾	临摹

"旧"的繁体为"舊",原本为形声字。甲骨文字形上面是"萑"（huán），鸥鸟类；下面是"臼",作声符。该字本义为鸟名。但"臼"既是声旁也是形旁,表示巢穴。"舊"字字形就像猫头鹰一样的猛禽落在"凵"上,即巢穴上。

《说文》："舊,雖舊,舊留也。从萑,臼声。鵂,舊或从鸟休声。"大意：舊,又被称为"雖舊""舊留",也就是猫头鹰。字形采用"萑"作形旁,"臼"作声旁。又写作"鵂",采用"鸟"作形旁,"休"作声旁。其实无论读"舊"还是读"鵂",可能都是模仿猫头鹰的声音。

213		1	2	3	4	5
凤		合 21019 自	合 137 正宾	合 7371 宾	屯 2772 历	合 34036 无

甲骨文假借"凤"为"风",凤、风为一字,刻画的是一只凤凰的形象。凤凰是传说中的神鸟,但其实就是孔雀的形象。

《说文》云："风,八风也。东方曰明庶风,东南曰清明风,南方曰景风,西南曰凉风,西方曰阊阖风,西北曰不周风,北方曰广莫风,东北曰融风。风动虫生,故虫八日而化。从虫,凡声。""风"的繁体为"風",从虫凡声。在中国古人看来,他们把风按照方位分为八种,这是有科学道理的,不同季节,风向有所不同。他们又认为每一季节的风对生物具有不同的作用,这也是有道理的。比如秋凉西南风起,万物也就不再生长了。所以,"風"字从虫,是因为风吹虫动。"虫八日而化"的意思就是每过八天,虫就蜕变一次,这是常规说法,臆测的可能性大。但认为虫随季节变化,这倒有物候学的基础。

214		1		2		3
霍 huò		合 10989 正宾	临摹	合 36781 黄	临摹	合 35887 黄	临摹

该甲骨文大致有两种写法,从雨从隹,或从雨从三隹。"霍"是"靃"的本字。下雨天,鸟飞的速度很快,因为一旦打湿翅膀就难以返巢。鸟在雨中飞行便发出"靃靃"的声音。《说文》云："靃,飞声也。雨而雙飞者,其声霍然。"后"靃"省作"霍",从雨从隹。它是一个会意字。段玉裁认为该字从雨隹,还有学者认为,之所以说"雨而雙飞",是因为该字从雔,其实是群鸟在雨中飞。

215		1		2		3
唯		合 38729 黄	临摹	合 31731 无	临摹	合 29696 无

"唯"，从口从隹，意思就是悦耳的鸟叫声，后来指应答。鸟叫声好听，所以别人说什么都说好的人，被人们形容为"唯唯诺诺"，这当然是一个贬义词。金文、篆文的"唯"继承了甲骨文字形。汉代的典籍还记载着答应别人叫"喏"。《说文》云："唯，诺也。从口，隹声。"是说"唯"就是"诺"的意思，表示答应别人。《说文》认为这是一个形声字，但实际上是声中兼义。

216	1	2	3
进	合 32535 历	临摹	合 21749 子	合 22384 妇

"进"的繁体是"進"，甲骨文从止从隹，金文从辵从隹。《说文》云："進，登也。从辵，闉省声。"据此，"進"为形声字，由"闉"省"門"而得读音，这种解说十分迂曲。一些学者以为"進"字从隹从辵，是会意字，因为鸟类飞行时只能前进，不能倒着飞。《左传》所记载的鸟倒着飞过城池，是因为大暴风来临。另一说法，鸟在地上行走也只能进不能退，这也是事实。此字也是形声兼会意。

217	1	2
雏	合 116 正宾	临摹	合 116 正宾

"雏"的繁体是"雛"，由"隹"和"芻"构成。《说文》云："雛，鸡子也。从隹，芻声。"就是说"雏"是小鸡的意思，但后来专指幼小的禽类。"雏凤清于老凤声"，比喻新人胜过旧人，类似于"长江后浪推前浪""青出于蓝而胜于蓝"。

218	1	2	3
雇	合 24420 出	临摹	合 36485 黄	临摹	合 7901 宾	临摹

"雇"由隹和户组成，隹表示鸟，户表示门户，整个字表示一种催促农桑、促使人们不要在家中沉于安逸的候鸟。它是一个会意兼形声字。《说文》云："雇，九雇。农桑候鸟，扈民不淫者也。从隹，户声。"大意说有九种雇鸟，提醒人们不要在家中沉于安逸，要迅速出门进行农事生产。在农村生活过的人都有这种体验，天没有亮鸟就在叫，于是人们就误认为是鸟在催人干农活。不同的季节有不同的鸟类，如布谷鸟叫声像"布谷"，且它正活跃于春耕时节，人们便认为它是在催促人们赶快"播谷"，古人就是这样善于比类联想。

219	1	2	3
集	合 17455 宾	临摹	合 17867 宾	临摹	合 18333 宾	临摹

"集"上面是隹，表示鸟；下面是木，表示树。整个字就像鸟雀飞落在树上。《诗经》

中"黄鸟于飞，集于灌木"，生动地体现了群鸟集中于树梢的形象。"集"的异体是"雧"。《说文》云："雧，群鸟在木上也。从雥（zá），从木。集，雧或省。"大意：雧，群鸟栖息在树上的样子。字形采用"雥""木"会意。"雥"是群鸟的意思，"集"由"雧"简写而成。这个字的甲骨文字形大致有两种，上表中第1、3种形体是鸟栖息在树木上，第2种形体是鸟朝树上飞来。

220	1	2	3	4	5
鸣	合 17366 反宾	合 10514 宾	合 17368 宾	合 4722 宾	合 4721 宾

"鸣"的甲骨文造型十分生动，从口从鸟，本义就是鸟的叫声。《说文》云："鸣，鸟声也。从鸟，从口。"商代的人没有闹钟，每天听到鸡鸣、鸟鸣就起床劳作，他们也比较熟悉这些叫声。甲骨文"鸣"字中的"鸟"旁大部分是公鸡形，少数是鸟形，所以可以肯定商代人所谓的"鸣"主要指鸡叫。

221	1	2	3	4
观	合 27115 宾	临摹	合 32137 历	合 34319 历	合 34441 无

"观"的繁体是"觀"，"雚"（guàn）又是"觀"的初文，"雚"又通"鹳"。"雚"的甲骨文像睁着两只大眼睛的鹰隼一类的猛禽。《说文》云："雚，小爵也。从萑，吅声。《诗》曰：'雚鸣于垤。'"段玉裁进一步解释道："爵当作雀，雚今字作鹳，鹳雀乃大鸟。"所以《说文》中"雚"为"小爵"的说法有误。但无论是今天的鹰隼还是鹳，它们仁立时都非常威武，这与有些楼阁观台类似，所以，"观"也表示巍峨的楼观。

第五节 动物（三）

一、与"鱼"相关的甲骨文

222	1	2	3	4	5
鱼	合 22370 妇	合 10487 出	合 27456 正何	屯 1054 历	合 2972 宾

甲骨文的"鱼"刻画的就是鱼的形象，十分生动，有繁简之别。尤其突出鱼鳞、鱼鳍、鱼尾。《说文》云："鱼，水虫也。象形。鱼尾与燕尾相似。"大意：鱼，水中像虫类的生物。象形字。鱼尾与燕尾相似。

223	1	2	3
冉	合 28078 无	临摹	合 8088 反宾	合 7434 宾

"冉"是一个象形字，像胡须下垂的样子，和甲骨文中的"而"字类似。又像是鱼的形象，所以与甲骨文"冓"的构形相似。《说文》云："冄，毛冄冄也。象形。"冄是冉的异体字，就是多毛的样子。在甲骨文中，"再"也是从冉构形。

224	1	2	3	4	5
渔					
	合 2985 宾	合 713 宾	合 2973 宾	合 28429 无	合 10475 无	临摹

"渔"的甲骨文主要有三种写法，上表中的第 1、2、3 种形体是一种形体，从水从鱼，这是常规写法。第 4 种形体是双手持网捕鱼。第 5 种形体是将河道分流，然后将河里面的鱼拦截到两边水塘。我们今天在美洲发现了古人在海边修筑堤坝、堰塘拦鱼的浩大工程，中国境内也发现有修建河坝拦截游鱼的古代工程。客家鱼梁作为一种地方特色文化遗存留存至今，就像上面的第 5 种形体所表明的，鱼顺水而下，自然而然分流到了竹木搭建的鱼梁上，水流则从鱼梁的缝隙中流走，鱼则留在梁上。《诗经》道："敝笱在梁，其鱼鲂鳏。齐子归止，其从如云。敝笱在梁，其鱼鲂鲔。齐子归止，其从如雨。敝笱在梁，其鱼唯唯。齐子归止，其从如水。"这虽然是首讽刺诗，但也表明当时用"梁"捕鱼。《说文》云："灥，捕鱼也。从鱻，从水。""灥"也就是"渔"，为何从二鱼？段玉裁认为鱼都是相随而行。该字在甲骨文卜辞中常用作动词，指打鱼。

225	1	2	3	4	5
冓 gòu					
	合 17055 正宾	合 10345 正宾	合 25037 出	合 32264 历	屯 532 历

一种说法，"冓"是"遘"的初文，甲骨文字形像两条相向的鱼嘴对嘴的样子，表示相遇。上表中前四种形体刻画的都是两鱼相遇的情形。以鱼嘴相触来喻相遇，似有不妥。另一说法，"冓"表示交错。《说文》云："冓，交积材也。象对交之形。""冓"像木料交积，所以有学者将上表中第 5 种形体也识读为此字。"冓"的简体字为"勾"，所以从"勾"的字多与交错、交流等义相关，如沟、购、构等。《诗经》更是说："中冓之言，不可道也。"意思是说宫室中男女苟且之事，不可向外人说啊。今天又有"交媾"一词。

226	1	2	3	4	5
遘 gòu					
	合 28701 何	合 27051 无	合 27950 何	合 27050 无	合 26909 无

"遘"的甲骨文是在"冓"的基础上加彳，如上表第 1 种形体；或加止，如上表第 2 种形体；或加辵，如上表第 3、4、5 种形体。《说文》云："遘，遇也。从辵，冓声。""冓"有相遇的意思，加"辵"不过是强调在路上相遇。

227	1	2	3	4	5
再 chēng	合 6162 宾	合 6161 宾	合 21073 自	合 19538 宾	合 32721 历

这个甲骨文的形体比较固定，没有太多变化，上面是手，下面是鱼，像以手提鱼的形象。可以识读为"再"，也就是"稱"（称）字。《说文》云："再，并举也。从爪，冓省。"爪就是手，冓指两者相遇，所谓并举就是一手举二。"称"在今天仍有举的意思，但一般不表示并举。"称兵""称觞祝寿"都有"举"的意思。

228	1	2	3	4	5
鲧 gǔn	合 48 宾	合 8105 正宾	屯 2230 无	合 36923 黄	合 33162 历

该甲骨文像以手系鱼，或钓鱼的样子。所以识读为"鲧"。鲧在文献中指传说中的大鱼，但在甲骨文卜辞中多用作地名。文献记载夏禹的父亲名鲧，鲧或许是打鱼出身。

229	1	2	3	4	5
鲁	合 7823 宾	合 22102 自	合 10134 反宾	合 10132 正宾	合 9768 宾

这个字有多种说法，或从形体结构、或从地理位置、或从文化等角度解释。在它的甲骨文中，上面显然是鱼；下面就是口，表示嘴巴；所以合起来表示用口吃大鱼。或认为"鲁"为卤制咸鱼，"口"为盘，读若"卤"。或认为"鲁"当解释为养鱼，下边的口形可理解为鱼池。

《说文》云："鲁，钝词也。从白，羕省声。《论语》曰：'参也鲁。'"大意：鲁，指的是口吃，表达不清楚。字形采用"白"作形旁，用省略的"羕"作声旁。《论语》上说"曾参这人拙于言辞"。而彝器常有"鲁休""纯鲁"的说法，阮元云："鲁本义盖为嘉，从鱼入口，嘉美也。"

二、与"虫"相关的甲骨文

230	1	2	3	4	5
卪 wěi	合 6528 宾	合 6485 正宾	合 32897 历	合 6527 正宾	合 6503 宾

"卪"是"危"的初文，其甲骨文字形像是蝎子、鳄鱼或毒虫爬行，叫人感到危险和恐惧。但常规的说法是："卪"即古代的一种器皿，这种器皿装满水则倾覆，不装满水则正立，显得很危险。《说文》云："卪，仰也。从人在厂上。一曰屋梠也，秦谓之桷，齐谓之卪。"意思是说"卪"就是上仰的、很危险的地方。以人在悬崖边会意。另一种说

法认为"广"指屋檐。而"危"字篆书 是《说文》所本,许慎更是望文生义,在《说文》中云:"危,在高而惧也。从广,自卪止之。"意思是说"危"上面是人形,中间的"厂"是悬崖,"卪"表示节制,整体上也就是说"悬崖勒马",人站在山崖上当然害怕,吓得腿发软,所以就停止下来了。

231	1	2	3	4	5
蛊 gǔ	合 6016 正宾	合 13796 宾	合 201 正宾	合 201 正宾	合 17191 宾

"蛊"的甲骨文主要有三种写法,常规的如上表第1、2种形体,由虫和皿构成;第二种写法如上表第3、4种形体,由二虫一皿构成;第三种写法则在第二种写法的基础上省略皿脚部分,如上表第5种形体。传说取百虫于皿中,使互相残杀,最后所剩的一虫为蛊,最毒。《说文》云:"蛊,腹中虫也。《春秋传》曰:'皿虫为蛊。''晦淫之所生也。'枭桀死之鬼亦为蛊。从虫,从皿。皿,物之用也。"大意:蛊,就是肚子里所生的虫。可能也就是蛔虫。《春秋传》上说:"'皿'加'虫'为'蛊'。"肚子里的蛊毒,是"淫乱产生的恶果"。传说砍头的、上吊的、被肢解而死的人,死后变成鬼,也会变成"蛊"。字形采用"虫""皿"会意。当年我的硕士老师叫我来解说"蛊"的甲骨文,我根据农村的生活经验,认为即是农村中装粮食的瓮或者瓦缸内的粮食长虫了,并非传说中的只剩一虫。我的老师认为可备一说。

232	1	2	3	4
蜀	合 5563 宾	临摹	合 6859 宾	合 6860 宾	合 6861 宾

这个字本当识读为"罒",但"罒"与"蜀"相通。《说文》云:"蜀,葵中蚕也。从虫,上目像蜀头形,中象其身蜎蜎。诗曰:'蜎蜎者蜀。'"本义为桑树中的蚕。该甲骨文像虫的样子,上面是头,中间像它弯曲的身躯。但段玉裁根据《淮南子》的记载认为:"蚕与蜀相类,而爱憎异也。桑中蠋即蜎蜎,从虫,上目象蜀头形,中谓勹。象其身蜎蜎。"也就是说"蜀"不是蚕,而是蜎蜎,也就是天牛的幼虫,长得跟蚕相似。但是蜎蜎长大变成天牛后,专门吃桑树的树干,是害虫。

三、与"贝"相关的甲骨文

233	1	2	3
宝	合 17512 宾	临摹	合 40683 无	合 18623 宾	临摹

"宝"的繁体是"寶",甲骨文字形从宀从贝从玉,上为宀,是房屋的意思;中或从贝或从玉,下或从玉或从贝,玉、贝是珍宝的意思。造字本义:藏在家里的珍宝、玉石等。后来的"寶"加了"缶",即瓦罐,瓦罐也是宝物。再简化省去"贝""缶",也就是现在的

"宝"字。《说文》云："寶，珍也。从宀、从玉、从贝，缶声。寉，故寶省贝。"

"宝"一般形容好的，如宝贝、宝刀未老、宝玉。也有挖苦人的，如四川话："你个宝器！""你宝塞塞的（意思是很傻很天真）。""宝"字既可以表示宝物，也可表示挖苦人的"宝器"，也是"正反同训"。

234	1	2	3	4	5
得	合 8884 宾	合 8884 宾	合 134 无	合 4719 无	临摹	合 439 宾

上表中第 1、2、3 种形体都是以手持贝，可以识读为"导"（dé），"导"是"得"的异体字，也可说是"得"的初文。第 4、5 种形体加"彳"，表示在行进、执行中得到好处，也就和今天的"得"没有差异了。《说文》："得，行有所得也。从彳，导声。导，故省彳。"意思是说在执行、行进中有所获。故"得"写作"导"，省掉了"彳"旁。

235	1	2	3	4	5
贮	合 4696 宾	合 1090 宾	合 28089 正无	合 4707 宾	合 18381 宾

"贮"的繁体字是"貯"，该字的右半边是"宁"字，"宁"字的甲骨文就像上表第 1 种形体的外框。"贮"字从宁从贝，就像仓库中藏有宝物的形象。该字的甲骨文形体很考我们的眼力和理解力。上表第 1 种形体，"贝"在"宁"中；第 2 种形体，"贝"向"宁"外移；第 3 种形体，"贝"在"宁"外；第 4 种形体，先写"宁"，再在"宁"的边缘复写"贝"；第 5 种形体，先写"宁"，再在"宁"的外沿分开写"贝"。《说文》云："貯，积也。从贝，宁声。"注意"宁"和"寧"本是两个不同的字。《说文》云："宁，辨积物也。象形。"大意是说"宁"是用来分类装载、辨别物体的木匣子，字形像木匣之形。《说文》又说："寧，愿词也。从丂，寍声。"大意：寧，表示意愿的语气词。也就是宁可如何的意思。

有的学者又将"贮"的甲骨文识读为"贾"，也就是"價"（价）的初文。"贮"存的东西待"價"而沽，也是可以理解的。

236	1	2	3	4	5	6
寧 níng	合 21115 自	合 14540 宾	合 30259 无	合 32552 历	合 36454 黄	合 13696 宾

"寧"今简化为"宁"。上表中第 1、2、3 种形体其实相同，从皿从丁；第 4 种形体加点饰符号；第 5 种形体增加宀，从宀从皿从丁，与后来寧的形体十分相似；第 6 种形体从宀从心从皿，可以识读为"寍"（níng）。《说文》云："寍，安也。从宀，心在皿上。人之饮食器，所以安人。""寍"也就是"寧"的异体字。后世假"寧"为"寍"。"寧"行而"寍"废，后又用"宁"字作"寧"的简化字。但"宁"本读 zhù，是"贮"的本字。"寧"除了指心灵的宁静，又指已嫁女子回娘家探望父母，也泛指省亲。《诗经》有

"归宁父母"之说。

237	1		2		3	
责						
	合 22226 妇	临摹	合 21306 乙自	临摹	合 22214 子	临摹

"责"字构形比较固定，是"债"的本字。甲骨文的"责"，其中的"束"，表示一种荆棘，有点像农村的皂角刺，这里表示鞭笞、催促。"贝"表示财物，整个字意思就是责难、催债。《说文》云："责，求也。从贝，束声。"大意：责，催促。字形采用"贝"作形旁，"束"作声旁。该字是声中兼义。

甲骨文中有"贝"，表示一种货币；有"败"，表示把贝打碎了；有"责"，表示催促还债；有"朋"，表示两串共十个贝。

238	1		2		3	
买						
	合 21185 自	临摹	合 11433 宾	临摹	11434 宾	临摹

该甲骨文从网从贝，是"買"字。"買"即"买"的繁体。该字的甲骨文形体简单，上下无别。"网"是收进、网入，"贝"是财宝、货物、财货，合起来表示把财货购进来。《说文》云："買，市也。从网贝。《孟子》曰：'登垄断而网市利。'"大意：買，就是购买、购进。字形采用"网""贝"会意。《孟子》上说，登上高的地方，窥探市场的整体行情，以图贱买贵卖，收到买卖的好处。该字后来简化为"买"。而"賣"的本义是"出货物也，从出，从買"，后"賣"简化为"卖"。

239	1		2	
贪				
	合 17468 宾	临摹	英 732 宾	临摹

一种说法，"贪"的甲骨文上面像是今，也就是"口"的形象；下面是"贝"，这个字有点像我们今天所说的"一口想吃个大胖子"的样子，见到宝物就想吞下，多么贪婪。这种说法有一定的道理。上面的部首在甲骨文中的确有"口"的含义，比如在"合"的甲骨文也是如此。另一说法，上面是"亼"，也就是"集"的异体，下面是"贝"，也就是说不断地收集财物，多么贪婪。但《说文》云："贪，欲物也。从贝，今声。"也就是说，"贪"就是想要占有财物，是一个形声字。

240	1		2		3	
败						
	合 17318 宾	临摹	合 2274 正宾	临摹	合 2274 正宾	临摹

该甲骨文左边是贝或鼎，右边是攴。贝在商代可以作为货币使用，鼎在商代是贵重的食器或礼器，攴即手持棍棒。整个字的意思是财物被毁坏，财富没有了。《说文》云："败，毁也。从攴贝。败贼皆从贝，会意。"大意：败，就是毁坏的意思。字形采用"攴""贝"会意。"败""贼"都采用"贝"作会意偏旁。

注意："贝"不是我们所说的蚌，蚌在甲骨文中叫作"辰"，二者大小形状完全不同。"贝"表示财富，是因为古代以贝作为货币或等价物。考古实物证明，这类贝大小基本相同，一侧有齿。

这里要知道一点商代的历史常识，商代已经将贝币作为交换的等价物。贝币是财富的象征，所以"败"字从"攴""贝"便很好理解。一个人把财物都毁坏了，当然是"败家子"。今有败坏、败家、败类、败事有余、伤风败俗、身败名裂等说法。

241	1	2	3	4	5
念					
	合 18118 正宾	临摹	合 9471 宾	英 392 正宾	合 1824 正宾	合 14224 宾

该字从口从心，第1、2、3种形体上像口型，下像心形；第4、5种形体则上为心下为口。该字的意思是口里念着，心里想着。《说文》则云："念，常思也。从心，今声。"大意：念，经常惦记。字形采用"心"作形旁，采用"今"作声旁。

242	1
愵	
nì	合 18385 宾	临摹

该字在甲骨文中到目前就只发现了一例，可确识为"愵"字，也通"惄"。该字上像打水的陶瓶，周围的几点是水的意思，下为心，所以识读为"愵"是比较准确的。一种说法，该字是会意字，意思是心里忧伤，像打水一样七上八下。另一种说法，该字是形声字，从心，弱声，意思也是忧思、伤痛。《诗经》云："我心忧伤，惄焉如捣。"意思是说我心忧伤啊，心里像有东西在撞一样。《方言》云："自关而西，秦晋之间，凡志而不得，欲而不获，高而有坠，得而中亡谓之湿，或谓之愵。"

四、与"角"相关的甲骨文

243	1	2	3	4	5
角					
	合 6057 正宾	屯 2688 历	合 20533 自	合 20532 自	合 4665 宾

"角"的甲骨文像牛或其他大型动物头上弯曲的角，古人将其用作量器和乐器，甚至用作酒器。今天少数民族地区仍保存了用兽角做乐器的习俗，颇具民族特色。《说文》云："角，兽角也。象形。"意思是说"角"是指兽角，是个象形字。其字形与"刀""鱼"

相似。

244	1	2	
解	合 18387 宾	合 18388 宾	临摹

"解"的甲骨文目前只发现了上表中的两例，通过形体可知为同一人所刻。该甲骨文的构字部件为双手、角、牛，它们合在一起表示屠夫从牛的头上剖取牛角。篆文解省两手，另加"刀"，字形结构有所变化。《说文》云："解，判也。从刀判牛角。一曰解廌，兽也。"大意：解，用刀解下牛角。字形采用以刀判牛角会意。另一种说法认为是解廌，也就是一种野兽。

牛这么大，为什么"解"字取象于用刀解下牛角？在农村生活过的人都知道，牛身上的骨头其他地方都好"解"，唯独牛角处难"解"，因为牛角牢牢地长在牛头骨上，常常需把头骨砍碎，才能"解"下牛角。明白这个道理，就能悟到古人造"解"字之妙。

245	1	2	3
觳	合 4671 宾	临摹	合 8943 宾	合 4670 宾
hú			

该甲骨文从角从殳，即"觳"字，简化为"殻"（què）。它是古代盛物的一种器皿，也被用作游戏中的射具。《说文》："觳，盛觵卮也。一曰射具。从角，殳声，读若斛。"意思是盛酒的大号容器，也用在投壶的游戏中。该字在甲骨文卜辞中常用作贞人名。

246	1	2	
觵	合 2659 反宾	临摹	合 32083 历
gōng			

该字识读为"觵"，又同"觥"（gōng）。它是用犀牛角做成的一种饮酒器。《说文》云："觥，兕牛角可以饮者也。从角，黄声。其状觵觵，故谓之觵。觥，俗觵从光。"大意是说，觵是犀牛角做的大酒杯，叫作"觵"是因为它比较大。段玉裁考证说，这种大酒杯是在饮酒时，专门用来罚酒的。

五、与"辰"相关的甲骨文

247	1	2	3	4	5
农	合 25177 出	合 22610 出	合 9493 宾	合 10474 宾	合 25157 出

"农"的异体是"蓐"。甲骨文字形从辰从屮，或从辰从木。"辰"指以蚌壳制成的除草器；"屮"和"木"在甲骨文中常被混用，指田间的小草；"蓐"字的意思就是用蚌

壳除草。蚌壳的边缘十分锋利，如果有齿，则更加容易断草，后又以田间除草表示耕作之意。《说文》无"蓐"字，但有农的异体字"䢉"。《说文》云："䢉，耕也。从晨，囟声。𦬊，籀文䢉从林。辳，古文䢉。蓐，亦古文䢉。"段玉裁解释说"䢉"就是耕作的人，因为他们日出而作日落而息，所以从晨（晨）。《说文》又说，"辳""蓐"都是古文"农"的写法，该甲骨文是"䢉"字无疑。但是，也有很多学者将此字识读为"晨"。

248	1	
晨		
chén	合 9477 宾	临摹

"晨"的甲骨文到目前为止只发现有此一例。该甲骨文上面是一双手，可识别为"臼"；下面为"辰"。整个字可识读为"晨"。

《说文》云："晨，早昧爽也。从臼，从辰。辰，时也。辰亦声。丮夕为㚥，臼辰为晨，皆同意。"意思是说，晨是早上天刚亮的时候。辰指的是时间，今天还有"时辰"这一说法。

"㚥"也就是"夙"字，甲骨文中也有这个字，字形为"𠂔"。意思是天还没有亮，一个人就起来东摸西摸，也就是开始做事了。而丮与臼是一个意思，臼也是两只手做事的样子。所以，晨表示做事的时间，也就是天马上就要亮了，鸡打鸣了，于是人们就起来做事了。

注意晨、晨在古代是两个字。《说文》："曟，房星；为民田时者。从晶，辰声。晨，曟或省。"也就是说，晨是天上的房星，农民根据房星位置可以判断耕作时间，详见"辰"（序号 626）字解说。"晨"是"曟"的省略形体。

249	1		2		3	
蓐						
rù	合 9498 宾	临摹	合 20624 宾	临摹	合 9497 宾	临摹

有学者将该甲骨文识读为"蓐"。此字的结构实际上很简单，上为屮，中为辰，下为又，也就是以手持辰除草的意思，似乎描绘的是农民在田间干活的场景。但根据字形，准确地说，从木与从屮相同，该字应该是"蓐"字。《说文》云："蓐，陈艸复生也。从艸，辱声。一曰蔟也。"意思是说，草丛长了又长，最后长成了一大堆。又说"蓐"同"蔟"，"蔟"的意思是蚕吐丝做茧时爬上的麦蔟或草蔟，有过养蚕经历的人都知道，这实际上与浓密的草丛是相似的。

250	1	
娠		
shēn	合 14070 宾	临摹

《说文》云："娠，女妊身动也。从女，辰声。《春秋传》曰：'后缗方娠。'一曰宫

婢女隶谓之娠。"据此，"娠"有两种含义：一种说法是女奴，形声字；另一种说法指怀孕，声中兼义。

"辰"的甲骨文表示河蚌，河蚌是要产珍珠的，商代的人对河蚌很熟悉。由甲骨文可知，他们用蚌的壳作为耨田除草的农具，天天接触。于是，"娠"表示女人生子，就像河蚌产珠，这是非常形象的联想。许慎在《说文》中对"辰"的解说是：三月阳气动，雷电振，万事万物都开始萌动，就好比女人怀上了孩子，孕育了新的生命。详见"辰"（序号626）字解说。所以"娠"就是指怀孕。

六、其他动物

251	1	2	3	4	5
为	合 15188 宾	合 15185 宾	合 15186 宾	合 18151 宾	合 15182 宾

该甲骨文形体从象从又，"又"表示手，意思是抓、牵、驯服等；"象"的特征则很突出，鼻子很长。该字可识读为"爲"。"爲"上面的"爫"，也就是"爪"或"手"的意思。"爲"的本义就是对象进行驯化，以使其为人类劳动。

《说文》云："爲，母猴也。其为禽好爪。爪，母猴象也。下腹为母猴形。王育曰：'爪，象形也。故为象两母猴相对形。'""爲"的篆书为，《说文》认为"爲"就是母猴的样子。字中有"爪"是因为母猴爱用爪子，字下部就像母猴的腹部。这种说法显然是错误的。许慎说字经常是据篆书解说，所以经常说错。

役象之说很有依据，今天东南亚国家还有利用大象为人们劳作的，就像中国利用牛马为人劳作一样。《吕氏春秋》："殷人服象，为虐于东夷。"这个记载明确表明了商人驯服大象，利用大象作战，在东夷为非作歹。再据历史记载，商人服象，周人也服象，武王伐纣也利用了大象部队。在冷兵器时代大象部队应该有很强的战斗力。

252	1	2	3	4
兔	合 10458 宾	合 10457 宾	合 32912 历	合 309 宾	临摹

短尾巴，大眼睛，胆子小，这个甲骨文刻画的就是兔子警觉、惊恐的形象。《说文》云："兔，兽名。象踞，后其尾形。兔头与龟头同。"大意：兔，就是一兽名。像蹲着的样子，后部像兔子尾巴的形状。兔头与龟头相同，龟是一种大青兔。

253	1	2	3	4	5
麑 ní	合 10386 正宾	合 10260 宾	合 14295 无	合 20724 无	合 10392 无

"麑"是幼鹿。在甲骨文中，"麑"字与"鹿"字的差异在于对头部的刻画，鹿突出

角，麐突出目。"麋""麐"两个甲骨文的差异在于是否刻画眉毛。麋的突出特征就是眉毛。

254	1	2	3	4	5
麋 mí	合 28381 何	合 26899 何	合 10376 宾	合 10375 宾	合 10377 宾

"麋"是形声字，从鹿，米声，本义即是麋鹿。它是一种哺乳动物，比牛大，毛淡褐色，雄的有角，角像鹿，尾像驴，蹄像牛，颈像骆驼，但从整体看哪种动物都不像，俗称"四不像"。原产中国，是一种珍贵的稀有兽类。甲骨文"麋"的特点是眼睛大，尾巴短，身体壮，头脸部的刻画有点像甲骨文的"眉"，是因为麋目上有眉。《说文》云："麋，鹿属。从鹿，米声。麋冬至解其角。"意思是麋是鹿的一种，冬至后可以采解它的角。

"麋"又通"眉"。《荀子》："伊尹之状，面无须麋。"还通"湄"，指水边，岸旁。《诗经》："彼何人斯，居河之麋。"

注意"麋"与"鹿"的区别。两者的区别在头角，有分支者为鹿，无分支者为麋。但麋鹿常常联称，可见二者相似。

255	1	2	3	4	5
鹿	合 10260 无	合 28334 何	合 10327 自	临摹	10322 无	合 10274 宾

"鹿"在甲骨文中有很多变体，有写实有写虚。但不管怎么变，鹿头上的奇特的角是其主要特征。《说文》云："鹿，兽也。象头角四足之形。鸟、鹿足相似，从匕。"意思是鹿是一种野兽。是象形字，突出头角和四只足的形象。篆书的"鹿"字与"鸟"字相比，鸟从匕，鹿从比，虽然都表示脚，但鹿是四脚，鸟是二脚。

256	1
塵	合 8233 宾	临摹

"塵"是"尘"的繁体。该字甲骨文上为鹿，主要有突出的鹿角，下为土，表示飞扬的尘土，识读为"塵"。"塵"是"麤"的异体字。《说文》云："麤，鹿行扬土也。从麤，从土。"大意：麤，鹿群奔跑时扬起的灰尘。字形采用"麤""土"会意。"麤"字俗体又由"小""土"会意，所谓"小土为尘"，即今日"尘"字。但这个甲骨文也完全可以识读为"牡"，也就是公鹿的意思。

古人取象于鹿群飞奔扬土为"尘"，这至少说明，当时在黄河中下游群鹿扬尘的现象比较常见。就像在今天非洲的大草原，群鹿或其他动物如羚羊、斑马等飞奔时扬起遮天蔽日的尘土。但古人为何不取象于战车飞奔或其他动物奔跑时扬土为尘，而取象于群鹿飞奔扬土为尘？这可能是因为战争毕竟不是天天打，而动物中鹿胆子较小。甲骨文"鹿"字就生动地刻画了鹿瞪大眼睛而又警觉胆小的形象。所以一有风吹草动，鹿总是成群地飞奔，从而扬起尘土。而且鹿的繁殖速度快、数量多。古人常见这种现象，于是就取象于此。

257	1		2		3
庆	合 24474 出	临摹	合 24474 出	临摹	合 36550 黄

"庆"的繁体是"慶"，会意字。该字的甲骨文字形，外面像一张鹿皮，中间是一个"心"字。它们合起来表示带着鹿皮向他人表示庆贺。"慶"的小篆字形写作，上面的鹿字依稀可见，中间仍然是"心"字，下边加"夂"（zhǐ）表示脚，整个字的意思跟甲骨文大致相同，表示前往祝贺。

《说文》云："慶，行贺人也。从心，从夂。吉礼以鹿皮为贽，故从鹿省。"大意：慶，带礼物前往他处，向他人表示祝贺。字形用"心""夂"表义。嘉礼用鹿皮包装，所以字形采用省略了"比"的"鹿"作偏旁。这是十分准确的。

258	1	2	3	4	5
豹	合 3295 宾	合 10080 宾	合 14363 宾	合 10055 宾	合 3286 宾

"豹"的甲骨文突出了豹子的两个特点：一是身上长满花纹，故以点或小圆圈表示；二是凶猛，故以张大口表示。豹子还有一个最大的特点，就是它是百兽中的短跑冠军，速度惊人。想必古人已经认识到此点，但此点比较抽象，无法用具体的符号表示，只能在"豹"字的背部刻画出略带弯曲的流线形状，表示豹子身长并且关节灵活。

该字后来写作"豹"，是形声化的结果。由表示张着大口的猛兽的"豸"，加上表示读音的"勺"构成。《说文》云："豹，似虎，圜文。从豸，勺声。"大意：豹，体形似虎，身上有环状斑纹。字形采用"豸"作形旁，"勺"作声旁。

甲骨文的构形和许慎《说文》的解说，都突出了豹子的主要特征，即身上有斑纹。甲骨文中所有关于动物的字，基本上都是象形字，且都抓住了该动物的主要特征来刻画。这里介绍一个文字学常识"声中兼义"。汉字主要的表义方式是象形，这在甲骨文中体现得十分明显；然后是会意，即几个象形的偏旁部首组成一个新字；再然后是形声、假借等。也就是说由具体向抽象方向发展，这是世界上所有文字演化发展的基本规律。那么，在汉字的演化过程中，有些象形与形声是有重叠交叉现象的。比如形声字中作为声旁的符号兼表意义，这就叫"声中兼义"。有学者就认为甲骨文中的"豹"字中的"勺"，既是声旁也是形旁，疑是利爪"比"的误写。

259	1	2	3	4	5
虎	合 462 宾	合 10948 正宾	合 17849 自	合 11018 宾	合 28301 何

上表中第 1、2 两种形体刻画的是虎头形状，准确地说，应该识读为"虍"（hū）。当

然也是指老虎，就像甲骨文中画牛头表示牛，画羊头表示羊一样。但许慎在《说文》中却认为"虍"的意思是虎身上的斑点，显然有误。

上表第 3 种形体是写实，刻画老虎的全身像，突出了老虎血盆大口、长足利爪、身有斑纹的特点；第 4 种形体夸大其口，略去了老虎身上的斑纹；第 5 种形体进一步简略其形体结构。

《说文》云："虎，山兽之君。从虍，虎足象人足。象形。"大意：虎，山林中的兽中之王。字形采用"虍"作偏旁，虎足就像人的足。是象形字。

260	1		2		3	4
廌						
zhì	合 28420 宾	临摹	合 28421 何	临摹	合 28422 何	花东 132

"廌"是一种传说中的神兽，又叫作"解（xiè）廌"，也写作"獬豸"。它的突出特征是头上长了两个尖角，眼睛很大，身子像鹿。也有人说它身子像野牛，但有些甲骨文将其身子刻画得像马。传说它力大无比，能辨是非曲直。在古人有了纠纷的时候，法官就把"廌"牵到法庭，这种野兽看一看被告，嗅一嗅原告，就知道谁是谁非了，于是就用尖角去触击有错的一方。《说文》云："廌，解廌，兽也，似山牛，一角。古者决讼，令触不直。象形。从豸省。"大意与上文说法相同。当然，甲骨文"廌"中用平面的两只脚代替立体的四只脚，是简略的刻写方法。

后来的"法"字，其异体写作"灋"，从水从廌从去，表示断狱时要平之如"水"，用"廌"这种神兽在法庭上以角触击有错的一方，让他"去"。

261	1	2	3	4	5
鼠					
	合 2804 宾	合 19988 自	合 13960 宾	合 19987 自	合 14020 宾

甲骨文的"鼠"是一个象形字，上突出其张开的嘴，嘴周围有几点增饰符号，因为老鼠爱咬东西，嘴边总是碎絮飞溅；中间突出其身子；下突出其长尾。篆书的鼠写作🐭，上从臼，像其口，下像其足和尾巴，和甲骨文构形一脉相承。《说文》云："鼠，穴虫之总名也。象形。"《说文》是从老鼠喜欢打地洞的角度来定义它的，而且认为打地洞的鼠类有很多种。同时也认为此字为象形字。

第六节　神灵

一、与"示"相关的甲骨文

262	1	2
祉		
	合 5639 正宾	临摹	合 30646 何

该甲骨文左为示右为止，或上为止下为示，徐中舒先生认为是"祉"字。示，表示与

神灵相关；止，表示脚的意思。该字整体的意思就是上前向神灵求福。《说文》："祉，福也。从示，止声。"在甲骨文中，"福""祉"二字都与神灵相关，"祉"多作祭名。

263	1	2	3	4	5
柰					
nài	合 24252 出	合 36249 黄	合 23340 出	合 15662 宾	合 15663 宾

该字隶定为"柰"，上为木，下为示，木旁有时简化为乂。现代"柰"字指柰树的果实，又指茉莉，茉莉花，又同"奈"。但该字的甲骨文字形似乎是在祭台上架柴祭祀，根据卜辞分析，又同"祟"。

264	1	2	3	4	5	6
祭						
	合 4064 宾	合 23076 出	花东 4	合 7905 宾	合 36514 黄	合 36515 黄

该甲骨文造型十分生动，主体部分从月从又，"月"表示用于祭祀的肉，"又"表示用手抓持，整体表示手持鲜肉祭祀祖先，而点则表示肉的血。有的甲骨文还加"示"突出祭神的特征，"示"表示祭祀的祭台，整个字的意思表示以手持肉放在祭台上。后演变为今天的"祭"。

《说文》云："祭，祭祀也。从示，以手持肉。"大意：祭，就是祭祀祖先。字形采用"示"作偏旁，表示用手抓着肉献祭给祖先。《公羊传》说："无牲而祭曰荐，荐而加牲曰祭。"也就是说，古代没有肉的祭祀叫作"荐"，也就是用口说；而既用口说又加肉的祭祀叫作"祭"。

265	1	2	3	4	5
祀					
sì	合 9185 宾	合 28170 何	合 37842 黄	合 9613 正甲宾	合 9658 正宾

"祀"为形声字，从示，巳声。本义：祭祀天神。《说文》云："祀，祭无已也。从示，巳声。禩，祀或从異。"大意：祀，不停地祭祀。字形采用"示"作形旁，"巳"作声旁。"禩"，这是"祀"的异体字，采用"異"作声旁。显然，许慎在《说文》中，把"巳"解释为不已。而在甲骨文的"祀"中，"巳"像一个小孩的形象。古代祭祀需要"尸"，也就是以小孩代替先祖，接受祭拜。所以"祀"也是声中兼义。

266	1	2	3	4	5
祝					
	合 30614 宾	合 30620 宾	合 26899 何	合 32418 历	屯 16 无

上表中第 1、2、3 种形体，可楷化为"兄"，"兄"是"祝"的本字。该甲骨文字形的上面为朝上大开的口，也有人说刻画的是人的头部；其下部是一个长跪不起的人的形

象。该字把一个喊天天不应、喊地地不灵的祭祀者刻画得相当形象。上表第 4、5 种形体，不过是再加上了"示"旁，也就是祖先的牌位，类似于今天的神龛，又像土地庙里的祭台，这样"祝"表示向天、向祖先祈求保佑的意思就进一步凸显了出来。

《说文》云："祝，祭主赞词者。从示，从人口。一曰从兑省。《易》曰：'兑为口为巫。'"大意：祝，也就是主祭祀的祭主在祭祀时向上天或者神灵祈祷的言语，当然也是赞美神灵的。字形采用"示""人""口"会意。另一种说法，该字字形用省略了"八"的"兑"作偏旁，这是因为《周易》上说："'兑'可以代表'口'，可以代表'巫'。"所以"祝"有巫师以口向神灵祈福的意思。显然，通过甲骨文可知，《说文》"兑"省的说法不可信。

267 社	1	2	3	4	5
	合 6445 正宾	合 6419 宾	屯 2563 历	合 9744 宾	合 6407 宾

该字上像土块，下像地面，可识读为"土"。"土"为"社"的本字，所以古代把土地神叫"社神"，土地庙叫"社庙"。《说文》云："社，地主也。从示土。《春秋传》曰：'共工之子句龙为社神。'《周礼》：'二十五家为社，各树其土所宜之木。'祖，古文社。"大意是：社的本义是土地神。从示从土。《春秋传》说共工的儿子句龙为社神。《周礼》又说古代二十五家为社，将一社的土里适宜生长的树木做成神像，涂上泥巴作为社神。所以社的另一写法是"祖"，也就是加木旁。

268 祐	1	2	3	4	5
	合 22220 妇	合 2087 宾	合 27583 无	合 31779 何	合 34603 历

"祐"字的一般写法是从示、右声，在卜辞中多用作祭祀名。有时候在"示"周围加点，如上表第 3 种形体；有时候加手，如第 4、5 种形体。该字另一说法从又从示，从又即有保佑的意思，所以有学者认为甲骨文的"又"通"祐"；从示表示示神灵，也即该字是声中兼义。《说文》云："祐，助也。从示，右声。"《说文》又说："右，手口相助也。""右"为"祐"的本字，后假借为表方向左右的右。

二、其他

269 寮 liáo	1	2	3	4	5	6
	合 152 正宾	合 34449 历	合 14771 宾	合 33273 历	合 32420 历	合 32302 历

"寮"像交错平放的木柴在燃烧的情形，又像交错竖放的木柴在燃烧的样子，所以该字表示烧柴祭天。"寮"是"燎"的初文。《说文》云："寮，柴祭天也。从火，从眘。

眘，古文慎字。祭天所以慎也。"大意也就是说寮是烧柴祭天，从火从眘，眘是古文慎字的略写，祭天当然要谨慎。

270	1	2	3	4	5
宜					
	合 388 宾	合 15894 宾	合 387 正宾	合 34165 历	合 33140 历

"宜"刻画的就是案板的形象，即所谓刀俎的"俎"，再在上面放两块肉，本义表示案上陈肉，祭祀祖先。"宜"在卜辞中表示一种祭名。又有学者将之识读为"且"，是"俎"和"宜"的本字，也表示杀牲祭祖。可以说，"且""宜"与"俎"同源，后分化。

"宜"的异体写作"宐"。《说文》云："宐，所安也。从宀之下，一之上，多省声。"《说文》认为"宜"从宀，表示房屋。从一，表示地面。意思就是女子出嫁，使得男家安定。如《诗经》云："子之于归，宜其室家。"这种解释，与甲骨文构形所表达的含义迥异。

271	1	2	3	4	5	6
鬼						
	合 137 正宾	合 14290 宾	屯 4338 历	合 34146 历	合 24989 出	合 7153 正宾

"鬼"刻画的是一个人形，头很大，很吓人的样子，也就是彭裕商先生所说的"大头鬼"。到底是不是人戴面具，装神弄鬼，还是人死后的形象，也说不清楚。该字在卜辞中用作鬼神、方国名和人名。

《说文》云："鬼，人所归为鬼。从人，象鬼头。鬼阴气贼害，从厶。"古书记载，古代把死人叫"归人"，有所归才不为害人间。具体而言，魂魄归于天，形体归于地。而"鬼"这个字，上面是鬼头，不是面具。"厶"也就是"私"，是说鬼的阴气很重，很害人，所以从厶。古人又认为神为阳、鬼为阴，阳公阴私，所以神仙菩萨是好的，鬼是坏的。但在民间，也认为鬼有好坏之分，比如说川北地区传说的"道路鬼"，它让一个人始终在一个地方打转，实际上是这个人迷了路。人们说是因为前面有危险，道路鬼在帮这个人。

272	1	2	3
醜			
	合 12878 正宾	临摹	合 12878 反宾	合 4654 宾

"醜"左边为酉，表示声符；右边是鬼，表示面目丑陋；合起来表示面目丑陋的人。《说文》云："醜，可恶也。从鬼，酉声。"大意：醜，形象像鬼一样，令人恶心讨厌。甲骨文刻画的"鬼"是人形鬼脸，突出其脸部的夸张形象。甲骨文刻画丑恶的"醜"又取象于"鬼"，可见鬼神观念在当时人的心目中就已经根深蒂固。

注意：古代"醜"和"丑"是两个字，意义不同。"丑"表示地支和时辰，"醜"表示丑陋。现在简化后合并为"丑"。

273	1	2	3
魅			
mèi	合 13751 正宾	临摹	合 14287 宾	合 14288 宾

"魅"字同"魅",表示妖怪。《说文》云："魅,老精物也。从鬼、彡。彡,鬼毛。"《说文》认为妖精长得像鬼,而且一身鬼毛。古书又记载妖精长的人面兽身,四足,喜欢迷惑人。古书还记载有狐狸成魅的,有妖风成精的,有树木成妖的。也就是说,山中的石头、树木、动物、瘴气等,只要存在年代足够久远,比如上千年,都可以成精,也就是变成人的模样来迷惑人。古书也记载各种捉"妖怪"的方法,比如《抱朴子》中说:妖怪在镜子中不能改变其形,若人上山时在背后悬挂一块小镜子,也就是今天所说的"照妖镜",则妖怪不敢近身。"或有来试人者,则当顾视镜中,其是仙人及山中好神者,顾镜中故如人形。若是鸟兽邪魅,则其形貌皆见镜中矣。又老魅若来,其去必却行。行可转镜对之,其后而视之,若是老魅者,必无踵也;其有踵者,则山神也。"

第七节　自然（一）：天空宇宙

一、与"日"相关的甲骨文

274	1	2	3	4	5
晕					
yùn	合 13046 宾	合 13051 宾	合 13050 正宾	合 20985 自	合 20984 自

"晕"是一个会意字,画的是太阳,周围有光晕的样子,本义指太阳周围有光圈。后来该字形声化。《说文》云："晕,日月气也,从日,军声。"

古人多把太阳比喻成天子,古人认为出现日晕是不祥之兆,要么是要有女子或佞臣乱政,要么是要有军事变。古人认为"晕"的读音与"君"和"军"相近,意义也相关联。当出现月晕的时候,古人也认为有军事行为将发生。今天我们知道日晕、月晕和彩虹产生的原理相同,都是光线的折射所致。

有谚语说:"日晕三更雨,月晕午时风。"就是说出现日晕,当天夜半三更将有雨,若出现月晕,第二天中午会刮风。这些谚语往往比较准。

275	1	2	3	4	5
旦					
	合 27996 无	合 29773 何	合 28566 无	合 34601 历	合 34601 历

"旦"的下边是方形的指示符号。一种说法,这个符号代表地面(古人认为天圆地方,所以画方形),上边代表太阳,表示太阳升起,照耀地面。另一说法,刻画的是太阳

形象，上边也是太阳的形象，表示太阳从下向上升起来，也就是早上天刚亮的时候。

但甲骨文往往粗细无别、虚实无别，方框与横线往往表示一个意思。所以，后来演化为"旦"的形体。《说文》云："旦，明也。从日见一上。一，地也。"大意：旦，天亮。字形采用"日"作偏旁，像"日"出现在"一"之上。一，表示地平线。这种说法是准确的。

276	1	2	3	4	5
易 yáng	合 7411 宾	合 3394 宾	合 3387 宾	合 8592 宾	合 3392 宾

"易"就是"陽"（阳）的本字，上端的日表示太阳的意思，下端是太阳发出的光芒。此外，也有学者说该字下端是地平线，表示太阳升起来了，照射出一缕阳光。金文 继承了甲骨文字形。有的金文写作，也就是加彡，增加了表示太阳光芒的笔画。

《说文》云："易，开也。从日一勿。一曰飞扬。一曰长也。一曰强者众貌。"大意：易，表示云开日出，阳光明媚。字形采用"日""一""勿"会意。"勿"的意思是旗帜，表示一面旗帜展开在日中。有一种说法是，"易"表示尘土飞扬，也即是说"易"是"揚"的本字，"揚"后简化为"扬"。又有一种说法是，"易"表示生长。还有一种说法是"易"表示强大、众多，也即是说"易"是"陽"的本字，"陽"后简化为表示阴阳的"阳"。

277	1	2	3	4	5
晶	合 29696 无	合 11503 反宾	合 11505 宾	合 18649 宾	合 5444 宾

"晶"由三颗星星会意，表示众多闪烁发光的星体。或者由三个"日"会意，一个"日"所表示的光已经很亮了，三个"日"当然更是亮晶晶的。当"晶"的"群星"本义消失后，甲骨文再加"生"另造"曑"，也即是以"星"表示"晶"。古文中的"晶"与"星"通用。《说文》云："晶，精光也。从三日。"大意：晶，太阳发出的万丈光芒。字形采用三个"日"会意。

278	1	2	3	4	5
星	合 11500 正宾	合 11491 宾	合 11498 正宾	合 11489 宾	合 11501 宾

"星"的甲骨文有时写作"晶"的甲骨文，"晶"当是"星"的本字。"晶"刻画的就是众多闪烁的星星的样子。后该字形声化，在"晶"的字形基础上再加声符"生"，这就是"星"的繁化写法"曑"。《说文》云："曑，万物之精，上为列星。从晶，生声。一曰象形，从口，古口复注中，故与日同。星，古文星。星，曑或省。"大意：星，是宇宙

万物之中的精华所在，字形上部像星群灿烂，采用"晶"作形旁，"生"作声旁。有一种说法认为"星"是象形字，采用"口"表示星星形象，古代的"口"中间注入一点，表示"日"的含义。古人常常用天上的群星比况地上的万物，所以说星是"万物之精"。古人还认为"日分为星，故其字日下生"，也就是说星星是太阳产生的，所以在"日"字下面加"生"字，也即是从会意字的角度解说。这种说法显然毫无道理。

279	1		2	
阳				
	屯 4529 无	临摹	14855 无	临摹

"阳"的繁体是"陽"，一般认为这是个形声字，从阜，易声。从阜，与山有关；从易，与太阳有关。有学者说"易"字的下面部分就是增饰符号，表示光芒。中国古人主要生活在北方，位于北回归线（大约在北纬23°26′）以北，而古人又常常住在山上，所以他们看到的太阳总是偏南，这才有了"山之南水之北谓之阳"的说法。该甲骨文就是表示在山坡上见到太阳的景象。

《说文》云："陽，高明也。从阜，易声。"大意：陽，高而明亮。字形采用"阜"（左耳旁）作为形旁，"易"作声旁。

280	1	2	3	4	5
春					
	合 29715 无	合 30851 无	合 4852 无	合 649 宾	合 11533 宾

该甲骨文从艸、从日、从屯，也就是"萅"字，是"春"的异体。其简化写法是从日从屯，屯是种子发芽的形象，尤其像豆类发芽，整个字的意思就是在太阳的照耀下种子发芽了，表示春天到了。另一说法，从日屯声，是个形声字。还有一种写法如上表第4种形体，省略了日，但还是"春"字。在这些形体中，"屮"有时讹化为"木"，在甲骨文中常见。《说文》云："萅，推也。从艸，从日。艸春时生也。屯声。"大意是春天让万物生长，是一个会意兼形声字。

281	1	2	3	4	5
莫					
	合 29788 无	合 29807 无	合 30972 历	合 27274 何	合 27032 何

"莫"是一个会意字，它是"暮"的本字。甲骨文字形从日，从茻，表示太阳落在草丛中，也就是傍晚了，天快黑了。今天四川话说夜幕降临常云："太阳快要落山了"，或者"太阳都落草了"。可谓一语道出该字本源。

282	1	
晋	合 19568 宾	临摹

　　"晋"的异体字是"晉"和"朁"。此字甲骨文上是两支箭，或者两株禾苗。下是日，表示太阳。该字总的意思就是"万物生长靠太阳"。太阳出来，植物迅速生长，像射出的箭一样。另一种说法，"晋"的本义是箭筒子或者放箭的袋子。

　　《说文》云："朁，进也。日出万物进。从日，从臸。《易》曰：'明出地上，朁。'"大意：朁，长进。太阳出来普照大地，万物得以发展。字形采用"日""臸"会意。《易》上说："亮光出现在大地上，万物生发长进。"

　　此甲骨文目前仅仅发现两例，第 2 例在《合集》19569，与《合集》19568 一样，都是残片，但根据上下文用例可知是"晋"字。

283	1	2	3	4	5
昏	合 29795 无	合 29794 无	合 29803 无	合 29092 何	合 29328 无

　　"昏"从日从人，像太阳西下，一个匍匐或弓腰驼背的人做事或走路的样子。它是一个形声兼会意字。但也有学者认为从日从氏，"氏"即为"低"，也就是太阳落山了，黄昏到来了。

　　《说文》云："昏，日冥也。从日，氏省。氏者，下也。一曰民声。"大意：昏，日落西山，天黑了。该字由"日"及有所省略的"氏"构成。"氏"是低下的意思。有一种说法认为："昏"字以"民"为声旁。民就是人的意思。许慎说法符合该字甲骨文的构形。

　　此外，婚姻的婚为何有"昏"旁？有人说这是古代抢婚习俗的体现，因抢婚大都在晚上进行。

284	1	2	3	4	5
昱 yù	合 33712 历	合 31970 历	合 27213 何	花东 276	合 1626 宾

　　昱，从日羽声，本义为日光，光明，第二天。《说文》云："昱，明日也。从日，立声。""昱"与"翌"是同音假借，意思相同。该字甲骨文中的"羽"字部分，刻画的是一片羽毛的形状。

285	1	2	3	4	5
昔	合 302 宾	花东 548	合 36317 黄	合 3523 宾	临摹	英 1186 宾

　　"昔"的篆书写作昝，与上表第 1 种形体的甲骨文很相似。"昔"的甲骨文或上边像

太阳，下边表示洪水；或下边是太阳，上边像洪水；它们合起来就是洪水滔天，除天上的太阳和地上的洪水外，不见他物的意思。

大洪水是远古时期人民对过去最深刻的记忆，古代有大禹治水的传说。《说文》解释"治"时云："治，治水也。"也就是说，在远古时代的中国，政治的核心工作是治水，谁善于治水谁就当政。

《说文》云："昔，干肉也。从残肉，日以晞之。与俎同意。"许慎说"昔"字的上半部分像腊肉的样子，残缺不堪，皱皱巴巴；下半部分是太阳晒；整个字的意思就是太阳晒干腊肉。该字跟"俎"字左边部分作残肉的意思相同。许说显然与该字甲骨文字形不符。

286	1	2
昕	合 22987 出	合 18713 宾
xīn	临摹	

"昕"，太阳将要出来的时候。《说文》云："昕，旦明，日将出也。从日，斤声。读若希。"也即是说，"昕"和"旦"一个意思，均指太阳将要出来的时候。它是一个形声字，读音像"希"字。

287	1
昌	合 19924 自
	临摹

《说文》曰："昌，美言也。从日从曰。一曰日光。《诗》曰：'东方昌矣。'"意思就是说人们看见太阳出来，于是就说："啊，好大的太阳啊，今天是个好日子。"这种说法有道理。

但是，也可理解为："昌"就是由两个"日"构成，古人已经认识到"万物生长靠太阳"的道理，所以用两个"日"强调繁荣昌盛。这个字与今天的"昌"字相承。

288	1	2	3	
督	合 30599 何	合 30365 无	临摹	
			合 30894 无	临摹

"督"上为叔，下为日，然后再在日旁周围加几点，或可理解为上为叔下为晕。在甲骨文卜辞中常有"督雨""督酒"的说法，"督雨"是察看是否有雨，"督酒"是一种祭祀祖先的方法。《说文》云："督，察也。一曰目痛也。从目，叔声。""督"的意思就是仔细看，另一种说法是指眼睛痛。

二、与"月"相关的甲骨文

289	1	2	3	4	5	6
明	合 7075 正宾	合 20717 自	合 11497 正宾	合 721 正宾	合 14 正宾	合 13442 正宾

"明"从日从月，表示日月的光很明亮，在"六书"中属于异文会意。有明亮、白昼的意思。上表第6种形体从囧从月，取月光射入窗内之意。金文字形从囧者居多，但也有从日的写法，其字形继承了甲骨文字形。

290	1	2	3	4	5
多	合 32981 历	合 39443 黄	合 27042 反何	合 2094 宾	合 23045 出

一种说法，该字为会意字，字形从二"夕"，表示过了一天又一天，走了一夜又来一夜，数量大。另外一种说法，甲骨文中的"夕"又表示"月"，"月"表示肉的意思，一人两份肉，在物质匮乏的原始时代，当然就"多"了。《说文》云："多，重也。从重夕。夕者，相绎也，故为多。重夕为多，重日为叠（叠）。"大意：多，就是重复的意思。字形采用"重夕"会意。表示过了一夜又一夜，所以变成多。重叠"夕"字叫"多"，重叠"日"字叫"叠"。

291	1	2	3	4	5	6
夕	合 19796 自	合 28089 反无	合 34054 历	合 27864 何	合 6834 正宾	合 24859 出

甲骨文中"月""夕"二字同形。但一般来说，月表示月亮，夕表示傍晚。当然，月亮出来也就意味着傍晚到来。

292	1		2	
腹	合 31759 无	临摹	合 5373 宾	临摹

该甲骨文右像人挺个大肚子的样子，刻意突出了人的腹部；左为"复"，表示读音；整个字的意思指人的腹部。

293	1	2	3	4	5
膏	合 15062 宾	合 28188 无	合 37532 黄	合 7927 宾	合 7926 宾	临摹

"膏"为"高"字中间加夕，夕即月，月表示肉，从肉高声。本义指溶化的油脂，一般是动物的油脂。《说文》云："膏，肥也。从肉，高声。"清代学者指出："膏者，脂也。凝者曰脂，释者曰膏。"商代人可能已经掌握了在猎物脂肪中提炼油脂的技术。

三、与"雨"相关的甲骨文

294	1	2	3	4	5	6
雨						
	合 11915 正宾	合 20975 自	合 23454 出	合 28267 无	合 38118 黄	合 22487 妇

"雨"的甲骨文，上面一横是天，然后向下掉的是雨线，最后掉到地上的是点状的雨水。古人观察很仔细，雨水越往下，加速度越快，线状就会变成点状。有的甲骨文全用点表示雨水。今天的"雨"字还可见其甲骨文形体的痕迹。

《说文》云："雨，水从云下也。一象天，冂象云，水霝（líng）其间也。"大意：雨，也就是从天上云层中降到地面来的水。字形顶部的"一"像天，"冂"就像低垂的云团，水零落在天地间。此处《说文》中的"霝"通"零"。

这个字与甲骨文的"雹"对比，可见古人观察很细致，点状为雨，球状为雹。

295	1	2	3	4
雹				
	合 7370 宾	临摹	合 14156 宾	合 11423 正宾	合 21777 子

这是"雹"或"霝"字，"霝"是"零"的古体。该甲骨文上部分就是天空往下掉东西的形象，掉下的是圆球状的东西，可以直接识读为"霝"。但准确地说当识读为"雹"。这就涉及一个甲骨文的识读问题，有些文字按照形体识读往往与其意义不符，按照意义识读又与其形体难以对应，所以需要兼顾二者。这个天上掉下的圆形物体应该就是冰雹了。后来该字变成了形声字，从雨，包声。本义就是冰雹。甲骨文"雨"字下面的点，刻画大点的就是冰雹，冰雹打到地上又变成了雨水，古人或许已经认识到了这点，造字上也将两者联系起来。

我们学习甲骨文还要将"地上"的文献记载与"地下"的考古实物相结合，释义就会更加准确，这也就是王国维所提倡的"二重证据法"。《礼记》就说："阳之专气为雹。"前人注释云："阳气在雨，温暖如汤，阴气薄之不相入，转而为雹，盖犹沸汤在闭器而沈于泉，则为冰也。"这便解释了雨和冰雹的区别。当然也有雨雪伴冰雹一起下的，如"霰雪雨雹，一时皆下"。

历史上和现实中，都有鸡卵大的冰雹打死人的事情发生，古人一定对此感到害怕。此字表现出商人对气候的认知水平。

上表中第 1、2、3 种形体是常规写法，第 4 种形体是简略写法。

296	1	2	3	4	5	6
霝						
líng	合 2869 正宾	合 20943 自	合 592 宾	合 2864 宾	合 2866 并	合 32509 历

这个字也就是"零"的古体，表示雨水的降落；又是"靈"（灵）的简化写法，表示灵验。《说文》云："霝，雨零也。从雨，皿象零形。《诗》曰：'霝雨其濛。'"今天还把下得慢而细的小雨叫作"零雨"。

297	1		2	3	4
霎					
qī	合 21010 自	临摹	合 38196 黄	合 38210 黄	合 38205 黄

"霎"的意思是雨后天晴，白云飘动的样子。《说文》云："霎，霽，谓之霎。从雨，妻声。""霽"也就是"霁"的繁体。《说文》又云："霁，雨止也。从雨，齐声。"大意：霁，表示大雨停止。

298	1		2	3	4	5
霾						
mái	合 13466 宾	临摹	合 13467 宾	合 13468 宾	合 13465 宾	合 8859 反宾

"霾"的含义指沙尘暴，一种说法认为该字为会意字，古人以为出现沙尘暴天气是有怪物作怪。另一种说法则认为该字为形声字，从雨，貍（mái）声。仔细分析该字的甲骨文字形，上像雨，指暴雨；下为一种野兽。该字给人的感觉就是：阴风怒吼、暴雨瓢泼，仿佛天上掉下无数鬼哭狼嚎的野兽。"貍"也即"狸"，表示野猫。猫最怕雨，所以暴风雨的声音有如猫的惨叫。英语中也有 rain dogs and cats，很多人不懂，为何这是瓢泼大雨的意思，因为猫狗在一起从来不和，总会打架，发出撕心裂肺的叫声。而雨下得大，正会给人一种一群猫狗打架的感觉。

《说文》云："霾，风雨土也。从雨，貍声。《诗》曰：'终风且霾。'"大意：霾，风雨夹杂着沙尘暴，也就是"下黄沙"。字形采用"雲"（雨字头）作形旁，"貍"作声旁。《诗经》里有诗句写道："一天到晚都刮着沙尘暴啊。"

299	1	
霖		
	合 13010 宾	临摹

"霖"上为雨，表示降雨；下为林，表示声音；整个字表示降水多，大雨久下不停。该甲骨文字形与今天的"霖"字字形相似，变化不大。

《说文》云："霖，雨三日已往。从雨，林声。"大意：霖，连续下雨三天以上。字形采用"雲"（雨字头）作形旁，"林"作声旁。霖雨、零雨、淫雨是一个意思。久雨不停为"霖"，久晴无雨则为"旱"。

300	1	2	3		4	
雩						
yú	合 828 反宾	合 5512 宾	合 17603 宾	临摹	合 3318 宾	临摹

"雩"是古代为求雨而举行的一种祭祀。《说文》云："雩,夏祭乐于赤帝,以祈甘雨也。从雨,于声。"夏天干旱的时候,就会载歌载舞祭祀神灵请求降雨。该字下从"于",同"吁",上为雨,或可理解为声中兼义,就是呼吁上天下雨的意思。甲骨文中也有"于"字,是乐器的形状,所以该字也可以理解为载歌载舞来求雨的意思。

301	1	2	3	4
翉				
yù	合 21023 自	临摹	屯 769 历	合 9365 宾 合 9366 宾

该甲骨文识读为"翉"或"雪",其第 1、2、3 种形体上为雨,下为羽。第 4 种形体则是第 1 种形体先左右旋转 180 度,再上下旋转 180 度,这种形体非常值得我们研究。《说文》云:"翉,水音也。从雨,羽声。"也就是说该字表示水的声音。

清代的学者解释说,古代五音宫、商、角、徵、羽,羽音在五行中属于水,所以说该字的意思是水声。另一说法是羽者,宇也,也就是万物的声音,而不仅仅是流水的声音。

这个甲骨文又可识读为"雪",该字从雨从羽,雪花和羽毛有相似之处,今天人们都还常说"下起了鹅毛般的大雪"。

302	1	2	3	4	5
云					
	合 11501 宾	合 13397 宾	合 21021 自	屯 2105 历	合 11407 宾

"云"的甲骨文字形,上面两横即为"上"字,表示天空,比如甲骨文"天"字的写法有时从二从人,表示人头上就是天;下面弯曲的环状线条,就是云团的样子。我们今天比古人幸运,可以坐上飞机近距离观察棉花般的云团,发现它就是这个样子。流动的,团状的云,在地上看,其团状和花纹更清晰。

"云"的繁体为"雲"。古人观察到云与雨的关系,常常说"云雨""乌云密布"。云多一般指要下雨了,所以篆文加"雨"旁造"雲"字,强调云、雨间的天象联系。

云是怎么来的?是地上的水汽升到空中形成的。古人观察到了这一点,所以《说文》说:"雲,山川气也,从雨,云象云回转形。"大意:雲,就是高山河流的水汽升腾为雾而形成的。字形从"雨","云"字则像云团在天空回转的样子。

甲骨文"云"字下回环状符号值得注意。大家在学习甲骨文的时候,一方面要学习基本的"根字";另一方面也要学一些符号,这些符号在今天的汉字中是没有的。但是甲骨文是象形字,有些符号很重要。比如大家对比甲骨文中的"云""宣""亘""旬"这几个字，就会发现其中都有类似于"云"的符号。我们权且将它称作"云字符"，有时略有圆曲和方折之分，这是刻写的差异，实际上并没有差别。这个符号本身就有曲折的含义。因此，"云"字表示弯曲的环状云；"宣"字表示大房子的通道弯弯曲曲；"亘"字表示时间从古到今太久远太曲折；"旬"字表示来了又去、去了又来的十天。

303	1	2	3	4	5
旬 xún	合 21324 自	合 18729 宾	合 522 正宾	合 26597 出	合 37957 黄

该字是会意字，从勹（bāo）从日。该字的甲骨文字形是回旋状的"云字符"上面加一斜横。一旬等于十日，表示回复往返，连续不绝。《说文》云："旬，偏也。十日为旬。从勹日。"大意：旬，表示一遍又一遍，一轮又一轮。十日为一旬。字形采用"勹""日"会意。商代的人常在癸日占卜下一个十日的情况，所以在他们心目中十日为一旬，就像我们现在七天为一星期。这是非常重要的时间单位。

304	1	2	3	4	5
雷	合 13410 宾	合 24364 正处	合 13413 宾	合 13411 宾	合 13414 宾

"雷"的甲骨文是合体象形字，由表示闪电的"申"和在其四周的点或者圈组成，整个字表示闪电后发出的巨响。有的甲骨文形体将圈写成"田"，有学者认为那是车轮的形状，因为古人认为伴随闪电的震天巨响，是由天空中战神所乘车的车轮发出的，所以"雷"也写作"靁"。

《说文》云："靁，阴阳薄动，靁雨生物者也。从雨，畾象回转形。"大意：靁，是天空中的阴阳能量相搏动，从而引起雷鸣、下雨、生物的气象。字形以"雨"（雨字头）表示与雨相关，以"畾"表示回转的形象。

第八节　自然（二）：大地山川

一、与"土"相关的甲骨文

305	1	2	3	4	5
丘	合 4824 宾	合 7838 宾	合 7839 宾	合 9331 宾	花东 14

"丘"的异体是"北"，与甲骨文形象更相似，这是一个会意兼指事字。该甲骨文字形就像地面上的小土峰。《广雅》云："小陵曰丘。"又说"丘"就是一块周围高中间低的平地，就像上面甲骨文字形所体现出来的样子。

《说文》云："丘，土之高也，非人所为也。从北，从一。一，地也，人居在丘南，故从北。中邦之居在昆仑东南。一曰：四方高中央下为丘。象形。"大意：丘是很高的土堆，不是人为建造的。字形采用"北""一"会意。"一"表示地面，因为人通常居住在山丘南面，所以字形采用"北"作偏旁。中邦的住宅，在昆仑的东南面。一种说法认为，四周高中央低的地形叫作"丘"，这是一个象形字。

这里需要了解一点传统文化常识。中国古代人多住在山的南面，或者房子坐北朝南，这是因为我国位于北半球，太阳光多从南方射过来。古人已经发现太阳光照对人的重要性。

306 封	1	2	3		4	
	合 20576 出	合 18424 宾	合 27498 无	临摹	合 36530 黄	临摹

甲骨文"封"就是在土堆上种树，本义是在封地边界种树标志边界。后加"寸"，也就是手，强调"执木以植"，于是就成了"封"。

《说文》云："封，爵诸侯之土也。从之，从土，从寸，守其制度也。公侯百里；伯七十里；子男五十里。坴，古文封省。杜籀文从半。"许慎是按照"封"的篆书𡉚来解读的，将它说成是有爵位的诸侯的封地。字形采用"之""土""寸"会意。"之"的意思是"到"；"土"就是封地；"寸"表示分寸，也就是分封制度；它们合起来表示受封诸侯到自己的封地上去。这显然不是该字甲骨文的原义。

注意：周代实行分封制，即周王把土地分封给贵族、同姓的亲属以及功臣，其边界一般都种树作为标志，跟今天农村分田地的边界一样。为什么古人以种树为地界，不树立石碑作为地界？这点我有切身体会。当年在农村，我家的一个邻居总是想多争土地，便把边界石挖掉。但是有一棵树在我家老屋房基的边界上，这个邻居就拿它没办法。因为树木不会自行移动，所以他想方设法找借口，希望我们砍掉这棵树。其实就是想多争夺一部分土地，没有意义。

307 逢	1		2		3	
féng	合 37507 黄	临摹	合 36904 黄	临摹	合 36914 黄	临摹

该甲骨文可直接识读为"夆"，也就是"逢"的本字。该甲骨文字形表示脚踏青草或者一只脚被棘草挡住，所以其意思是抵触，遇到。《说文》云："夆，牾也。从夂，半声。读若缝。"大意是说"夆"表示忤逆的意思，是一个形声字。

二、与"火"相关的甲骨文

308 火	1	2	3	4	5	6
	合 20271 自	合 27317 无	合 20245 自	合 30158 何	花东 59	合 34797 历

该甲骨文字形像地面上的火焰升起的形象。"火"后被写成"四点底"。《说文》云：

"火，毁也。南方之行，炎而上。象形。"大意：火，可以烧毁一切。五行之中，火代表南方属性，火光熊熊燃烧，火焰升腾向上。字形像火的形象。许慎用五行说解释火，是因为北方人看到太阳偏南，所以他们认为南方主火。

注意："火"的甲骨文与"山"的甲骨文相似，有时只能通过上下文判定是"山"还是"火"。

309	1		2
炎			
	合 36509 黄	合 36511 黄	临摹

"炎"是个会意字，以二火表示炎热。在甲骨文卜辞中出现了不下五例王征讨"孟方白炎"的记载，"白炎"也即是"伯炎"，表示人名。上表中的"炎"字在用例中多残缺或不清，是根据上下文识读出来的。《说文》云："炎，火光上也。从重火。"大意：炎，火光上腾的样子，所以字形采用两个"火"会意。

310	1	2	3	4		
焱 yàn						
	合 22132 妇	临摹	合 22131 妇	临摹	合 22130 妇	临摹 合 22133 妇

该甲骨文是个会意字，由三个火会意。三者多也，大也，用以表示更大的火焰。《说文》云："焱，火华也。从三火。"意思是说"焱"表示明亮的火焰。这个字与两个火的"炎"，意思相同。

311	1	2	3	4	
燮 xiè					
	合 18178 宾	临摹	合 26631 出	临摹	合 18793 宾	合补 6455 宾

该甲骨文是一个会意字，像一个人打着火把照明，周围到处都是火光的形象。后演化为燮。《说文》云："燮，和也。从言，从又炎。籀文燮，从羊。读若湿。"大意：燮表示语言调和，有一说一。段玉裁认为：从言、从又，是因为人们说话和用手做事，当和谐统一，也就是言行一致；而"炎"旁表示声音。《尚书》云"燮友柔克"，又如词语"燮理阴阳""燮和"等，都表示调和的意思。

甲骨文中还有一"叟"字，刻画的是手里举着火把照亮房间的形象，表示人老了，就留在家里做事。

312	1	2	3	4	5	6
焚						
	合 583 反宾	合 36492 黄	合 34495 历	合 10685 宾	合 20766 自	临摹 合 29410 何

甲骨文"焚"一般写法上像林，下像火，表示以火焚林。另有一个形体上像林，下像手拿火把点燃树林的样子，如上表第5、6种形体。所以这个甲骨文有时识读为爇（ruò），也是以火烧林的意思。古人引火燃烧山林，然后开垦田地。古人也用火烧山，驱赶动物，是一种狩猎的方式。

313 赤	1	2	3	4	5
	合 33003 历	合 10198 正宾	合 3313 宾	临摹	合 15679 宾	合 27722 何

"赤"的甲骨文上为大，像一个人；下为火。整个字的意思是大火。有时还加几点，就是我们四川话所说的："太阳大，烤得人流油哇！"这是一个会意字。

《说文》云："赤，南方色也。从大，从火。"大意是说：赤，表示南方的颜色。字形采用"大""火"会意。因为中国古人主要生活在黄河流域，在北半球居住，见到太阳偏南，所以他们就说南方主"火"。

这个字的两个偏旁都需要记住，它们是甲骨文的常见根字。注意和"暵"的甲骨文结合起来记，"暵"表示天旱，是人在火上烤的形象，实际上表现了一种残酷的烧巫祈雨的宗教仪式。

314 焳 jiǎo	1	2	3	4	5	6
	合 15674 宾	合 32296 历	屯 2616 历	合 1121 正宾	合 34479 历	合 30172 无

《说文》云："焳，交木然也，从木，交声。"也就是木柴交错燃烧，意思与甲骨文"尞"相同，也就是烧柴祭天。但这个字中的"交"也表义，所以该字是形声兼会意字。该字的另一个读音是 yào，也就是煎的意思。

315 灾	1	2	3	4
	合 7968 反宾	临摹	合 7996 甲宾	合 3755 宾	合 19622 宾	临摹

此甲骨文指火灾，所以从宀，从火；或者从火，才声。上表中的第1种形体是上为宀下为火；第2、3种形体是上为火下为宀；第4种形体是上为才下为火。

316 巛 zāi	1	2	3	4	5	6
	合 17213 宾	花东 206	合 29198 无	合 28459 何	合 36646 黄	怀特 1904 黄

"巛"也可以写作"災"，表示水灾，所以第1、2种形体刻画的是水流的样子，横刻竖刻没有差异。第3、4、5、6种形体是从水才声，还是指水灾。

317	1	2	3	4	5	6
戋						
zāi	合 17230 正宾	合 6368 宾	合 6830 宾	合 6834 正宾	合 33081 历	合 33103 历

该字的甲骨文从戈，才声，或者直接刻画戈的形象，这里指的是兵灾，可识读为"戋"。所以"灾"在甲骨文中有三种意思：水灾、火灾和兵灾。水火无情，所以中西方都有关于洪水滔天、大火烧城的记载。而"寇来如梳，兵来如篦"，战争也是一种巨大的灾难。

318	1	2	3	4	5
岳					
	合 34198 历	合 5930 宾	合 6097 宾	合 30427 无	合 30420 无

"岳"的异体是"嶽"，也就是形声化了。该甲骨文刻画的就是重峦叠嶂的形象。商代人把大江大河、高山险峰都视为神灵，所以每年都要祭祀。这也是中国古人重视人与自然和谐相处的文化源头。现代地理知识也告诉我们：大江大河、高山险峰，与收成、雨水、气候等息息相关，影响着人们的生存和生活质量。

又有学者说：岳是一个会意字，下面从山，上面从丘，"丘"也是山的意思，所以该字像两座高大的山峰的形象。这是对该字楷化后字形的望文生义。

319	1	
炘		
xīn	合 30413 无	临摹

"炘"字从火，斤声，表示炙热；或者从斤从火，像是斧头在火上烤。本义就是火烧，炙热。古同"焮"。可能古人认为太阳大，像火烧，像刀砍斧劈。该字在甲骨文中不常见。

320	1	2	3	4	5
光					
	合 20057 宾	合 6566 正宾	合 28089 正无	合 184 宾	合 22157 妇

一种说法，因为阳光、月光总是从人头顶上照下来的，所以人头顶为光，甚至有人认为是秃子头顶发光。《说文》就云："光，明也。从火在人上，光明意也。"大意：光，就是明亮的意思。字形采用"火"作偏旁，像火在人的上方，指太阳的光从头上来，就是光明的意思。

另外，此甲骨文又像跪着的人擎着火炬，举过头顶，可能是指专门掌灯的人。还有人认为，该字从民俗角度考察当是头顶灯，而不是手举火。这是一种祭祀仪式，现在某些地区还保留着“顶灯”的传统，来悼念死者，后引申为“光亮”之义。

321	1		2		3	
呈						
	合 28799 无	临摹	合 29350 无	临摹	合 30463 无	临摹

“呈”的甲骨文像一个人站在山上。又有人说该甲骨文从造字本义来看，像一个人头顶着东西平稳地站在船上。但其甲骨文字形明显下从火，故放于此。

但《说文》云：“呈，平也。从口，壬声。”意思是说：一个人呈报时当不偏不倚，公平正直。另一说法是，“呈”即“程”字，“程”指的是规程、准程，故可将“呈”解释为平的含义。

322	1		2	3	4
熯					
hàn	合 9815 宾	临摹	合 10195 宾	合 25971 出	合 28297 无

该字是形声兼会意，像人在火上烤，烤得仰头喊天，就像农村老人抬头喊天：天老爷，你为啥不下雨呀？在中国古代文献如《左传》中，的确有焚巫祭天以求雨的记载。所以，这个字又可能刻画的是焚巫祭天的情形。该字又引申为天干天旱的意思，故《说文》云：“熯，干貌。从火。熯省声。《诗》曰：‘我孔熯矣。’”

323	1		2	
閃				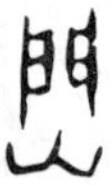
lìn	合 27160 无	临摹	合 28318 无	临摹

“閃”字的甲骨文就像家门着火，或火烧大门的样子，故从门从火。《说文》就云：“閃，火貌。从火，睂（zhèn）省声，读若粦。”睂的意思是从下而上的意思，《说文》的意思还是说该字表示大火。该字显然是声中有义。

324	1	
燀		
chǎn	合 18938 宾	临摹

“燀”的甲骨文下为火，上为单，它的意思是烧火煮饭。《说文》云：“燀，炊也。从火，单声。《春秋传》曰：‘燀之以薪。’”又指中药的一种炮制方法，将药材放入沸汤中烫，便于去皮。但这是后起义。

三、与"石"相关的甲骨文

325	1	2	3	4	5
石					
	合 21494 自	合 13505 正宾	合 33916 历	合 7698 宾	临摹	合 22050 午

"石"的甲骨文就像从悬崖上掉落下来的石头，有时简化落石形象，用悬崖指代石头。我们开车，经常遇见"注意落石"的牌子，一般都树在悬崖边。悬崖与落石相关，古人已认识到这一点。《说文》云："石，山石也。在厂之下。口，象形。"大意：石，山上滚落下来的石头，就在山崖之下。口，是石块的象形。《释名》也云："山体曰石。"

326	1	2
厚		
	合 34124 历	临摹	合 34123 历

"厚"字的甲骨文由两部分组成：一部分即是厂（hàn），表示与山石有关，也即石崖；另一部分，徐中舒先生认为即是墉，表示城墙。所以，该字的意思就是指城墙厚。

但《说文》云："厚，山陵之厚也。从畐从厂。垕，古文厚，从后、土。"大意："厚"就是指山陵多石、崇高，所以叫厚。"垕"是古文的"厚"字，采用"后""土"会意。

327	1	2	3	4	5
祏					
shí	合 13551 宾	临摹	合 15704 宾	合 327 宾	合 14685 宾	合 15216 宾

该字的识读很简单，从示从石，也即是"祏"。本义指古代宗庙里藏神主的石匣，所谓"使祝史徙主祏于周庙"。这种石匣有点像农村的石头柜子，哪些祖先的牌位会被迁入，哪些会被迁出，都有一定的规矩。要祭祀时将牌位端出来，不祭祀时又放回去。又说祖先的牌位都是木头做的，为了防火，所以才用石匣储藏。

《说文》云："祏，宗庙主也。《周礼》有郊宗石室。一曰大夫以石为主。从示，从石，石亦声。"要将《说文》这几句弄懂，需要懂得《周礼》，"祏"的第一个意思是放在宗庙里面的祖先牌位，不管是木头做的还是石头做的；第二个意思是"郊宗石室"，也就是郊外藏祖先牌位的石头匣子；第三个意思是大夫祭祀祖先时用石头做的牌位。

328	1	2	3	4	5
宕					
dàng	合 28132 无	合 29255 无	合 23432 出	合 18629 正宾	合 8977 正宾

"宕"的甲骨文上为宀下为石，表示居室、房屋。远古人以自然石崖或石洞为住处，石崖或石洞里冬暖夏凉。《说文》云："宕，过也。一曰洞屋。从宀，砀省声。"大意：

"宕"就是过分、放荡的意思。另一种说法认为，"宕"是洞屋的意思，也就是指四面八方都无遮挡的房屋。字形采用"宀"作形旁，省略了"易"的"碭"（砀）作声旁。

329	1	2	3	4	5
庶					
shù	合 4292 宾	临摹	合 16272 宾	合 16270 宾	合 30498 无	合 22045 午

该甲骨文造型生动，从厂从火，厂就是悬崖，整个字的意思就是在悬崖旁生火煮饭，当然是庶人才这样做。另一种说法，于省吾认为"庶"是以火烧石而煮饭。这种现象现在也有，该字是根据古人的实际生活而造的。

《说文》云："庶，屋下众也。从广、炗。炗，古文光字。"大意：庶，聚集在屋下的群众。字形采用"广""炗"会意。"炗"是古文"光"字。"庶"还有个意思是除掉。《周礼》："剪氏掌除毒物，以攻禜攻之，以莽草熏之，凡庶蛊之事。"大意就是剪氏掌管除掉毒物的事务，用火攻，用草熏，所有除毒的事他都管。

330	1	2	3
砅			
lì	英 547 正宾	临摹	英 547 正宾	英 547 正宾	临摹

"砅"的甲骨文就像两块石头间有一条小河。《说文》云："砅，履石渡水也。从水，从石。《诗》曰：'深则砅。'濿，砅或从厲。"《说文》认为："砅"也就是踩着石头过河。又指渡水石，也即是在河上搭建的石墩。

331	1	2	3	4
矺				
zhé	合 25213 出	临摹	合 10500 宾	临摹	合 9339 无	合 32262 历

"矺"字的甲骨文从石从殳，徐中舒先生认为该字可能是"磬"字。一般的字典将该字解释为山重叠、陡峭、险恶的样子。甲骨文字形像是手持棍棒，在石头上打砸东西的样子。

332	1
盘	
	合 2205 宾	临摹

该字上从殳从舟，下为口，识读为"盤"，也即"盘"的繁体字。古代的盘子也有木头做的，所以又写作"槃"。

333		1		2	3		4
役							
	合 10131 宾	临摹		合 20283 自	合 17940 宾	合 17939 宾	临摹

"役"的甲骨文从人从殳，像手持棍棒打人的形象，所以"役"的本义就是驱人干事。《说文》云："役，戍边也。从殳，从彳。伇，古文役，从人。"大意是说："役"的意思就是拿着武器戍守边关。之所以从殳从彳，是因为"殳"表示古代的一种兵器，而"彳"表示来回行走，戍边当然要手持武器来回走动。

334		1		2	3	4	5
殸							
qìng	合 8032 宾	临摹		合 18761 宾	花东 265	合 7370 宾	合 18760 宾

"殸"也同"磬"，从殳从声。"声"像一块三角形的磬石，"殳"像手持棍棒敲打。敲打石头就会发出"铿铿锵锵"的声音，十分悦耳。这个字的造型十分生动，古代部落集合时，就要用敲打磬石或摇铃铛的方式来发信号。

335		1		2	3	4
聲						
shēng	合 32926 历	临摹		屯 3551 历	合 6016 正宾	合 18758 宾

"声"的繁体是"聲"。甲骨文字形左边像是挂着的磬，古代人们集合时会敲打；中间是耳，表示用耳朵听；下面是口，很明显表示以口说话，也可能表示增饰符号。整个字的意思就是表示声音。这个字取象很有深度，古人什么时候听声音最认真？可能是打猎的时候。什么时候听声音最正式、最神圣？可能是听敲磬的时候。故从此。

《说文》："聲，音也。从耳，殸声。殸，籀文磬。"大意：聲，就是音响。字形采用"耳"作偏旁，"殸"作声旁。"殸"，籀文写作"磬"。

四、与"田"相关的甲骨文

336		1		2		3	
稼							
	合 9616 宾	临摹		合 9617 宾	临摹	合 9619 宾	临摹

"稼"的甲骨文从秫从田，"秫"表示庄稼长势好，"田"表示田地，所以《说文》云："稼，禾之秀实为稼，茎节为禾。从禾，家声。一曰：稼，家事也。一曰：在野曰稼。"段玉裁进一步解释道：禾苗长得好、结的果实多就叫作"稼"。为何定义"稼"为"家事"？因为"稼"其实是声中兼义。《史记》曰："五谷蕃孰，穰穰满家。"《诗经》曰："九月筑场圃，十月纳禾稼。"意思是，"治于场而纳之囷仓也"。也就是说将庄稼收割回来后，在院子里除壳、晒干，然后装入仓库。正如今天农民常说的："庄稼庄稼，一

定要装进家！"为何"一曰在野曰稼"？段玉裁又解释道："稼之言嫁也"，古人"种谷曰稼，如嫁女以有所生"。可见古人对种庄稼的深厚情感，将之比作嫁女。

337	1	2	3	4
邦				
	合 595 正宾	合 864 宾	合 19431 宾	合 10104 宾	临摹

"邦"的甲骨文上是草或木，下为田，它们合起来表示用草木标志田地边界，因其和古文的"邦"字相似，故识读为"邦"。在今天的田间地头的边界，仍然有郁郁葱葱的树木。

《说文》云："邦，国也。从邑，丰声。邑，古文邦。"大意：邦，天子赐给诸侯的封国。字形采用"邑"作形旁，"丰"作声旁。

338	1	2	3	4	5
甫					
	合 20234 自	合 20235 自	合 7896 宾	合 13762 宾	合 19430 宾

"甫"字就像田里禾苗刚刚长出的形状，所以有"开始"的意思。《说文》云："甫，男子美称也。从用、父，父亦声。"大意：甫，古代对男子的美称。字形采用"用""父"会意，"父"也是声旁。显然字义发生了转变。

注意比较：田间禾苗稠密为甲骨文"稠"，边界树木为甲骨文"封"，田里刚刚长苗为甲骨文"甫"。

339	1	2	3	4	5
曾					
	合 1012 宾	合 19991 宾	临摹	合 16061 自	合 8463 宾	合 28235 何

"曾"的甲骨文上像蒸气，下像蒸笼的格子，所以有人说它是"甑"的本字。但是该字在甲骨文卜辞中常用作祭名、人名、方国名，尚无表示"甑"的含义，倒有可能是今天姓氏"曾"的来源。说是"甑"字的初文也是权宜办法。甲骨文中有很多这样的字，以后有新的文献发现才可能重新识读。

《说文》云："曾，词之舒也。从八，从曰，囱声。"大意：曾，虚词中表示舒缓语气的助词。字形采用"八""曰"作偏旁，"八"的意思是分开，"曰"的意思是说话，"曾"也就是说话的语气的意思，采用"囱"作声旁。

340	1	2	3	4
卢 lú				
	合 20700 自	合 31147 无	合 32969 无	合 28095 无	临摹

"卢"的繁体是"盧"。上表中"盧"字的第1、2种形体像搭建的茅庐，所以有人说

这是"庐"的本字。后来形声化，便有了上表第3、4种形体，上为虎头，下为鬲锅，表示"虎头锅"。"虎头锅"也即是开口很大的锅，因为虎口大。虎也表示声音。这种锅类似于今天农村给猪煮食的锅。《说文》云："盧，饭器也。从皿，虍声。"大意：盧就是煮饭的炊具。字形采用"皿"作形旁，"虍"作声旁。但段玉裁说盧是由柳树做成的饭器。

341	1	2	3	4	5
周	合 4884 宾	合 32885 历	合 8472 正宾	合 8471 宾	合 1086 正宾

甲骨文的"周"字，像是在田园里挖出整整齐齐的小坑。四川话叫庄稼"窝窝"，在小坑里整整齐齐地种上庄稼幼苗，长成了的庄稼在田园里也就整整齐齐。有过农村生活经历的人对此深有体会。所以《说文》说："周，密也。从用口。"也即是说"周"的本义是周密的意思。

大家都知道周取代商是通过武王伐纣。甲骨文"周"字的确也指后来的周代，不过当时周只是商代统治下的一个小部落，住在山西南部。甲骨文卜辞中又有"妇周"一词，有学者说那是因为周当时的势力不够强大，为了讨好殷王，便将女子嫁与了殷王。后来，周部落的首领古公亶父带领部落迁到了岐山下的周原，周的实力强大起来，后来就把商朝灭了，从而建立起周朝。甲骨文卜辞中还提到了"姬周"一词，显然指代的是周原时代的"周"。

但后来"周"为何加了口旁呢？比如金文的周就加了口旁。实际上指一个人善用其口则周密，即说话说得滴水不漏。显然，"周"字的本义指庄稼周密，后演化为说话周密。

周迁到了岐山的周原之后，也使用了甲骨文，我们将之称为周原甲骨。但这时"周"的甲骨文则同金文一样加了口旁，徐中舒先生认为：周从口，这是因为与"君"从口一样，也与"商"字从口一样，表示强化国家的政令，因为令从口出。正如"君"的早期字就是尹，以手持棍，鞭笞、统治百姓，后来加口，也是强化令从口出之意。

342	1	2	3	4	5
卤	合 21171 自	临摹	合 21428 自	合 19497 宾	合 36756 黄	合 21606 子

"卤"的繁体是"鹵"。《说文》云："鹵，西方咸地也。从西省，象盐形。安定有鹵县。东方谓之㡿，西方谓之鹵。"意思是说，卤是西方的产盐地，所以是"西"字的省略，中间的几点像盐的形状。而甲骨文中有"西"字，像鸟巢的形状。《说文》又说："西，鸟在巢上。象形。日在西方而鸟栖，故因以为东西之西。"甲骨文"卤"字像是装在罐子里的盐粒，这是有考古学方面的依据的。许慎误把装盐的罐子形状当作"西"的省略。

343	1	2	3	4	5
男	合 3451 宾	临摹	合 3452 宾	合 21954 无	合 22381 习	合 3454 自

该甲骨文从田从力，田即田野；力即耒，也就是农具。该字本义指在田间劳动的人，那就是男人。《说文》云："男，丈夫也。从田，从力。言男用力于田也。"大意：男，就是丈

夫，即成年男性。字形采用"田""力"会意，意思是男子在田间劳动耕作。女子，当然就在家里做事。甲骨文中的"妇"字，刻画的就是在家拿着扫把洒扫的女人。

344	1	2	3	4	5
畋	合 20744 自	合 22464 妇	合 20746 自	合 21622 自	合 20745 自
tián					

该甲骨文从攴从田，"攴"表示手持棍棒，"田"指田间野外，整个字的意思就是用棍棒驱赶野兽，也即打猎的意思。《广韵》云："畋，取禽兽也。"意思是说：田猎，即获取飞禽走兽。

345	1	2	3	4	5
畯	合 3019 宾	合 5608 宾	合 5606 宾	合 5605 宾	合补 2139 正甲宾
jùn					

该甲骨文左边是田，右边是允，即"畎"字，该字又通"畯"，指古代掌管农事的官。《说文》云："畯，农夫也。从田，夋声。"《诗经》也载："馌彼南亩，田畯至喜。"送饭到地头吃，田官很高兴，因为可以节约时间来劳动。另一种说法说田畯指的是农夫。

346	1	2	3	4
畜	合 29415 何	临摹	屯 3121 无	合 29416 何	屯 3398 无

该字有多种说法，一是田畜说。该甲骨文上面从玄，表示丝或绳子；下面表示田，田在古代指田猎。整个字表示捆着或牵引着打猎时所捕获的动物，进行驯养，所以该字的本义是家畜，也即驯养的动物。《说文》云："畜，田畜也。《淮南子》曰：'玄田为畜。'蓄，《鲁郊礼》：'畜，从田，从兹。兹，益也。'"意思是说，畜是打猎时捕获的牲畜。《淮南子》上说"玄田为畜"，颇难理解，可以理解为田猎时绑住捕获的动物，也可以理解为牵着牲畜在田间放牧，还可以理解为拴在田里的动物就是畜。蓄，《鲁郊礼》上说，"畜"字由田、兹会意。兹，表示增加。意思是说，田里的东西不断地增加，就是畜，同蓄。

二是储粮说。该甲骨文上面的部分表示捆绑的意思，下面是口袋中有米，甲骨文中已经有稻、米二字。所以该字的造字本义是将粮食储存起来。

三是储果说。这种说法充满诗意，上面是丝，下面是储存的干果。

纵观上述三种说法，以田畜说为好。

347	1	2
畕	英 744 宾	临摹	合 40021 无
jiāng			

畕、畺、强、疆本为一字。该甲骨文字形像两块比邻的田。该字形强调田地的边界，在"六书"中属于会意字。此字在甲骨文中仅此二例，在金文中比较常见。

五、与"阜"（阝）相关的甲骨文

348	1	2	3	4	5
降	合 32112 历	合 20440 自	合 30386 无	合 14173 正宾	合 34712 历

该甲骨文左边为阜，表示土坡或石阶；右边是夅，也就是倒写的"步"，或者朝下的两只脚。该字的造字本义是从山顶往山下走，或从山上掉下来。《说文》云："降，下也。从阜，夅声。"大意：降，就是下山的意思。字形采用"阜"（左耳旁）作形旁，"夅"作声旁。

349	1	2	3	4	5
陟 zhì	合 15370 宾	合 1667 宾	合 34287 历	屯 142 历	合 24356 出

"陟"的甲骨文由阜和两只朝上的脚掌构成，阜表示土堆或小山，整个字表示向上爬坡。但甲骨文中的"陟"常常用作一种祭祀祖先的祭名。这也很好理解，今天四川话把某人死了下葬叫作"上山"，过年过节后人给其祖先烧钱化纸叫"烧山"，也就是说要上山去祭祀祖先，当然要爬坡上坎，这就叫"陟"。《说文》云："陟，登也。从阜，从步。"大意：陟，就是登山的意思。字形采用"阜""步"会意。

350	1	2	3	4	5
队	合 18752 宾 合10405正宾	临摹	合 18789 宾	临摹	合 17310 宾 合 6065 宾

"队"是"坠"的本字。"队"的甲骨文一边是一个倒着的人，一边是表示土堆或山崖的"阜"。整个字的意思表示一个人从悬崖上掉下来，头部朝下。《说文》云："坠，陊（duò）也。从土，队声。古通用碬。"大意：坠，就是落下的意思。字形采用"土"作形旁，"队"作声旁。古代"坠""碬"二字通用。此处的"陊"通"堕"。

注意：与"阜"相关的甲骨文，脚掌朝上的则为"陟"，脚掌朝下的则为"降"，人头朝下的则为"坠"。

351	1	2	3	4	5
隹 duì	合 4837 宾	合 33149 历	合 33150 历	合 33152 历	合 9783 正宾

"隹"字一边为佳，一边为阜。后写作"嶉"（cuī）。嶉隗也就是山体高大。故《说文》云："隹，嶉隗，高也。从阜，隹声。"

六、与"京"相关的甲骨文

352	1	2	3	4	5
京					
	合 22616 出	合 20299 自	合 33221 历	怀特 1650 历	合 21703 正子

该甲骨文的写法大同小异，总体轮廓没有改变，像塔楼一样的亭类建筑。今天我们到长城关隘，能看见这种建筑；在庙宇公园，也能见到这类建筑。"京"的造字本义指古代筑在都邑、城关、高地的建筑，用于居住、瞭望、预警等。后来专门指帝王住的地方。帝王住处当然高高在上，这不单指地理位置高，而且体现帝王住处的地位也高。

《说文》云："京，人所为绝高丘也。从高省，丨象高形。"大意：京，人工筑成的平地上的非常高的土丘。字形采用省略了"口"的"高"作偏旁，竖笔则像土台高耸的形象。

徐中舒先生根据《说文》的解说和考古材料，将甲骨文中的"高""京""享""郭"等字，统统说成是古代穴居出口上方搭建的覆盖物。这种说法也有一定的道理。我们知道，原始社会的山顶洞人就是穴居。他们先在地上挖一个洞，继而在洞穴的上方搭建覆盖物，避免雨水流入。要进出这个洞底，的确是在一端或两端挖斜着的阶梯到达底面。但徐中舒先生说是在阶梯上搭建覆盖物，显然是将"高""京""享""郭"等甲骨文进行平面审视，而不是立体观瞻。这与通常的造字思维似有不同。我们平常说某样东西高，一定是从立体的角度认为某个东西上下"高"，并不是将"高"字放倒，平面地看。说顶端是地穴的出口，中间是建筑，下面是地穴，似有不妥。所以徐中舒先生的观点还是有一定的问题。但徐中舒先生的这种解说却能很好地解释甲骨文中的"郭"字。

353	1	2	3	4	5
高					
	合 27061 无	合 26991 无	合 32619 历	合 29707 何	合 376 反宾

"高""京""亭"的甲骨文字形相近，且都有高的意思。但如果立体地看，甲骨文"高"的外廓恰恰像亭台的立体形状，而"口"旁恰好像通往亭台的入口。但徐中舒先生认为整个字就像穴居的古人入地穴（回家）时的景象，"口"是地穴中的房屋。

《说文》云："高，崇也。象台观高之形。从冂、口。与仓舍同意。"大意：高，崇高的意思。字形像高台或高楼等建筑很高耸的样子。字形采用"冂"作偏旁。"口"与"仓""舍"字形下部的"口"意思相同，表示墙体。

354	1	2	3	4
亳				
bó	合 32675 历	临摹	合 7061 正宾	合 7841 宾	合 28111 无

"亳"的本义是高地，刻画的就是在一块高地上建立城郭的样子。常言道：人往高处走，水往低处流。所以房子一般都建在高处。而中国商朝都城也叫"亳"（今河南商丘）。另一说法，商都取名"亳"，来源于"柏"，因《春秋公羊传》云："祭有主者，孝子以主

系心，夏后氏以松，殷人以柏，周人以栗。"

《说文》云："亳，京兆杜陵亭也。从高省，乇声。"这是说，亳是京兆杜陵的一个亭子。

355	1	2	3	4	5
郭					
	合 5622 宾	村中南 239	合 29797 何	合 29794 无	京都 3241

"郭"的甲骨文字形像城垣上二亭相对，或四亭两两相对，以此表示城外的围墙，于是将该字识读为城郭的"郭"。"郭"字的早期写法是"亯"，从该字字形还能看出亭台的迹样。后来该字形声化，从邑，亯声，写作"鄣"，也即"郭"的异体字。《广韵》云："郭，城郭也。"指的还是城外的围墙。《木兰诗》："爷娘闻女来，出郭相扶将。"这里说的是木兰回来，父母走出城门，到城外迎接女儿。但有种说法"内城叫城，外城叫郭"。

356	1	2	3	4	5
亯					
xiǎng	合 19501 自	合 13524 无	合 16059 无	合 40205 无	合 13619 宾

该甲骨文也就是"亯"，它是"享"的异体。为什么像房屋形状？徐中舒先生认为古人穴居之处，是止息之所，也是烹制食物享用的地方，所以就这个形状。而《说文》则云："亯，献也。从高省，曰象进孰物形。《孝经》曰：'祭则鬼亯之。'"也就是说"亯"是祭祀时，以下献上，所以从高省；清代的学人认为，该字最下端的曰旁，与豆的古文的上半同义，所以像进献熟物之形。《孝经》上说：祭祀时"鬼"会享用的。但甲骨文的"亯"，更像庙宇形象，所以古代有"享堂""享殿"的说法。《诗经》云"享于祖考"，"以享以祀"，由此知"享"字与祭祀相关。

357	1	2	3	4	5
臺					
dūn	合 6161 宾	合 20516 自	合 11018 正宾	合 20392 自	屯 3604 自

该甲骨文为"臺"，或者识读为"敦"。因该字上面是亯，也就是享；下面是羊；它们合起来就是臺。这字也是"敦"的异体字，又写作"𣪊"。《说文》云："𣪊，怒也。诋也。一曰谁何也。从攴，臺声。"攴，表示以手持棍，"𣪊"的意思就是敦促。该字在甲骨文卜辞中常常表示军事攻击，后引申为厚道、朴实、勤勉等意思。

该字的另一读音为 duì，也写作"敦"，即古代盛黍稷的器具。又说是古代的食器，用青铜制成，盖和器身都作半圆球形，各有三足或圈足，上下合成球形，盖可倒置使用。

七、与"水"相关的甲骨文

358	1	2	3	4	5
水					
	合 20660 自	合 33350 历	合 33348 无	合 33356 历	合 33355 历

在甲骨文中，"水"和"川"有时是一个形体，可以通用。甲骨文"水"就像一条河流，加上水滴构成。河流的主干部分可粗可细，水滴可多可少，其实没有差别。但甲骨文"水"强调的是河中间的流水形象，"川"则强调的是两岸。《说文》云："川，贯川通流水也。"实际上也是说"川"和"水"是一回事。

359	1	2	3	4	5
川					
	合 28180 无	合 33352 反历	合 21801 子	合 10161 宾	屯 2161 无

"川"的甲骨文刻画的是大江大河的形象，有时强调河的两岸，中间几点表示水，有时中间直接刻写"水"的甲骨文。《说文》云："川：贯穿通流水也。《虞书》曰：'浚く巜，距川。'言深く巜之水会为川也。"大意：川就是贯穿通水的意思。《虞书》中"浚"是疏通的意思，"く巜"通"畎浍"（quǎn kuài），也就是田间小水沟，"距"是至的意思，故"浚く巜，距川"的意思就是疏通小水沟以通于大江的意思。

360	1	2	3	4
州				
	合 850 宾	临摹	合 851 宾	合 7972 宾	合 17577 正宾

"州"的甲骨文刻画的是河中小岛的形象，该字也就是"洲"的本字。《说文》云："州，水中可居曰州，周遶其旁，从重川。昔尧遭洪水，民居水中高土，或曰九州。《诗》曰：'在河之州。'一曰州，畴也。各畴其土而生之。"大意：州就是水中可以居住的小块陆地，生活在小块陆地上的居民一天都周绕在小块陆地上。州的篆书写作州，就像由两个"川"字构成。过去尧舜时代遭遇洪水，人们生活在水中的高地，又叫作"九州"。《诗经》说："在河中的小块陆地上。"另一种说法"州"就是田畴的意思，百姓各自耕种自己的田地而生存。

361	1	2	3
谷			
	合 8395 宾	临摹	合 38634 黄	合 17536 正宾	临摹

"谷"的甲骨文，上面是水，但是若隐若现；下面的"口"表示山涧口。所以"谷"的本义表示水从山涧中流下的样子。《说文》云："谷，泉出通川为谷。从水半见出于口。"大意：谷，泉水流出，通向大江大河前称作"谷"。字形采用"水"作偏旁，像水半隐半现地出于山口。

362	1	2	3	4	5
汏					
tài、dà	合 3062 宾	合 672 正宾	合 5510 正宾	合 657 宾	合 22258 妇

“汏”是“汰”的异体字，今天有“淘汰”一词。该字造型像人洗浴，水从身上掉下来的形象。又读 dà，即洒水的意思，保留在今吴语方言中。另一种说法，该字为“濡”，也就是洗澡沐浴的人的形象。

363	1	2	3	4	5
沈					
chén	合 16189 宾	合 780 宾	英 2475 出	合 32915 历	屯 943 历

学界一般认为这是一个形声字，从水，冘（yín）声，也就是同“沉”。但在该字的甲骨文字形中，外围是川，表示大河；中间是牛。整个字的意思就表示把牛沉到江河中。这是商代祭祀用牲的方法。《周礼》载：“以狸沈祭山林川泽。”此处的“狸”通“埋”，意指祭山林时埋于地，祭川泽时沉于水。可见古代已有这种祭祀方法。

364	1	
泊		
bó、pō	合 36812 黄	临摹

一般认为这是一个形声字，从水白声。但其实也可以理解为形声兼会意，从水，从白，白也表示声音。“白”意为空白、空无，“水”与“白”联合起来表示“水面空无一物”，这当然是停船靠岸的好地方。诸葛亮说“非淡泊无以明志，非宁静无以致远”，即用了“泊”的本义。后来引申为栖止、停留，比如泊车。“泊”的异体是“洦”。《说文》云：“洦，浅水也。”

365	1		2	
沐				
	合 28002 何	临摹	合 6578 宾	临摹

“沐”的甲骨文从水，木声。《说文》云：“沐，濯发也。从水，木声。”该字的本义就是洗头发。有一个成语叫“栉风沐雨”。栉是梳子的意思，所以这个成语的意思是以风梳头，以雨洗身，表示奔波劳顿，太辛苦了。仔细一想，该甲骨文或可理解为从水从木，树木在新雨后，绿叶分外亮，与人洗发洗澡意义相似。这个字在造字时或有会意的意蕴。

古人洗头也讲究得很，常用淘米水洗头，所谓“沐粱”“沐稷”。他们认为这样可以增加头发营养，今天研究认为这有点道理，淘米水中的维生素进入发囊，可以促进头发增长，但效果并不是十分明显。但淘米水去油脂和头皮屑倒是特有效果。

另外，“沐”指洗头，“浴”指洗身子。《史记》云：“新沐者必弹冠，新浴者必振衣。”后来二字相混，《论衡》就说：“且沐者，去首垢也，洗去足垢，盥去手垢，浴去身垢，皆去一形之垢，其实等也。”“沐浴”本特指洗澡，后来指受到恩泽。《公羊传》：“诸侯皆有汤沐之邑也。”本来是说诸侯有洗澡的地方，后来指诸侯有封地。

366	1
汜	
sì	合 8367 宾 临摹

《说文》云："汜，水别复入水也。一曰：汜，穷渎也。从水巳声。《诗》曰：'江有汜。'""汜"的本义是由干流分出的支流，后又汇合到干流之中。另一种说法，"汜"表示无水的沟渎。该字似声中兼义，水没有流处了，便又回到了原来的水中；或者水无流处了，便自然是无水的沟渎。《诗经》中"江有汜"写的是一首哀怨诗，女主人公哀怨男主人公从长江来，又从长江的支流沱江离开，并没有带她走。这里的"汜"是支流的意思。

367	1	2
涂		
tú	合 15484 宾	临摹	合 28012 无

该字是个形声字，从水，余声。左边是水，右边是余，一目了然。《说文》云："涂，水。出益州牧靡南山，西北入渑。从水，余声。"大意：涂水源出益州牧靡南山，于西北面汇入渑河。该字又指泥巴。《广雅》云："涂，泥也。"《易》云："见豕负涂。"意思是看见猪在拱泥巴，身上到处都是泥巴。该字又有涂抹的意思。《史记》说："涂明耳目。"就相当于我们说擦亮眼睛。

368	1	2	3	4	5
河					
	合 536 宾	合 20611 自	合 8324 宾	合 30427 何	花东 36

甲骨文"河"的一般写法是从水，丂（柯）声，如上表中的第 1、2、3 种形体；有时从水，何声，如上表中的第 4、5 种形体。后战国文字、篆文、隶书、楷书皆作从水，可声。

369	1	2	3	4
汝				
rǔ	合 2792 宾	临摹	合 14026 宾	合 4299 正宾	合 22258 宾

该甲骨文为形声字，从水，女声。本义：汝水。《说文》云："汝，水。出宏农卢氏还归山，东入淮。"但今天汝水出河南，至安徽入淮，为淮河支流。

370	1	2	3	4	5
洹					
huán	合 8320 宾	合 8316 正宾	合 8315 宾	合 31923 无	合 7853 宾

"洹"为古水名，在今河南省北境，今名安阳河，源出林州市，东流经安阳市到内黄

县入卫河。洹水是商代重要的河流，流经商都安阳。该甲骨文是一个形声字，从水回声，但甲骨文中凡是与回旁相关的字都有弯曲回旋的含义，所以这个字也可说成是声中兼义。

371	1	2	3	4	5
温	合 137 正宾	合 1824 正宾	合 19152 正宾	合 18527 宾	合 17960 宾

"温"字的甲骨文像一个人在器皿中洗澡，周围水花四溅。"温"的异体为"溫"，从水，昷声，也可见人和器皿的形象。人洗澡当然需要温水，笔者当年在农村居住，也是用柴火烧一大锅水，倒在大盆里面洗澡。上表第 5 种形体是横着写的，要注意观察和分辨。但也有学者认为，这是"浴"字。

372	1	2	3	4
泉	合 21282 自	临摹	合 8373 正宾	合 24426 宾	合 34165 历

"泉"的甲骨文，像是从山缝中滴下的泉水的形象。上表中的第 1 种形体是水流成线；第 2 种形体则是以"雨"代泉；第 3、4 种形体则是以水滴代泉。

373	1	2	3	4	5
沚 zhǐ	合 6483 正宾	合 3971 正宾	英 321 宾	屯 1047 历	合 20346 正宾

该甲骨文从水从止，也即是"沚"字，但也有学者认为是"洗"字。"沚"的本义表示水中的小块陆地。该字在甲骨文卜辞中多表示人名。上表中的第 5 种形体将"止"刻画成脚板形象，是一种繁化的写法。

第九节　自然（三）：草木

一、与"屮"相关的甲骨文

374	1	2	3	4	5
屯 tún	合补 2472 宾	合 4143 自	合 32187 历	合 4070 宾	合 20416 自

该甲骨文像一颗植物的种子，尤其像豆类种子，如豌豆、胡豆，从地下弯弯曲曲地长出来。地上还有种子的外壳，头大体小的样子。这个字将种子萌芽、破土而出、艰难成长的状态描绘出来了。《说文》云："屯，难也。象屮木之初生。屯然而难。从屮贯一。一，地也。尾曲。《易》曰：'屯，刚柔始交而难生。'"大意：屯，就像植物刚发芽艰难生长的样子。

字形像草木初生，非常艰难地冒出地面的样子。字形采用"屮"作偏旁，像"屮"贯穿了"一"。这里的"一"，表示大地。从中贯一就是指小草发芽长出地面。

375	1	2	3	4	5
才					
	合 137 正宾	合 24358 出	合 32330 历	合 38223 黄	合 37743 黄

该字为象形字，甲骨文字形上面一横表示地面，下面像草木的嫩芽刚刚出土，其枝叶尚未出土的样子。《说文》云："才，艸木之初也。从丨上贯一，将生枝叶。一，地也。"大意：才，草木萌芽的样子。字形由"丨""一"构成，"丨"像草木单茎破土而出，但枝叶尚未长出来，"一"表示地面。草木初生之义与今天"才"表示刚刚、刚好的意思一致。

取象草木的甲骨文较多，注意比较此字与"屮"字的甲骨文。"屮"是草木已经长出地面，地上部分已经分叉了。

376	1	2	3	4	5
生					
	合 21172 自	合 32545 历	合 38165 黄	合 22099 午	合 21928 无

"生"的甲骨文像是小草从地面长起，上面画的是小草形象，下面是地平面。古人造"生"字，取象于小草，或许是因为小草"野火烧不尽，春风吹又生"。同样，"相"字取象于木，"物"字取象于牛，都是有道理的。这得靠我们去细细感悟。

377	1	2	3	4	5
者					
	合 6689 宾	合 6709 宾	合 6485 正宾	合 5058 宾	合 7548 宾

此甲骨文有繁简两种写法。很明显，繁体的写法上面像是甲骨文中的"寮"，就是烧火祭天的意思；下面是口旁，是堆放柴火的地方。整个字就是点火烧柴的意思。与"者"相关的字是"煮"。金文"煮"的上端与该字甲骨文的上端类似，下端也是"口"。在汉字演化过程中，"口"与"曰"不分，所以后来又演变为楷书的"者"。

《说文》云："者，别事词也。从白，𣶠声。𣶠，古文旅字。"大意：者，用于区别事物的词。字形用"白"作形旁，𣶠作声旁。𣶠，是古文的"旅"字。许慎大概根据古代汉语中常有的"某某者""某某也"，说"者"是一个事物区别于另一个事物的标志性词语。

378	1		2		3	
朝						
	合 23148 出	临摹	合 33130 出	临摹	合 29092 出	临摹

"朝"的甲骨文表示太阳刚从草中升起，月亮还在天空，造字本义也就是早上的意

思。"朝"的甲骨文字形是非常生动形象的。上表中的第 1 种形体流传至今，第 2 种形体是繁化写法，第 3 种形体是简写。《说文》云："朝，旦也。从倝，舟声。"大意：朝，天刚刚亮的样子。但认为该字为形声字，有些不妥。

379	1	2	3	4	5
刍					
chú	合 106 反宾	合 93 正宾	合 111 正宾	合 32008 历	合 32183 历

"刍"的甲骨文构形一目了然，本义是用手扯草。笔者小时候放学回家，经常帮助父母到田里扯草喂牛，对此字深有体会。

该字篆文写作𦱳，引起许慎的误解，故《说文》云："刍，刈艸也。象包束艸之形。"大意：刍，就是割草。像包束草料的形状。其实这个字的甲骨文像以手扯草形，许慎说成像包草形，显然有误。繁体字写作"芻"，简化字写作"刍"。

380	1	2	3
姓			
	合 13963 宾	合 14027 宾	合 18052 宾
	临摹	临摹	临摹

此甲骨文从生，表示草从地面长起；从女，或表示依据母系为姓。在古代，先有母系氏族后有父系氏族，母亲氏族时期人们知母不知其父。人们最早当然用母方来区别出生的来由，所以姓字从女。习惯成自然，文字一旦产生，便具有一定的稳定性。所以姓字至今从女。这个字常被认为是形声字，而说成是声中兼义也通。

《说文》云："姓，人所生也。古之神圣，母感天而生子，故称天子。从女，从生，生亦声。《春秋传》曰：'天子因生以赐姓。'"大意：姓，一个人所出生的那个家族的标志。古代神圣之人，是他的母亲与天神感应而生的（比如商代的祖先），故此人被称为"天子"。字形采用"女""生"会意，"生"也作声旁。《春秋传》上说："天子凭借诸侯的出生来给诸侯赐姓。"

381	1	2	3	4	5
朿					
cì	合 4786 宾	合 4787 宾	合 1976 宾	合 5129 宾	合 4793 宾

"朿"是"棘"的本字。"朿"的甲骨文像尖刺形，特别像皂角树的尖刺。上表中的第 1、2 种形体是常规写法；第 3、4 种形体加了几点，表示芒刺或增饰符号。《说文》云："朿，木芒也。象形。"大意：朿，树的芒刺。它是一个象形字。

382	1	2	3	4	5
麦	合 9620 宾	合 9620 宾	合 11005 正宾	屯 736 无	合 37448 黄

甲骨文中有一个"来"字，字形像麦子的形状，"来"是"麦"的本字。"来"的甲骨文上像麦子的叶子，顶端像麦穗，下像麦子的根茎。麦子是从南欧及西亚传入的，因此古人将它命名为"来"。甲骨文的"麦"，实际上是在"来"的下面再加"夂"，是"止"的倒写，表示外来的。实际上，周武王时期，传说赤乌衔着瑞麦从天上来，所以"止"倒写着，这也是"麦"字的来源。小麦叫"麦"，大麦叫"䅓"（或写作"牟"），所以清末有个著名的面粉厂叫"贻来牟"，名字很有文化底蕴。

《说文》云："麦，芒谷，秋种厚薶，故谓之麦。麦，金也。金王而生，火王而死。从来，有穗者；从夂。"大意：麦，带芒刺的谷物类植物，秋天种下，要深埋厚种，因此称为"麦"，这里许慎是采用音训的方法，也即是说麦子要深埋，所以读这个音。麦在五行中属金，金旺而生，火旺而死。字形采用"来"作偏旁，表示上端有穗；字形也采用"夂"作偏旁，表示外来的。

二、与"禾"相关的甲骨文

383	1		2	
香	合 36501 黄	临摹	合 36752 黄	临摹

"香"的甲骨文上为黍，下为甘，也就是"馫"字。"馫"是"香"的异体字。香的篆书写作 馫 。《说文》云："香，芳也。从黍，从甘。《春秋传》曰：'黍稷馨香。'"黍是比较黏的谷物，古人认为它的气味就是香味。饥饿是最好的调料，平常的米饭气味就是香味，此字具有很深的哲理。

384	1		2	3	4
季	合 14710 宾	临摹	合 21117 自	合 21117 自	合 21119 自

"季"的甲骨文上是结穗的禾，又说是"稚"的省略；下面为子，表示孩子；它们合起来就表示年龄较小的。上表中的第1、2、3种形体相同，第4种形体突出了上面禾结穗的样子。后来古人称呼兄弟的长幼，以"孟""仲""叔""季"为序。《说文》云："季，少称也。从子，从稚省，稚亦声。"大意：季，对同辈中年纪最小者的称呼。字形采用"子"和省略了"隹"的"稚"会意，"稚"也作声旁。

385	1		2		3	
秉						
	合 17444 宾	临摹	合 18157 宾	临摹	合 4853 宾	临摹

该甲骨文从禾从又，本义就是以手持禾，即"秉"字。手握一禾为"秉"，手握两禾为"兼"。《说文》云："秉，禾束也。从又持禾。"大意：秉，把禾苗拿起来。字形采用"又"作偏旁，像一手所持之禾。《左传》云："或取一秉秆焉。"此处即用其本义。甲骨文中的象形字，或者取象全部，或者取象部分；甲骨文中的会意字，或者描述一个具体的场景，或者描述一个抽象的动作。"秉"字描述的就是一个抽象的动作。这些都值得思考和总结。

386	1	2	3	4	5
黍					
shǔ	合 9985 宾	合 9540 宾	合 9971 宾	合 24431 出	合 11 宾

该甲骨文有两种写法：一种从禾，禾头下垂，如上表中的第 1、2、3、4 种形体；一种从禾从水，如上表第 5 种形体。禾就是谷物，水表示黏稠，"黍"就表示一种可以用来酿酒的粮食。《说文》云："黍，禾属而黏者也。以大暑而种，故谓之黍。从禾，雨省声。孔子曰：'黍可为酒，禾入水也。'"大意：黍，禾属而黏性强的谷物之一。因为在大暑时节播种，所以称其为谐音的"黍"。字形采用"禾"作形旁，用有所省略的"雨"作声旁。孔子说："黍可酿酒，所以采入水含义。"

387	1	2	3	4
利				
	合 28063 何	屯 2299 历	合 36536 黄	合 28008 无

"利"的甲骨文从禾从刀，禾指庄稼、野草，刀可能是蚌刀。"利"像是用刀收割庄稼，造字本义就是刀锋利。收割庄稼的刀具当然得锋利才行。《说文》云："利，铦也。从刀。和然后利，从和省。《易》曰：'利者，义之和也。'"大意：利，就是铦，一种金属农具。字形采用"刀"作偏旁。谐和而后各有所利，所以从省略了"口"的"和"。《易》上说：利益，就是各个方面的道义都兼顾到了。这种说法显然迂曲难解。

388	1		2		3	
穆						
	合 33373 无	临摹	屯 4451 无	临摹	合 7563 宾	临摹

"穆"的甲骨文像长满芒刺的麦穗下垂、脱落的样子，芒刺后来演化为彡。造字本义：庄稼成熟后籽实脱壳，然后纷纷掉落。《说文》云："穆，禾也。从禾，㣎声。"大意：

穆，就是小麦。字形采用"禾"作形旁，"翏"作声旁。但清代学者认为没有"穆"字作禾讲的用例。

389	1	2	3	4	5
年					
	合 10110 宾	合 6649 正甲宾	合 28219 何	合 36975 黄	合 28228 何

甲骨文的"年"从禾从人，表示庄稼成熟，被人们扛着回家。这是一个会意字。但《说文》云："年，谷熟也。从禾，千声。"在北方，谷物成熟一次就是一年，所以后来又指地球绕太阳一圈的时长。

390	1		2	
龢				
hé	合 1240 宾	临摹	合 30693 无	临摹

"龢"的甲骨文左边是"龠"，"龠"的本义是用口吹的一种乐器，这种乐器是把长短不一的细竹筒捆绑在一起，就像今天的笙；该字右边的"禾"是声符。所以该字的本义就是吹出和谐的音乐，又同"和"，有和谐、协调的意思。

三、与"木"相关的甲骨文

391	1	2	3	4	5
林					
	合 34544 历	合 20017 自	合 33756 历	合 36547 黄	合 31033 无

该甲骨文像两棵树并排，所谓双木成林。《说文》云："林，平土有丛木曰林。从二木。"大意：林，平坦地面上有丛生的树木叫作"林"。字形采用两个"木"会意。《尔雅》云："野外谓之林。"《释名》云："山中丛木曰林。林，森也。"

392	1		2	
森				
	合 11323 宾	临摹	英 1288 宾	临摹

"森"的甲骨文有两种写法，一种与现在"森"的写法相同，一种左中右并列三个"木"。三表众多，故该字表示林大树多。《说文》云："森，木多貌。从林，从木。读若曾参之'参'。"大意：森，树木极多的样子。但《说文》认为字形采用"林""木"会意，则十分迂曲。

甲骨文中，"未"是象形字，像树木枝叶重叠；"朱"是指事字，其甲骨文是在"木"中间加一点，表示树干，后表示有红色的心的树木；"林"是会意字，甲骨文写作两个木；"森"是会意字，甲骨文以三木为森。注意：甲骨文尚未发现"未"字。

393		1	2
困			
		合 34235 历	临摹	合 18644 宾

"困"是一个会意字，其甲骨文字形从囗从木，就像方形的东西里边生长树木。但《说文》云："困，故庐也。从木在囗中。"也就是说是旧的房屋，无人居住，院子里已经长满了树木，以此来形容这里住着的人遇到了困难。所以《广雅》说："困，穷也。"《周礼》又说："行而无资谓之乏，居而无食谓之困。"但甲骨文的"困"字字形，似乎说成是树木的成长受到层层阻碍更好些。

394		1		2	
郁					
		合 8182 宾	临摹	合 5426 宾	临摹

"郁"的繁体是"鬱"。于省吾认为：该字的甲骨文就像一个人在茂密的森林里，匍匐在地，另一个人站在他身上，又似乎踩着他的脖子，下面这个人当然心情不好了。

今有学者将此字识读为"苞"，认为此字从大、从二木、从勹。"二木"即艸的讹化，"勹"即包字，所以从二木、从勹即是"苞"字；"苞"有表示草木茂盛义，再从大不过是强调草木繁茂。这与《说文》解说"鬱"义相同。《说文》云："鬱，木丛生者。从林，鬱省声。"大意：鬱，树木繁茂的样子。字形采用"林"作形旁，有所省略的"鬱"作声旁。

395		1	2	3
枤				
	dì	合 32959 历	合 32960 历	合 32958 历

"枤"，从大从木，树木孤立的样子。常言道"树大招风"，"木秀于林风必摧之"。

396		1	2	3	4	5
帝						
		合 27438 何	合 36171 黄	合 37147 历	合 217 宾	合 32012 历

一种说法："帝"像花蒂形状，上像子房，中像叶子，下像花卉。另一种说法："帝"是祭祀的一种，也就是架柴烧火祭天，即"帝祭"，这在甲骨文用例中很常见。《说文》云："帝，谛也。王天下之号也。从丄，束声。"大意：帝，就是仔细地审谛，又是君王的称号。显然，从"帝"的甲骨文字形来看，《说文》的说法不够准确。

397	1	2	3
杞			
qǐ	合 36751 黄	临摹	合 13890 宾	合 22214 妇

该字的甲骨文不常见，权且识作"杞"。一种树木，即枸杞。《说文》云："杞，枸杞也。从木，己声。"

398	1	2
权		
	合 27781 无	临摹	合 862 宾	临摹

此字可识读为"权"，从木从又。但绝不是今天的"权"字，因为今天的"权"是"權"的简化。"權"在古代指黄华木，因为质地坚硬，可做秤杆，所以就叫"權"。另一说法认为，这是"树"字，也就是以手持树苗，栽种的样子。

这就涉及甲骨文的识读问题。有很多甲骨文能够与现代汉字因巧合而相同，但却不是现代汉字的意思，可能是该甲骨文字形没有流传下来。这些问题，有待后学深入研究。

399	1	2
枚		
	合 33690 历	临摹	合 26852 出

"枚"的甲骨文或左为木，右为攴。或左为攴，右为木。是手持木棍的样子。它的本义就是小树干，也就是可以做成手杖的树条。《说文》云："枚，干也，可为杖。从木，从攴。《诗》曰：'施于条枚。'"大意：枚，就是小树干，可以做成棍杖。所以字形采用"木""攴"会意。《诗经》上有诗："砍伐那些细长的树枝。"后又指古代行军时为防止士卒喧哗，就会用这种像筷子一样的用具，让士兵衔在口中，即所谓"赴敌之兵，衔枚疾走，不闻号令，但闻人马之行声"。

400	1	2	3	4	5
析					
	合 18415 宾	合 14294 宾	英 1288 宾	合 118 宾	合 9594 宾

"析"的甲骨文从木从斤，斤就是斧子。整个字的意思就是用斧子将木头劈开。《说文》云："析，破木也。一曰折也。从木，从斤。"大意：析，用刀斧将木头劈开。另一种说法认为，"析"就是折断木头。字形采用"木""斤"会意。许慎的说法很对。甲骨文中的"折"，就是用斧子砍断草木的形象。

401	1	2	3
柳	屯 88 无	英 2566 黄	合 36526 黄

　　甲骨文中的"柳"，上边是木；下边是卯，卯也即"留"的省略写法。该字在甲骨文卜辞中用作地名。甲骨文中出现"柳"字，与柳在中国传统文化中具有的象征意义分不开。中国古人爱赋予景物以主观意义。古人称喜阳耐旱的树为"杨"，可能与阳同音，常喻男子；称喜阴耐湿的树为"柳"，可能与柳树表现出的柔美有关，常喻女子。"昔我往矣，杨柳依依"，多美好的意象啊！后来出现贬义，"柳户花门"指妓院；"柳市花街"指妓院一条街。《说文》云："栁（柳），小杨也。从木，丣声。丣，古文酉。"大意：柳，小杨树。字形采用"木"作形旁，"卯"作声旁。"卯"，古文写作"酉"。

402	1	2
檽	合 6947 正宾	合 6947 正宾
jī	临摹	

　　该甲骨文识读为"檽"，也就是一种白枣树。但古书上说檽是榆的一种，木柴用作大车轴。后来该字形声化。注意其所刻画的果子带有尖刺。

403	1	2	3	4
齐	合 36821 黄	合 36806 黄	合 36803 黄	合 98 正宾
	临摹			

　　"齐"的甲骨文像三颗麦穗整齐地长出。该字本义表示小麦抽穗齐平，后表示事物整齐划一。《说文》云："齐，禾麦吐穗上平也。象形。"大意：齐，禾麦吐穗时，穗上端长得整整齐齐，处于同一高度。它是一个象形字。这是非常生动的解说。

404	1	2
朱	合 36743 黄	临摹
	合 37363 黄	

　　甲骨文中的"朱"，是在木字的中间加一个指示符号。《说文》云："朱，赤心木，松柏属。从木，一在其中。"也即是说"朱"特指红心树，因为这种树是红心，红色没法象形，所以加一横表示。

　　当然，许慎的说法无法自圆其说。虽然自然界的确有红心树，但如果将"朱"仅仅说成红心树，则无法与相关的字，如"本""末"串联起来解读。因为我们都知道"本"指的是树根，是在木字的下面画一指示符号；"末"指的是树梢，是在木字的上面画一指示符号。按照这个逻辑，在木字的中间画一指示符号，当然指的是树干了，也就是树的中间部分。所以，将"朱"说成是"株"的本字比较好。

值得注意的是，"朱"的本义为树干，后来又表示红色，可能古人也曾从树木中提取出红色的颜料。但是，从矿物中提取红色颜料更为方便，于是又造了一个"硃"字，表示红色的矿物。所以有学者认为，原始汉字的声音表示一定的意义，根据声中求意，可寻找汉字字义的演化规律，这是很有道理的。

405	1	2	3
果			
	合 14018 宾	临摹	合 28128 历	合 34136 历

"果"的甲骨文像树上结果实的形象。这个字的识读颇有争议，因为甲骨文中圆形与方框同义，圆圈与实点同义，所以很难区分"果"与"檽"这两个甲骨文。《说文》云："果，木实也。从木，象果形在木之上。"大意：果，树结的果实。字形采用"木"作偏旁，像果子长在树上。

406	1	2	3	4
楚				
	合 29984 无	合 10906 宾	合 30262 何	合 34220 历	临摹

"楚"字为形声字，从林，疋（shū）声。该字甲骨文的一般写法是从林从正，有时候从林从止。它的本义为灌木名，又名荆或牡荆。所以在中国古代，"楚"地又名"荆"，或因为这里气候温和，使得灌木丛生。有人说此字形声兼会意，"疋"既是声旁也是形旁，表示足。"楚"的甲骨文如上表第 4 种写法，似乎是灌木丛生，无处下脚的场景。《说文》云："楚，丛木。一名荆也。从林，疋声。"大意：楚，丛生的树木。另一名称是荆树。字形采用"林"作形旁，采用"疋"作声旁。

第十节　器物（一）

一、与"皿"相关的甲骨文

407	1	2	3
血			
	合 31150 无	合 24943 出	临摹	合 34148 宾	临摹

"血"字的甲骨文，大致有三种形体：上表第 1 种形体，与"皿"相同；第 2 种形体是在器皿中刻画块状的血；第 3 种形体则是以点代替血块。《说文》云："血，祭所荐牲血也。从皿，一，象血形。"大意：血，祭祀祖先时，端来一盆牲口的血献给祖先神灵。字形"皿"表示器皿，"一"就像血的样子。国外的某些民族，至今仍保留着血祭的传统，而甲骨文卜辞中也有关于血祭的记载。

应该说，商代血祭所用的血，一般是饲养的家畜，如猪狗牛羊的血，不大可能是野生动物的血，毕竟野生动物不易捕获，杀死了再放血也不大可能，更不可能端着陶盆去狩猎。杀死的动物不立即放血，血就会凝固，所以是家畜家禽的血的可能性比较大。

408	1	2	3	4
益				
	合补 6291 宾	合 26766 出	合 18543 宾	合 18542 宾

该甲骨文从皿从水，像器皿里装满水，水向外溢出的样子。该字甲骨文形体中的"皿"字很明显，中间的几点则表示水。《说文》云："益，饶也。从水皿。皿，益之意也。"饶的意思是多余、饱的意思。

409	1	2	3	4
盥 guàn				
	合 18524 宾	合 18533 宾	合 20308 宾	合 18538 宾

"盥"是一个象形字，下面是器皿，上面是一只手，造字本义是在盆子里洗手。《说文》云："盥，澡手也。从臼水临皿。"大意：盥，就是洗手、浴手。字形采用"臼""水""皿"会意，"臼"表示双手，所以"盥"表示在盆中的水里洗手。今天还有"盥洗室"的说法，不过主要是指上厕所的地方。

410	1	2	3	4	5
易					
	合 1210 宾	合 655 正宾	合 25971 出	合 32494 历	合 21099 自

"易"的甲骨文像一个倾斜的器皿倒出液体，有人说它是"锡"的本字，又说是"赐"的本字，好比帝王赏赐给大臣的酒。《说文》云："易，蜥易，蝘蜓、守宫也，象形。《秘书》说：'日月为易，象阴阳也。'一曰从勿。"大意：易，就是蜥易，又叫蝘蜓或守宫，也就是四脚蛇，因为其形状如此，或者善变。字形像蜥蜴之形。《秘书》一书说日、月为"易"，也就是太阳走了月亮来，月亮走了太阳来，象征阴阳变易。另一种说法认为，"易"采用"勿"作偏旁，"勿"指代的是旗帜。

411	1	2	3	4
铸				
	合 33045 历	合 27987 无	英 2567 黄	临摹	合 29687 何

"铸"的甲骨文有三种写法，第一种如上表第1、2种形体，像一个人伸手向器皿中倒金属溶液的样子；第二种如上表第3种形体，像两只手将一个器皿中的金属溶液倒入另一个器皿之中，所以上一个器皿是倒着朝下，下一个器皿是开口朝上。而徐中舒先生认为上面那个不是一般的器皿，而是类似于今天的坩埚，用来装铜液的，中间表示的是模子的孔，下面的器皿则是指已经铸造好的器皿。第三种写法如上表第4种形体，是前两种写法的繁化，左下是一个器皿，右下是双手托着一个器皿，上面是一个人在工作的情形。这个字并不是将铸造的整个过程表现出来，而是取象于其中最重要的阶段。

商代的铸造技术十分发达，最有名的器物当属后母戊方鼎，学者观察其铸痕，发现鼎身与四足分别铸造，使用多个模范。有人估计，恐怕几百人同时开工才能完成。《说文》云："铸，销金也。从金，寿声。"大意：铸，销熔金属以铸造器皿。字形采用"金"作形旁，"寿"作声旁。

412	1	2	3	4	5
盂					
yú	合 27807 何	合 29088 何	合 29089 何	合 29097 无	合 39476 黄

此字不用多讲，从于从皿，也即"盂"字。上表中的前 4 种形体相同，而在第 5 种形体中，"皿"上是甲骨文"于"字的繁化写法。

二、与"酉"相关的甲骨文

413	1	2	3	4
尊				
	合 8437 正乙宾	合 15812 宾	屯 260 无	合 32536 历

"尊"是一个非常生动的会意字，其甲骨文字形十分优美，很有文化气息。下面刻画的是两只手，上面像酒樽的形状，总体像双手高高地捧着酒杯或酒樽，也就是从酉从収（gǒng）。该字的小篆从酉从収，而从収（拱手的意思）或写作从寸，寸也表示手。这个字的本义就是酒樽、酒器。

具体分析，甲骨文的"尊"，上面为酉，就是酒坛子、酒杯、酒樽的意思；下面是収，就是拱手以示尊敬的意思。我们知道，在汉文化中，单手敬酒不礼貌，双手敬酒才表示恭敬礼貌，所以甲骨文中的"尊"字，整体像双手毕恭毕敬地捧着酒坛或酒杯，向对方敬献，可能是向神灵，也可能是向长者敬酒。我们知道，商代人喜欢饮酒，但也是富有人家才有这个条件。向对方敬酒，让对方喝得心旷神怡，那是对对方的极大尊敬，所以"尊"后来又引申为尊敬的意思。

"尊"的异体是"尊"。《说文》云："尊，酒器也。从酋、廾以奉之。《周礼》六尊：牺尊、象尊、著尊、壶尊、太尊、山尊，以待祭祀宾客之礼。尊，或从寸。"大意：尊，就是储酒、盛酒的器皿。字形采用"酋""廾"会意，像双手捧举酒樽，向对方敬献。《周礼》提到六尊是：用牺牛角作的酒樽、用象牙作的酒樽、没有尊脚的酒樽，器皿的底部直接着地的酒樽、像壶形一样的酒樽、时间久远的太古留下的酒樽、刻画了山峦河流纹饰的酒樽。这些酒樽用于祭祀祖先和宴请宾客，作为礼器使用。有些"尊"的写法，则采用了"寸"作偏旁。

414	1	2	3
奠			
	合 7886 宾	合 20036 自	合 34255 历

"奠"的甲骨文是在酒坛下面加一横，这一横是代表地面的指示符号。整个字表示在地上洒酒祭奉地神与祖先，以求安定幸福。《说文》云："奠，置祭也。从酋。酋，酒也。下其丌也。《礼》有奠祭者。"大意：奠，在祭台上摆放祭品。字形采用"酋"作偏旁。酋，就是酒。"酋"字下面的"丌"是供摆放酒坛的架子。在古代，粮多才可能酿酒，商代曾有禁酒令。用酒祭祀祖先的传统保存至今。所以甲骨文中的"奠"字，也是很有中华传统文化气息的一个字。

415	1	2	3	4	5
酒	合 28231 无	合 542 宾	合 903 正宾	合 19806 自	合 21220 自

"酉"是"酒"的本字。"酉"的甲骨文像是酒坛，加"水"旁，也是"酒"的繁化写法。《说文》云："酒，就也，所以就人性之善恶。从水，从酉，酉亦声。一曰造也，吉凶所造也。古者仪狄作酒醪，禹尝之而美，遂疏仪狄。杜康作秫酒。"大意：酒，就是迁就满足，用来迁就满足人性善恶的。字形采用"水""酉"会意，"酉"也作声旁。另一种说法认为，"酒"是成就的意思，是导致或吉或凶之事的原因。古代的"仪狄"发明了酒，大禹尝酒后大加赞美，并因此而疏远了他们，因为这种东西会害人。还有种说法认为，是杜康最早发明了高粱酒。许慎说文字的时候，往往循声说义，比如说"酒，就也"，非常牵强。这就是所谓的"声训"，往往有些字音近意通，有些则牵强附会。

彭裕商先生认为，"酉"字在甲骨文中是尖底瓶的形象，是打水的工具。但甲骨文中也有"酉"字不是尖底瓶的形状，笔者课堂上还就此问题与他讨论过。尖底的"酉"一定有当时的实用意义，也许尖底瓶在打水时方便直接入水，也许尖底瓶方便固定在室内倒锥形的基座中，但不管尖底的设计出于何种目的，都不影响古人用当时流行的尖底瓶作为酒瓶。现代有学者利用科技考古，在尖底"酉"形器中提炼出酿酒的残留物，证明了尖底的"酉"形器是用来酿酒或装酒用。尖底是为了发酵时上下对流更充分。

416	1	2	3	4
饮	合 775 正宾	合 10405 反宾	合 10137 正宾	合 4284 宾

"饮"的繁体是"飲"，是一个会意字。此字的甲骨文字形一般右边像伸着舌头的人形；左下边像酒坛（酉）或器皿。整个字像人伸着舌头向酒坛饮酒，又像人低头饮水。

三、与"鬳""鼎"相关的甲骨文

417	1	2	3	4
鬳 yàn	合 629 宾	合 4828 宾	合 32125 历	合 26954 何 临摹

"鬳"的甲骨文有两种形体，上表中的第1、2、3种形体是象形，刻画的就是鬳的形

象。第 4 种形体是形声字，所以《说文》云："鬻，鬲属。从鬲，虍声。"同"甗"字，这种器皿其实就是蒸煮食物的炊具。与今天的陶制蒸煮炊具相似。该字下部是鬲，高脚中空，用来煮水，上部是甑，上下之间隔一层有孔的箅（bì）。这个字表明，商代的人已经熟悉蒸熟食物。

418	1	2	3
员	合 20592 自	临摹	英 1784 自	合 10978 宾

徐中舒先生说，甲骨文"员"字上面的圆圈表示圆口，下面表示鼎的形状，整个字就是表示圆口的鼎，是"圆"的初文。这里值得一提的是，该字的甲骨文、金文刻画的都是鼎的形象，表示圆。

《说文》云："员，物数也。从贝，口声。"大意：员，物件的数量（比如一员、二员）。字形采用"口"作形旁，采用"贝"作声旁。许慎说从贝，口声，以为口是圆的，就说是这个字的读音，显然有误。

419	1	2	3	4	5
贞	合 32 正宾	合 171 宾	合 34233 历	合 20577 自	合 19754 自

"贞"字在甲骨文卜辞中经常出现，但其含义至今尚无定论。有说"贞"就是指占卜的人，即查看龟甲上裂纹以判定吉凶的人。有说贞人就是刻写甲骨文的人。这个字的有些形体与甲骨文的"鼎"相似，有人认为鼎代指国家神器，是国家权力的象征。所谓"问鼎中原"，就是要灭掉别的国家，一统天下。那么，"贞"的意思就是向神占卜，询问国家大事。还有人说"贞"是"侦"的本字。这个字的甲骨文是一个象形字，但后来演化为形声字。

《说文》云："贞，卜问也。从卜贝，以为贽。一曰鼎省声，京房所说。"大意：贞，就是卜问神灵以国家大事。字形采用"卜"作偏旁，"贝"表示问神时敬献给神的钱财或礼品。一种说法认为，"贞"字是用有所省笔的"鼎"作声旁。

420	1	2	3	4	5
爵	合 31021 无	合 14768 宾	合 18570 宾	合 22067 午	花东 349

"爵"的简化写法就如上表第 1 种形体，而第 2、3、4、5 种形体则像一个有盖子（或柱子）、流口、把手和三足的酒器。爵用以温酒或盛酒，盛行于商代和西周初期。这是一个象形字。另一种说法认为，"爵"，即是"雀"的别体，因为实物形状像雀状。

《说文》云："爵，礼器也。象爵之形，中有鬯酒，又持之也。所以饮器象爵者，取其鸣节节足足也。"。大意：爵；行礼用的酒器。字形像鸟雀的形状，爵中有鬯酒，字形中的"又"表示用手持握的意思。爵是用来饮酒的器皿，爵像雀形，是因为爵的注酒声像鸟鸣声"节节足足"。该字通"雀"，如爵跃就是雀跃，表示欣喜之极；爵踊，即足不离地而跳；爵室指古代船上的远望室。

四、与"㿝""豆"相关的甲骨文

421	1	2
㿝 xiāng、guǐ	合 23431 出	临摹	合 3832 宾

"㿝"即"簋"（guǐ）的初文，是古代的一种装饭食的器皿。可据形求义，不用多讲。

422	1	2	3	4
豆	合 29364 何	屯 740 历	合 18587 宾	合 1652 宾

甲骨文"豆"像高脚器皿。有人说，该字内部加一横表示器皿中的食物，上面的一横表示盖子，其实都是装饰符号。该字的造字本义指盛食物的高脚器皿。《说文》云："豆，古食肉器也。从口，象形。"大意：豆，古代吃肉时用的盛器。字形采用"口"作偏旁，是象形字。

423	1	2	3	4	5
食	合 19504 宾	合 28000 无	合 20791 自	合 33694 历	合 20956 自

"食"的甲骨文上为器皿盖子；下为㿝，也就是盛饭食的器皿。整个字的意思就是盛在碗里的食物。又用作动词，指吃饭。甲骨文中类似于"A"的偏旁，有时候可以指"口"，比如"合"字就是如此。所以，食字上端也可能指人的"口"。

《说文》云："食，一米也。从皀，亼声。或说亼皀也。"大意：食，集中起来的米粒。字形采用"皀"作形旁，采用"亼"作声旁。也有的人说，字形是由"亼""皀"会意。"亼"就是三面合围，表示集中的意思。

424	1	2	3	4	5
登	合 8672 宾	合 8564 宾	合 28180 无	合 7384 正宾	合 4646 宾

"登"的甲骨文有两种写法。一种如上表第 1、2、3 种形体，下为豆，上面是双脚，造字本义是手捧着装满粮食的盛器、或盛肉的礼器、或装着玉串的豆器，走上祭台，敬献神灵。这种形体演化为今天的"登"字。另一种则在下面加双手，如上表第 4、5 种形体，

这是该字繁化的写法。《说文》云："登，上车也。从癶豆。象登车形。"大意：登，上车。字形采用"癶""豆"会意。像踩着杌凳登车的样子。

这里说下"望文生义"的问题。都说读书最怕望文生义，其实汉字的识读，尤其是甲骨文的识读主要靠"望文生义"。但是不同的人对一个汉字的构形理解是不一样的，这就是汉字构形说法多的原因。甲骨文"登"是由双手双脚和豆组成，而许慎则认为是由双手和豆（上车的器具）组成，许慎显然是根据汉代的生活实际来说的。这也说明要解读甲骨文必须根据商代或商代前的生活实际，不能脱离时代来说解某个字。

425	1	2	3	4	5
卿					
	合 3280 宾	合 5243 宾	合 31044 何	合 31047 何	合 16051 宾

"卿"和"饗"在甲骨文中是同一个字，这是甲骨文中颇具诗情画意的字。其字形刻画的是二人面对面蹲在地上，对着中间的食物对食的样子。该字又可隶定为"飨"或"乡"字。但有人说上表中第1、2、3、4种形体，像两人卿卿我我，相对而坐，共同进餐。第5种形体像两人吃饱了，各自回头打饱嗝的样子。《说文》说："卿，章也。六卿：天官冢宰、地官司徒、春官宗伯、夏官司马、秋官司寇、冬官司空。从卯皀声。"意思是显赫的人，比如"六卿"，都是高官。显然这是后起之义。

426	1	2	3	4	5	6
即						
	合 32995 历	合 24115 出	合 29707 何	合 29708 何	合 22542 出	合 25164 出

"即"从皀从卩，皀是装饭的餐具，卩指人，人靠近皀，表示就要吃饭了。上表中的第1、2种形体是常规的写法，第3、4种形体是简体，第5、6种形体则将卩写成人。《说文》云："即，就食也。从皀，卩声。"大意：即，入席就餐。字形采用"皀"作形旁，采用"卩"作声旁。但甲骨文中的"即"是一个会意字。

427	1	2	3	4	5
既					
	合 11498 正宾	合 6648 正宾	合 27245 何	合 7633 宾	合 7018 宾

"既"的甲骨文从皀从旡，就像是一个人吃饱了，头偏向一旁哈气，或者打饱嗝的样子。它的造字本义就是吃饱打嗝，引申为事情做完。与"即"相反。《说文》云："既，小食也。从皀，旡声。《论语》曰：'不使胜食既。'"大意：既，稍稍吃一点。字形采用"皀"作形旁，采用"旡"作声旁。《论语》上说："不使肉食胜过米食。"甲骨文中，"既"与"即"都有，罗振玉曰："即，象人就食；既，象人食既。许训既为小食，义与形不协矣。"

"即"与"既"的甲骨文表示的形象相反。

五、与"壴"相关的甲骨文

428	1	2	3	4	5
鼓					
	合 30388 何	合 23603 出	合 20075 自	合 21229 自	合 6945 宾

甲骨文"鼓"的常见写法左边是壴，表示的就是架在架子上的鼓的形状；右边是攴，也就是手拿鼓槌敲鼓的意思。《说文》云："鼓，郭也。春分之音，万物郭皮甲而出，故谓之鼓。从壴，攴象其手击之也。《周礼》六鼓：靁鼓八面，灵鼓六面，路鼓四面，鼖鼓、皋鼓、晋鼓皆两面。"大意：鼓，用皮包裹、蒙覆的乐器。鼓声是春分时节的音乐，因为这个时节春雷滚滚，万物破壳而出，所以叫作"鼓"。字形采用"壴"作偏旁，字形右边的"攴"，像手持椎棒击鼓的样子。《周礼》说鼓分六种：雷鼓有八个面，灵鼓有六个面，路鼓有四个面，鼖鼓、皋鼓、晋鼓都只有两个面。

429	1	2	3	4
艰				
	合 137 正宾	合 137 反宾	合 24204 出	合 24177 出

"艰"是一个形声字。《易》中的"艮"（gèn）代表土，所以有人说该字与土有关，本义是土地难以治理。而它的甲骨文字形有两种：一种从壴从女，如上表第 1、2 种形体，壴表示击鼓，女与人通用，像跪在地上的人，整个字的意思表示击鼓祈求上天消除灾难。另一写法如上表中的第 3、4 种形体，一边是鼓，一边是一个仰头朝天呼喊的人，意思还是击鼓祭天，请求攘除灾害。

《说文》云："艰，土难治也。从堇艮声。囏，籀文艰从喜。"大意：艰，土地坚硬难治，无法耕作管理。字形采用"堇"作形旁，"艮"作声旁。"囏"，籀文的"艰"，采用"喜"作偏旁。《说文》这样解释有望文生义之嫌，因为《说文》在解说"堇"时认为是从土、从黄省，也就是黏土，当然难以治理了。

430	1	2	3	4	5
喜					
	合补 11038 无	合 27966 无	合 9259 宾	合 36486 黄	合 24366 出

"喜"是一个象形字。它的甲骨文上面是壴，也就是鼓的本字；下面是口，表示垫鼓的基座。又说鼓表示欢乐，口是表示发出的欢乐声。所以该字本义：欢喜、快乐、高兴。有的甲骨文加点为增饰符号，表示鼓声。《说文》云："喜，乐也。从壴，从口。"大意：喜，就是欢乐、快乐。字形采用表示鼓的"壴"、表示声音的"口"会意。

431	1	
嬉		
	合 2726 反宾	临摹

"嬉"的甲骨文从女，喜声。本义：无拘束地游戏。也可理解为声中兼义，从喜从女，甲骨文中的"女"表示人，整个字的意思是人们在鼓乐中翩翩起舞。

432	1	2	3	4	5
熹	合 34468 历	临摹	合 15667 宾	合 15669 正宾	合 18739 宾	合 30693 无

"熹"的甲骨文上面是喜字，表示鼓；下面是火；有时还在周围增加点，为增饰符号。这个字是声中兼义。古人野营时，一般是在篝火上搭锅煮肉，然后打锣敲鼓，载歌载舞。现代字形将"火"写成"四点底"。《说文》云："熹，炙也。从火，喜声。"大意：熹，就是烘烤肉。字形采用"火"作形旁，"喜"作声旁。

433	1	2	3	4
彭	合 7064 宾	合 27148 何	临摹	屯 1082 历	8283 宾

"彭"是一个会意字，从壴，从彡。"壴"在古文字中就是鼓的形状。"彡"是鼓上的毛饰形象，又有一说法是敲鼓所发出的声音。该字本义是鼓声。《说文》云："彭，鼓声也。从壴彡声。"清代学者朱骏声则认为该字从鼓省，从彡，会意，"彡即三也，击鼓以三通为率"。也就是说击鼓通常是敲打三下为一个节拍，这种说法很牵强。

434	1	2	3	4
豊 fēng	合 27931 何	合 14625 宾	屯 2346 何	合 32536 历

"豊"后来简化为"丰"。该甲骨文一说像豆形的盛器中装满一串串玉，表示富有了，丰收了。又说该字从珏从壴，也就是说以玉表示富有，以壴表示敲打锣鼓，喜庆丰收。在甲骨文里该字多表示祭祀。《说文》云："豊，豆之豊满者也。从豆，象形。一曰乡饮酒有豊侯者。"大意：豊，盛器里装满了宝物。字形采用"豆"作偏旁，象形。比较"豊"和"禮"（礼），二者其实是一字，后者不过加示旁，增加了祭祀的含义。

435	1	2	3	4
丰	屯 3121 历	合 36529 黄	合 20576 正自	合 27498 无

"丰"的甲骨文像草木丰盛的样子。《说文》云："丰，艸盛丰丰也。从生，上下达也。"大意：丰，草势茂盛。采用"生"作偏旁，生本是草木生长，上下丰茂的样子。

注意："丰"与"豊"是两个不同的字，后来简化时才合并为"丰"，而甲骨文中的"丰"与"封"实际上是一个字。

436	1	2	3
缶	合 20223 自	合 20524 自	合 7979 宾

"缶"的甲骨文形体比较单一，像加盖子的罐子的样子，表示装东西的瓦罐，后来又被劳动人民作为唱歌的伴奏器。《说文》云："缶，瓦器，所以盛酒浆。秦人鼓之以节謌。象形。"大意：缶，一种小陶器。用来盛酒浆的器皿。秦地一带的人们习惯敲击缶来为唱歌打拍子。字形像陶器之形。

437	1	2	3
今	合 28491 何	合 20347 自	屯 1122 历

这个甲骨文与"今"的金文相似，识读为"今"。《说文》云："今，是时也。从亼，从乁。乁，古文及。""今"指代的是现在，因为上面的亼表示集合，乁表示到，也就是说集时至"今"。

438	1	2	3	4
录	合 13375 正宾	屯 2116 无	合 33177 历	合 27933 何

"录"的异体为"彔"，该字的甲骨文字形像在井上用辘轳打水的形象，又说像钻木取火的形象。

439	1	2	3	4
唐	合 1294 宾	合 1331 宾	合 28114 何	合 13405 正宾

"唐"的甲骨文构形比较单一，从庚从口，上面为庚，像挂着的一口钟；下面是一个口，"口"表示大钟发出的声音或表示放钟的底座。整个字表示大钟发出的声音，或人说话的声音像钟声一样，即所谓的"声如洪钟"。但《说文》云："唐，大言也。从口，庚声。啺，古文唐，从口易。"大意：唐，说大话，扯谎。字形采用"口"作形旁，采用"庚"作声旁。"啺"，这是古文写法的"唐"字，字形采用"口""易"会意，易，表示声，又说表示变化，于是"唐"就表示说话变来变去。

440	1	2	3	4
庸	合 15994 宾	屯 1501 无	合 12839 宾	合 15665 宾

"庸"的甲骨文有两种写法。上表中的第1、2种形体是从庚从凡，"凡"表示放置大钟的底座。第3、4种形体是从庚从用，"庚"像是悬挂在木叉上的大钟，代表的是乐器；"用"表示读音，大钟发出的声音也是这个声音，就是我们今天所说的嗡嗡的响声。所以"庸"是"镛"的本字。这是普遍说法。

《说文》云："庸，用也。从用，从庚。庚，更事也。《易》曰：'先庚三日。'"大意：庸，就是使用的意思。字形从"用""庚"会意，庚，表示变化的意思，如《易》上说："先变更三天再说。"因此，"庸"就表示先使用再图变更的意思。

在甲骨文中，"康""唐""庚""庸"等字形相近。

六、与"舟""车"相关的甲骨文

441	1	2	3	4
舟	合 4928 乙宾	合 24609 出	合 9772 宾	怀特 348 宾

甲骨文中的"舟"，显然像一只木船的形象。古书记载，古人刳木为舟。大木头才可能刳木为舟的，做出来的也就是独木舟。但甲骨文中的"舟"字，字形明显是带有拼凑组装的痕迹，也就是说，这里的舟是较大的舟，类似敞篷船。《说文》云："舟，船也。古者共鼓、货狄，刳木为舟，剡木为楫，以济不通。象形。"大意：舟，就是船的意思。据传远古的共鼓、货狄两人，挖凿大木头为船，砍削木头为船桨，以渡过大江大河。这是一个象形字。

442	1	2	3	4
般	合 152 正宾	合 9471 宾	合 8838 宾	合 27938 无

"般"的甲骨文从舟从殳，或从舟从攴，造字本义是用竹篙撑船运输，也就是"搬"的本字。《玉篇》云："般，运也。"有学生平日爱唱："摇起那乌篷船，顺水又顺风；你十八岁的脸上，像映日荷花别样红。"略似这个字所表现的场景。

《说文》云："般，辟也。象舟之旋，从舟，从殳。殳，所以旋也。"大意：般，就是避让的意思，就像船旋转的样子。字形采用"舟""殳"会意。"殳"，是持篙撑行，使船只转动。

443	1	2	3	4	5
朕	花东 119	合 20335 自	合 20340 自	合 152 正宾	合 36127 黄

"朕"的甲骨文一边为船的形象，一边像两只手拿着铁棍一样的东西在检修船只的缝隙。戴震《考工记图》云："舟之缝理曰朕。"意思是说船的缝隙就叫作"朕"。后来该字引申为"我"的意思。

444	1		2	
辇				
niǎn	合 29693 无	临摹	合 31181 无	临摹

　　"辇"字的甲骨文很生动，前边是四个人或二个人，后边是车的形状，整个字像古代以人拉着走的车子，多指天子或王室成员坐的车子。后有辇车、帝辇、凤辇（皇后的车子）等说法。《说文》云："辇，挽车也。从车，从㚘在车前引之。"这是很准确的。

第十一节　器物（二）

一、与"叀"相关的甲骨文

445	1	2	3	4	5
叀					
zhuān	合 21031 自	合 25913 出	合 27087 无	合 26899 何	合 34103 历

　　"叀"的甲骨文是古代纺丝的纺轮形象，通"專"。有大量相关的纺织器物出土，可印证该字形象。该字下为一个圆形的纺轮形象，纺轮最早为石片，后为陶片，中间有孔，孔上插一根小棍子，也就是纺杆，纺杆上又缠上丝线。这个字加"寸"（也就是手）就成为"專"字。

446	1	2	3	4	5
专					
	合 4975 宾	合 6834 正宾	合 13713 正宾	合 3349 宾	合 3350 宾

　　"专"的繁体是"專"。此甲骨文从叀从又，有时从叀从廾，"廾"即双手，与"又"意思相同。"叀"实际上就是纺纱用的纺轮，所以这个字就是"专"，因为"专"字中的"寸"实际上就是"手"。纺砖的主要特点是不停地转动，所以该字具有了"转"的意思。但为了让原字和孳乳字有所区分，才加了一个"车"旁，另造"转"字专门表转动的意思。于是"专""转"二字便成为古今字的关系。

　　《说文》云："專，六寸簿也。从寸，叀声。一曰专，纺专。"大意：專，六寸厚的纺砖（收丝的器具）。字形采用"寸"作形旁，采用"叀"作声旁。其实许慎的说法有些不妥，叀既是声旁也是表义的形旁。

　　由这个字我们可以发现文字孳乳的一些路径。"专"本来是用手转动纺砖的形象，又代指静态的纺砖的"砖"，于是演化出"砖"这个字。又因其主要特点是转动，又演化出表动态的"转"字来。

447	1		2		3
传					
	合9100 宾	临摹	合8383 宾	临摹	花东113

　　"传"的繁体是"傳",从人从叀从寸。该字甲骨文形体单一,左边是人,中间为叀,右下为又,"又"与"寸"同义。"叀"有转动、传递的意思,所以这个字表示转递,也就是古人传递信息、礼物或其他物品。

　　《说文》:"传,遽也。从人,专声。"大意:传,驿站快速转递文件。字形采用"人"作形旁,采用"专"作声旁。古代有行夫,相当于今天的邮递员,掌管邦国信函。后来有了专门的驿站,当时的邮递员也乘坐车马。但《说文》解释似非该字本义。

448	1	2	3	4	5
辔					
pèi	合20602 自	合339 宾	合8174 宾	合33100 历	合27990 无

　　"辔"的繁体是"轡",此字与"叀"形近,故放在此处。"辔"是车上驾驭牲口的缰绳。该字的甲骨文字形要俯视着看,后面是车,前面是或二股或三股缰绳的样子。《说文》云:"轡,马辔也。从丝,从軎(wèi)。与连同意。《诗》曰:'六辔如丝。'"軎的意思是马车,车轴两端的套子用铜做成,以防止车轮及车轴脱落。"辔"字的意思就是马拉车的缰绳。《说文》又云:"连,负车也。"也即说"连"是拉车的意思,实际上"车""輦"同义。所以说"辔"与"连"又有相同的意思。

　　二、与"纟"相关的甲骨文

449	1	2	3	4
率				
	合95 宾	屯4233 历	合3327 宾	花东474

　　《说文》云:"率,捕鸟毕也。象丝罔,上下其竿柄也。"大意:率,捕鸟的网。上端和下端是捕鸟网的竿和手柄。也就是说此字为象形字。但"率"的甲骨文像在水上设网捕鸟,有人认为字中的点表示从网上掉下的细屑,不是水点。值得一提的是,《说文》认为"毕,田网也",也就是说"毕"也是田猎时所设的网。

450	1	2	3
系			
	合1100 正宾	合1103 宾	合1105 宾

　　"系"的异体是"係",从人从系。甲骨文的"系"也是从人从系。系表示丝,整个字形就像人脖子上被横捆着一根绳子,也就是人被系住了。《说文》云:"係,絜束也。

从人，从系，系亦声。"大意：系，用绳子将人紧紧捆绑。字形采用"人""系"会意，"系"也作声旁。这是相当准确的说法。

451 奚	1	2	3
	合 33573 无	临摹	合 649 宾	合 19733 自

"奚"的甲骨文字形，上边为手，中间为玄，下边为人。"奚"的本义是抓来的被绳索捆绑的奴隶，又专指女奴。另一说法，该甲骨文上为爪，意思是利爪，比喻抓人像老鹰抓小鸡一样；加丝旁，表示用绳子捆绑；下面是毫无反抗之力的人。

《周礼》云："凡奚隶聚而出入者，则司牧之。"孙诒让认为："奚为女奴，隶为男奴也。"奚的命运很悲惨，经常被杀掉，多用于人祭。《说文》云："奚，大腹也。从大，𦅻省声。𦅻，籀文系字。"大意：奚，就是大肚子的样子。字形采用"亣（籀文'大'字）"作形旁，采用省略了"幺"的"𦅻"作声旁。𦅻，是籀文写法的"系"字。这是根据篆文解说奚，说下面是一个大肚子的人，上面是丝的缩写，完全与甲骨文构形不符。

452 兹 zī	1	2	3	4	5
	合 21196 自	合 776 正宾	合 35925 黄	合 28229 无	屯 130 历

"兹"的甲骨文结构简单，基本构件是幺或玄。幺或玄的本义就是单捆丝，本身也像单捆丝的模样。而甲骨文中的"兹"，也就是双捆丝，所以该甲骨文也可识读为"丝"。

有人说该字是蚕茧的形象。有学者将甲骨文"虫"字的形象说成是"蚕"字的形象，将甲骨文"蜀"字说成是蚕处于蝶变阶段，上面是大眼睛，下面是身子，另外加"虫"表示形符。所以，甲骨文中的"丝"字，就是蚕抽丝的形象。这种说法也有道理。在农村，农民将许多蚕茧倒进滚烫的大锅开水里，然后从茧子里抽丝出来，其形象有点类似于"兹"的甲骨文形象。

《说文》云："丝，蚕所吐也。从二系。""兹"的异体字为"茲"。《说文》又说："茲，艸木多益。从艸，兹省声。"《说文》将两个字区别得很清楚。但徐中舒先生认为：卜辞中两字混用。

453 幽	1	2	3
	合 33606 无	合 29510 何	合 14951 正宾

"幽"字中的幺，既是声旁也是形旁，表示微小。在该字的甲骨文中，上面的两个"幺"表示非常微小；下面的"火"，表示火光。整个字的意思是火照到远处，显得悠远深长。有的甲骨文形体下从山，实际上是火的变体，当然也可理解为高山幽远神秘。《说文》云："幽，隐也。从山中丝，丝亦声。"大意：幽，就像高山隐而不露。字形采用

"山""丝"（yōu）会意，"丝"也是声旁。"丝"的意思就是微小。

454	1	2	3
樂	合 33153 历	合 36501 黄	36904 黄

"乐"的繁体是"樂"。其甲骨文上有丝，表示丝弦捆着的东西；下为木，表示木杈子；字形像木杈上系着丝弦，捆着贝类或者其他东西。人们高兴的时候使劲地摇动，就发出叮叮当当的声音。《说文》云："樂，五声八音总名。象鼓鞞。木，虡也。"意思是说"樂"是五声八音的总称，像鼓鞞的样子。木表示鼓鞞的支架。

455	1	2	3
幼	合 52 宾	临摹	合 22736 出	英 2185 出

"幼"的甲骨文是一个会意字，从幺（yāo），从力。幺，表示小的意思，在重庆经常可听见"幺儿"一词。整个字的意思就是年幼力小。

456	1	2	3
索	合 387 反宾	临摹	合 15516 宾	花东 125

"索"的甲骨文像两手在搓编绳子的样子。金文则像在房子里编绳子。在六书中属于异文会意。

457	1	2	3
绝	合 36508 黄	临摹	合 36751 黄	临摹	合 17464 宾	临摹

"绝"的甲骨文从幺从刀，或从丝从刀，意思是以刀绝丝。《说文》云："绝，断丝也，从糸（mì），从刀，从卩。"这是非常准确的解说。

三、与"网"相关的甲骨文

458	1	2	3	4
网	合 10514 宾	合 10514 宾	怀特 319 宾	合 22402 妇

甲骨文的"网"字就是网的形象，就像两根木桩中间缠绕绳线，交织成网状，用来捕捉水中的鱼，山中的鸟，林中的兽。其甲骨文有繁简两种写法。《说文》云："网，庖牺所结绳以渔。从冂，下象网交文。"大意：网，庖牺氏发明的，是用来捕鱼的工具。字形

以"冂"为构件，"冂"下像网交织状。

其实，甲骨文中除有"网"外，还有"毕"，也是捕鸟的工具；还有"雍"，即是给鸟下套子；还有"狩"，即是带着猎犬，扛着树杈狩猎。

459	1		2	
罗				
	合 6016 正宾	临摹	合 880 正宾	临摹

"罗"的繁体是"羅"。该字的甲骨文形体从网从隹，后来在演变过程中增加纟，写作羅。整个字的意思就是以网捕鸟，今天还有"天罗地网"的说法。《说文》云："羅，以丝罟鸟也。从网，从维。古者芒氏初作罗。"也就是说"罗"是用丝网捕鸟。《诗经》云："有兔爰爰，雉离于罗。"意思是兔子逍遥自在，而野鸡却自投罗网。今天农村把用丝线做的筛子叫"罗筛"。

460	1	2	3	4	5
刚					
	合 10771 宾	合 16468 宾	合 31138 无	怀特 1650	屯 1050 历

"刚"的甲骨文有两种写法，或左边网右边刀，或左边刀右边网。网，既是声旁也是形旁，表示捕猎工具，可以捕获鱼也可以捕获兽。刀，意思是以刀断网。整个字的意思是刀刚强有力。这很好理解，笔者在农村时，常听人说刀的钢火好，不是以刀砍骨头，砍硬东西，而是以刀断丝线、断棉花，或许这正是刚的本义。但《说文》云："刚，强断也。从刀，冈声。"也就是说，"刚"是强力割断的意思。但它是一个形声字，字形采用"刀"作形旁，"冈"作声旁。

461	1	2	3	4	5
羁					
	合 28156 何	合 28154 无	合 28159 无	合 28163 何	合 28161 何

"羁"字在甲骨文中比较常见，其结构也很明显，从网从系从马。将该字识读为"羁"也是权宜之计。"羁"本是从网从革从马，在书法上也有人曾经将革写成系。这个字的本义指马笼头，显然马笼头有用革做的，也有用丝绳做的。马套上笼头当然不自由，所以"羁"的本义就是受到束缚，像人羁旅在外。

四、与"巾"相关的甲骨文

462	1	
帛		
bó	合 36842 黄	临摹

"帛"的甲骨文从白从巾，是一个会意字。造字本义是素绢，未上色的布帛，古代也把它作为书写材料、衣服材料。素布应该指白色的布，白在甲骨文中的确有白色的意思，所以这是一个会意字。但又说这是一个形声字，如《说文》云："帛，缯也。从巾，白声。"大意：帛，就是丝绸的一种。字形采用"巾"作形旁，"白"作声旁。

甲骨文中有"帛""衣""初""专""敝"等字，我们完全可以综合这些字推导商代关于纺织、裁剪、穿衣、缝补等日常生活的情况。我们学习甲骨文的基本思维就是进行分类、串联、识读，然后推导商代的历史。这是很有趣的。

463	1	2	3	4	5
敝					
	合 584 正甲宾	合 28869 无	屯 39 无	合 29403 无	合 10970 正宾

"敝"的甲骨文从巾从攴，巾就像是一块挂起来的布，这里可能指代衣服等；攴是手持木棍敲打的形象；有时在"巾"的上面还加上几点，表示布巾已经烂掉了，被敲打时还扬起了灰尘。整个字就像在阳春三月，把家里破破烂烂的衣服、被子等拿出来，一边晒还一边敲打。

《说文》云："敝，帗也。一曰败衣。从攴，从㡀，㡀亦声。"大意：敝就是指幅巾。另一种说法认为"敝"是破烂旧衣的意思。因为㡀的本义就是破衣服，所以"敝"字声中兼义。笔者小时候，农村都很穷，一件衣服哥哥穿了弟弟穿。读小学时，班上有个同学，穿的一件衣服真的叫"敝衣"。后来我们课后玩闹，几个同学把他的衣服扯得更烂了，想来心酸。又记得小时候，一件衣服破烂不堪，大人还舍不得扔掉，存放在衣柜里，出太阳的时候拿出来晒，还用木棍敲打上面的灰尘。这个"敝"字真的生动地再现了这种场景。所以，学习甲骨文要是能结合生活体验就更易理解了。

464	1	2	3	4	5
黹					
zhǐ	合 8285 宾	合 11046 宾	合 5401 宾	合 28134 无	花东 480

"黹"的甲骨文上像一块布，下像一块布，中间表示用针密密麻麻地缝合。商代人衣服破旧一定是会用针缝补好继续穿的，所谓"新三年，旧三年，缝缝补补又三年"。甲骨文中的"敝"就是用棍棒敲打破旧衣服，让其霉灰散掉。甲骨文中的"殷"字就是用针刺人，给人治病。甲骨文中的"朕"就是用针状的东西刺船缝，修补船缝。原始社会遗址已经发现了骨针，原始人能将树叶和兽皮缝制成衣服穿。甲骨文的"初"就是用刀裁布做衣服，与衣相关的甲骨文也较多，所以商代人在制衣、补衣的过程中，一定练就了相当高超的针线技术，所以才有了这个甲骨文。这个字在甲骨文卜辞中有时候表示方国名，有时候表人名，也有表示用针刺的含义。"黹"除了表示用针缝衣服外，还表示一种针线很密集的针织物，如刺绣。这个字和甲骨文"带"有时易混淆。

465	1	2	3	
带				
	合 28035 无	花东 451	合 35242 历	临摹

　　"带"的甲骨文，上下两端是相同的布絮，中间表示用密密麻麻的丝线缝制起来，周围几点表示丝絮。或者说，就像带子上缝制的图案。它的本义就是指扎在腰间的布条。佩在身上叫"带"，别在头上叫"戴"。《说文》云："带，绅也。男子鞶带，妇人带丝。象系佩之形。佩必有巾，从巾。"大意：带，较宽的大带子。男子佩皮革的衣带，妇人以丝为衣带。像系佩的样子。衣佩一定有巾，所以字形采用"巾"作偏旁。《说文》是依据该字的篆书来说解的。

五、与"衣"相关的甲骨文

466	1	2	3	4	
衣					
	合 35428 黄	合 1008 宾	合 26041 宾	合 28877 出	临摹

　　"衣"为象形字，其甲骨文字形上面像衣服的领口，两旁像衣服的袖筒，胸前左右呈交叉形状。古代的衣服没有纽扣，就是这个样子。北方天气较冷，交叉重叠于胸前的衣服比较保暖。古代的衣服开口有左开口和右开口，后来"披发左衽"被视为蛮族的习俗，孔子认为这是野蛮的表现。

　　《说文》云："衣，依也。上曰衣，下曰裳。象覆二人之形。"大意：衣，就是人们遮羞蔽体所依赖的东西。上身穿的叫"衣"，下身穿的叫"裳"。"衣"字的字形，像是衣服覆盖了两个"人"的形象。对《说文》的解释，历来争议很大。有学者说因为人不分贵贱都要穿衣，所以"覆二人"；有学者认为"覆二人"实际上是"覆二乙"，"乙"是"肱"的初文，意思是说衣服主要是覆盖两个臂膀的；有学者认为《说文》所依据的篆文有误，实际上该字下部是衣领的形象。根据该字的甲骨文字形，将"衣"字字形解读为刻画古代衣服的衣领、袖筒和交叉的衽口较为合理。

467	1		2		3	
依						
	合 7047 宾	临摹	合 6169 宾	临摹	合 14316 宾	临摹

　　"依"的甲骨文从衣从人，且人在衣中，即衣服是人所依赖的东西。饿了吃，冷了穿，这是人的本性。人最依赖什么？莫过于身上的衣服。古人取象于此，表示依靠，具有质朴的文化内涵。甲骨文中的"依"与"初"字形相似，这是因为人旁与刀旁在甲骨文中相似。衣，既是声旁也是形旁，代表服装。《说文》云："依，倚也。从人，衣声。"大意：依，就是人所依靠的和依偎的。字形采用"人"作形旁，采用"衣"作声旁。

468	1		2		3	
初	合 36423 黄	临摹	合 31801	临摹	合 26045 出	临摹

"初"的甲骨文用例较少，但能确定这是"初"字。该字的甲骨文左边是古代衣服的形状，右边是刀的形状，会意以刀裁衣，是制衣服的起始。它的本义即起始、开端。

《说文》云："初，始也。从刀，从衣。裁衣之始也。"大意：初，就是起始的意思。字形采用"刀""衣"会意。即裁剪衣服的开始。甲骨文中用小草刚刚长出地面表示"才"，用刀裁衣表示"初"，都是具体表抽象，言简意赅。

469	1	2	3
裘 qiú	合 7921 宾	合 7922 宾	合 2853 宾

"裘"的甲骨文和"衣"的甲骨文相似，都是象形字，刻画的都是衣服的形象。但"裘"刻画的是皮毛外露的样子，表示用兽皮做的衣服。后来该字形声化，从衣，求声，本义为皮衣。古代"求""裘"同字。

《说文》云："裘，皮衣也。从衣，求声。一曰象形，与衰同意。"大意：裘，就是皮衣。字形采用"衣"作形旁，"求"作声旁。"裘"又与"蓑"同义。《说文》此处的"衰"即"蓑"字。蓑衣与兽皮做的衣服有相似的外形。

470	1	2	3	4	5
袁	合 33033 历	合 31012 无	合 345 宾	合 18165 宾	合 29700 无

甲骨文中的"袁"，主体部分显然是衣服的"衣"字，但另一个偏旁是什么？就很有争议了。一说是"中"，也就是草的意思，全字的意思就是用草缝制的衣服。这种说法有一定道理，因为原始社会用草做衣服是完全有可能的，用树叶、树皮做衣服也是存在的；另一说法是"又"，"又"表示手的意思，整个字就表示穿衣服。上表第5种形体最右边是一个"又"字，需要仔细看才能看明白。

《说文》云："袁，长衣貌。从衣，叀省声。"大意：袁，像长长的衣服的样子。字形采用"衣"作形旁，采用有所省略的"叀"作声旁。

六、与"束"相关的甲骨文

471	1	2	3	4	5
束 shù	合 29700 无	合 893 正宾	合 30381 无	合 21416 自	合 18513 宾

"束"的甲骨文一说是会意字，从口从木，也就是在木上加圈，像用绳索把木柴捆起来。另一种说法认为该字同"囊"，就是两端有口的布袋子，装东西时将两端封好。该字的甲骨文写法有两种，上表中的第1、2、3种形体是一种，第4、5种形体是另一种。

《说文》云："束，缚也。从口、木。"大意：束，捆绑的意思。字形采用"口""木"会意。

472	1	2	3	4	5
橐 tuó	合9430 宾	合9425 宾	合23705 出	合21470 自	合21121 自

《说文》云："橐，囊也。从橐省，石声。"但是"小而有底曰橐，大而无底曰囊"。上表第1、2、3字是两端打结的口袋的样子，严格说来应识读为"囊"；第4、5字刻画的是有底的一端打结的口袋样子，严格说来当识读为"橐"。我们看古装剧，经常见到两端打结，斜跨背上或套在胸前的袋子，"囊"就是这般模样。

473	1
曹	合36828 黄　　临摹

此字与《说文》中"曹"的形体结构相同，所以识读为"曹"。《说文》云："曹，狱之两曹也。在廷东。从棘，治事者，从曰。"大意：曹，就是打官司的原告和被告，都在衙门的东边。字形采用"棘""曰"会意，用"棘"表示原告和被告都在法庭东边，用"曰"表示两人各说各的讼词。许慎这种解释比较勉强，不足为据。

甲骨文专家李孝定认为："曹"的甲骨文上面的"东"，表示装东西的袋囊；下面的口，表示竹筐之类的东西，造字本义就是用竹筐装东西。这里讲一讲甲骨文识读的常识：有些甲骨文的形象明显与后来的文字有相似之处，但用后来文字的意义来识读相应的甲骨文却不够准确。有些文字在形象上找不到相应的后来文字，但是根据卜辞的上下文却知道其基本意思与后来某字相通。这些都是需要进一步考究的文字。比如"曹"字，在甲骨文中属于已经确认的可识读文字，但是用今天"曹"的含义却难以解释甲骨文中"曹"的本义。所以也只能暂时识读为"曹"。

第十二节　器物（三）

一、与"帚"相关的甲骨文

474	1	2	3	4	5
帚 zhǒu	合32897 历	合24951 出	合32048 历	花东5	合17544 宾

甲骨文的"帚"，实际上就像农村中一种俗名叫"铁扫把"的植物，农民常将其收割

后晒干，作为扫帚。此外，今天农村也将高粱秆、竹条等扎紧，做成小扫帚，用来洗碗洗锅。甲骨文的"帚"，像倒立的扫帚形状。这个"帚"字，后来再加"手"旁，便有了"掃"（扫）这个字。甲骨文中的"帚"有时候同"婦"（妇）。

《说文》云："帚，粪也。从又持巾埽冂内。古者少康初作箕、帚、秫酒。少康，杜康也，葬长垣。"大意：帚，就是扫除庭院。字形采用从又、从巾、从冂会意，表示一人手持扫帚，在庭院内打扫。古代的少康发明了撮箕用来撮灰，发明了扫帚用来扫地，还发明了秫酒用来喝。少康，就是人们所说的杜康，死后葬在长垣。许慎说解该字的意思是对的，但结合甲骨文字形来看，说是在庭院内打扫就有些不妥了。

学习了扫帚的"帚"这个字，可以将它与甲骨文中的"聿"字结合起来对照记忆，"聿"是手握竹管笔的形象。还要与甲骨文中的"婦"字结合起来理解记忆，"婦"就是女的拿着扫把打扫庭院，在家带孩子。还当和甲骨文"盡"（尽）结合起来记忆，"尽"就是东西吃完了，拿着小扫帚将器皿洗刷干净。

475	1		2		3	
妇	合 18060 宾	临摹	合 14025 宾	临摹	合 32757 历	临摹

"妇"的繁体是"婦"。此甲骨文中的"帚"，就是扫帚，像农村的铁扫把这种植物；"女"表示女性。整个字表示女子在家扫地，做家务。有时候以帚代妇，这也是甲骨文中常见的用字现象。

《说文》云："婦，服也。从女，持帚洒扫也。"大意：婦，劳动的女人。字形采用"女""帚"会意，表示女人持帚在家洒扫。

甲骨文卜辞中有"妇好"一词，在安阳还出土了妇好墓，表明妇好是一位能征善战的女性。商周时很多姓氏都是女旁，如姬、姚、姜、妫、嬴等，商代妇女地位比较高。王国维缀合了一片有名的甲骨，论证了该版甲骨的内容与《史记》记载的商代先公先王基本吻合，也证明了当时当权的主要还是男性。

476	1	2		3	
羽	合 32895 历	合 9524 宾	临摹	合 20854 自	临摹

"羽"的甲骨文刻画的就是羽毛的形状，其异体字较多。有些学者认为由一片羽毛构成的甲骨文是"羽"字，两片羽毛构成的甲骨文不是羽字。徐中舒先生就认为两"羽"即是"翌"字。而甲骨文中的"羽"多通"翌"字，有时候又写作"昱"，在甲骨文卜辞中表示明日或以后几日。其实没有必要做如此区分。上表中的第 1 种形体刻画得很生动形象。《说文》云："羽，鸟长毛也。象形。"甲骨文中有鸟、鸡、隻、雍等字，说明商人对鸟类和禽类非常熟悉，甲骨文中还有美、尾等字，完全可能是用野禽的羽毛来做成的装饰品。

477	1	2	3	4	5
彗	合 9690 反宾	合 5452 宾	合 9780 宾	合 32000 历	合 32967 历

《说文》云："彗，扫竹也。从又持甡。篲，彗或从竹。簪，古文彗，从竹，从習。"大意："彗"是竹做的扫把。该字像手持扫把的样子，有时写作"篲"。清代的学者认为《说文》解说该字从"甡"不确，此不详述。"彗"的甲骨文像倒放着的扫把的样子。

彗星又被称为"扫把星"，因为有长长的尾巴，在古代被视为不吉祥的天象。注意：很多人粗看此甲骨文字形后会认为像两片羽毛，是"羽"字，其实不对。甲骨文中很多形体与后来汉字某些形体能够对应，但是意义说不通。所以识读甲骨文不仅要注意形似，还要注意义通。

478	1	2	3
习	合 31674 无	合 31673 无	合 31669 无

"习"的繁体是"習"。它的甲骨文字形从羽从日，羽表示翅膀，日表示太阳，整个字表示鸟儿在太阳底下练习飞行。另一说法认为下面的结构不是"日"字，而是鸟窝，整个字表示鸟儿在鸟窝里扇动翅膀，练习飞行。这种说法也有道理。《说文》云："習，数飞也。从羽，从白。"大意：习，一次次练习起飞。字形采用"羽""白"会意。许慎根据篆书以为该字从白，错。

479	1	2	3	4
寝	合 35673 黄	屯 2865 历	合 13572 宾	合 23532 出

"寝"的甲骨文上为宀，下为帚。与今天寝字略同，故识读为"寝"字。在甲骨文用例中也有表示居室的意思。现在有人说甲骨文的"寝"字，从宀，表示卧室，也就是寝室；从帚，帚是婦（妇）字的省略；故"寝"就是有妻妾居住的房间。这是乱讲。还有人说"寝"就是妻妾执帚洒扫晏居之义，也是望文生义，不足为信。

480	1		2	3	4	
侵	6057 正宾	临摹	6057 正宾	6057 反宾	合 2840 宾	临摹

该甲骨文字形像以手持帚在打牛的样子，所以识读为"侵"。正如《穀梁传》曰："苞人民、殴牛马曰侵。"也就是说欺压百姓，驱赶牛马，叫作"侵"。"侵"字后来从又从帚，又表示手，帚表示扫帚，整个字表示用手持帚扫地。因扫地是渐次进行，不能东扫

一下西扫一下，所以"侵"又有渐进的意思。就像打仗，也是渐次推进，所以"侵略"的本义就是攻城略地渐次推进。

《说文》云："侵，渐进也。从人又持帚，若埽之进。又，手也。"《说文》的解说是准确的。想想也很有道理，赶牛也是渐进，奴隶主压迫人民也是得寸进尺。所以"侵陵"的意思就是渐渐逼迫。"侵淫"后写作"浸淫"，表示雨水渐渐泛滥。

二、与"爿"相关的甲骨文

481	1	2	3	4	5
疒					
nè	合 13682 正宾	屯 239 历	合 13666 正宾	花东 76	合 13711 正宾

该甲骨文为"疒"，由"爿"和"人"构成，上表中的第 5 种形体将人写为身，繁简不同而已。上表中的第 3、4 种形体加点，像人卧病于床，大汗淋漓。这个甲骨文又可识读为"疾"。后来该甲骨文中的"人"演化为"亠"，"爿"部不变，遂有了"疒"字。

482	1	2	3	4	5
梦					
	合 22145 妇	合 17450 宾	合 1027 正宾	合 122 宾	合 21380 自

"梦"的繁体是"夢"。甲骨文的"梦"字，像是一个人躺在床上入眠后梦到某种景象，吓得手忙脚乱，眼睛圆睁。上表第 1、2 种形体就生动地体现了一个人做噩梦受到惊吓的场景。第 3、4 种形体突出了梦中手乱抓乱舞的形态，并与第 5 种形体一样，简化了眼睛圆睁的形象。今文"夢"从苜（mù）从宀从夕，"苜"指眼睛看不清，"宀"是人的变形，"夕"指晚间，合起来指晚上在家里睡觉时，对睡眠中的梦幻景象，看不清也分不清虚实。

《说文》云："夢，不明也。从夕，瞢省声。"大意：梦，不明不白的梦幻意识。字形采用"夕"作形旁，采用省略了"目"的"瞢"作声旁。

483	1	2	3	4
妆				
	合 18063 宾	合 5652 宾	花东 241	临摹	花东 241

"妆"的甲骨文，一般认为是个形声字，从女爿声，也就是说女的才爱装扮。本义就是女人梳妆打扮，爱美。但仔细分析甲骨文并结合中国古代的文化习俗，"床"是用来坐的，也可用来躺卧。甲骨文"爿"，很值得深入研究。我们联系与之有关的甲骨文，比如"梦""疾""疒"，显然是一种可躺卧的像今天床一样的家具。甲骨文中的"墙"字，实际上是墙板的意思。其实无论是床板还是墙板，还是坐凳都需要一块板子，板子大，垫着就可以作为床；板子小，垫着就可以作为板凳。那么甲骨文"妆"字或者可理解为声中兼义。由爿、女组成，这个字不是表示女子起床，梳妆打扮，而是表示女子坐在板凳上梳妆打扮。《说文》："妆，饰也。从女，床省声。"大意：妆，就是修饰、装饰的意思。字形采用"女"作形旁，

采用省略了"木"的"床"作声旁。

484	1	
戕		
qiāng	合 35301 历	临摹

"戕"的甲骨文由爿、戈构成，爿既是声旁也是形旁，是"床"的本字，表示卧具或坐具；戈表示武器。整个字表示杀伐。《说文》云："戕，抢也。他国臣来弑君曰戕。从戈，爿声。"大意：戕，残害。他国的臣子来刺杀本国的君王叫"戕"。字形采用"戈"作形旁，"爿"作声旁。另一种说法是外敌攻进来，杀人于床。当然这个床是用来坐的而不是睡的。这种说法十分牵强、不足为信。

三、与"亩"相关的甲骨文

485	1	2	3	4	5
亩					
lǐn	合 583 反宾	屯 204 历	合 584 反甲宾	合 9643 宾	合 28070 无

甲骨文"亩"的基本构形是下面是开门的小屋，上面有棚。它是"廪"的本字，"廪"的本义是米仓。上表中的第1、2两种形体是简写，第3、4两种形体最形象生动，第5种形体加"宀"，强调仓廪上的雨棚。

《荀子》云："谷藏曰仓，米藏曰廪。"管子曰："仓廪实而知礼节。"古代的米仓分为两种，方的称廪，圆的称囷（qūn）。《说文》云："亩，谷所振入。宗庙粢盛，仓黄亩而取之，故谓之亩。从入回，象屋形，中有户牖。"大意说：亩就是收谷藏谷的地方。祭祀祖先的时候，要将六谷之长的稷盛在器皿中。在稷成熟时，要非常谨慎、非常庄重地割取，所以叫它"亩"。也即段玉裁所认为的："亩"字当作"癝"，"癝癝，寒也。凡戒慎曰癝癝，亦作懔懔"。但"亩"字的甲骨文上为入，下为回形屋的粮仓，回形屋中间就是窗户。

486	1	2	3	4
啚				
bǐ	合 6057 正宾	合 32982 历	合 7875 宾	合 6058 正宾	临摹

"啚"的甲骨文上为口，下为亩。"口"的意思就是把东西聚集起来，围起来；"亩"是粮仓的意思。整个字的意思就是爱惜、吝啬。《说文》云："啚，啬也。从口、亩。亩，受也。"也是说"啚"的意思就是吝啬或爱惜，就像啚夫装粮进仓的样子。另一说法认为该字同"圖"（图）。

487	1	2	3	4	5
嗇					
sè	合 20648 自	合 20648 自	合 5790 宾	合 10433 宾	合 4874 宾

　　"嗇"的繁体是"嗇"，是一个会意字。其甲骨文字形上面是来，即小麦；下面是
亩，即粮仓的形象。整个字的意思就是把小麦装入粮仓。该字小篆从来从回，"来"是小
麦，"回"是廪字的原始写法，也是仓库。《说文》云："嗇，爱瀒也。从来，从亩。来者
亩而藏之。故田夫谓之嗇夫。"大意：嗇，就是爱惜节约的意思。从来从亩，表示将粮食
收回藏入仓库的意思。但段玉裁认为："田夫谓之嗇夫。"是因为田夫的工作不仅是收回粮
食，还要储藏和保管粮食，多入而少出。

488	1		2	
墙				
	合 27888 无	临摹	合 36481 黄	临摹

　　"墙"的一籀文写法为"牆"，从亩，从二禾，爿声。"牆"字的结构正与上表中的
甲骨文字形相对应，"禾"表示粮食，"亩"表示粮仓。民以食为天，当然藏粮食的地方
需要筑"墙"围起来，这就是甲骨文"墙"的本来意义。《说文》云："墙，垣蔽也。从
嗇，爿声。牆，籀文从二禾。牆，籀文亦从二来。"段玉裁进一步解释道："左传曰：人之
有墙，以蔽恶也。故曰垣蔽。"也就是说：墙是用来阻挡坏人的。该字也可理解为会意字，
从嗇、从二禾、从爿。因"爿"其实可以理解为筑墙的墙板，这个字的意思就是用墙板筑
起储存粮食的粮仓。

四、与"力"（耒）相关的甲骨文

489	1	2	3	4	5
力					
	合 22099 午	合 22323 妇	合 19801 自	合 22268 妇	合 22324 妇

　　"力"是一个象形字，本义是古代原始的耒器，最早当然是木质或骨质的，后来又有
了青铜和铁质的。它相当于今天翻田用的铲子。使用铲子时要用力，所以它又表示"力"。
有人认为该甲骨文像向下伸展的手臂，是"又"的变体，手臂当然有力气了。

　　《说文》云："力，筋也。象人筋之形。治功曰力，能圉大灾。"大意：力，就是人手
臂上肌肉的形象。平治天下，建立功勋，也叫"力"，这种"力"可抵御大灾。

490	1	2	3	4	5
方					
	合 30999 何	合 20407 自	合 28190 无	合 6673 宾	合 546 宾

　　甲骨文的"方"字，一说下面像船的船头，上面是另外两船的船舷之间，下面这只船要

划上去，与上面的船并行。又有学者认为："方"是一种农具，与"耒"相同，也就是今天铲子的雏形。还有说下面像人，上面横着的像城，本义指城市，所以有"方国"的称谓。但在甲骨文卜辞中，此字常常指方位或者祭祀名称。方祭，就是朝各个方向祭祀。

《说文》云："方，并船也。象两舟省总头形。"大意：方，相并的两条船。字形下部像两个"舟"字省略合并成的样子，字形上部像两条船总缆在一起的样子。

491	1	2	3	4	5
旁					
	合 6665 正宾	合 6666 宾	合 33198 历	合 37791 黄	合 5776 正宾

该甲骨文字形上为凡或者工，下是方。徐中舒先生认为其写法与"旁"的金文写法 相似，故识读为"旁"。"方"有大的意思，故有学者认为"旁"就是"磅"的初文，表示磅礴、广大的意思。正如《说文》云："旁，溥也。"但在甲骨文用例中，"旁"常表示方国名、族名、人名或者地名。

上表中第 5 种形体是上为方，下为工，是倒着刻写的"旁"字。这很考验识读者的眼力和水平。

492	1	2	3	4	5
乇					
zhé	合 3245 宾	合 22246 子	合 34653 无	合 1076 正甲宾	合 29015 无

该甲骨文构形虽然比较简单，但它像甲骨文"力"，又像甲骨文"尤"，上表中第 5 种形体还与甲骨文"七"形近而混。于省吾将之识读为"乇"，得到学界公认。"乇"的甲骨文字形，表示用来割裂祭祀牲体的刀刃形象，所以它是"矺"的初文，后来又写作"磔"。

但《说文》云："乇，艸叶也。从垂穗，上贯一，下有根。象形。"大意："乇"指草木的叶子。该字字形上面像穗下垂，中间根茎贯通地面，下面就像弯曲的根的样子。这是一个象形字。《说文》对"乇"的解说通过其篆书体现得更加明了。

493	1	2	3	4	5
劦					
xié	合 27277 无	屯 348 无	合 27044 无	合 14295 宾	合 34615 历

"劦"是一个会意字，就是三个"耒"的形象，表示众人一起拿着耒耜，去田里翻田、除草等。该字也就是"协"的初文，"协"后简化为"协"。"协田""籍田"，也就是一起耕田。

结合甲骨文中的"耒""男""力""耤"等字，可知商代的农业比较发达。

494	1		2		3	
耤						
jí	合 9505 宾	临摹	合 9506 宾	临摹	合 9515 宾	临摹

"耤"的甲骨文字形很形象生动，第1、2种形体左边是一农具，像耒；右边是一个人，突出了他的手和脚。整个字就像用耒翻田。第1种形体突出用脚踩耒，用手出力，就好比今天在农村常见到的农民用铁锹翻田的景象。第3种形体则是第1种形体的反写。后来"耤"演化为"藉"，字义也发生转移，表示供人祭拜时站、跪的草垫。

《说文》云："耤，帝耤千亩也。古者使民如借，故谓之耤。从耒，昔声。"大意：耤，天子亲自带领百姓耕种千亩的田地。古代天子征用民力犹如借用民力，表示爱惜百姓，因此称它为"耤"。字形采用"耒"作形旁，"昔"作声旁。《说文》的解说显然不妥。

五、与"𤣩"（玉）相关的甲骨文

495	1	2	3	4	5
玉					
	合 6016 正宾	合 10171 正宾	合 11364 宾	合 30997 无	合 34148 历

在上表中，甲骨文"玉"的第1、2种形体像一根丝绳串着玉石的样子，一端打结、有絮。第3种形体弱化绳头。第4、5种形体则减少玉片数目，类似于甲骨文中的"丰"，后演化为今天的𤣩（王字旁）。这种偏旁保留在今天的汉字中，表示与玉相关。

中国人常常赋予自然之物以人类的品德、情感，所以《说文》说："玉，石之美，有五德：润泽以温，仁之方也；䚡理自外，可以知中，义之方也；其声舒扬，尃以远闻，智之方也；不桡而折，勇之方也；锐廉而不技，絜之方也。象三玉之连。丨，其贯也。"大意：玉，真是美丽的石头啊。玉有五种品德：它显得润泽光滑而温和，是仁者的象征；从外部观察其纹理，可知其内部情况，这是义士的象征；玉声舒展清扬，清脆且传播较远，这是有智慧的人的象征；它宁可折断也不弯曲，这是勇士的象征；它尖锐而不锋利，是廉洁之士的象征。字形像三块玉片串连在一起的形象。丨，像串玉的贯绳。

所以玉在中国文化里有举足轻重的地位。古代的重要礼节，祭祀祖先，朋友馈赠，男女恋爱等，都要用到玉。

496	1	2	3	4	5
珏					
jué	合 32486 历	屯 280 历	合 33201 历	合 14588 宾	合 16091 宾

"珏"的意思是合在一起的两块玉。《说文》云："珏，二玉相合为一珏。"

497		1	2	3	4	5
琮 cóng		合 3313 宾	临摹	合 5505 宾	22088 午	合 32981 历	合 36810 黄

该甲骨文是一个象形字，就像玉琮的样子，后来形声化，从玉，宗声。玉琮是古代的一种玉器，如上表第1种形体，外边八角，中间圆形，常用作祭地的礼器。古人认为玉器是凝聚天地精气的物品。《周礼》记载："以玉作六器，以礼天地四方。以苍璧礼天，以黄琮礼地，以青圭礼东方，以赤璋礼南方，以白琥礼西方，以玄璜礼北方。"后因刻写方便，该字字形简化，线条直线化。

观察良渚文化出土的玉琮，其形象内圆外方，可知甲骨文"琮"刻画的是人俯视时琮口的形象。但良渚文化的玉琮的功能，学术界至今尚无定论。有的学者认为琮的方形表示大地，中间的圆孔象征女阴，整体是以生殖崇拜的形式表达对大地母亲的敬仰。有人认为玉琮是男根之函，是在男主死了之后，用来套住其生殖器。甚至有人认为玉琮是当时织布机上的某个部件。还有学者认为，既然琮内圆外方，那么它就象征着天和地，琮是沟通天地之间的媒介。

498	1	2	3	4	5
朋	合 11443 宾	合 11438 宾	合 11445 宾	合 21773 子	合 21772 子

王国维认为两玉为珏，两贝为朋，珏、朋本为一字。古籍中多以"朋"代"倗"，是计量单位。而甲骨文中的"朋"，就像两串玉系在一起。上表中"朋"字的形体表明，一串玉一般有五个玉石，两串十个，但有时简化为一串四个、三个甚至两个。徐中舒先生《甲骨文字典》认为：朋即賏（yīng）字。《说文》云："賏，颈饰也，从二贝。"贝产于海滨，殷周人把它当颈饰。

六、与"午"相关的甲骨文

499	1	2	3
秦	合 299 宾	临摹	合 30416 无	临摹	和 32742 历	临摹

甲骨文的"秦"，上部是双手持杵，下部是成堆的麦、谷等，本义表示用杵状农具打谷、打麦使脱粒，相当于农村用旧式的连枷打谷子和打麦子。

《说文》云："秦，伯益之后所封国。地宜禾。从禾，舂省。一曰秦，禾名。"大意：秦，伯益的后代所受封的邦国。那个地方适宜种植禾谷。字形采用"禾"与有所省略的"舂"会意。另一种说法认为"秦"就是禾谷的名称。

各个上古朝代的名称、上古的地名等其实都有其文化源头，并不是简单的"专有名词"。它们拥有自己的特殊含义，或是对那个地方人民的生活方式的描述，或是那个年代生产力发展阶段的表现。"秦"的甲骨文或许揭示了一个事实,秦地适宜农业。后来商鞅变法奖励耕战,粮食积蓄足了,秦国才一统天下。但"秦"在甲骨文中多用作祭名。

此外,有些成语也能反映秦地的文化传统。"朝秦暮楚""秦晋之好""秦镜高悬"(喻法官判案公正严明)等,便反映了该地独特的文化和历史。

500	1		2		3	4
舂						
	合 26898 无	临摹	合 26898 无	临摹	合 9336 宾	合 17078 正宾

甲骨文的"舂",上面是双手持杵,杵在四川话中叫作"碓窝棒";下面是凵,也即是碓窝、石臼。整个字表示双手持杵在石臼中捣鼓。这个字非常生动,也非常接地气。笔者小时候,农村处处都在用"碓窝棒",即在一块石头上打个口大底小的坑,然后用碓窝棒杵,给谷物、高粱脱皮,或者把粮食舂碎。

《说文》云:"舂,捣粟也。从廾持杵临臼上。午,杵省也。古者雍父初作舂。"大意:舂,就是舂粟。字形采用"廾""午"会意,像一个人在石臼上方手持杵棒舂米的形象。"午"是"杵"的省略。据说古代一个名叫雍父的人最早发明了舂捣技术。

上表第1、2种形体来源于同一版,为同一人书写,形体相似;第3种形体突出了"杵"的形象;第4种形体则进一步突出了大的"杵"形。

注意将该字和"秦"的甲骨文进行比较。"秦"字是两手持碓窝棒舂禾的形象,"舂"是舂米去壳的形象。笔者在农村见到的碓窝棒是两头大中间小,两头都可以杵。

501	1	2	3	4	5	6
御						
	合 2417 宾	合 2418 正宾	合 6761 宾	合 2631 正宾	合 27559 无	合 30297 无

甲骨文"御"的一般写法是从卩、午声。另一说是会意字,"卩"像人跪在地上,"午"为"杵"的本字,合起来像人正在劳作。另一说法:"午"为交午,也就是交错的意思;"卩"像人跪于地上;整个意思就是主人跪在地上迎接客人,主客相见故曰"午"。所以,"御"有迎接的意思。上表第3种形体加"彳",增加了道路的含义;第4种形体加"攴";第5、6种形体加"示";后来,"御"又与"驭"同义。

七、与"单""毕"相关的甲骨文

502	1	2	3	4	5
单					
	合 137 正宾	合 30276 无	合 28116 无	合 9572 宾	合 21729 子

"单"的繁体是"單",甲骨文中的"单"和甲骨文中的"干"应该是同源关系。"单"是分叉的树枝状,也就是"干"。后来在分叉处用绳索捆绑,使之牢固,又在末端各加一个圈,表示套上石块,用于狩猎。所以,与这个部件相关的字多与狩猎、战争相

关，如"狩"字。

503	1	2	3	4	5
干					
gān、gàn	合 37473 自	合 28059 无	合 4942 宾	合 4948 宾	合 9801 宾

　　"干"的甲骨文有两种写法。上表第 1、2 两字为一种写法，像树杈的形状，有人将之隶定为"单"。远古时代用作狩猎工具，后来也作为武器，像今天警察用以制服罪犯的叉状铁杆。上表第 3、4、5 字为第二种写法，像盾牌的形象。

　　《说文》云："干，犯也。从反入，从一。"大意：干，就是冒犯、侵犯。是由倒写的"入"和"一"构成的会意字。

　　树杈状的武器主要起防御作用，而矛是纯粹的进攻武器，所以"干"后来引申为盾牌，又有捍卫的含义。刘基《卖柑者言》中有"洸洸乎干城之具也"，意为一副威武的样子，好像是捍卫国家的人才。

504	1	2	3	4	5
狩					
	合 20762 自	合 10587 宾	合 33388 历	合 28773 何	合 28640 无

　　"狩"的异体是"獸"，"獸"的异体是"兽"。该字甲骨文字形从单从犬，意指古人外出捕猎要带猎犬和捕兽的工具，所以整个字表示狩猎的意思。另一说法认为此为"兽"字，因为捕获猎物的方式叫"狩"，捕获的对象叫"兽"，二者造字方式相同。上表中的甲骨文字形非常生动有趣，第 1、2、3 种形体是简化写法，第 4、5 种形体是繁化写法。

505	1	2	3	4	5
祈					
qí	合 7914 宾	临摹	合 32998 历	合 7913 宾	合 7920 宾	合 816 宾

　　"祈"的一个异体是"𢼸"。上表中的甲骨文都从单从斤，权且识读为"祈"。《说文》云："祈，求福也。从示，斤声。"大意：祈，向神灵求福。字形采用"示"作形旁，"斤"作声旁。古代打仗或狩猎前要占卜，向神灵祈祷。上表中的甲骨文字形从单从斤，单字有繁简之别。

506	1	2	3	4
禽				
	合 79 宾	合 5533 宾	合 28325 何	合 28853 无

　　这个甲骨文的形体结构比较单一，识读为"禽"，也就是"擒"的初文。但徐中舒先

生认为该字是"毕",后简化为"毕"。其甲骨文字形像捕捉小鸟、老鼠或兔子等用的带长柄的网，是古人田猎时所使用的工具。

《说文》云："禽，走兽总名。从厹，象形，今声。禽离兕头相似。"也就是说：禽是走兽的总名。但清代有学者认为这里不仅包括走兽，还包括飞禽。该字下部分为厹（内），本为走兽的足迹；中间为凶，是其头首的形象；上边的今表示读音。又有学者认为："走兽总名曰禽者，以其为人所擒也。"这就好比甲骨文中的"狩"和"兽"的关系。所以"禽"也是"擒"的初文。

徐中舒先生认为该字可识读为"毕"，后简化为"毕"，似更准确。《说文》云："毕，田冈也。从华，象毕形微也。或曰：由声。"大意："毕"就是田网的意思。该字从田，表示与田猎相关；从华，表示该狩猎工具的形状为网状。"微也"不好理解，历代学者争论不已。它应该是错入的内容，此不论。但另一种说法认为该字最上面不是田，而是由，表示该字读音。

八、与"竹"相关的甲骨文

507	1	2	3
竹			
	合 261 宾	合 20229 自	合 32933 历

这个字不用多说，是象形字，刻画的就是竹枝和竹叶的样子。该字甲骨文形体可谓字中有画，画中有字。

竹子有多种用途，到底在商代人日常生活中地位如何？甲骨文卜辞中有"取竹刍于丘""用竹"等表述，意思是"在山丘砍伐竹子和割野草""使用竹子"，应该说竹子的作用是巨大的。随着历史的发展，竹子在文人骚客心目中的地位也越来越高，"可以食无肉，不可居无竹"，人们赋予竹子以品德，尤其是理学在中国盛行后，更是如此。竹子中空，表示虚心；头歪，表示谦虚；等等含义，不用赘言。甲骨文"竹"字的生命力也非常强，今天的"竹"字与其一脉相承，今天国画中的"竹"也继承了其形象。

508	1		2		3	
聿 yù						
	合 22063 午	临摹	合 32791 无	临摹	合 28169 宾	临摹

"聿"的甲骨文，即以手握笔的形象。当然，有时候握的也不一定是笔，有可能是做清洁的扫帚，或刷洗瓢盆的刷子。《说文》云："聿，所以书也。楚谓之聿，吴谓之不律，燕谓之弗。从聿，一声。"大意："聿"，就是一种书写工具。楚国称之为"聿"，吴国称之为"不律"，燕国称之为"弗"。字形采用"聿"作形旁，"一"作声旁。显然，该字的甲骨文是会意字而不是形声字。

509	1	2	3
律			
	合 28953 无	临摹	怀特 827 无	怀特 1581 历

该字中的"彳"表示道路、遵行；该字中的"聿"，既是声旁也是形旁，是"笔"的本字，表示书写；所以"律"表示书写在册的规矩、纪律、行事准则。而上表中第3种形体加"止"，表示脚，引申为遵循。

《说文》云："律，均布也。从彳，聿声。"大意：律，均衡广布于万物之中的规律、真理。字形采用"彳"作形旁，"聿"作声旁。

510	1		2	
昼				
	合 22942 出	临摹	屯 2392 无	临摹

该甲骨文因其与金文的"昼"相似，故隶定为昼。其上部是"聿"，也就是用手握笔的形象，用来记录时日。《尚书》中有详细记载，远古时代就已经派历官到当时国家的东、南、西、北的边界去观察太阳东升西落，这些历官会固定在某地树立一个标杆，记录每天太阳东升西落时标杆在地上倒影的方位和长度。标杆在地上的倒影长度和角度与之前的某个时间相同时，就刚好过了一年。该甲骨文下边的"日"，就是太阳的意思，所以这个字的意思就是：观察太阳一天的东升西落，并用笔记下。

该字的篆书写作畫，许慎的《说文》就是以篆书为本，所以许慎就误以为是"画"的省略。"画"的繁体是"畫"，篆书是畵，与"昼"的篆书相似。于是许慎就在《说文》中说："昼，日之出入，与夜为界。从画省，从日。"大意：昼，即太阳升起来与太阳落山之间的时刻，与夜晚相连。所以字形由有所省略的"画"和"日"构成。也就是说"昼"字是"画"字的省略，表示历官要"画"的边界，也即白天与黑夜的边界。

511	1	2	3	4	5
尽					
	合 3515 宾	合 3518 宾	合 18538 宾	合 3519 宾	合 3521 正宾

"尽"的繁体是"盡"。该字甲骨文上面像手持洗锅洗碗用的毛刷，这种毛刷也就像用高粱秆或者细竹条捆扎的小扫帚，下面是器皿，合起来的意思就是：吃完东西后，用毛刷清洗器皿，将之刷干净。《说文》云："盡，器中空也。从皿，㶳声。"大意：尽，盛器内的东西被全部掏空。字形采用"皿"作形旁，"㶳"作声旁。这是一个声中兼义的字。值得注意的是，后来该字简化为"尽"，便看不出原形了。

512	1	2	3
丙			
tiàn	合 33075 自	合 9575 宾	合 23715 出

该甲骨文字形刻画的就是有花纹的席子的样子。这种席子可能是用竹条编织而成，也可能是用布匹制成的。

513	1		2		3	
因						
	合 12359 宾	临摹	合 5651 宾	临摹	合 21579 子	临摹

"因"的甲骨文像一个人躺卧在席垫上，很惬意的样子。所以说"因"的本义是躺在席子上，引申为依靠、凭借。另一说法认为"因"是"茵"的本字。因为字的中间不是人形的"大"，而是席子的纹路，所以整个"因"字也表示席子的意思。这种说法也有道理。甲骨文中有"宿"字，表示的就是人躺在席子上的形象。甲骨文"宿"字中的席子明显有纹路。

《说文》云："因，就也。从囗大。"大意：因，就是依靠、凭借、依凭。字形采用"囗""大"会意。甲骨文字形中，第 1、2 两种形体像是人穿着衣服，第 3 种形体像是人仰靠在席子上，当然有依凭的意思。

514	1	2	3	4	5
宿					
	合 27805 无	合 29351 无	合 33567 无	花东 451	合 27813 何

今天的"宿"是形声字，但该字的甲骨文是会意字。该甲骨文就像屋里面有一个人，在有纹路的席子上睡觉的样子。上表中第 1、2、3 种形体是常见写法，第 4、5 种形体是简化写法，强调这个人在席子上睡觉。《说文》云："宿，止也。从宀，㝛声。㝛，古文夙。"大意：宿，停下来、住下来、歇下来。字形采用"宀"作形旁，"㝛"作声旁。㝛，是古文写法的"夙"字。值得注意的是，今天很多形声字，其对应的甲骨文都是会意字。这表明形声字的声符最初都是有一定含义的，这也为我们使用"固声求义"的方法学习汉字提供了依据。

515	1		2	
于				
	合 6834 正宾	临摹	合 37743 黄	临摹

一说"于"是"吁"的本字，是拟声词，即一种乐器吹奏时发出"吁吁"的声响。另一说"于"是"竽"的本字，指一种有柄的吹奏乐器。上表中第 1 种形体是简写，第 2 种形体是繁写，增加的符号表示吹奏的声音，即所谓的"余音绕梁"的意思。《说文》："亏（今隶定为'于'），於也，象气之舒亏。从丂，从一。一者，其气平之也。"大意："于"字像气息舒缓与亏缺的样子，字形采用"丂""一"会意。指示符号"一"，表示气息很平缓。这种说法显然不妥。

516	1	2	3	4
竽				
yú	合 16242 宾	合 16243 宾	合 18635 宾	合 24216 出

"竽"的甲骨文就像我们今天看到的笙的侧面形象，就像一捆竹竿捆绑在一起的样子，还有一个握手的地方和吹奏的嘴。然后在中间加了一个"于"字作为声旁。上表第4种形体又在右边加"又"，强调手的演奏。后来简化为从竹于声的"竽"字。古人用竹做乐器，甲骨文中还有"穌""龠"等字也是如此。

517	1	2	3	4
龠				
yuè	合 4720 宾	临摹	合 25750 出	合 22748 出	怀特 1051 出

"龠"的甲骨文非常生动，上面的符号是口，这个符号我们在"合"字中见过，就是指人的嘴巴；下面是一根一根并排捆绑在一起的竹管，特意突出竹管的口。这些竹管长短不一，发出的声调也不一样。吹这些竹管就会发出不同的声音，可以演奏优美的曲子，所以"龠"字表示一种乐器。这种乐器类似于我们今天的排笛或者排箫。可见商代音乐水平已经很高了。

《说文》云："龠，乐之竹管，三孔，以和众声也。从品龠。龠，理也。"大意：龠，演奏音乐的竹管乐器，只有三孔，是用于与众声相和的一种管乐器。字形采用"品""龠"会意。龠，就是伦理的意思。显然，许慎的说法有误，他看到篆书中"龠"字有三口便说成是只有三孔的乐器。下面不是"龠"，更不是伦理的意思。甲骨文显示它是一把竹管。不过许慎说到了音乐与古代的道德伦理有关，赋予其道德教化的内涵，这倒是颇中肯的。

注意：甲骨文中，把一把竹管捆起来就是"龠"，把一把竹片或木片捆起来就是"册"。

518	1	2	3	4	5
册					
	合 6160 宾	合 7420 宾	合 24133 出	合 30676 无	合 28089 无

甲骨文"册"字像是用两股线把竹片或木片串联起来。在古代，用竹片书写的叫"简"，用木片书写的叫"札"或"牍"，若干"简""札"或"牍"编缀在一起就叫"册"。

《说文》云："册，符命也。诸侯进受于王也。象其札一长一短，中有二编之形。"大意：册，就是用来记录朝廷授权、分封信息的。受封诸侯入朝受封于君王。该字字形像册子中札片一长一短排列，中间有两根细绳串联的形状。《说文》是根据当时的历史文化来解说的。其实甲骨文的形象就是木札（牍）或竹简，这是"册"字的本义。所谓"册封"，就是许慎解说此字的根本依据。

值得一提的是，甲骨文中的"册""书""画""史"等字充分表明，至少在商代，文字已经有写在竹简或木札（牍）上的，只是书写材料不易保存，所以至今无传。

519		1	2	3	4	5
典	合 21186 自	临摹	合 33020 历	合 22675 出	合 37840 黄	合 30658 无

甲骨文"典"字的常规写法中间是册，代表书简，两边是又，代表双手，合起来表示双手捧着书籍、典册等。

上表中第 1、2、3 种形体是一类。第 4 种形体下面加两横，这也好理解。《说文》云："典，五帝之书也。从册在丌上，尊阁之也。庄都说：'典，大册也。'"大意：典，五帝治国安邦的书籍。字形采用"册""丌"作偏旁，"册"表示书，"丌"表示放书的架子。一个叫庄都的人认为，典，上从册，下从大，也就是大的书册。第 4 种形体下面的两横可能正是放书的架子。第 5 种形体则是省略了一只手的简写体。这个字的造型展示了中国古代书籍的形象。我们看有关春秋战国等时期的电视剧，便可看到双手捧竹简阅读的景象，那正是"典"的形象。

九、与"其"相关的甲骨文

520		1	2	3	4
其	合 20070 自	合 20408 自	合 21793 子	合 32002 历

甲骨文的"其"字像簸箕的形状，是"箕"的初文。也就是农村筲箕的形象，又有说像箩筐的样子。属于象形字。

《说文》云："箕，簸也。从竹甘，象形；下其丌也。"大意：箕，簸箕。字形采用"竹""甘"会意，是一个象形字，下部的"丌"是箕脚。

这里从语言学角度讲讲"箕"字。箕踞，古人席地而坐，伸开两腿坐着，形状如撮箕。《礼记》云："坐毋箕。"意思是席地而坐，不要伸开两腿。又如箕张、箕坐，说的都是这种坐姿。这种坐姿容易走光，很不体面，也不礼貌。

但是农村常用的簸箕、撮箕是两种形状完全不同的农具，簸箕是大的圆匾，而撮箕与装垃圾的器具即今天四川话叫作"筲箕"的农具形状相似，还可以用来装土。筲箕是用竹篾、柳条等制成的盛东西的器具，所谓"箕，箕帚也"，"凡为长者粪之礼，必加帚于箕上"。

521		1	2	3	4	5
粪	合 33374 正历	花东 498	合 10956 宾	花东 36	合 18181 宾	临摹

"粪"的繁体是"糞"，其篆书写作𡎛。《说文》云："糞，弃除也。从廾推𠦚弃采也。官溥说：'似米而非米者，矢字。'""廾"指的是双手，"𠦚"是除掉污物的用具，"粪"就是扫除污物的意思。但官溥说该字上面的"采"是"矢"，也就是"屎"，那么"粪"的意思也就是扫除粪便。

"粪"字的甲骨文写法可分为三种，上表中第 1、2 种形体是双手持"其"，"其"相当于农村用的筻筻、撮箕等清洁工具，然后点上几点代表垃圾或垃圾发出的味道，这是该字的常规写法。第 3、4 种形体则省略掉点，是简略写法。第 5 字是繁化写法，一手持扫帚，一手持筻筻，也就是将垃圾扫进筻筻里面，"其"里面还有几点，表示污秽的含义，这个字形最形象生动。

段玉裁说："古谓除秽曰'粪'，今人直谓秽曰'粪'。"这也就是今天"粪"字的来源。

522	1	
棋		
	合 8189 宾	临摹

"棋"的甲骨文目前仅出现一例，该字的异体有棊、碁等。而该字甲骨文字形的上面像木，中间像筲箕，下面像两只手，识读为"棊"最准确。本字从木，其声，后来因为棋子又由石子做成，所以又变成石旁的"碁"。古时通称博弈的子为棋，这是其本义。《说文》云："棊，博棋。从木，其声。"意思是说棋就是博弈用的。该字以"木"为形旁，以"其"为声旁。

注意甲骨文"棋"和"弃"的区别，两字下半部分相同，但"棋"的甲骨文上面是木，而"弃"的甲骨文上面是子，意思是丢弃的是孩子。

523	1	2	3	4	5
基					
	合 6574 宾	合 8447 宾	合 8450 宾	合 6571 正宾	合 6572 宾

一种说法认为"基"是形声字，正如《说文》所说："基，墙始也。从土，其声。"大意：基，就是墙壁的起建点，也就是地基。字形采用"土"作形旁，"其"作声旁。另一种说法认为甲骨文基字由"其"和"午"会意，表示用夯实土的杵将用竹筐搬运来的泥土夯实。但结合都江堰的修建过程可知，先秦时是用竹筐装鹅卵石以建堤坝，完全可能用竹条编成筐形，装土以为地基。笔者小时候亲眼见到农村修建土墙房屋，将竹条交错放入墙中，以增强墙体的拉力。

十、与"宀"相关的甲骨文

524	1	2	3	4
宅				
	合 21031 自	合 13563 宾	合 8720 正宾	花东 294

"宅"的甲骨文与其楷书相似，是形声字，从宀，乇声。"宀"的本义就是住所、处所。《说文》云："宅，所托也。从宀，乇声。"也就是说"宅"的本义就是人所依托的地

方，寄托人身的居所。字形用"宀"作形旁，用"乇"作声旁。其实许慎是想将乇旁也解说进去，将其说成是"托"的省略，也就是训诂学上的"声训"。该字在甲骨文中常用作动词，表示营造房屋。

525	1	2	3	4	5
室	合 13560 宾	合 23722 出	英 2346 何	合 30347 何	英 2177 出

"室"是一个会意字，从宀从至。"至"的甲骨文表示箭掉到了地上，所以"室"的含义就是人在屋中。《说文》云："室，实也。从宀，从至。至，所止也。"大意：室，就是人们充实其中的地方。字形采用"宀""至"会意。段玉裁云："古者前堂后室。《释名》曰：'室，实也，人物实满其中也。'"上古时代人们穴居而野处，"穴"便是最原始的室，后来圣人易之以宫室，于是有了宜居的房屋，古者宫、室有贵贱之分，但又同称房屋。《说文系传》云："室，堂之内，人所安止也。"也就是说，前面是堂，相当于今天农村地区房子的堂屋，后面是室，相当于今天的卧室，卧室是人们休息、睡觉的地方。

526	1	2	3	4
向	合 28954 无	合 28948 何	合 28101 何	合 28950 无

"向"的甲骨文构形单一，构形中的"宀"，像墙侧面的形状，农村老房子的土墙就是这个样子。中间为"口"，就像在墙壁上开的窗子，用作通气和采光。所以"向"的本义就是墙上的窗口。该字金文、篆文变化不大。《说文》云："向，北出牖也。从宀，从口。《诗》曰：'塞向墐户。'"大意：向，就是朝北开的窗子。字形采用"宀""口"会意。《诗经》有诗曰："塞住朝北的窗子，用泥糊住透风的门缝。"因为冬天北风吹来，很是寒冷，所以要塞住窗子。

527	1	2	3	4	5
宗	合 30339 无	合 13539 宾	合 34045 历	合 30341 何	合 30327 何

"宗"的甲骨文由"宀""示"两个部分构成。宀，表示房舍，这里可指专门供奉祖先牌位的小庙宇；示，在甲骨文中表示祖先的神牌，也就是神祇之祇；"宀""示"合在一起，就表示供奉祖先的庙宇。《说文》云："宗，尊祖庙也。从宀示。"这是非常准确的解释。

528	1	2
冗	屯 1050 历 ／ 临摹	合 32730 历 ／ 临摹

该甲骨文字形从宀，从人，也即"宂"字，"宂"又是"冗"的异体。《说文》云："宂，橄也。从宀，人在屋下，无田事。《周书》曰：'宫中之冗食。'""橄"也即是"散"的异体，段玉裁认为此《周书》当是《周礼》。《说文》的大意是：冗是闲散的意思，就像人在屋里没有下田劳动一样。《周礼》中说："供给宫中吃闲饭官吏的饮食。"

529	1	2	3	4	5	6
宾						
	合 30346 无	合 1140 正宾	合 5831 宾	合 915 正宾	合 15164 宾	合 10405 正宾

甲骨文"宾"的异体字比较多，上表中最繁复的写法是第6种形体，从宀，从万，从女，从止，止是朝向房屋的，表示有人朝房屋走来。整个字表示一个人在家中，等待从外而来的宾客。需注意的是，"宾"的甲骨文中的"女"都指人而非女子。第5种形体简化掉止，从宀，从万，从女。我们对宾字的形体结构进行分析，认为该字中的"万"也是指人，也就是在房屋下一主一客。第3、4种形体就像房屋下有一人从外而来，当然是宾客。第1、2种形体则像是室内有一人在等待宾客，或者宾客已经到了家里。

"宾"的繁体是"賓"。《说文》云："賓，所敬也。从贝，宀声。"《说文》将其当作形声字，也就是说古人对宾客是很好的。金文将"止"改作"贝"，小篆沿袭这种写法。王国维说："金文及小篆易从止为从贝者，乃后起之字。"为什么从贝呢？有两种说法，一种认为宾客是我们所尊敬的对象，现在的川北地区还有客人很"甘贵""宝贵"的说法；另一种说法是，朱骏声认为"从贝者，宾礼必有赞"，王国维进一步阐述道："古者宾客至必有物以赠之。其赠之事谓之宾，故其字从贝。"也就是说古代宾主之间都要向对方送礼。

530	1	2	3	4	5	6
寇						
	合 573 正宾	合 540 宾	合 537 宾	合 575 宾	合 577 宾	合 26992 无

甲骨文的"寇"是一个会意字，该字像一个人手持棍子冲进屋里面打劫。所以该字的一般写法从宀，从人，从丨，后来人旁演变为元，丨演变为攴，写成现在的"寇"字。上表中第1、2字的形体是常规写法，第3、4字的丨演变为攴，第5字的形体省略人，第6字中的人演变为又。《说文》云："寇，暴也。从攴，从完。"清代学者徐锴曰："当其完聚而欲寇之。"意思是说，当强盗聚集在一起后，就开始四处抢掠了。

531	1	2	3	4	5
叟					
sǒu	合 5624 宾	临摹	合 2670 反宾	屯 1024 历	合 18175 宾	合 34272 正历

"叟"的甲骨文像一个人在屋里举着火把的样子。这个字的解读有多种说法。一说是老人在家生火煮饭，这比较符合今天农村的情境，人老了，就在家煮煮饭，带带孩子，年轻人就出去闯。二说即《说文》所云："叜，老也。从又，从灾。"甲骨文中的"灾"的确有这种写法，也就是指房子里燃起大火了，但这里指的是人老了，变得不中用了。而

"又"的含义是手,"从又,从灾"的含义就是说人老了,手没有力量了。还有一种说法也是从《说文》而来,清代朱骏声认为"叟"即"搜"之古文。"从又持火,屋下索物也。会意。"意思是说人老了,眼睛花了,看不见了,只有打着火把在家里找东西。上表中第1、2、3、4种形体是一种写法,第5种形体则省略了宀。

532	1	2	3	4	5
宫	屯 271 无	合 4290 宾	合 24462 出	合补 11321 何	合 37601 黄

"宫"的甲骨文从宀从吕,"宀"表示房屋,"吕"表示多间房间,该字本义表示屋子幽深、蜿蜒复杂。《说文》云:"宫,室也。从宀,躳省声。"大意:宫,就是堂屋后面的室。字形采用"宀"作形旁,采用省略了"身"的"躳"作声旁。这种解说十分迂曲。

宫刑,又称腐刑、蚕室、阴刑、椓刑或直称宫,是中国古代的一种残酷的刑罚。据记载,男性受宫刑主要是割掉生殖器,女性受宫刑主要是敲打腹部,使子宫脱落。司马迁为投降匈奴的李陵辩解了几句,"上以迁为诬罔,欲沮贰师,为陵游说,下迁腐刑"。被处以这种刑罚后容易伤风感染,必须藏在密不透风的屋子里面,故名"宫刑"。

533	1	2	3	4	5
寮	合 24272 出	临摹	合 24274 出	合 24276 出	合 24330 出	合 18626 宾

"寮"的甲骨文由"宀""尞"构成。甲骨文中有"尞"字,意思就是架着木柴生火,那么,"寮"的意思就是生了火的小屋。北方的冬天,有火的房屋当然是很温暖的,故有"茶寮酒肆"的说法。后来"寮"又同"僚",也就是官僚的住处,当然也是很舒服的地方。屋里生火当然明亮,所以"寮"后来又指小窗户,是说给屋里带来光明的意思。

534	1	2	3
定	合 36917 黄	临摹	合 36918 黄	临摹	合 36850 黄

"定"的甲骨文由"宀""正"两个部分构成,表示在家里很安定。另一说认为"身正不怕影子歪""平生不做亏心事,半夜敲门鬼不惊",人只要正直,就会像在家里一样的安定,但如果其身不正,人在家里坐,祸从天上来。《说文》云:"定,安也。从宀,从正。"实际上这是一个形声兼会意字。

535	1	2	3
宰 zǎi	合补 11300 反黄	临摹	合 35501 黄	临摹	合 1229 反宾	临摹

　　"宰"的甲骨文是一个会意字，从宀，从辛。"宀"表示屋子；"辛"表示的是一种刑具，有点像今天木匠用的戳子。"宰"的本义是充当家奴的罪人。《说文》云："宰，罪人在屋下执事者。从宀，从辛。辛，辠也。"但是，有犯罪者也就有治罪者，这就是"正反同训"的道理。那些在房屋下，拿着刑具给人治罪的人也叫作"宰"，故后来有宰相这一官职。而甲骨文中"宰"字的用例，其实多指一种官职，也指祭名和地名。

　　甲骨文中从辛的字，多与罪有关。如"妾"表示有罪的女子；"辟"表示砍掉罪犯脑袋，治其罪；"薛"也表示治罪。

十一、与"户"相关的甲骨文

536	1	2	3	4
户				
	屯 3185 历	合 31230 无	合补 2410 宾	合 30294 无

　　"户"的甲骨文字形一目了然，就是单扇门。该字像一块单独的木板，一边安有可以转动的轴。所谓"户枢不蠹"，即经常转动的门轴不会被蛀蚀。而"门"的甲骨文字形是双扇门。一般房间的入口只有单扇门板，大厅的入口才有两扇门板。《说文》云："户，护也。半门曰户。象形。"大意：户，就是用以保护家园的。半边门叫"户"。字形像半边的门板。

537	1	2	3	4
门				
	合 30282 何	合 20770 自	合 13598 宾	合 13605 宾

　　"门"的繁体是"門"，这是一个象形字，其甲骨文字形就像双扇门。《说文》云："门，闻也。从二户。象形。"大意：门，可以听见外面说话的地方。字形采用两个"户"会意，就像两扇门板。

538	1	2
问		
	合 16419 宾	合 21490 自　　临摹

　　"问"的繁体是"問"，是个形声字。《说文》云："问，讯也。从口，门声。"但也可以说这是一个会意字，就像是门里的人问外面的人。这种现象常见，因为开门就要问问外边是谁。另一说法是，这个甲骨文也可识读为"启"。

539	1	2	3	4	5
啟					
qǐ	合 30216 何	合 30205 无	合 38221 黄	合 30223 正无	合 30220 无

"啟"是"启"的繁体。甲骨文的"啟"，上面的圆圈是太阳，下面是户和又。户表示门，又表示手，合起来就是天亮了，开门出去工作了。上表中第4、5种形体加"口"旁，表示打开门说话或者赞叹。"啟"在甲骨文的用例中多指天放晴。

"啟"和"启"后来简化时合并为"启"，实际上两个字的意思完全不同。《说文》云："启，开也。从户，从口。"大意：启，就是打开门。字形采用"户""口"会意。《说文》又说："啟，教也。从攴，启声。《论语》曰：'不愤不啟。'"大意：啟，就是教导的意思。字形采用"攴"作形旁，因为中国古代教育是允许教导者使用戒尺的，采用"启"作声旁。

注意："开"是指用双手开大门；"启"是指用单手开单扇小门；而"啟"是指开门见日，后来指代教育，含有让人豁然开朗的意思。

540	1	
仓		
	合 9645 宾	临摹

"仓"的繁体是"倉"，该字甲骨文上面像仓房顶棚，是用来防止雨水打湿粮食的，中间像藏米谷的仓房的门，下面像仓房底部。古人收割粮食后，并不立即将粮食搬回家里，而是在离地不远的地方建立粮仓，将粮食晒干储存，该字的繁体"倉"正是这个意思。《说文》云："倉，谷藏也，仓黄取而藏之，故谓之倉。从食省，口象倉形。"倉上部像"食"字的省略，下面的"口"像粮仓的形状。

541	1	2	3	4	5
冏 jiǒng					
	合 20041 自	合 695 宾	合 18716 宾	合 32963 历	合 34165 历

"冏"的甲骨文就是窗户的形象，即后来的"炯"。"冏"字有"明亮"的意思，与后来的"炯"字的明亮的意思相同。该字的甲骨文就像圆形的窗户，窗户上有镂空的雕花。古代平民百姓的住处户冏不分，房屋低小。

542	1	2	3	4	5
盟					
	合 22857 出	合 34103 历	合 19923 自	屯 958 无	合 32330 历

该甲骨文上为冏，下为皿，识读为"盟"。"盟"是"盟"的异体字。《说文》云："盟，《周礼》曰：'国有疑则盟。'诸侯再相与会，十二岁一盟。北面诏天之司慎重司命。盟，杀牲歃血，朱盘玉敦，以立牛耳。从冏从血。盟，篆文从朙。盟，古文从明。"大意：《周礼》上说：诸侯会盟解决矛盾的时候，有专人掌管盟约及会盟之礼。诸侯国应当三年一朝，六年一会，十二年一盟。会盟的时候，就会北面祭祀上天的"司慎""司命"两大神（以及名山大川，先王先公，七姓十二国之祖），然后再赌咒发誓，签订盟约。

"盟"也就是把牛耳朵割下来装在红色盘中，取它的血放在玉做的杯中，然后同饮，发誓结盟。

另一说法，"盟"字上边的"囧"是血块的讹化，下边是器皿，还是指古代歃血为盟。

十二、与"井"相关的甲骨文

543	1	2	3	4	5
井					
	合 33044 历	合 9390 宾	合 2757 宾	合 2760 正宾	合 2761 反宾

这里列举"井"的甲骨文形体，主要是为了与后面的"凡"的甲骨文形体做对比。"井"的甲骨文刻画的是井口的形象，笔画有时用直线，有时用曲线。仔细观察，曲线刻画的"井"有井口凸出的特征，颇具立体感，绝非古人任意曲笔。"井"字的二横二竖都是交叉出头。

544	1	2	3	4	5
凡					
	合 1578 宾	合 23395 出	合 20575 自	合 21565 子	合 29990 无

甲骨文的"凡"有四围，像前后左右都包括在内。《说文》云："凡，最括也。从二，二，偶也；从乃，乃，古文及。""凡"的篆书写作凮。《说文》的大意是："凡"就是最大限度地囊括。但其后文十分迂曲难解。段玉裁认为："一二者，天地之大数也。故从二。"该字从二从及，当然就是包括一切的意思了。但"凡"的甲骨文似乎是由纯指示符号构成的指事字。注意"凡"字二横与二竖交叉时一般不过头，与甲骨文"井"略有区别。当然在甲骨文用例中"井""凡"也常常因形近而混。

545	1	2	3	4	5
丹					
	合 1623 正宾	合 8014 宾	合 24238 出	合 716 正宾	合 24386 出

甲骨文的"丹"是井字中间加一指示符号，表示矿井，强调这种井不是一般的水井。注意上表所列形体，无一例不是将"井"写成"凡"，显然是因为二者形近而混。

《说文》云："丹，巴越之赤石也。象采丹井，一象丹形。"大意：丹，巴蜀、吴越地区的赤色矿石叫作丹。字形像采丹的井口，其中的一点表示赤色矿石。

546	1	2	3	4
同				
	合 31680 出	合 24118 出	合 28019 无	英 1926 出

"同"的甲骨文上为凡，下为口，合起来表示众口一词。又可理解为上面是冃，也就

是帽子的帽，表示覆盖，下面是口，合起来也表示包含了众口的含义。也即《说文》所云："同，合会也。从冃，从口。"

注意该字的甲骨文与"合"的甲骨文的区别，两字构形相似。

547	1	2	3	4	5
毃					
què	合 11753 宾	合 3625 宾	合 10344 正宾	合 9530 宾	合 3516 宾

"毃"在甲骨文中常指贞人的名字，也就是占卜人的名字。该字甲骨文字形从殳从南，"南"的甲骨文像是一种悬挂着的大钟形象，所以该字就像是手持棍棒敲击大钟的样子。《说文》云："毃，从上击下也。一曰素也。从殳，声。"段玉裁进一步注释云："从上击下，正中其物，确然有声。"这种解读比较符合该字的甲骨文字形。但该字又同"壳"字，因为"壳"的一种异体为"殼"，"殼"与"毃"形似。这或可理解，这个字本身就是像手持东西敲打某个东西的样子，或是像对收割的稻米或小麦进行脱壳。

548	1	
汫		
jǐng	合 18770 宾	临摹

"汫"古同"阱"。又指细流蜿蜒，像井口清泉的样子。甲骨文中不常用。

549	1	2	3	4	5
用					
	合 25180 出	合 36002 黄	合 924 正宾	合 19954 自	合 21405 自

"用"字的甲骨文像木桶的形状，中间表示提手。所以有人说"用"就是"甬"，而"甬"就是"桶"。徐中舒先生在《甲骨文字典》中表示："用"字的中间是"卜"字，而周围是骨版，上面有兆纹表示可以使用，没有兆纹就不用，所以这个字的本义就是施行。《说文》云："用，可施行也。从卜，从中。"大意：用的含义就是可以施行，该字由"卜""中"组成。

550	1	2	3	4
箙				
fú	合 20149 正自	合 6567 宾	合 302 宾	屯 2152 无

这个甲骨文可识读为"葡"，也就是"备"的异体，又可识读为"箙"。该字的甲骨文字形下部像竹木做的筷笼，中间插了一支箭，就是指装箭的器具。此甲骨文是会意字，但今天已经形声化。《说文》云："箙，弩矢箙也。从竹，服声。《周礼》：'仲秋献矢箙。'"古代装箭的器具还有用兽皮做的，甲骨文中也有相对应的字，即"函"字，构形也很生动。

十三、与"工"相关的甲骨文

551	1	2	3	4	5
工	合 35398 黄	合 37840 黄	合 21772 子	合 20613 自	合 9795 午

"工"的甲骨文刻画的是工尺形象，上表中第 1、2 两种形体与今天的"工"字相似。第 3、4 两种形体相同，可以看作画方形的工具。

《说文》云："工，巧饰也。象人有规矩也。与巫同意。"大意：工，善于巧饰。字形像人手持规矩的形状。"工"字的造字思路与"巫"字相同。

552	1	2	3	4	5
巫	合 20365 自	合 5658 正宾	合 36515 黄	合 22103 午	合 32012 历

"巫"是一个象形字，据甲骨文字形，有的说像古代巫师所用的装神弄鬼的道具，就像十字架。又说是两个工字交叉而成，"工"也是神秘的道具。

篆文巫写成"工"和两"人"，表示两人或多人配合装神弄鬼，或称跳大神。遂演变为今天的"巫"字。

《说文》云："巫，祝也。女能事无形以舞降神者也。象人两褒舞形。与工同意。古者巫咸初作巫。"大意：巫，向神请求保佑的人。女人中有能与无形的鬼神沟通的，能够用奇怪的歌舞使神灵降临。"巫"字就像一个人挥动两袖，夸张起舞的样子。"巫"和"工"字形相似，可以通用。据传巫咸是最早使用巫术的人。

553	1	2	3	4	5
任	合 7854 正宾	合 27746 黄	合 7049 宾	合 4889 宾	合 17920 宾

甲骨文"任"是个会意兼形声字，像人在扁担旁，表示有劳动任务。或可说从人，壬声，表示任务。还有说法认为任字从人从壬，壬的意思是大，所以任的意思也是大。当然任务需要担当，所谓任重道远，就是责任重大。

554	1	2	3	4
妊	合 2800 宾	合 21556 子	合 21557 子	临摹	合 21559 子

"妊"字从女从壬，其甲骨文字形也是一边是女，一边是壬，意思是女人怀孕。《说文》云："妊，孕也。从女，从壬，壬亦声。"意思是怀孕，以从女从壬会意。《说文》又据《易》说"壬"像人怀孕的样子，实在牵强。

第十三节　武器、刑具

一、与"弓"相关的甲骨文

555	1	2	3	4	5
弓	合 3046 宾	合 7932 宾	花东 37	合 940 正宾	花东 149

"弓"的甲骨文像一个弯弓上绷着丝弦，上端还有一个装饰符号。另一说法是，上端并非装饰符号，而是弓的挂钩，平时不用时便于挂在墙壁上，让弦松弛。所谓"一张一弛，文武之道"。弓长期绷紧不用，就会失去韧性，其射程会变短。上表第 5 种形体省略掉弦。

《说文》云："弓，以近穷远。象形。古者挥作弓。《周礼》六弓：王弓、弧弓以射甲革甚质；夹弓、庾弓以射干侯鸟兽；唐弓、大弓以授学射者。"大意：弓，是以近射远的武器。字形像弓的形象。古代名叫"挥"的人创制了弓。《周礼》上说的六弓是：王弓、弧弓用来射击铠甲或射击甲革制的靶子；夹弓、庾弓用来射击胡地野狗皮或其他鸟兽皮作的靶子；唐弓、大弓用来教初学射箭的人。

556	1	2	3	4	5
弦	合 593 宾	合 29745 何	合 10048 宾	怀特 1582 历	合 18477 宾

甲骨文"弦"是一个指事字，刻画的是一张弓的形象，并且特意用短线或圆圈突出弓的弦。

557	1	2	3	4	5	6
射	合 10693 自	合 28809 何	合 165 宾	合 28308 何	花东 7	花东 2

显然，上表中第 1、2、3、4 种形体从弓从矢，且箭在弦上，即将射出去，若据形可识读为"弢"，但意思又说不通，因为"弢"是况且的意思。上表中第 5、6 种形体不仅刻画箭在弦上，且加又，又表示手，清楚地表明以手射箭，因此，该字若据义当读为"射"。"射"的异体是"躲"，《说文》云："躲，弓弩发于身而中于远也。从矢，从身。射，篆文𨥈从寸。寸，法度也，亦手也。"大意：射，就是箭靠人从身体旁边的弓弩中发出，而射中远处的目标。字形采用"矢""身"会意。射的篆文写作𨥈，采用"寸"作偏旁，寸表示行事的法度，也表示手。所以，射箭不是随便射的，要有法度。

但是，该字甲骨文明显没有"身"。汉字在演化过程中会出现形讹，有时是增加某些笔画，有时是减少，这其中有些有规律，有些没有规律。所以并不能够拿现在的字形来解释过去字形的意思。比如"魚"是四点底，"热"也是四点底，但是鱼的四点是尾巴，热的四点是火焰，意思完全不同。甲骨文"射"这个例子里面，不过是"弓"写走形了，变成了"身"而已，后来就写作"射"了，但其本义和身体没关系。

558	1	2	3	4	5
引 yǐn	合 32892 历	合 19875 自	合 35347 黄	合 5382 宾	合 23368 出

"引"的甲骨文字形像一把弓，上有一个指示符号，是一个会意字。楷书从弓、丨，丨表示箭。所以"引"的意思是箭在弦上，即将射出。《说文》云："引，开弓也。从弓丨。"大意：引，开弓。字形由"弓""丨"构成。

559	1	2	3	4	5
勿	合 27042 正宾	合 25160 出	合 29494 何	合 35244 历	合 27443 无

"勿"的甲骨文刻画的是手形，然后加几点，其在卜辞中多用作否定副词，但为何如此构形，学界至今尚未探明。有人说这是"刎"的初字，有人认为它表示旗帜，其实都是没有根据的说法。

《说文》云："勿，州里所建旗。象其柄，有三游。杂帛，幅半异。所以趣民，故遽称勿勿。"大意：勿，州郡里竖立的旗帜，因为汉代实行郡县制，郡以上又设置州，许慎是汉代人，所以这么说。又说该字字形就像树立的旗杆，旗杆上有三条旗帜飘动。旗帜由杂色的布帛做成，旗幅一半颜色与另一半颜色不同，"勿"是用来急速召集民众的，所以很匆忙就叫作"勿勿"。此处《说文》又是据该字的篆书来解说，显然有误。

560	1	2	3	4	5
发 fā	合 10405 正宾	合 26917 无	合 27017 无	合 31145 无	合 4840 宾

该甲骨文字形从弓、从攴，与"发"的繁体字"發"的下半部分相似，所以识读为"发"。本义就是射箭，攴就像一只手拿着一支箭的形象。《说文》云："发，射发也。从弓，癹声。"《说文》认为该字是形声字。

注意："髮"在古汉语中专指头发，"發"指的是射箭，后来此两字合并简化为"发"。

561	1	2	3	4	5	6
弘	合 269 宾	合 3076 宾	合 667 正宾	合 4997 宾	合 35673 黄	合 9106 宾

"弘"的甲骨文从弓从口，"口"是人说话的器官，这里是指弓发出的声音。《说文》云："弘，弓声也。从弓，厶（gōng）声。厶，古文肱字。"这种说法非常牵强。甲骨文

的"弘"就是一个会意字，指用弓射箭时所发出的声音。

562	1	2	3	4	5
弜 jiàng	合 20347 自	合 25160 出	合 30355 无	合 36909 黄	合 31196 何

《说文》云："弜，强也。从二弓。"意思是弓强劲有力，所以是两只弓重合在一起会意。在古人看来，弓能射箭，由近射远，已经非常强劲了，两个弓当然更加强劲有力。

二、与"矢"相关的甲骨文

563	1	2	3	4
至	合 20582 正自	合 27194 何	合 22045 午	合 32528 历

"至"的甲骨文构形单一，这是一个会意字，从一从矢。一的意思就是地面，地上画的是一支箭、头朝下的箭。箭射出去，从天上掉到地面，就叫作"至"。在甲骨文中，其为来和到的意思，与其本义相当。

564	1	
夷	合 17027 反宾	临摹

一说"夷"字是个会意字，从大从弓，指背着弓的人，古代指东方夷族。另一种说法是该甲骨文从弓从矢，表示弓箭，指武力。所谓"夷为平地"，就是指用武力搞破坏。《说文》云："夷，平也。从大，从弓。东方之人也。"大意：夷，就是平定的意思。字形采用"大""弓"会意。

565	1	2	3
疾	合 21052自	临摹	合 21053 宾	临摹	合 21054 自

"疾"的甲骨文从大从矢，"大"的意思是人，"矢"的意思是箭，所以该字的意思是一个人中箭了，受伤了。前面我们学习了"疒"的甲骨文，这个字像卧病在床的人，这个人大汗淋漓。

《说文》云："疾，病也。从疒，矢声。"大意：疾，就是生病了。字形采用"疒"作形旁，采用"矢"作声旁。其实这个字声中兼义。

566		1		2	3	
畀						
bì		合 3229 宾	合 4762 宾	临摹	合 6770 正宾	临摹

《说文》云："畀，相付与之，约在阁上也。从丌甶（fú）声。"大意是说，像把相互约定的契约放在一个托盘（阁）上面。古代君主在赏赐臣仆时也采取这样的方式。因此得出语义就是赠予、给予。丌即"基"字。

但该字的甲骨文字形实际上就是箭的形状，不过箭镞较为宽大而已。这种箭的杀伤力较大。

567		1		2	3	
侯						
		合 20024 自	临摹	屯 3396 正历	合 20058 宾	临摹

"侯"的甲骨文从矢从厂，"厂"就像铺开的布，只不过没有画完整，古人用它来做箭靶，"矢"表示箭，整个字的意思就是箭靶。古文"侯"写作"庆"，与此甲骨文字形相同。后来该字演变为"侯"，又写作"矦"。

568		1	2	3	4
吊					
		合 27738 何	临摹	合 31807 何	合 6637 正宾	合 4227 宾

"吊"的异体写作"弔"。甲骨文"吊"的字形，像人拿着矰缴（zēng zhuó）之形，矰缴也就是古人用的带着丝线的短箭，射出去后又可以收回来，有点像今天射鱼的一种渔具。远古时代，人死而不葬，只是放在荒野里用草盖着，但又怕禽兽来吃，送丧的亲友就带着弓箭前来守卫。"吊"的本义就是悼念、守护死者。《说文》云："吊，问终也。古之葬者，厚衣之以薪。从人持弓，会驱禽。"大意：吊，慰问死了的人。远古时代安葬尸体时，用厚厚的柴薪裹着尸体。字形采用"人""弓"会意，表示护尸和驱赶鸟兽。但显然该字的甲骨文不是从人持弓，而是从人持带绳的箭。

569		1		2	3	
侄						
zhí		合 21065 自	合 14067 宾	临摹	合 18055 宾	临摹

该甲骨文字形从女从至，很好辨识。女在甲骨文中通人，所以识读为"侄"，或者识读为侄的异体字"姪""妷"。古代兄长的女儿叫"侄"，但今天兄弟或同辈人的儿女都叫作"侄儿""侄女"。《说文》云："侄，兄之女也。从女，至声。"

570	1	2	3	4	5
函 hán	合 28068 无	合 10244 正宾	合 36481 正黄	合 28372 无	合 37545 黄

"函"的异体"圅","圅"与该甲骨文的形态相似。该甲骨文字形外面是一个箭囊，里面是一支倒着的箭。这个字的意思就是收纳箭矢的袋子，这种袋子一般用皮革做成。但《说文》云："圅，舌也。象形。舌体马（hàn）马，从马，马亦声。肣，俗圅从肉、今。"清代的学者认为：舌头包含在口中，而箭是包含在箭袋中，所以《说文》说"圅，舌也"。"圅"的上部是"马"，"马"本义表示花朵含苞未放。舌头在口中与花朵含苞未放有相似之处，故《说文》又说"舌体马马"，"马"又表音。

有学者认为甲骨文中用竹木做成的箭袋子叫"箙"，用皮革做成的箭袋子叫"函"，这是根据二字的字形特征得出的结论，颇有见地。先秦的"函人"指制造铠甲的工匠。

三、与"戈"相关的甲骨文

571	1	2	3	4	5	
蔑	33960 历	14804 宾	合 30452 无	合 14811 宾	合 14810 宾	临摹

"蔑"是一个会意字。从苜，从戍。"苜"是眼睛歪斜无神，"戍"是人扛着戈守卫边关，合起来表示戍守边关的人过于疲倦，眼睛歪斜无神。《说文》云："蔑，劳目无精也。从苜，人劳则蔑然。从戍。"大意：蔑，是指疲劳的人眼睛失去了神采，看不清东西。字形采用"苜"作偏旁，人疲倦时则眼睛无神。字形也采用"戍"作偏旁。

但"蔑"的甲骨文像一个人被戈勾住脚的样子，睁大眼睛，十分惊恐，整个字的意思就是杀伐、杀戮。徐中舒先生认为该字就是"伐"的一种异体字，仔细看该字的甲骨文字形的确如此，所以徐先生的观点也很有道理。

572	1	2	3	4	5	6
伐	合 36518 黄	合 28000 无	合 28055 何	合 33087 历	屯 1126 历	合 32267 历

"伐"的甲骨文像以戈割人的脑袋，该字本义就是杀人。《说文》云："伐，击也。从人持戈。一曰败也。"大意：伐，击杀。字形采用"人""戈"会意，像人手持戈。另一种说法认为"伐"是"毁坏"的意思。上表中第1、2、3种形体是常规写法，第4种形体增加了戈头的纹饰，第5种形体是伐的简化写法，第6种形体很值得研究，像以戈伐羌人的头。

注意甲骨文中的"伐"与"戎"的区别，"戎"字是人扛着戈，作出戒备的形象。

573	1	2	3	4	5
戍					
shù	合 28050 何	合 28031 无	合 38758 黄	合 25877 出	合 28056 何

该甲骨文像一个人，肩上扛着武器戈，在戍守边关的形象，所以就是"戍"字。《说文》云："戍，守边也。从人持戈。"大意：戍，就是戍守边境。字形采用"人""戈"会意。

注意："戍""伐""戎""戒"这几个甲骨文当对比学习。

574	1	2	3	4
戎				
róng	合 6906 自	合 6665 正宾	合 5237 宾	合 6888 宾

甲骨文"戎"是个会意字，一部分是"口"，即盾牌，另一部分是"戈"，所以"戎"就是一手持戈一手持盾，戈、盾是当时常规的兵器。后简写为从戈从十，"戈"是兵器，"十"是铠甲的"甲"的简写，所以合起来也是指兵器。还有一说法，从人从戈，人扛着戈表示戒备。

《说文》云："戎，兵也。从戈，从甲。"就是说戎是兵器的意思。《礼记》："以习五戎。"弓、殳、矛、戈、戟即为古代五种兵器，称作"五戎"。

575	1	2	3	4	5
戠					
zhī、zhí	合 33711 历	合 27145 无	合 19771 自	合 31791 合	合 21245 自

"戠"这个字很有文化气息。该字从言或从音，二者相同，有时省略言为倒三角形，再将之进一步省略为"丁"形；另外一部分是从戈，这个部分很明显；合起来识读为"戠"。有人说是"臘"的本字，而"臘"的意思就是干腊肉，是用于祭祀祖先的一种祭品。这种说法很有道理，农村祭祖时经常端一碗肉，叫作"刀头"。

另一种说法，它是"识"的本字，"识"的繁体为"識"，表示标识。甲骨文中有"日识"的说法，有人说那是有关太阳黑子的记录。还有人说该字左下为"音"或者"舌"，上为"戈"，古同"埴"，是一种黄色的黏土，又指代黄色。这种说法也有道理，因为甲骨文卜辞中有"戠牛"的说法，就是黄色的牛的意思。

576	1	2	3	4	5
戔					
jiān	合 6335 宾	合 6336 宾	合 7321 宾	合 36348 黄	合 36528 反黄

"戔"的繁体是"戔"，也就是两个戈的形象。上表第 1、2、3 种形体是常规写法，

第4种形体是左右两个戈，第5种形体是第4种形体的省略写法，左右两个戈，一戈头朝上一戈头朝下。该字本义是少、细微。如"戋戋微物""为数戋戋"。另一说法是"残"的古字。

577 戒	1	2	3	
	合 7060 宾	临摹	合 20558 自	合 35308 自
				临摹

"戒"的甲骨文上面为戈，是一种武器，下面是一双手。这个字非常生动。在冷兵器时代，戈是重要的战斗武器，该字让持戈警戒的形象跃然纸上。该字造字本义就是双手持戈，警惕防备。《说文》云："戒，警也。从廾持戈，以戒不虞。"大意：戒，字形采用"廾""戈"会意，意思就是双手持戈，保持高度警戒，以防不测。

578 武	1	2	3	4	5
	合 26770 出	合 36317 黄	怀特 1696 黄	合 36168 黄	合 22075 午

"武"的甲骨文从戈从止，"戈"是古代常用的武器，整个字就是表示持戈前进，出征作战。但《说文》说："武，楚庄王曰：'夫武定功戢兵。故止戈为武。'"大意：武，楚庄王说："武，就是树立战功，止息战争。所以'止''戈'会意为'武'。""止戈为武"的说法反映了中国传统文化中的战争观。所谓上者伐谋，下者伐兵，"不战而屈人之兵"是古代战争的终极目的。

四、与"刀"相关的甲骨文

579 刃	1	2	3	4	5
	合 6660 宾	合 19956 自	合 117 宾	合 5475 宾	合 21051 自

"刃"是一个指事字，刻画的是刀的形象，再在刀口上加一个指示符号。该字就是刀口的意思。

580 分	1	2
	花东 391	合 11398 宾

"八"是"分"的本字。甲骨文的"分"字加"刀"，意思是用刀将物体分开。《说文》也说："分，别也。从八，从刀，刀以分别物也。"该字是会意字。

581	1	2		3	
刜 fú	合 34409 历	合 18448 宾	临摹	合 21011 自	临摹

"刜"的意思是砍、用刀击、铲除。《左传》云:"苑子刜林雍,断其足。"孔颖达解释:"刜字从刀,谓以刀击也。今江南犹谓刀击为刜。"这个甲骨文结构很明显,从刀弗声。

582	1	2	3	4	5	
刖 yuè	合 6002 正宾	合 6000 反宾	合 581 宾	合 582 宾	合 6007 宾	临摹

"刖"的甲骨文左边是一个人,右边是一只手拿着有齿的刑具,整个字就像一只手拿着锯子锯掉了一个人的一只脚的形象。有些字形只刻画人的断足与锯子,突出以锯断足的样子。《说文》云:"刖,绝也。从刀,月声。"《说文》对于"刖"的含义只是泛泛而说,以刑具断手断腿都叫"刖"。不过以刑具断脚有一个专门的字是"跀",与"刖"相通。《周礼》中记载:"刖者使守囿。"也就是说受刑人腿被锯断或砍断了,没法劳动了,就让他守园囿吧。这种刑罚太残酷,周代改髌作刖,也就是说由挖掉膝盖骨改为断腿,加强对罪犯的惩罚力度。

甲骨文中还有"岁"字,刻画的是以戌断足的形象;"劓"字,刻画的是以刀断鼻的形象。

583	1		2	
栔 qià、qì	合 31823 何	临摹	合 14176 宾	临摹

"栔"即"契"的初文。从刀从丯,丯即是刀刻的纹饰,这是一个会意字,表示刀刻。但《说文》云:"栔,巧栔也。从刀,丯声。"《说文》认为这是一个形声字。"巧栔"是汉代人说的话,大意是巧妙地刻写。这个字后来又通"契",还是刻的意思,所以"刻舟求剑"在古书中又记作"契舟求剑"。在龟甲、兽骨上刻文字的刀具,也称"契"。"若合符契"指的是两者完全符合。

584	1		2		3	
刻 zhuó	合 5997 自	临摹	合 5998 自	临摹	合 525 宾	临摹

"刻"又同"斸",在古代指的是宫刑,司马迁受到的就是这种刑罚。甲骨文中这个

字就是用刀割掉生殖器的场景。这个字也说明，在商代可能就已经有了"宫刑"。

五、与"斤"相关的甲骨文

585	1	2
斤		
	合 21954 子	临摹	合 1329 宾

甲骨文的"斤"就像斧头的形状，所以今天将"斧斤"连用，四川的部分地区又把斧头叫作"斤官员"。但这个字的甲骨文不是象形字，而是简笔写意。

586	1	2	3	4	5
新					
	合 5785 宾	合 30799 无	合 30802 无	合 22073 午	花东 181

这个字的拆分比较复杂，该字中有辛，有斤，有木。是"新"字。"新"又是"薪"的本字。该甲骨文中的"辛"，表示读音，但也可是凿木的工具；"木"表示树木、木头；"斤"表示斧头；整个字的意思就是用斧头砍树木。《说文》云："新，取木也。从斤，亲声。"大意：新，劈柴取木，字形采用"斤"作形旁，"亲"作声旁。上表中的形体，第1、2、3、4 种形体是常规写法，第 1 字省略了木；第 5 种形体是在第 1 种形体的基础上加又，表示以手持斤伐木；第 6 种形体是斤、木、辛并列，也是新字。

甲骨文中，用斧头砍树木为"新"，把树木砍断为"折"，没有砍断而只是劈破为"析"。

587	1	2	3	4	
兵					
	合 9468 宾	合 9469 宾	屯 942 无	合 7205 宾	临摹

"兵"的甲骨文下为双手，上为斤，"斤"也就是斧子，指代兵器，所以"兵"的造字本义是一种兵器。有"兵不血刃""短兵相接"的说法，其中的"兵"也指兵器。在远古冷兵器时代，士兵所使用的武器，既有平时生活中的削砍器械，也有战时、狩猎时的武器。

《说文》云："兵，械也。从廾持斤，并力之貌。"大意：兵，军械。字形采用"廾""斤"会意，像双手持斧用力的样子。

588	1	
胪		
qí	合 8833 宾	临摹

"胪"字左边从月（肉），右边从斤，像是用斧头砍肉的样子。有词语"胪俎"，指古代祭祀时盛装肉类祭品的案板等器具。

589	1		2		3
折					
	合 18459 自	临摹	合 7923 宾	临摹	合 21002 自

"折"的异体是"斨"，其甲骨文像树木被斧斤砍成两段的样子，又像用镰刀割草的形象。今"折"字从手，有人说表示以手持斤断物，其实是"斨"字隶化时形体发生变化的结果。

《说文》云："斨，断也，从斤断艸，谭长说。斨，籀文折，从艸在仌中，仌寒故折。斨，篆文折，从手。"大意："折"就是砍断的意思，字形采用以斧斤砍断野草来会意，这是谭长的说法。籀文"斨"采用"艸"作偏旁，像草在冰（仌）中，草受冻便易被折断。篆文"斨"采用"手"作偏旁。

"折"在卜辞中常用作地名。

六、与"辛"相关的甲骨文

590	1	
仆		
	合 17961 宾	临摹

"仆"的繁体是"僕"。该字甲骨文是一个人头上有"辛"，表示有罪的人，手里拿着"其"，也就是"箕"。这个仆人装束怪异，在其身后有尾巴样的装饰，整个字表示仆人持箕倒垃圾，垃圾上还扬起了灰尘或者散发出臭味。

后来"仆"和"僕"二字合并简化为"仆"，而这两个字实际上差异很大。《说文》云："仆，顿也。从人，卜声。"就是说仆的意思是顿首，也就是以头扣地。《说文》又云："僕，给事者。从人，从菐，菐亦声。""菐"是烦琐的意思，"僕"的意思就是从事烦琐劳动的下人。

591	1	2	3	4	5
妾					
	合 657 宾	合 19892 自	合 661 宾	临摹	花东 490	临摹

该甲骨文上为辛，表示一种刑具，下为女，造字本义指有罪的女人。《说文》云："妾，有辠女子给事之得接于君者。从辛，从女。《春秋》云：'女为人妾。妾，不娉也。'"大意：妾，有罪的女子，为君主做事，并能接触君主的女子。字形采用"辛""女"会意。《春秋》上说：女子将成为别人的侍妾。妾，就是不娉而娶的女子。

592	1	2	3	4	5
辟					
	合 26895 无	合 20608 自	合 19990 自	合 438 正宾	合 8108 宾	临摹

"辟"的甲骨文左边是人的侧面形象，像跪着的或箕坐的人，右边是辛，表示刑具，该字的本义是行刑砍头。上表中第1、2、3、4种形体相似。第5种形体加了"口"，"口"或可表示头颅，强调砍掉的头滚落的含义，或可表示施刑人用口大声训斥罪犯。第5种形体与今天的"辟"一脉相承。砍头是古代行刑的主要方式。

《说文》云："辟，法也。从卩，从辛，节制其辠也；从口，用法者也。"大意：辟，就是法律的意思。字形采用"卩""辛"会意，表示制止人们的犯罪行为；用"口"作偏旁，表示执法者的训斥和宣扬法律。显然，《说文》将"卩"解释成"制止"是不妥的，有望文生义之嫌。该字是会意字。

"辟"有砍、开等意思，如《虞书》上说"开辟四门"，就是指打开四门。

593	1	2	3	4	5
薛					
xuē	合 1253 正宾	合 22825 出	合 31071 无	合 14049 宾	合 31910 何

"薛"的异体是"辥"，该字的甲骨文要和"辟"字的甲骨文结合起来理解。两字均有"辛"这个偏旁，郭沫若说这是挖眼睛和刻字的刑具。《说文》云："辥，辠也。从辛，辥省声。"也即是说"辥"表示罪愆的意思。根据卜辞，这种说法比较合理。在此基础上，又衍化出另一种说法："辥"是"孽"的本字，还是罪恶的意思。但王国维认为该字是会意字。他根据"辥"字的甲骨文字形有些是从辛、从目、从止，于是说"辛"表示罪过，"目"表示众人，"止"表示阻止，"辥"字的意思就是人有罪，众人止之，即所谓"大路不平旁人铲"。于是，王国维认为甲骨文中的"薛"，不仅不表示罪过的意思，还表示治理得好的意思。但徐中舒先生认为"止"在甲骨文中表示脚趾，并不是表示阻止，所以王国维之说，实有不确。

七、与"幸"相关的甲骨文

594	1	2	3	4	5
幸					
niè	合 5863 正宾	合 20381 自	628 正宾	33044 历	合 33201 历

"幸"的甲骨文是像手铐一样的刑具，这种刑具古今变化不大，只是今天的手铐是铁做的，古代一般是用木头做的。手铐用来铐手，而将手和头一起铐上的是枷锁。

595	1	2	3	4
圉				
yǔ	合 6057 正宾	临摹	合 5975 宾	临摹	合 5978 宾	花东 118

"圉"是一个很生动的字，该字像监狱里面一个人手被手铐铐住的样子。上表第1种形体是常规写法，以口代表监狱，幸代表手铐，口代表人，或口代表人在喊冤。第2种形体口在监狱中。第3、4种形体是一个跪着的人双手被铐住，被关在监狱里面。所以该字造字本义是将披枷戴锁的犯人关在牢里。

《说文》云："圉，囹圄，所以拘罪人。从幸从口。一曰圉，垂也。一曰圉人，掌马者。"大意：圉，囹圄，用来关押罪犯的监牢设施。字形采用"幸""口"会意。一种说法认为："圉"是"垂"的意思。另一种说法认为：圉人，就是管理马匹的人。

596	1	2	3	4	5	6
执 zhí	合 19779 自	合 185 宾	合 436 自	合 801 宾	合 26991 无	合 5971 宾

"执"的繁体是"執"，甲骨文字形由幸和丮组成，或为幸和女组成，整个字就像一个人的手被铐住的形象。它的本义就是拘捕、捉拿犯人。所以《说文》说："执，捕罪人也。从丮，从幸，幸亦声。"意思是用木枷锁住嫌犯。许慎将其解说成声中兼义，而其甲骨文是会意字。

甲骨文中有砍人头的"伐"，有锯断腿的"蔡"，有刺瞎眼的"民"（郭沫若的说法），有剖成两半的"卯"，这里又有抓捕犯人的"执"。

597	1	2	3	4	5
蟄 dié	合 584 反甲宾	合 137 正宾	合 137 正宾	合 855 宾	合 628 正宾

该字为"蟄"，上面为"止"，下面为"幸"，也就是给犯人戴脚铐，限制其行走。我们今天有脚镣手铐，古代也有手铐脚镣。上表中第1、2种形体是常规写法，第3、4、5种形体则是省略写法。第2、3两种形体出现在同片甲骨上，且据上下文证明两字实为同一字。由此知第3、4、5种形体则是该字的省略写法。《说文》云："蟄，縶足也。从足，执声。"縶（zhí）就是捆绑的意思，《说文》的意思是说"蟄"就是捆住脚。该甲骨文是个会意字。该字后来写作"蹀"。

八、与"戊"相关的甲骨文

598	1	2	3	4	5
成	合 7803 宾	合 32052 历	合 1243 宾	合 39465 黄	英 1170 正宾

"成"是一个会意字，其甲骨文像是斧钺的形象。而《说文》云："成，就也。从戊，丁声。"上表中第1、2、3种形体采用"戊"作形旁，"丁"作声旁，因甲骨文中常用"口"形表示"丁"。所以"成"也就是成熟的意思，戊表示茂盛、成熟的意思，丁也表示成熟的意思，所以该字声中兼义。但表中第4、5种形体则是"丁"旁演变为短竖。

599	1	2	3	4	5
戚	屯 2194 无	合 34287 历	合 31036 无	合 14735 正宾	合 4059 正宾

"戚"的甲骨文像一把双刃、多利齿的钺，这是一种战斧。有过用刀经验的人都知道，刃上有齿，更加锋利。

《说文》云："戚，戉也。从戉，尗声。"大意：戚，是指钺一类的战斧。字形采用"戉"作形旁，"尗"作声旁。古书载"弓矢斯张，干戈戚扬"，可解作"张弓矢，扬干戈"；而"执干戚舞"一语，意思是手持盾牌和戚起舞，比喻以美德代替武力以感化敌人。

上表中第1、2种形体是对战斧原型的刻画，第3种形体有所简化，把戚讹化为戈，第4、5种形体，进一步简化，只刻画戚的双刃和齿。甲骨文中"戚""戉""卯"具有相似的偏旁，注意比较。

600	1	2	3	4	5
岁	合 13475 宾	临摹	合 23049 出	合 27400 何	合 9650 宾	合 24432 正出

"岁"的繁体是"歲"，上表中该字甲骨文的第1种形体像用来砍脚的刑具。该形体从戉从二止，表示用戉砍断双脚。第2、3种形体是将止简化为点，第4、5种形体则省略掉止，只刻画戉的形象。另外一说法认为该字为形声字，从步，戉（xū）声。"步"有经历和走过两种意思。"岁""戉"古音叠韵。岁本指岁星，也即木星。所以《说文》说："岁，木星也。越历二十八宿，宣徧阴阳，十二月一次。从步，戉声。律历书名五星为五步。"大意：岁，就是木星的别名。每年要经过二十八星宿，走遍阴阳十二时辰，十二个月一轮回，就是一年，即一岁，所以叫作岁星。字形采用"步"作形旁，"戉"作声旁。古代律历典籍称代表五行的五星为五步。

又说"岁"是"劌"的本字，也是一种刑具。

601	1	2	3	4	5
咸	合 1394 反宾	合 1388 宾	合 33256 历	合 1385 正宾	合 1392 宾	临摹

咸"的甲骨文由"戌"加"口"组成。甲骨文卜辞的"咸"和"咸戊"指的是同一人，罗振玉认为就像"伊尹"简称为"伊"，"咸戊"也简称为"咸"。学界认为"咸戊"就是"咸巫"，"咸巫"就是"巫咸"的倒写。巫咸是商代的重臣，一说他是掌管祭祀的先师，一说他是创制文字的智者，卜辞常记载他享有和王一样的配祀地位。《说文》云："咸，皆也。悉也。从口从戌。戌，悉也。"大意："咸"是都、详尽的意思。字形采用"口""戌"会意，"戌"本身也有都的意思。

602	1	2	3	4	5
我	合 584 反宾	合 26039 出	合 35913 黄	合 27882 何	合 248 正宾

甲骨文的"我"像是"戈"的变形，即在钺上面增加了利齿。后来，指武器的"我"字成了第一人称代词。《说文》云："我，施身自谓也。或说：我，顷顿也。从戈从禾。禾，或说古垂字，一曰古杀字。"大意：我，就是实施者对他本人的称谓。有的说"我"是短暂的停顿，相当于"哦"。字形采用"戈""禾"会意。"禾"，有的说这是古文的"垂"字。另一种说法认为"禾"是古文的"杀"字。

上表中第1、2、3种形体其实表明了"我"字如何讹化为今天的形体，第4、5种形体是在刻写时改变了左右的方向。

603	1	2
硪		
wò	10405 正宾	合 10406 正宾
	临摹	

甲骨文"硪"，从二石从我，"我"表示读音，但根据上下文，"硪"在卜辞中指被东西绊倒了。

"硪"，现代汉语中是指砸地基或打桩等用的一种工具。通常是一块圆形石头，周围系着几根绳子。笔者小时候在农村曾见过这种工具。黄河下游的殷商地区，修房建屋都是利用黄土，需要用这种工具打夯筑地。硪筑，即用石硪夯筑。

九、与"认"相关的甲骨文

604	1	2
旋		
	合 21482 自	合 7652 自
	临摹	临摹

"旋"字的甲骨文从认从正，"认"的意思就是绑在树干上作为族徽的旗帜；"正"有时写作止，表示脚，也可说从疋，表示足；该字大意就是扛着旗帜，带着一群人围着旗帜跑来跑去，也就是周旋的意思。《说文》云："旋，周旋，旌旗之指麾也。从认，从疋。疋，足也。"大意：旋就是周旋，用旗帜发号施令，指挥族人与敌人周旋。

605	1	2	3	4	5
旅					
	合 36426 黄	合 5823 自	合 23040 出	屯 2350 无	合 28096 何

"旅"是一个会意字。甲骨文字形像众人站在旗下。古代军队五百人为一旅。《说文》云："旅，军之五百人为旅。从认，从从。从，俱也。"大意：旅，军队编制单位，五百人就为一旅。字形采用"认""从"会意。"从"，表示众多士卒集中在一起。

606	1	2	3	4	5
族	合 31803 历	合 14915 宾	合 26880 无	合 6343 宾	合 14922 宾

"族"的甲骨文字形从㫃从矢，"㫃"为旗帜，与战争相关，又说表示集中的含义，因为远古时代的旗帜主要是用来集中部落人群的，"矢"为箭。所以"族"的本义就是同"镞"，表示箭头。《说文》："族，矢锋也。束之族族也。从㫃，从矢。"《说文》的意思也说该字指箭头。在古代五十支箭就叫一束，"族族"就是捆箭的样子。但另一说法，在古代打仗多是以家族为单位，所以该字为家族的意思。远古时代部落内部联系十分紧密，所以民族一词很能体现其群体内部的凝聚力。此外，"族"也是封建时代的一种残酷刑罚，一人有罪，全家获刑。

607	1	2	3	4	5
斿 yóu	合 33399 历	合 37724 黄	屯 2299 历	合 303 宾	合 37396 黄

"斿"是"游"的本字，从㫃从子。"㫃"是旗帜，"子"是人的意思，该字本义就是人们扛着旗帜，一路飞奔，出去游玩的样子。《说文》云："游，旌旗之流也。从㫃汙声。"大意：游，旌旗上飘动的彩带。

古代的旗帜由多条彩带构成，就像甲骨文的"中"字，刻画的就是有多条彩带的旗帜，表示集中的地方。

十、与"辵"相关的甲骨文

608	1	2	3	4	5
追	合 20461 自	合 490 宾	合 24554 出	合 28014 无	合 20462 自

"追"的甲骨文字形从止从自，"止"表示脚，"自"即师的简写，表示军队，该字本义是追赶部队，指在行军打仗过程中追赶部队，十分紧急。

金文的追增加了"彳"的符号，"彳"又是"行"的简写，表示道路，所以金文的"追"突出了急行赶路的特征。"彳"后来演变为"辵"，再后来演变为"辶"。

《说文》云："追，逐也。从辵，自声。"大意：追，就是追逐的意思。字形采用"辵"作形旁，"自"作声旁。显然，笼统而言，《说文》说的"追"和"逐"意义相同，析言之，甲骨文"追"是追赶部队；甲骨文"逐"是追赶野猪，代指追赶野兽。

609	1	2	3	4	5
逐	合 154 宾	花东 108	合 10654 宾	合 37533 黄	合 10612 宾

"逐"的甲骨文有多种写法。上表中第1、2种形体从止从豕，显然会意追赶野猪。第3种形体追赶的是鹿，第4种形体似乎是追赶犬类动物，如狼，或者和狗一起追赶猎物。第5种形体追赶的是兔子。一般认为追赶野猪是逐的本来意思。

《说文》云："逐，追也。从辵，从豚省。"《说文》意思是说"逐"是追赶小猪，该字中的"豕"是"豚"的省略。这似乎是有些道理，大的野猪太凶猛，不敢追赶，一般用箭射。所以甲骨文中有"彘"这个字，就是表示用箭射野猪。徐锴却说："豚走而豕追之，会意。"意思是说小猪跑大猪就会去追，因为大猪会保护小猪。但段玉裁认为"豕"是"豚"的省略，表示该字的音，因为"豕"与"逐"音近。但通过甲骨文，我们能确定"逐"的追逐对象是多样的，后来该字取义为追赶野猪。

610	1	2	3	4	5
官	合28033 无	合28032 无	合14228 正宾	合4576 宾	花东416

"官"的甲骨文字形从"宀"，该字中的"自"实际上是"师"的简写，表示众官。该字本义指屋里的一群治理政事的官吏。《说文》云："官，史事君也。从宀，从自。自犹众也，此与师同意。"《说文》大意还是说官就是官吏，是伺候君王的人。

611	1	2	3	4	5	6
归	合2281 正宾	合21656 子	合28013 无	合28002 何	合1253 正宾	合30043 无

"归"的繁体是"歸"。《说文》云："歸，女嫁也。从止，从妇省，自声。""妇"的繁体是"婦"，婦省略了女旁就是帚，那么从止从帚。婦的意思就是女子所止的地方，当然是婆家，该字也就是指女子出嫁。"自"作声旁。但是甲骨文字形一般从自从帚，上表中只有第6字的字形从自从帚从止。

归是出嫁，归宁是回娘家，《诗经》中有"归宁父母"，意指出嫁的女儿回来看望父母，至今在某些地方仍保留着这种风俗。《易》中有"归妹卦"，卦意即为了获得好的发展，需给对方一定的好处，就像将自己亲爱的妹妹嫁给对方来"和亲"一样。但若急于"归妹"，则会险境重重，一点好处都没有。

第十四节　干支、数字与方位

一、干支

甲骨文卜辞中使用干支计时，干支在成片甲骨的识读过程中非常重要，所以要牢记。下面的解说多援引《说文》，而对于《说文》中天干、地支等字的解说，就笔者目前眼力所及，北师大邹晓丽的《基础汉字形义释源》① 非常不错，浅显易懂，又颇具传统文化的

① 邹晓丽. 基础汉字形义释源 [M]. 北京：中华书局，2007年.

功力。同学们在学习本节时若还有疑问，可参阅该书。下面先总体解说甲骨文中的十天干、十二地支。

（一）十天干

612	1	2
甲	十	田
	合 137 正宾	合 32334 宾

甲骨文"甲"字的常规写法像今天的"十"，即表中第 1 种形体。有时又写作今天的"田"，像表中第 2 种形体。关于该字，一种说法认为是铠甲或盾牌的意思，因为铠甲护胸，所以就像十字形。另一说法认为是豆类植物发芽脱掉外壳，这与《说文》的观点类似。

在卜辞中，还可以见到将上表中第 1 种形体的一横，以及第 2 种形体中间的一横省略掉的写法。因为干支是商代初学甲骨文契刻的人所练习的主要对象，有学者认为这种省略的写法是初学者练习时尚未完成而留下的。

《说文》云："甲，东方之孟，阳气萌动，从木戴孚甲之象。一曰人头宜为甲，甲象人头。命，古文甲，始于十，见于千，成于木之象。"大意：甲，在天干之中，代表最东边的方位，东方表示太阳升起，表示阳气萌发，所以该字字形像草木初生时头戴甲壳的样子。又说人的头颅骨就像甲的样子。命，这是古文写法的"甲"，像始于十，见于千，成于木的样子。

613	1	2
乙	𠃓	𠃓
	合 20950 自	合 33694 历

"乙"是一个象形字，其甲骨文字形像植物屈曲生长的样子。又说像一条弯弯曲曲的绳子，用来捆绑东西。所以有学者进一步引申，认为用于捆绑东西的绳子叫"乙"，用绳子捆绑打结叫"己"（纪）。

《说文》云："乙，象春艸木冤曲而出，阴气尚强，其出乙乙也。与丨同意。乙承甲，象人颈。"大意：乙，像初春时节，草木长出了地面，弯弯曲曲。因为这时天地间充满阴气，所以草木只能艰难地破土而出。"乙"像草木艰难地长出地面，"丨"表示引而向上、纵横贯通的意思。在天干顺序中，"乙"在"甲"后，就像人的脖颈。甲是种子的外壳，乙就是种子长出后的茎。

614	1	2
丙	丙	丙
	合 655 正甲宾	合 19907 自

甲骨文"丙"像鬲或款足鼎，也就是足中空鼎。另一说法认为"丙"是"柄"的本字。还有人认为此字刻画的是鱼尾形象。而《说文》的解释则为："丙，位南方，万物成

炳然。阴气初起，阳气将亏。从一、入、冂。一者，阳也。丙承乙，象人肩。"大意：丙，在天干中代表南方，南方代表四季中的夏天，因为北方的人总是看到太阳偏南，所以"南"是代表酷热的夏季。而夏季万物长成，一派光明。阴气初起，阳气将亏，所以字形采用"一""入""冂"三形会意。这里的"一"，表示阳气，丙也就是说阳气将入"冂"中，即将减弱。丙承乙，像人的肩。《说文》的解说带有很强的文化气息，但此字渊源至今实无定论。无论是像被火烧的足中空鼎，还是代表南方，都与火、热相关，因此，释为"炳"的初文较为恰当。

615	1	2	3
丁	合 1917 宾	合 19946 正自	合 21291 自

甲骨文"丁"字的常见写法如上表中第 1 种形体，实际上就像是一个小方块，今天有"鸡丁""肉丁"的说法。又有人说像木钉帽，这个小方块就是方形的木钉顶部。第 2 种形体的写法是将其刻画成圆形。第 3 种形体是将虚框内写实。这都好理解，甲骨文刻写过程中，方圆无别，虚实无别。

《说文》云："丁，夏时万物皆丁实。象形。丁承丙，象人心。"大意：丁，夏日万物都生长壮实，是象形字。在天干顺序中，丁承接于丙后，好比人的心。

616	1	2	3	4
戊	合 33241 历	合 32490 历	合 29747 何	合 37544 黄

甲骨文中的"戊"就是兵器。甲骨文中，"戈""戊""戌""岁"字形大同小异。《说文》云："戊，中宫也。象六甲五龙相拘绞也。戊承丁，象人胁。"大意：戊，在天干中位于中央。字形像六甲日、五行龙相绞缠。一个甲子六十日，中有六个甲日，五个辰日，一般以辰代表龙。所以说戊在中央，就是指五行龙相互交织。这种说法十分迂曲难解。

617	1	2	3	4
己	合 163 宾	合 20104 自	合 18914 何	合 25229 何

"己"是"纪"的本字。"己"的甲骨文有四种写法。有学者认为该字像绳子缠绕弯曲的样子。古有"结绳记事"的说法，所以该字造字本义就是在绳子上系圈、打结，用以记数和记事，或标明物品的归属。当"己"的"结绳记事"本义消失后，后来篆文再加"丝"另造"纪"。但另一说法认为该字就是弯曲的样子，是指示符号。

《说文》云："己，中宫也。象万物辟藏诎形也。己承戊，象人腹。"大意：己，定位在中央，因为戊、己的位置都是在中央，中央在五行中为土，所以像万物因回避而藏在土中时弯弯曲曲的形状。在天干顺序中，己承接于戊，就像人的腹部。又因为己在中，引申为"自己"，他人就在"外"了，故称"外人"。

618	1	2	3	4
庚				
gēng	合 21137 自	合 29886 无	合 22662 出	合 32 正宾

甲骨文"庚"像挂着的一口钟。《说文》云："庚，位西方，象秋时万物庚庚有实也。庚承己，象人脐。"大意：庚，在天干中，代表西方，西方是代表秋天的方位，像秋天万物有了坚硬的果实的样子。在天干顺序中，"庚"序承"己"，就像人的肚脐。这个字与甲骨文的唐、庸等相似。

619	1	2
辛		
	合 37621 黄	合 95 宾

"辛"的甲骨文像是有木柄的一种尖状刀具，类似于木匠用的凿子。郭沫若认为这是用来惩罚奴隶的刑具，可以挖眼睛、凿鼻子、刺字等。所以在汉字中，"辛"通常代表罪行、有罪之人等。

《说文》云："辛，秋时万物成而孰；金刚味辛辛痛即泣出。从一，从辛。辛，辠也。辛承庚，象人股。"大意：秋天万物成熟时金灿灿的一大片，它象征五行中的金，具有刚硬的特性。辛也代表辛味，辛又代表痛苦至极，流出眼泪。字形采用从一从辛，辛就是罪行的意思。在天干顺序中，"辛"承接于"庚"，就像人的大腿。

620	1	2	3	4
壬				
rén	合 20351 自	合 22067 午	合 33375 历	20831 自

一种说法认为，"壬"是一个象形兼指事字，像一个人挑担子的俯视图，人在中间，货物在两边，所以其本义就是挑担，是"任"的本字。但甲骨文中其实也有"任"字。

另一说法认为，即《说文》云："壬，位北方也。阴极阳生，故《易》曰：'龙战于野。'战者，接也。象人裹妊之形。承亥壬以子生之叙也。与巫同意。壬承辛，象人胫。胫，任体也。"《说文》的意思是说，壬代表北方，北方寒冷，当阴到了极限，阳就要产生了。《易》说"龙战于野"，是因为龙代表阳，因为壬的本义是阳即将接替阴，取代阴。该字象征着阴阳交接，所以就像怀孕的形象。许慎是通过该字篆书解说其意思，该字篆书写作壬，两头小，中间一横长，于是许慎就说这是人怀孕的形象。实际上是说"壬"就是"妊"，是生的象征。这个字同巫字意思相同，实际上巫像人舞动两袖，壬像人大腹便便。壬在辛后，象征着腿部位置。

621	1	2	3
癸			
guǐ	合 22074 宾	合 36234 黄	合 22211 妇

"癸"字是个象形字。癸的甲骨文字形像风火轮一样，又像电视剧里面的独门暗器，一般认为癸字刻画的是古代的兵器。这种兵器呈交叉之形，即"戣"之古文。又有人说是两把箭交叉，还有人说是"葵"字的本字，没有定论。不过经常指天干的第十位，被当作顺序中的第十。

《说文》云："癸，冬时水土平，可揆度也。象水从四方流入地中之形。癸承壬，象人足。"大意：癸，代表的是冬天，这时水土平整，可以度量其大小。"癸"的篆文字形，像水从四面流入耕地中央的样子。在天干顺序中，"癸"在"壬"后，就像人的脚。这种解释值得商榷。

（二）十二地支

622	1	2	3	4	5
子					
	合 20043 自	合 27649 何	合补 6941 无	合 21217 自	合 36642 黄

"子"的甲骨文像一幅幼儿的线描，十分生动、形象、有趣，它刻画了婴幼儿的整体形象。上表中第 1、2、3 种形体突出地刻画出了婴幼儿的脑袋，有的还在头上刻画了几根头发。脑袋有的画成圆形，有的画成方形，方形者并不是说这个小孩是个"方脑壳"，这是因为圆形不好画，于是刻写成为方形。而幼儿的两脚和身子被裹在襁褓里，有的还刻画出挥动的两臂，从而将该字的动感表现出来。上表第 4 种形体为何如此书写，至今无定论。或可认为刻画的是小孩所戴帽子的形象。而第 5 种形体或可认为是第 4 种形体的繁化写法，又像是小孩的正面形象。

《说文》云："子，十一月，阳气动，万物滋，人以为偁。象形。凡子之属皆从子。㻐，古文子，从巛，象发也。㘴，籀文子，囟有发，臂胫在几上也。"大意：子，代表的是十一月，十一月在古人看来是阳气开始发动，世间万物开始暗自滋生的时候，就好比婴儿的成长，于是人就假借表示孩子的"子"来代表农历十一月。这个"子"的字形就像幼儿的形象。㻐，这是古文"子"字的写法，字形采用"巛"作为偏旁，巛，用来表示幼儿稀疏的头发。㘴，这是籀文写法的"子"字，头顶有三根头发，手臂与小腿都放在专门放孩子的几案上。

甲骨文中的"子"是构成其他很多甲骨文的重要字根，与之相关的甲骨文有"好""字""娩"等，相关字形较多，所以必须熟记。

623	1	2	3	4
丑				
	合 23815 出	合 6060 反宾	合 31329 何	合 22056 午

甲骨文中，"丑""又""左"等字都是手形。"丑"是"扭"的本字。"丑"的甲骨文与"又"的甲骨文相似，表示与手指动作有关。在古代，该字主要表示地支，与今天丑陋的含义不相干。

《说文》云："丑，纽也。十二月万物动用事。象手之形。时加丑，亦举手时也。"大意：丑的意思就是扭曲。在十二地支中，"丑"代表农历十二月，此时万物萌动，阴气已经开始解开，阳气出来，万物孳乳，人也可以动手做事了，所以字形像手有所用事的形状。一天之中的丑时，也是举手做事的时候。

624	1	2	3	4	5	6
寅	合 32448 历	合 23828 出	合 32050 历	合 22067 午	合 35974 黄	合 38020 黄

"寅"的甲骨文异体较多，上表中第1、2、3种形体写成箭的样子，就像甲骨文中的"矢"字。后来发生讹化，第4种形体与甲骨文中的"交"类似。第5、6种形体则类似于甲骨文中的"黄"字，所以有人认为"寅"与"黄"是同源字，"黄"是"璜"的本字。

《说文》云："寅，髌也。正月阳气动，去黄泉，欲上出，阴尚强，象宀不达，髌寅于下也。"大意：寅，表示摈弃、排斥的意思。寅代表正月，此时阳气在地下发动，离开地下的黄泉，想要冒出地面，但地面的阴气还很强，就像深屋一样压制了阳气，阳气不能上达，故被排斥。许慎显然是根据十月（当时以十月为正月）的气候来解说此字。

625	1	2
卯	合 321 宾	合 16146 宾

有人认为"卯"是两片大刀，用来破开牲畜。这种说法有道理。甲骨文卜辞记载："贞，燎于土，三小牢，卯二牛，沉十牛?"此处的"沉"是将牛羊沉入水中祭祀水神，"卯"就是剖分的意思，剖分牛以祭祀土神。"卯"字字形的确像剖开的牲口形象。又有人认为甲骨文中的"卯"是指事字，就像钉在左右门板上的门闩孔，所以是"铆"的本字。这种说法有些望文生义。

《说文》云："卯，冒也。二月万物冒地而出，象开门之形。故二月为天门。"大意：卯，就是指二月来了，阳气出来，万物也从地下冒出来了。地支中"卯"代表农历二月，正是植物冒出地面长出新芽的时候。"卯"的字形，就像开门的形状。所以二月又叫"天门"。

626	1	2	3	4	5
辰	合 21145 自	合 139 正宾	合 25747 宾	合 19831 自	合 1402 正宾

该甲骨文是大蚌壳的形象。笔者曾费尽周折，观察蚌类形状，才搞清楚这个甲骨文为

何这么写。以上表第1、2、3种形体为例，其左边是蚌壳，左上端是壳顶端，上端和左端像张开的蚌壳，右下侧是伸出的斧足，整个字刻画的就是河蚌在水底爬行时伸出斧足的样子。第4、5种形体则方向相反。

"辰"与"晨"同源，在"辰"上加"日"后形成"晨"字，晨是声中兼义，因为辰时就是早上七点到九点，正是古人日出而作的时候。

许慎对这个字的解说非常迂曲，但很有文化内涵。《说文》："辰，震也。三月阳气动，雷电振，民农时也。物皆生，从乙、匕，象芒达；厂，声也。辰，房星，天时也。从二，二，古文上字。"要理解这段话，首先要知道"辰"的篆文写作 层。"辰"，就是雷声震动。在十二地支中，"辰"代表农历三月，三月阳气已经发动，雷电震天，是百姓忙于农务的时节。此时万物已经生长，所以字形采用"乙""匕"会意。"乙"是草木艰难生长，弯曲的形状，"匕"是变化的意思，"芒达"就是有芒的谷类植物生长茂盛的意思，"厂"是声旁。辰，也代表房星，房星是代表农忙时节的星星，它的出现表示春耕农忙的时候到了，所以叫它"天时"。此字形采用"二"作偏旁，"二"是古文写法的"上"字。人们种田观时，仰头看见房星，就知道该播种了。这个"上"不仅仅指房星的位置在上，还指它在人们心目中的地位也高高在上。

用蚌壳做成的工具叫蚌器，人们主要是利用其锋利的边缘来切割肉食、除草等。甲骨文中还有"薅"字，就是手持用蚌壳做成的除草工具（像今天的镰刀一样）在田间除草的样子。蚌器在原始社会就已经有了。所以学习甲骨文，一定要积累古代的文化常识，这样才能准确理解甲骨文的含义。

627	1	2	3	4	5
巳					
sì	合 5724 宾	合 32654 无	合 20810 自	合 30760 何	合 6498 宾

"巳"的甲骨文字形像连接着胎盘生长的胎儿，又说像蛇的形状。《说文》云："巳，巳也。四月阳气巳出，阴气巳藏，万物见，成文章，故巳为蛇，象形。"大意：巳，就是已经形成的意思。在十二地支中，"巳"代表四月，这时天地间阳气已出来，阴气渐渐消散，春暖花开，万物纷呈，形成众多五颜六色的自然景象，蛇也从洞里爬出来，所以"巳"代表的是蛇，字形像蛇的形状。

628	1	2	3	4	5
午					
	合 19944 自	合 27321 何	合 27585 何	合 20792 自	合 27955 无

"午"字形体像农村所使用的碓窝棒，两头大，中间小。"午"也就是"杵"的初文。当"午"的"杵棒"本义消失后，篆文再加"木"另造"杵"代替。上表中第1、2种形体与"糸"的甲骨文字形很相似。第3、4种形体是写实，第5种形体是横竖直线化。由曲线向直线化发展，然后再符号化，这是甲骨文字形演变过程中的普遍规律。

《说文》云："午，牾也。五月阴气午逆阳，冒地而出。此与矢同意。"大意：午，逆反。在地支中，"午"代表五月，这时地里的阴气逆反阳气，从地面冒出。"午"字的造字方法与"矢"字的造字方法相同。

629	1	2	3	4	5
未					
	合 19957 反自	合 21471 反自	屯 147 历	合 22580 出	合 22403 子

我们习惯认为，"未"就是在"木"的上部再加指示符号"一"，表示树枝的顶端。"本"就是指树木的底端，也就是根部。但实际上"未"的甲骨文字形像树木枝叶繁茂。

《说文》云："未，味也。六月，滋味也。五行，木老于未。象木重枝叶也。"大意：未，即是味道的"味"。它代表六月，因为六月万物长出，是食物最富有滋味的时节。五行之中，树木在六月老去，所以字形像树木枝叶重叠的样子。

630	1	2	3	4	5
申					
	合 31970 历	合 29699 无	合 117 宾	合 22066 午	合 21708 子

"申"是"电"和"神"的本字。"申"的甲骨文就像闪电，朝各个方向开裂。《说文》云："申，神也。七月，阴气成，体自申束。从臼，自持也。吏臣餔时听事，申旦政也。"大意：申，就是天神。在十二地支中，"申"代表七月，这时天上阴气形成，它的体态任自伸展、收束，于是就有了打雷下雨。字形采用"臼"作偏旁，"臼"表示双手，所以该字表示自持的意思。《说文》中的"吏臣餔时听事，申旦政也"颇有争议，清代学者中，有人认为是指古代官吏视察百姓，落实朝廷政策，也是在一天的申时；有人认为是指古代官吏每天申时吃了饭，便帮助朝廷修理政令，即所谓"朝以听政。夕以修令"；有人认为是指古代士大夫"朝而受业，夕而习复也"。

631	1	2	3	4	5
酉					
yǒu	合 3527 宾	合 21615 子	合 21910 无	花东 14	合 24062 出

甲骨文"酉"就是装酒的器皿的形状，所以有这个偏旁的字多与酒有关，甚至可以说"酉"是"酒"的本字。但是彭裕商先生说："仔细观察酉这个字的甲骨文，有些是尖底字形，有些是方底字形，尖底字形者是打水用的，不是装酒用的。"

又有外国学者专门研究了中国发掘出的酿酒的"酉"形器，以现代科学的方法论证了无论是平底瓶还是尖底瓶，都有酿酒的残余物。而尖底瓶有利于内部的物质充分发酵，形成上下对流。

《说文》云："酉，就也。八月黍成，可为酎酒。象古文酉之形。凡酉之属皆从酉。丣，古文酉，从卯。卯为春门，万物已出；酉为秋门，万物已入。一，闭门象也。"大意：酉，就是成熟的意思。八月黍已成熟，可以酿制成醇酒了。所以像古文"酉"（酿酒器）的样子。所有与酉相关的字，都采用"酉"作偏旁。丣，这是古文写法的"酉"字。"卯"表示春门已开，所以像两扇门，万物已经从地下长出来。"酉"表示秋门已闭，万物萧索，仿佛进入秋门。"邜"字上面的一横，就是闭门的形象。许慎解说这些字时经常望文生义，但我们可以从他的解说中理解中国古代的文化。

632	1	2	3	4	5	6
戌	合 21784 子	合 27008 无	合 32002 历	合 15096 宾	合 423 宾	合 19803 自
xū						

此甲骨文字形像一把长柄的砍刀。《说文》云："戌，灭也。九月，阳气微，万物毕成，阳下入地也。五行，土生于戌，盛于戌。从戊含一。"许慎的解说需要用传统文化知识来理解，他解说戌就是消灭的意思。在地支中，"戌"代表的是九月，此时天地间的阳气已经变得很微弱，各种作物都已经成熟，所以，阳气也下行，转入地下。在五行之中，土生于位于中央的戊方位，为什么这样说？因为按照古人的阴阳五行说，古代称夏历九月为戌月，而戊己为中央，为土，故他说土生于戌。而戌月是土气旺盛的最后一个月，九月后土受冻不长草木了，所以他说土盛于戌。所以字形采用"戊"作字根，像"戊"含"一"，"一"的意思就是阳气。

《说文》其实是从传统文化的角度解读汉字，不完全正确。"戌"应该就是斧钺的形状，用来砍人、打仗、捕猎、砍骨头的。注意甲骨文中"戊""戈""戌""戍""岁"这几个字的区别。

633	1	2	3	4	5
亥	合 20583 自	合 11883 宾	合 28934 无	合 34998 历	合 34945 历

"亥"是一个象形字，其甲骨文字形与"豕"的写法相似，也是猪的形象。因为"亥"与"豕"很容易写混，所以有个成语叫"鲁鱼亥豕"，体现了汉字的误写现象。《说文》云："亥，荄也。十月，微阳起，接盛阴。从二，二，古文上字。一人男，一人女也。从乙，象裹子咳咳之形。《春秋传》曰：'亥有二首六身。'"大意：亥的意思就是草根。在十二地支中，"亥"代表十月，这时大地尚有微弱的阳气，接着就是越来越旺盛的阴气。该字篆书写作𠖭，字形采用"二"作偏旁，"二"，是古文写法的"上"字。该字下部又从二人从乙，二"人"表示一个是男人一个是女人；"乙"像怀着胎儿腹部隆起的样子。《春秋传》上说："'亥'字上部的二画为头首，下部的六画表示身体。"但段玉裁认为：周时的"亥"字上为二画下为六画，后来的篆书上为二画下仅五画。据甲骨文字形，足证许慎在《说文》中对该字的解说也是望文生义。

二、数字

634	1	2
一	合 5289 宾	合 4531 宾

一目了然，甲骨文中以一横表示"一"，是特殊指事字。《说文》云："一，惟初太

始，道立于一，造分天地，化成万物。"大意：天地万物的开始就叫作一，一就是"道"的意思，最后"道"产生天地万物。

甲骨文中的一、二、三、四，就是一横、二横、三横、四横，但这样写下去写万不是要一万横吗？所以从五开始，就是其他字形了。

635	1	2
二	合 32615 历	合 30388 何

"二"的甲骨文是用两直横来表示，但一般是上横短些，下横长些，如上表中第1字的形体。也有两横几乎一样长的，如第2字的形体。但没有下横短上横长的写法，因为若这样写就是甲骨文的"下"字了。《说文》云："二，地之数也。从偶一。"也就是说，一代表天，二代表地，有一然后有二，所以是两个一组成。这是中国道家的思想。

636	1	2	3
三	合 14 正宾	合 29435 无	合 26850 出

"三"是特殊指事字，就是用三横代表三的数目。古人认为"道立于一，一生二，二生三，三生万物"。就是说，混沌太初，整个宇宙充斥着道，"道"就是"一"，"一"就是道，然后道又分出天地"二"，二字上代表天，下代表地；天地为"二"，又生出中间的人，这就是"三"的由来。人在天地间，所以甲骨文有"亞"字，就是天地间人为大的形象。人为万物之灵，天地人三者，又衍化出宇宙万物。三，上面的一横代表"天"，下面的一横代表"地"，中间的一横代表"人"。所以《说文》云："三，天地人之道也。从三数。"

注意："三"的甲骨文常和"气"（或"乞"）的甲骨文混淆，但"气"（或"乞"）的甲骨文一般写法是中间一横较短。

637	1	2
四	合 1055 宾	合 33685 历

四的甲骨文很简单，就是四横表示四的数目。《说文》云："四，阴数也。象四分之形。"大意：四，代表的是阴数（一、三代表的是阳数），像四分的形状。

638	1	2	3	4
五	合 26879 无	合 23200 出	合 23921 出	花东 15662 宾

甲骨文中一、二、三、四都很好理解，以横数表示。"五"是特殊指事字，"五"的甲骨文常见写法如上表中的第1、2种形体，有学者认为这个字就是"午"的本字。表中第3

字的形体是第 1、2 种形体的横写。少数写法如上表中第 4 字的形体，直接用五横表示。

《说文》云："五，五行也。从二，从乂，阴阳在天地间交午也。"大意：五，就是指金、木、水、火、土五行。字中有"二"为字根，"二"表示天地两极，"乂"代表阴和阳交错纵横，"五"表示天地间阴阳两气交错。段玉裁注曰："水、火、木、金、土，相克相生，阴阳交午也。"也就是说，"五"有逆反、矛盾的意思。但是，甲骨文的"五"，与"午"（杵）的形状相似，或可能是"杵"的借用。此外，甲骨文中的"五"又与甲骨文"纟"的形状相似。

639	1	2	3
六			
	合 151 正宾	合 137 反宾	合 22046 午

甲骨文中一、二、三、四、五等数字的形体还有字理可循，但六、七、八、九、十这几个数字的写法只有死记，其他说法多是臆测。有人说："六"是"宀"的样子，也即"庐"的本字。"六"的甲骨文的确有像房屋外形框架的写法，也的确与甲骨文"宀"相似，但甲骨文的"六"是一个由抽象符号组成的指事字。

《说文》云："六，《易》之数，阴变于六，正于八。从入，从八。"大意：六，《易》常用的数，阴爻称为六，即阴爻的变数为六，阳爻的变数为八。字形采用"入""八"会意。许慎是据篆书望文生义。

640	1	2
七		
	合 22046 午	合 22356 自

"七"是特殊指事字，甲骨文的"七"写作现在的"十"，与甲骨文中的"甲"字构形相同。《说文》云："七，阳之正也。从一，微阴从中衺出也。""衺"通"邪"，也就是"斜"。《说文》大意：七这个字的一横代表阳，而竖是弯曲的，代表微弱的阴从地下斜出。这当然也是臆测。

641	1	2	3	4
八				
	合 37459 黄	合 37944 黄	合 33371 历	合 22050 午

"八"是特殊指事字，甲骨文用相背的两条弧线，表示物体被分离为两部分。造字简单，一目了然，至今都写成一撇一捺。当"八"的"切分"本义消失后，篆文再加"刀"另造"分"代替，而分、判、辩、别等字又有同源关系，意义也有相通之处。《说文》云："八，别也。象分别相背之形。"

642	1	2	3	4	5
九					
	合 32302 历	屯 2949 历	合 21718 子	合 36487 黄	合 37946 黄

"九"是一个指事字，其说法有多种。有人说：甲骨文"九"字是甲骨文"厷"（肱）与"又"的组合，表示伸出手、探究，力求确定内部情况。所以它是"究"的本字。《说文》云："九，阳之变也。象其屈曲究尽之形。"大意：九，阳数中最大的变数，字形像事物曲折变化直至穷尽的样子。

643	1	2
十		
	屯 304 历	合 37473 黄

"十"也是一个特殊指事字，甲骨文用一竖代表十，金文写作↓，在竖中间加装饰符号，这是金文十的一大特点，并不是打个结表示十。后来这一点变成了一横，于是就变成了现在的"十"的写法。《说文》云："十，数之具也。一为东西，丨为南北，则四方中央备矣。"大意：十，表示十进位所需数都已具备。"一"代表东西方位，"丨"代表南北方位，"一"和"丨"相交成"十"，表示东西南北中齐备。所以有十全十美的说法。

644	1	2	3	4
百				
	合 20723 自	合 32044 历	合 19914 自	合 1115 正宾

"百"的甲骨文在"白"的甲骨文字形上加一横。一种说法认为该字指大拇指头。另一说法认为指日光下射之形，太阳之明为"白"，从"白"的字多与光亮、白色有关，而此处借以表示数目百，"白"同时表音。甲骨文中有很多合文，比如一百就是在"白"上加一横，二百就加两横，这证明借"白"表"百"。

《说文》云："百，十十也。从一白。数，十百为一贯。相章也。"大意：百就是十个十。字形由"一""白"构成。用计数方法来说，十个百为一贯。这样，各个数的等级就会相互彰显出来。

645	1	2
千		
	合 8424 宾	临摹	合 21960 无	临摹

一种说法："千"的甲骨文是在"人"的小腿部位加一横，表示不停地行走，也即"迁"的本字。这种说法太牵强。另一种说法："千"是一个指事字，就是表数字的符号，并非象形。

甲骨文中，一千是人形加一横，二千是人形加二横，五千则是在"五"的甲骨文上端刻"千"。《说文》云："千，十百也。从十，从人。"

646	1	2	3	4
万	合 21239 自	合 9812 自	合 18397 宾	合 8715 宾

"万"的异体是"萬"，今天统一合并简化为"万"。该字甲骨文有上表中的三种写法，第 1、2 种形体写法相同，第 3 种形体是一种简化写法，第 4 种形体是进一步简化的写法。该甲骨文刻画的就是巨大的蝎子的形象。大约远古时期中原地带蝎子数量巨大，或者因为其毒性大，因而借蝎子代表当时巨大的数字。《说文》云："万，虫也。从厹，象形。"大意：万，是一种毒虫。采用"厹"作偏旁，字形像蝎子之形。

三、方位

647	1	2	3	4
东	合 25362 出	合 1075 正宾	合 28596 无	合 6906 自

"东"的繁体是"東"，该字的甲骨文像两头打结的包囊，也就是"橐"。《说文》云："东，动也。从木。官溥说，从日在木中。"大意是说东的含义就是万物萌动，字形采用"木"作偏旁。官溥的观点是该字采用"日""木"会意，表示日在树丛中，因为东方五行属于木，所以说日在木中。这种说法与甲骨文表示的含义不符。甲骨文中"析"字也表东方。

648	1	2	3	4	5
南	合 20627 自	合 1777 宾	合 8741 宾	合 24938 出	合 33246 历

"南"的甲骨文像一种瓦制的乐器，上端是悬挂的绳结的样子，下端就像瓦片的样子。《说文》云："南，艸木至南方，有枝任也。从宋（pō），羊声。"大意是说：草木到了南方则枝繁叶茂，有枝杆承载花叶。之所以从宋，是因为宋的意思就是草木繁盛的样子。甲骨文中"因"字也表南方。

649	1	2	3	4	5
西	合 30372 无	合 8774 宾	合 5637 正宾	屯 641 无	合 31996 正历

《说文》云："西，鸟在巢上。象形。日在西方而鸟栖，故因以为东西之西。"许慎据"西"的小篆字形 𠧧 ，说上面像鸟的形象，下面像鸟巢形，认为"西"是"栖"的本字，本义

为太阳西落，鸟将入巢。甲骨文的"西"的确像鸟巢的形象，甲骨文中"彝"字也表西方。

650 北	1	2	3	4	5
	合 33207 历	合 20320 自	合 9747 宾	合 7120 宾	合 33694 历

该字像两个人朝相反的方向站立，即为"北"字，是"背"的本字。该字的本义指相反、相逆，后来常指逃跑的部队，所谓"追亡逐北""三战三北"。《说文》云："北，乖也。从二人相背。"也就是说"北"是相违背的意思，字形采用两个相背的"人"会意。该甲骨文造字的生动之处在于它不说两座山相背，也不说两条河相背，而是用两个人背靠背的形象来表示相互违背、互相背叛。甲骨文中"夗"字也表北方。

651 左	1	2
	合 36344 黄	合 20649 自

"左"的甲骨文刻画的就是左手的形象。可以想一想，左手如何做出该甲骨文表现的姿势。

652 右	1	2
	合 24593 出	合 33697 历

甲骨文以"又"为"右"，刻画的是右手的形象。但甲骨文中的"又"，当表示又一次的意思时，又可刻画为"左"的形象，这是因为甲骨文正反无别。但表示方向的左、右时，则左手、右手的形象不能混同。

653 上	1	2
	合 808 正宾	屯 505 历

"上"是特殊指事字，由两横构成，底端一横较长，顶端一横较短，底端一横常写作曲线，有时也写作直线。这个字容易与甲骨文的"二"混淆。

《说文》云："上，高也。此古文上，指事也。"段玉裁考证后认为古文"上"当写作"二"，实际上《说文》所谓的古文"上"写作"上"。

654 中	1	2	3	4
	合 6174 宾	合 4931 宾	合 32226 历	合 32982 历

"中"的甲骨文字形有的写法与现在的"中"相同，而有的写法则是在"中"的周围加上飘动的曲线，有人说这是旗杆上面旗帜飘扬的形象。古代的氏族通常是在一个空地上的中心位置树立旗杆，挂上旗帜，表示一个氏族部落，所以用旗帜表中心。简化的"中"，也就是在一个方框中纵贯一竖，表示抽象的中间位置。于是，这个字就由具体的象形字演变为由抽象符号组成的指事字。

655	1	2
下		
	合 6483 正宾	合 32615 历

"下"是一个指事字，上横长，下横短。又说上横是天，所以为弧形，所有东西都在天底下。实际上甲骨文中曲直无别，也有以两直横表示"下"的字形。

《说文》云："下，底也。指事。"因为篆书的"下"写作"丅"，像有东西在"一"之下，所以《说文》说它是指事字。

第十五节　其他

656	1	2	3
乞			
	合 583 反宾	合 35180 历	合 22600 出

"乞"与"气"是一字，后分化。于省吾《甲骨文字释林》认为，甲骨文中的气字，俗作乞。它表示的是流动的气体的形象，气体可以感受得到，但是看不到，所以用流动的符号表示气体。后又指代乞求的意思，有个说法叫求人"气短"，"乞"与"气"两字还是有些渊源。

657	1	2
少		
	合 20800 自	屯 4518 历

一说甲骨文"小""少"为同一个字，又说甲骨文中"小"用三点表示，这三点呈倒三角或正三角形，而"少"用四点表示。实际上，在甲骨文中，"小""少"同源。《说文》云："少，不多也。从小，丿声。"这也说明了"少"与"小"是同源关系。

658	1	2	3	4
入				
	合 31096 何	合 22259 妇	合 31984 历	合 27765 何

"入"的甲骨文反映了古人独特的抽象思维，三角的东西尖锐，容易刺入、插入，所以就用角表示入的含义。表中第 1 种形体当是常规写法，第 2 种形体不过将直线弯曲化，第 3 种形体则用两笔写成，第 4 种形体像今天的"人"字。

659	1	2	3	4
余	合 20233 自	合 36515 黄	合 22424 妇	合 20313 自

"余"的甲骨文就像单柱撑起的茅草棚，当为原始的住宅形状。有学者又说"余"似乎是古代的大伞，用于装在车上，因此是"途"的本字。简化后合并"余""餘"二字为"余"。实际上，在古代汉语中，"余"表示多余，而"餘"的本义是饭吃不完，食物充足。《说文》云："余，语之舒也。从八，舍省声。"大意：余，表示语气舒缓的助词。字形采用"八"作形旁，采用省略了"口"的"舍"作声旁。

660	1	2	3
毌 guàn	合 20220 自	合 20297 自	合 21659 子

这个甲骨文有点像今天的"申"的写法，徐中舒先生认为是"毌"字，也就是像从中间贯穿某个物体的样子。该字后作"贯"。《说文》："毌，穿物持之也。从一横贯，象宝货之形。"大意是从物体中间贯穿，便于提携物体。该字字形就像一根绳线贯穿钱币的形象。

661	1	2
囿 yòu	合 9552 宾 / 临摹	合 9488 宾 / 临摹

该甲骨文像围着的园圃里面长满了小草。这些草并不是野草，因为田埂清晰可见，所以这是有意培育、有人照看的园圃。有时园圃里不是"中"，而是"木"，意思是园圃里长满树木。又因在甲骨文中"中"和"木"相通，均可代指草木，所以囿就是长满草木的园圃。后来该字写作"囿"，不过是将该字形声化。囿的含义是供帝王游猎的大园林，里面有飞禽走兽。

《说文》云："囿，苑有垣也。从囗，有声。一曰禽兽曰囿。囿，籀文囿。"大意：囿，有矮墙围护的园林。字形采用"囗"作形旁，采用"有"作声旁。另一种说法认为，"囿"是饲养禽兽的园子。该字籀文形体正与甲骨文字形对应。

这里强调一下，甲骨文多是象形字或会意字，我们在学习甲骨文时要注意观察的角度和方法，这样才能更好地理解甲骨文的含义。今天我们识读汉字和拆分汉字的结构多是从平面的角度来进行，这没有问题。但是甲骨文的识读有时候却需要从非平面的角度来进行。如徐中舒先生对“京”“高”“郭”等字的解读。而“囗”字，当它缩小的时候，就是“口”字。甲骨文中的“毌”字，是某个物体贯穿于另一个物体的中心，是立体的理解和识读；“困”“圂”“圈”等字则是事物在“囗”之中；甲骨文中的“因”字，却不是“人”在“囗”中，而是人在席子上，“囗”形不过是席子的简化形状。

662	1	
曲		
	合 1022 甲宾	临摹

该字是象形字，表示弯曲的东西。《说文》：“曲，象器曲受物之形。或说曲，蚕薄也。”大意：曲，像器具凹曲可以承载物品的形象。也有的解释说“曲”是蚕箔。

663	1	2	3	4
区	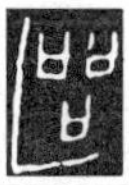			
	屯 300 历	合 34679 历	合 18102 宾	屯 300 历

“區”是“区”的繁体字。《说文》云：“區，踦區，藏匿也。从品在匸中。品，众也。”大意：區，就是崎岖的地方，比如山崖，这里可以储藏各种东西。字形采用“匸”“品”会意，表示品在匸中。匸，表示崎岖。品，表示对象众多。

664	1		2	
臽				
xiàn	合 15664 宾	临摹	合 19800 自	临摹

“臽”的甲骨文像人掉到了陷阱中，表中第 1 种形体从人从凵，第 2 种形体从女从凵，意思相同。但是《说文》云：“臽，小阱也。从人在臼上。”也就是说，臽是小的陷阱，陷阱都是人为挖掘的，用来捕捉野兽或者敌人。“从人在臼上”，也就是人挖陷阱的意思。但该甲骨文字形不是人在臼上，而是人在凵中，“臽”当是“陷”的初文。

665	1	2	3	4	5
陷					
	合 7363 正宾	合 10658 宾	合 10657 宾	合 15601 宾	合 21258 自

陷的甲骨文有多种异体，上表中第 1 种形体从鹿在井上；第 2、3 种形体是鹿在凵中，表示鹿掉进了陷阱；第 4、5 种形体则是牛在凵中，表示牛掉进了陷阱。捕捉那些危险、强壮、警觉性高的动物，设置陷阱是聪明的做法。

“陷”很明显是在“臽”字左边加了“阜”旁，“阜”表示土堆。《说文》云：“陷，高下也。一曰陊也。从阜，从臽，臽亦声。”大意：陷，从高处坠下来，掉入陷阱坑里。一种说法认为，“陷”就是堕落的意思。字形采用“阜”“臽”会意，“阜”就是高处，“臽”就是人掉入陷阱的样子，也是声旁。该字是会意兼形声字。

笔者认为"臽"与"陷"实际上是一个字，给敌人设置陷阱与给动物设置陷阱实质上相同。

666		1
囡		
nān	合 8820 反宾	临摹

今天该字在方言中特指小孩儿，常有小囡、阿囡、囡囡等称呼。带有亲近小孩儿的意思。但在甲骨文中该字仿佛是一个口袋中装着一个女人的形象。

667	1	2	3	4	5
商					
	合 28100 无	合 7085 宾	合 33128 无	合 6572 宾	合 33067 历

"商"的甲骨文上面是"辛"，表示一种刑具。商代有一王称为"帝辛"，也就是商纣王。下面是"丙"字，本义炳然，也就是明亮、高大。有的加"口"，有的没有，徐中舒先生认为这可能是增饰符号。"商"的常规写法就是这样，为何如此构形，学界尚无定论。上表第 4、5 种形体不过是在常规写法的基础上略有变易。《说文》："商，从外知内也。从㕯，章省声。"大意：商，从外部推知内部情况。

668	1	2
内		
	合 2873 宾	英 1017 宾

"内"的甲骨文是个用抽象符号表示的会意字，字形从冂从入。"冂"表示一个敞开的空间，"入"表示进入这个空间，合起来表示一个物体进入一个空间里面。详细分析，甲骨文中的"宀"，可能是"冂"，可能是洞穴，也可能是人建的房屋。古人称进入屋内为"内"，离开为"出"。为何"内人"指夫人，也就明白了。内人就是住在家里，不能轻易出去的人，因为外面不安全。《说文》云："内，入也。从冂，自外而入也。"大意：内，就是从外面进入。

669	1	2
亚		
	合 20371 自	合 914 正宾

"亚"的繁体是"亞"。这是一个象形字，甲骨文"亚"字就像房屋的地基。《说文》云："亚，丑也。象人局背之形。贾侍中说：'以为次弟也。'"大意：亚，就是丑陋的样子，就像人弓腰驼背的形象。贾侍中说："亚，是表示次序的。"就是第二的意思。因为"亚"的小篆写作亞，许慎就认为它像人驼背的形态，所以丑陋。

670	1	2	
胄	合 4078 宾	合 36492 黄	临摹

要学习"胄"，我们必须了解商代的战争情况。通过甲骨文我们知道，商代的军队已经有了"矢"，也就是箭，有了"戈"，有了砍人的"刀"，有了战马，有了战车，等等。在打仗的时候，首先要保护的部位是头部，而最难防的武器当然是箭。箭从远处射来，也不知从哪个方向射来。甲骨文中的"矢"构成了很多甲骨文，比如"疾"，就是指中箭了，卧床了。比如说"彘"，指的是一种非得用箭才能捕获的野猪。可见，人们打仗最畏惧的是远处射来的箭。为了对付箭镞，于是有了甲胄；为了对付戈矛，于是有了盾牌。

再来说这个"胄"，其实就是头顶上的一种装饰物，上面是空心的帽子的顶端，可以迷惑敌人。下面是"冃"，也即是"冒"字，也即是"帽"的本字。这种帽子很大很高，边幅一直掉到肩上，将脖子也保护起来。这就是甲骨文"胄"字的本来意思，指用金属做成的带有长披肩的头盔。后来的"胄"由皮革做成。

《说文》云："胄，兜鍪也。从冃，由声。鞷，《司马法》胄从革。"大意：胄，就是指头盔。字形采用"冃"作形旁，采用"由"作声旁。鞷，《司马法》中的"胄"字，因用皮革做成，故从革。

甲骨文中还有一个"介"字，像一个人四周都是片甲状的东西，意思是铠甲。

671	1	2
爻	合 12570 宾	合 30518 无
yáo		

"爻"的甲骨文由两个"乂"组成，"乂"即是两根蓍草交错纵横的样子。与该偏旁相关的字，多与阴阳八卦、变化推测、教育教学等相关。今天的"爻"，继承了其甲骨文字形。《说文》云："爻，交也。象《易》六爻头交也。"大意是说爻具有交错的意思，就像《易》中每卦六爻互相交错。

672	1	2	3	4	5
教	合 31621 何	合 27734 何	合 10 宾	合 5617 宾	合 28008 无

甲骨文的"教"，从爻、从子、从攴，意思是一个人手持棍子教孩子学习，上表中第1、2、3种形体即如此。上表第 4 种形体则省掉一个"乂"，第 5 种形体则省掉"子"，意思相同。有学者说"爻"就是《易》中的算筹，这些高深的知识是需要有人教的，所以"爻"是"教"的意思。

《说文》云："教，上所施，下所效也。从攴，从孝。"大意：教，在上的施行，在下的效仿。字形采用"攴""孝"会意。孝的意思就是效仿。由这个字可知，在中国古代，流行"黄荆棍下出好人"的说法，所以老师总是用棍子打人。古代叫"戒尺"，现代叫"教棍"。不过现在社会进步了，国家立法禁止体罚学生了，体罚就是违法。

673	1	2		3		4
学	合 27712 何	合 30827 无	临摹	合 8304 宾	临摹	合 952 正宾

　　"学"的繁体字是"學"，异体写法是"壆"，由此便很好理解甲骨文的"学"字。上表中第 1 种形体从双手、从爻、从宀，像是用双手搭建房屋，这房屋是用来学习的，因为"爻"与学习相关。第 2 种形体省略了一个"乂"，不难理解，甲骨文中经常同旁省简，也就是相同的偏旁，多余的可以省略掉。第 3 种形体则是在第 1 种形体的基础上省略双手，从爻从宀。第 4 种形体则继续在第 3 种形体的基础上省略一个"乂"，这算是最简省的写法。

　　"學"是"斆"的省略。《说文》云："斆，觉悟也。从教，从冂。冂，尚矇也。臼声。"大意是说，学就是觉悟的意思，但这个字来源于教，所以"从教"。而"从冂"，"冂"就是学生尚处于蒙童阶段，所以要教他。该字上边的"臼"表示声音。《说文》的解说十分迂曲晦涩，对该字的拆分也十分不合常规，但认为"学"与"教"有紧密的关系，则显示了中国自古以来教学相长的优良传统。

674	1	2
行	合 20610 自	合 22550 出

　　甲骨文的"行"字，像四通八达的十字路口，这种形状至今没有多大变化。不过今天"行"的左右两部分可以单独成为两个汉字"彳"（chì）"亍"（chù）。彳亍的意思和读音与"踟蹰"（chíchú）相似。上表第 1 种形体最能体现十字路口的特征，第 2 种形体是常见的甲骨文"行"字的写法。

　　《说文》云："行，人之步趋也。从彳，从亍。"步的意思是慢慢走，趋的意思是快步走。《说文》认为，行就是人们在道路上慢慢行走或快步疾走。字形采用"彳""亍"会意。

675	1	2	3	4	5
延	合 27346 何	合 27347 无	合 32468 历	合 20363 自	合 34712 历

　　这个甲骨文字形从彳从止，一般识读为"延"。《说文》云："延，长行也。从㢟（chān），丿声。""延"的意思是悠闲走路的样子。《说文》认为"延"是长时间的行走或长距离的行走，后来就有了"延长"这一说法。"延"也就是"长"的意思。但这个字也可识读为"辵"，即该甲骨文的"彳"演变为"彳"，"止"演变为"辵"的下半部分。《说文》云："辵，乍行乍止也。"意思是在路上走走停停。

676	1	2	3	4
永	合 3887 宾	屯 723	花东 6	合 12342 宾

　　甲骨文中的"永"是"泳"的本字。古人洗澡，总是在江河、小溪中进行。上表第

3、4 种形体由 "人" "彳" 和 "水" 三者构成，意思是人在水中前进，也就是游泳。而第 1、2 种形体从 "人" "彳"，是简略写法。

《说文》："永，长也，象水巠理之长。《诗》曰：'江之永矣。'" 大意：永就是河水悠长的样子，字形像长长的河水，还带有分支的形状。《诗经》上有诗句说："江水长啊，江水长啊。" 但是甲骨文中的 "永" 明显是人在水中前进的意思。

677	1		2	3	4	
卫						
	合 20741 自	临摹	合 19852 自	合 7888 宾	合 28059 无	临摹

"卫" 的异体是 "衞"。上表第 1、2 种形体，从行从四止，"行" 在甲骨文中代表十字路口，"止" 代表脚，在十字路口每个路口都有脚，表示都有人在守候、保卫。第 3、4 种形体则是形声化的结果，该字逐渐从行从韋（韦）。

《说文》云："衞，宿衞也。从韋、帀，从行。行，列衞也。" 也就是说 "卫" 是夜间的保卫工作。但是认为 "从行" 的原因是因为卫兵要列队，则与该字的甲骨文字形所表达的含义不符。

678	1	2
公		
	合 27149 何	合 27497 何

对此字的解说，首先是 "背厶说"。这种说法比较流行。该字由 "八" 和 "厶" 组成，"八" 是 "分" 的本字，引申为违背的意思；"厶" 也即 "私"，也就是说背私者为公。《说文》："公，平分也。从八，从厶。八犹背也。韩非曰：'背厶为公。'" 大意：公，平均分配。字形采用 "八" "厶" 会意。八，犹如相违背的意思。韩非子说："与私相背就是公。"

其次，朱芳圃先生认为 "公" 是 "瓮" 的本字。取上盖下口之形。此说据形说意，也是一种识别甲骨文的方法，可参考。

679	1	2	3	4
亘				
	合 1075 正宾	合 22099 午	合 224 宾	合 16442 宾

甲骨文中 "回" 与 "亘" 是一字。该字的字形就像水回旋的样子，所以表示周而复始，延续不断。与这个偏旁相关的甲骨文多表示回环、往复的意思。

680	1	2	3	
宣				
	合 28003 无	临摹	合 30374 无	合 28137 无	临摹

　　"宣"的甲骨文上面是从宀（mián），表示房屋，下面是从亘（xuán），表音。但是"亘"的甲骨文是一个回旋环状的指示符号，可以叫作"回状符"。所以，"宣"的意思就是复杂的、回环的、曲折的房屋，一般指帝王的房屋，因其曲折复杂，也可能为了安全考虑，修得宽敞大气。显然，甲骨文中的"宣"可以说是声中有义，是会意兼形声字。

　　《说文》："宣，天子宣室也。从宀，亘声。"大意：宣，天子所住的宽大的正室。字形采用"宀"作形旁，采用"亘"作声旁。

　　在学习甲骨文的时候一方面要学会基本的"根字"，另一方面也要学一些符号。这些符号已经不存在于我们今天的汉字之中，但是甲骨文中的有些符号很象形也很好理解，要牢记。学习甲骨文的一个基本方法是同类归纳，比如大家对比"云""宣""亘""旬"这几个字时，发现了这个回形符号，圆曲和方折是刻写的差异，没有区别，再根据这几个字的含义可归纳出这个符号本身有曲折回环的含义。

681	1	2	3
必	合 23602 出	合 14034 正宾	临摹	合 175 宾

　　裘锡圭先生认为该甲骨文画的就是戈的手柄的样子，也就是一根木棍，或者竹条捆在一起的样子。识读为"必"，它是"柲"的本字。

682	1	2	3	4
宁	合 34547 历	合 31678 正无	合 27177 何	屯 2567 历

　　"宁"的甲骨文像储存东西的仓库，它就是"贮"的初文。该字形像是在地上挖了一个坑，很像农村贮存红薯的坑。注意"宁"与"宁"本是两个字。《说文》云："宁，辨积物也。象形。"大意：宁，就是分门别类地贮存东西，比如用木匣子、储存室、仓库等储存不同的东西。这是一个象形字。而"宁"在古代表语气词，也即"宁愿"。"宁"又通"宁"，表示心安的意思。

683	1	2	3	4	5
车	合 584 正宾	合 10405 正宾	合 11442 宾	合 10405 正宾	合 11456 宾

　　"车"的甲骨文是象形字，一目了然。上表第 1、2、3 三种形体是对车的轮廓的刻画。第 4 种形体突出车厢，省略掉车辕。第 5 种形体以车轮代指整个车。由这些甲骨文构形，可以推想商代马车的基本结构，这是很有趣的。

▶第五章

甲骨文成片识读

第五章　甲骨文成片识读

　　这部分内容主要针对学有余力的学生，只讲四版甲骨卜辞，旨在通过较为详细的讲解，展示成片甲骨文卜辞的基本格式、用语等常识，让学生体会到要完整地解读成片甲骨文，不仅需要运用文字学知识，还需要掌握历史、天文、礼仪等传统文化知识。老师先讲再让学生试着讲几版，这就好比要学会游泳，学生必须自己跳进水里练习。

　　这四版甲骨的讲解结合了我读硕士时的甲骨文老师罗琴教授和我读博士时的甲骨文老师彭裕商先生课堂上讲述的内容，以及刘翔、陈抗、董琨、陈初生、赵诚等学人的观点，也加入我本人的见解，综合而成。就我本人的感受而言，罗、彭二师都师从徐中舒先生，罗先生倾向于就文字讲文字，"事不关经，不着一字"，引申内容多在文字学范围内。彭先生倾向于就历史、文化讲文字，我更倾向于彭先生的讲法，既生动有趣，还能扩大学生的历史、文化知识面。所以我的讲解多有引申。

第一节　《甲骨文合集》第6057正，宾组①

　　这片甲骨文很有名，因为总体保存完整，字迹清晰，刻写工整，而且内容生动。罗琴先生、彭裕商先生都详尽地讲了这片甲骨文。一些收录甲骨文的书籍也多选用此版作为材料。

一

　　我们来看一版甲骨，初学者往往不知从何入手，所以有些常识性的知识要首先明白。一片甲骨文卜辞往往不是一段，而是多段。因为往往一件事情，占卜的时候要反复地问，正反都要问。而且往往一片甲骨文占卜完一件事情，刻辞后还有大量空白，下次还可占卜另外一件事情，然后又刻写上去。所以，往往一片甲骨上，写得密密麻麻，乍一看的确不知从何入手，从哪里开始识读。其实这还是有一定的规律的。甲骨文的刻辞从上往下，从右往左，有列无行，这是基本的格式，这种格式在后来的书籍中保留下来。但也有从下往上的，从左往右的，甚至还有绕圈刻写的，要根据具体情况具体分析。只要熟悉了刻辞的基本结构，这个问题便是小问题。但不管怎么刻写，一般都是时间开头。这就像我们今天记录事情，某年某月某日某地发生了什么事情，还有某人在场，等等。当时是干支纪日，所以要熟悉干支。要记住下表，一定要记牢，还要学会推算。一般来说，甲骨文卜辞说"迄至"几日，是说到了第几天，是从占卜当天算起的，也就是说占卜当天是第一天，不是说中间隔了几日。举个例

---

　　① 本章所有图片均截取自胡厚宣主编《甲骨文合集》。

子，"癸巳"这天占卜，过了五日，就应该是"丁酉"了。癸巳、甲午、乙未、丙申、丁酉，中间只隔了三日。

1	2	3	4	5	6	7	8	9	10
甲子	乙丑	丙寅	丁卯	戊辰	己巳	庚午	辛未	壬申	癸酉
11	12	13	14	15	16	17	18	19	20
甲戌	乙亥	丙子	丁丑	戊寅	己卯	庚辰	辛巳	壬午	癸未
21	22	23	24	25	26	27	28	29	30
甲申	乙酉	丙戌	丁亥	戊子	己丑	庚寅	辛卯	壬辰	癸巳
31	32	33	34	35	36	37	38	39	40
甲午	乙未	丙申	丁酉	戊戌	己亥	庚子	辛丑	壬寅	癸卯
41	42	43	44	45	46	47	48	49	50
甲辰	乙巳	丙午	丁未	戊申	己酉	庚戌	辛亥	壬子	癸丑
51	52	53	54	55	56	57	58	59	60
甲寅	乙卯	丙辰	丁巳	戊午	己未	庚申	辛酉	壬戌	癸亥

记录时间时又多以"癸"字开头，这是因为商代十天一周祭，周而复始。这片就是如此。整体上看，这片甲骨中的占卜日期直接可见的是癸未、癸巳、癸卯，反推出占卜日期的是癸亥。也就是说，这片甲骨当在癸未这个日子最先进行了占卜，逻辑上讲应该记录四段内容。但实际上只有三段比较完整。因为六十甲子纪日周而复始，仅仅根据纪日无法判断哪一段是最先刻写的卜辞。有学者认为依据干支顺序，这片卜辞中应当是"癸亥"在前[①]，其实这种观点也没有坐实。因为六十甲子是循环的，占卜的日期并没有完全遵循十天一祭的普遍规则。应该说，癸未、癸巳、癸卯这三个日子是每隔十天一卜，这三个日子应该是前后分明的。但是，癸亥是在前三个日子前还是后？不好判断。癸未这天的卜辞残缺，癸巳这天的卜辞在分割线左边，癸卯这天的卜辞在分割线右边的最右端，最后刻写的是中间。这种刻写空间顺序很值得研究。两边刻完了最后刻中间，以至于中间最后一个字"五"刻不下，补刻在旁。而分割线左边的卜辞刻完了还有大量空白，这足以证明是先画分割线后刻卜辞，才可能出现刻写时空间布局的误差。但该版的背面（即6057反），则明显是先刻卜辞，再画分割线。

下面先识读竖线左边的一条，这条卜辞很长，很完整。可以作为卜辞的样板，释文如下：

癸巳卜，壳贞：旬亡祸？王占曰："有祟！其有来艰！"迄至五日丁酉，允有来艰（自）西。沚夏告曰："土方征于我东鄙，（戋）二邑，邛方亦侵我西鄙田。"

卜辞的常规结构分为四个部分，即前辞、命辞、占辞、验辞。该条卜辞分解为：

1. 前辞：癸巳卜，壳贞。

2. 命辞：旬亡祸？

3. 占辞：王占曰："有祟！其有来艰！"

4. 验辞：迄至五日丁酉，允有来艰（自）西。沚夏告曰："土方征于我东鄙，（戋）二邑，邛方亦侵我西鄙田。"

同学们要记住这种结构。总体上来说先说时间，古代以干支纪年、纪日。以时间为

---

① 刘翔、陈抗、陈初生、董琨. 商周古文字 [M]. 语文出版社，2017：47.

序，是人类记事的基本方法。然后是贞人，也就是占卜的人，还有种说法是刻写卜辞的人，他们和王的关系密切，参与国家决策。然后是占卜的内容，也就是向神问话的内容。然后是把灼烧后有裂纹的甲骨交给王，让王据裂纹判断神的意思，是有灾还是无灾。当然，王的判断多是根据自己对形势的把握，并非完全依据神的意志。然后是实际的应验情况。由此可知，所谓"前辞"，就是记载时间和贞人。所谓"命辞"，就是占卜问询的内容。所谓"占辞"，就是王或者贞人根据龟甲卜纹，判断是否有灾祸。所谓"验辞"，就是实际应验的情况，也就是到底发生灾祸没有。有学者通过对贞人的完全统计，来推导卜辞的分组。以上这些都是常识，须记住。下面细解卜辞大意。

1. 癸巳卜，壳贞。

殻（què），甲骨文又写作㷌。该字同"壳"字，这很好理解，这个字本身就是像手持东西敲打某个东西的样子，或是对收割的稻米或小麦进行脱壳。该句是说在癸巳这天占卜的，占卜的人叫"壳"。通过对照卜人表可知"壳"为"宾组"卜人，所以这一条也是"宾组"卜辞。这个同学们只作了解即可。

2. 旬亡祸？

"旬亡祸？"这是商朝人占卜时的习惯问法，意思是下一旬是否有灾祸，也就是说从第二天开始的十天内是否有灾祸。但他们占卜推算灾祸时间时，往往要把占卜当天视为第一天，也就是要包括占卜当天。这句在甲骨文卜辞中经常出现。有时候识读为"旬亡囚（忧）""旬亡咎"。卜旬就是在上一旬的最后一天卜下一旬有没有灾祸。那么癸巳的第二天就是甲午，它是卜甲午、乙未、丙申、丁酉、戊戌、己亥、庚子、辛丑、壬寅、癸卯这十天有没有祸事。但要注意，说占卜后的第几天，则是从癸巳这天算起，也就是说癸巳是第一天。比如这则卜辞后文说五天后如何如何，则是指丁酉这天如何如何，因为从癸巳这天开始算，癸巳、甲午、乙未、丙申、丁酉，第五天就是丁酉。一般来说，凡是看到"癸某"这天的占卜，一般有"旬亡祸"的命辞，也就是说预测下一旬有没有灾祸。这又是一条规律。但有没有从第二天算起的呢？晚期卜辞是从第二天算起。比如本条卜辞第五天后如何如何，如果从第二天算起，则甲午是第一天，丁酉是第四天，于是卜辞就应该说四天后如何如何。

3. 王占曰："有祟！其有来艰！"

"王占曰"中的"占"写作㊉，有时简化写作占。㊉外面像一块骨头，就像肩胛骨，里面是"占"字，"占"字上面是"卜"下面是"口"，而"卜"字则是象形字，像龟骨上灼烧后出现的裂纹。王根据这个裂纹，判定是否有灾，这就叫"占"。"王占曰"就是"王根据占卜裂纹说"。

他说："有祟！其有来艰！"这句话大意是王说："糟了，下一旬有灾祸要来了。"后面果然出现了灾祸，看看王好神，好像能上通神灵。其实王也是根据现实情况判断的，这里不过是故弄玄虚。此处的"有"字被许多学者识读为"虫"，又像甲骨文"牛"字，说是古人以牛为有，牛的块头大，最能说明有无。这很有意思，今天我们说某个人好牛，不说某个人好鸡、好鸭，其实与牛的形象以及古人赋予牛的象征性意义有关。"有祟"被有的学者识读为"有咎""有求"，但罗先生、彭先生均讲为"有祟"。"有祟"就是说有坏事出现，今天有个词语叫鬼鬼祟祟，也就是有妖怪作祟。天灾人祸都可叫作"有祟"。"其有来艰"，也是甲骨文卜辞中的常用语。"艰"有时写作𤔲，郭沫若识读为"艰"。"艰"的本义是土坚硬难治，这里是指人祸。"其有来艰"就是说有人祸到来，我们要做好准备。

4. 迄至五日丁酉，允有来艰（自）西。沚戛告曰："土方征于我东鄙，（戋）二邑，邛方亦侵我西鄙田。"

这一句是验辞。也就是验证了"王占曰"的正确，说明王的光荣、伟大、正确。"迄至"的"迄"甲骨文写作三，就像甲骨文"三"，但甲骨文的"三"三横一样长，表示数目。于省吾说这个字就是"气"，是"迄"的本字。"迄至"是同义连语，也就是说"迄"和"至"是一个意思。清代学者俞樾《古书疑义举例》中说到的同义连语，在甲骨文中已经出现，这种现象对研究汉语早期词汇的产生很有意义。"迄至五日丁酉"就是从癸巳数到了第五天的丁酉，"允有来艰（自）西"，"允"的甲骨文是一个人点头的形象，表示"果然"。丁酉这天果然有人祸从西方传来，另外一说是有人从王国西方前来报告有外敌入侵。"允有来艰（自）西"这句中的"自"字已经残毁，只留下甲骨文"自"字的右下笔画，根据同版相似句式断定此处有"自"字。

"沚戛告曰"，"沚"字从止从氵，姑且识别为"沚"。也有学者识别为"洗"字的，认为该甲骨文氵，是脚周围有很多水滴，表示在洗脚。"戛"也是暂时识读为此字，这个甲骨文其实至今还不认识。甲骨文有很多这样的字，今天即使能找到对应的汉字，但肯定不是今天所对应汉字的意思，其实也等于没有识读出来。

"沚戛"是人名，大概是商朝的前线将领。他派人或本人来报告"土方征于我东鄙"，也就是土方这个敌国征讨我国东边郊外。"鄙"是边鄙之地。"邛方亦侵我西鄙田"，也就是说邛方这个敌国也趁火打劫，入侵我国西边城郊的田地。从王国西方来的报告怎么知道王国东边的事情呢？要么这个王国很小，负责巡逻的将领负责王国周边的一切安全事务。要么当时的边境巡逻系统发达，商朝领域虽大，但"沚戛"负责全国警戒巡逻事务，手下向他报告，他再向商王报告。还有另外一种说法，"沚戛"识读为"洗戛"，他是洗国的君长，洗国是商王朝的附属国。洗戛派人来报告的是土方征讨洗国的东郊，邛方入侵的是洗国西边的田地。我们不重点讨论这个。这里说说几个关键的甲骨文。

"正"从止从口，止表示脚，口表示城，整个字的意思就是攻城，它是"征"的本字。前面有详解。而甲骨文的"灾"有三种常见形体，分别表示水灾、兵灾和火灾。这里的"灾"字残缺不全，但可以看见"戈"的下半部残余，当为"戋"字，也就是兵灾。"灾二邑"不是说给两个城市带来灾难。甲骨文的"邑"写作𠂤，从口从卩，表示城里的人，但这里指人聚居的地方，很可能是两个村落。

二

竖线右边的这一条，释文如下：

（癸亥卜，壳贞：旬亡祸？）王占曰："有祟！其有来艰！"迄至七日己巳，允有来艰自西，微友角告曰："邛方出，侵我示至田，七十人五。"

1.（癸亥卜，壳贞：旬亡祸？）

这句怎么来的？原文前辞及命辞已残，我们是根据上下文反推出来的。后面的"迄至七日己巳"，从己巳这天反推七天，便是癸亥日。又因为同版卜人都是"壳"，所以我们认为这条卜辞的卜人也是此人。根据上条，卜旬是逢"癸某"才卜，所以反推出"癸亥"是合理的。所以我们可以将前辞和命辞补为：癸亥卜，壳贞，旬亡祸？学习任何知识都是熟能生巧，学习甲骨文的困难之处就是需要记忆很多东西，掌握很多知识。将这些知识进行逻辑归纳，这也是学习的乐趣所在。

2. 王占曰："有祟！其有来艰！"

这句是重复的，不用再解释。

3. 迄至七日己巳，允有来艰自西，微友角告曰："邛方出，侵我示至田，七十人五。"

"迄至七日己巳，允有来艰自西"，这句也不用多解释，与前一条意思相同。是说占卜七天后，果然有西边的人来报告异常情况。"微友角"是个人名，这个"微"字是暂时拟定的，这个字的甲骨文上边是长，下边是止，写作 𡖈，一般识读为"长"，但甲骨文中有"微"字，写作 𢼸，后加了"彳"演化为"微"，而"彳"是与"止"相关的两个偏旁，所以，这个字识读为"微"，也是可以的，但也是权且如此罢了。"示至田"是地名，其中"至"的甲骨文上从两个至，可隶定为銍（zhī），下从来，但整体上这个字现在不存在了。也只能姑且就写作"至"或"臻"。整句的意思是，微友角报告：邛方出动人马，侵占我示至田，掳走七十五人。但也可以这么翻译：微友角报告说邛方出动人马，侵占微国示至田，掳走七十五人。一般来说，用"我"不应该出现在转述中，这里释为侵占的是商王疆域要好些。此外，"七十人五"，要仔细看，七十两个字是合文，将"七"字中间的竖画拉长就是"七十"的合文。此外还要注意断句，"邛方出，侵我示至田，七十人五。"这句可理解为：邛方出动人马，侵占示至田，出动的人马七十五人。如果这样断句："邛方出，侵我示至，田七十人五。"则又变为：邛方出动人马，侵占示至田，掳走种庄稼者七十五人。"田"本义田猎，这里指掳走。把人当动物一样掳走。

甲骨文有合文，就是把两个字写成一个字的样子。研究合文很有意义，它涉及早期汉字的形成问题，但研究清楚比较难。就数字来说，甲骨文十就是一竖画，二十就是两竖下端连在一起，三十就是三竖下端连在一起，四十就是四竖下端连在一起，但这些我们视为独体字而不是合文。而五十、六十、七十、八十、九十等，甲骨文中都写作合文，如五十写作 𠂂，均是将上面的竖画拉长，就包含一个"十"字。关于甲骨文数字，列表如下。

一	二	三	三	三	⊠	∩	∧	十	⅄	⫞	Ⅰ	∪	ⱱ
1	2	3	4	5	6		7	8	9	10	20	30	

Ⱳ	𠂂	𠀬	介	十	水	₰	𐅐	𐅑	𐅒	𐅓	𐅔	𐅕
40	50	60		70	80	90	100	200	300	400	500	600

800	900	1 000	2 000	3 000	4 000	5 000	6 000	8 000	10 000	30 000	

三

下面我们学习最右边的这条卜辞。准确地说，这条在右下方。右上方有"癸未卜壳贞"的字样，但残缺。甲骨文中有很多残缺、句意不完整之处。右下方这条卜辞释文如下：

癸卯卜，壳贞：旬亡祸？王占曰："有祟！其有来艰！"五日丁未，允有来艰，饮御……自强圉六人……

这条卜辞也已经不完整，但大意尚可知道。值得注意的是，前两条卜辞都是从上到下，从右往左书写，而这条是从左往右写。尽管如此，卜辞内容与同版其他卜辞相似处太多，说明还是有规可循。

"癸卯卜，壳贞：旬亡祸？王占曰：'有祟！其有来艰！'"这一句不用再多说了，大家都应该懂了。甲骨文成片识读就是这样，开始很难，但学到一定程度，识读就非常容易了。因为有大量的重复句式。所以要有信心。

"五日丁未，允有来艰，饮御……自强圉六人……"这句残缺不全，我们只能说其大意。癸卯后的五日，正好是丁未日，果然有祸来了。什么祸呢？"御"又通"驭"，就是驾着马车或战车来；"圉"就是监狱里带着手铐的囚犯，整句意思就是敌人驾着车马而来，强制捆绑掳走了六人。但有人说后面"六人"残缺不全，当是"六月"。结合上文，最后一字当是"人"的甲骨文。但这句话还是有很多没有弄清楚的地方，比如"饮"字如何讲？存疑。此处的"强"字是笔者浅见。笔者根据甲骨文上面是弓，下面是口字，"强"字中也有弓、口部分，所以姑且隶定为"强"，上下文稍微讲得通些。但有学者认为该字不是"强"，是"弘"字的甲骨文，表示弓声。此处还是存疑。

第二节 《甲骨文合集》第6057反，宾组

《甲骨文合集》第6057片除了正面有文字，反面也有文字，反面的文字原片如下图。

这片甲骨文首先有条折形的线，显然这里是先刻写后画线，不然于情理不通。然后是从左往右，从上往下刻写。

左下卜辞为：

王占曰："有祟！其有艰！"迄至九日辛卯，允有来艰自北，牧妻笼告曰："土方侵我，田十人。"

这条卜辞没有前辞，但是在同版的正面，有一句前辞，原文是"癸未卜壳"四个残字，当是本条卜辞的前辞。因为癸未后的九天正好是辛卯，所以与这条卜辞合得起来。全文前辞当是："癸未卜，壳贞：旬亡祸？"所以识读甲骨文要细心，要反复地斟酌。这条卜辞的前辞、命辞、占辞不用解释，验辞中有几个字需要解释下。"妻"字的甲骨文就是一只手在抓扯一个女人头发的样子，这里指人名。"妻"前面的一字至今没有识读出来，但根据我们前面所学，一眼能看出该字左边是"牛"，右边是"又"，权且识读为"牧"。"笼"字上面是竹下面是女，这个字也能一眼看出来。"牧妻笼"还是当人名。验辞的意

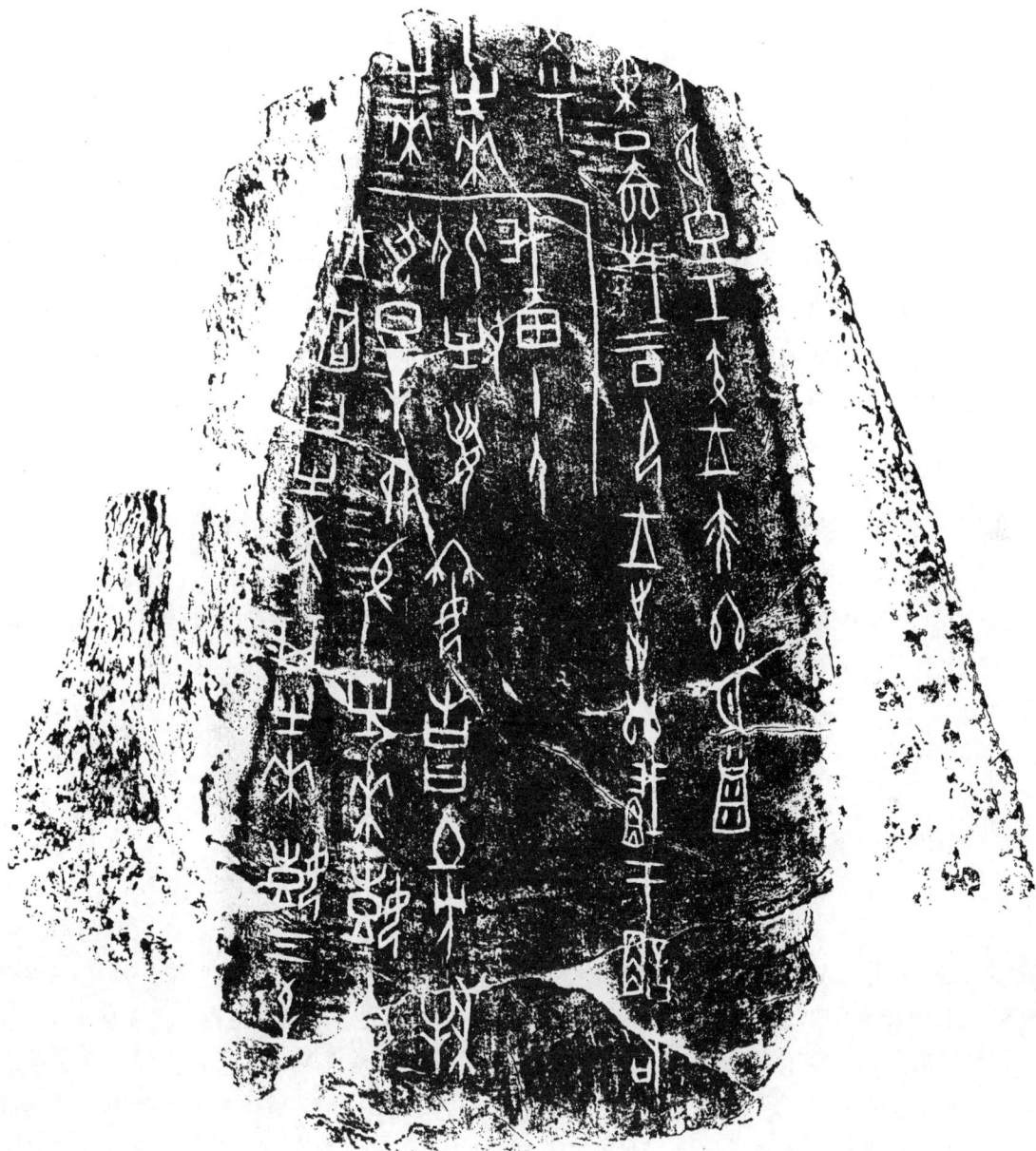

思是：牧妻笶来报告，土方入侵，掳走十人。

结合同版正面卜辞，一会儿西方有人报告土方征讨，一会儿北方有人报告土方入侵，可见土方从四面八方在骚扰、劫掠。但本版卜辞还是有些疑问没有解决，土方到底是一个敌国，还是对多个外国的统称？土方与商都的位置关系到底如何？等等。留待同学们将来解决了。

再看右上卜辞：

……有来……允有来（艰）……乎（呼）……东啚（鄙），戋（灾）二邑，王步自我且（祖或宜）于讷司，〔辛〕丑夕，（向）壬寅，王亦终夕占。

这条卜辞残缺不全，但我们还是能看出大意。有些字即使不认识，也能看出形态结构。"戋二邑"还是指兵灾。"王步自我祖于讷司"，这句中的"我祖"似合文，姑且如此解释。"讷"字也是权且如此识读，该字对应的甲骨文左边是"因"，右边是"言"，前面说过"因"是花纹席，整个字姑且识读为"讷"。大意是王从某地到另一地。"王亦终夕占"中，最后一个字学界还未识读出来，但像是囵的甲骨文，姑且识读为"占"。可能是灾害来临，王在祖庙前走来走去，整个傍晚都在占卜问神，心神不宁。但这也只是一种主观蠡测，因为卜辞不全和有些字没有识读出来，说不清楚具体含义。这为同学们将来的继续研究留下了空间。

第三节　《甲骨文合集》第 137 正，宾组

《合集》编号第 137 片正面的甲骨文较完整的共有三段，用两条竖线隔开。最左边的一条从上到下，从右往左书写，中间和右边的两条从上到下，从左往右书写。上端零星地有"卜""贞""告"等字。下面从左到右分别识读。

一

最左边的一条释文为：

癸卯卜，争贞："旬亡祸？"甲辰…大掫风，之月兑，乙巳…奉五人。五月在…

这条卜辞是说癸卯这天占卜，占卜者是一个叫"争"的人，问询下旬是否有灾祸。但就在第二天即甲辰这天，出现了异常天气，也就是大掫风。"掫"其实就是暴风骤雨的"骤"，其甲骨文字形像手取耳朵，而"骤"字的初文当是"聚"，还看得出手旁和耳旁。也就是说第二天出现了暴风骤雨。还有人说大掫风其实就是大飓风，可备一说。到了第三天，（敌方）的人来"奉五人"，一共铐走了五个人。奉字上面是止，下面是牵，像是脚镣，用来专门铐脚的刑具。该字甲骨文中常见，也就是说，奉字就是指抢人后铐上脚镣。后面的"五月在"是残文，大概后面又说五月又出现了灾祸。

二

中间的释文为：

癸丑卜，争贞："旬亡祸？"王占曰："有祟，有梦。"甲寅，允有来艰。左告曰："有往刍自益十人有二。"

癸丑卜，争贞："旬亡祸？"这句不用解释，同学们都应该听老师讲烦了。王占曰："有祟，有梦。"这里关键是"梦"字，左边像简易的床，也就是像两个凳子垫着一张木板的侧面形象。右边是一个人睁大了眼睛，显得非常惶恐，下面是一只手拿着棍子，做要打床上人的样子。整个字就像一个人在做噩梦，惶恐不安。王根据卜纹，说有灾祸，还说他做梦也梦见了灾祸。注意，从这里我们得知商王并不是完全根据龟甲灼烧后的裂纹来判断吉凶，他还要结合自己的切身感受诸如梦中故事来判断吉凶。

"甲寅，允有来艰。左告曰：'有往刍自益十人有二。'"商王的判断真准，第二天就得到了验证，一个叫"左"的人来报告了灾祸。"往"字的甲骨文从止从王，意思是前往某地。"刍"的甲骨文就是用手扯草，许慎说是割草包起来。"益"的本义就是器皿中水满了外溢的意思，这里是地名，或可理解为遗失的意思。全句意思是：我们去田间割草的人损失了十二个。或者说有从"益"这个地方来我们田间偷偷割草的敌人有十二个。

<h2 style="text-align:center">三</h2>

右边释文为：

癸丑卜，争贞：旬亡祸？三日乙卯，（允）有艰。单祊人豊溺于录…丁巳麇子豊溺…鬼亦得疾。

这段甲骨文非常生动、有趣，罗琨先生和彭裕商先生的讲解很不一样。我综合来讲。

第一种解读。"癸丑卜，争贞"是前辞，先交代事件和人物。但这条卜辞省略了占辞，也就是没有说是谁读的龟甲裂纹，得出是否有祸害的结论。"三日乙卯"及之后则是验辞，癸丑之后的第三天正好是乙卯日。"三日乙卯"之后当缺"允"字，据前后文卜辞补充。"有艰"可以指战争，也可指其他意外灾祸。后面就是有灾祸的具体内容："单祊人豊溺于录…丁巳麇子豊溺…鬼亦得疾。"学界对该条的分歧就在这里，到底是什么灾祸？

"单祊人豊"，"单"字是重要的甲骨文独体字，也是重要的构字部件，就像狩猎的工具。"囗"识读为祊，像围城，下面是一个"人"字，所以一般识读为"单祊人豊"，但显然还是有问题的。后文是"麇子豊"，这里相对的应该是"单子豊"，因为此处"囗"并非像是单独的一字，和后面"麇子豊"中"子"字的口部大小一样，只不过此处"子"字下面的部分有些变异。如果把"单子豊"和"麇子豊"说成是两个人名，或者是不同方国的两个同名人，则似乎不大可能。在甲骨文同版中出现"子豊"的人名，最大可能是一个人。"单"是狩猎工具，可以是"狩"的初文，对应下文出现的"麇"，这也不是偶然的。实际上可以说"单"是狩猎，"麇"就是当动词，追赶麇子。"溺"这个字的甲骨文就像一个人站着小便的情形，这个字的确刻画的是一个男人小便的情形，非常形象生动。"溺"本来像人小便形，是"尿"字的初文。《说文》说"尿，从尾从水"，但是后起字。"溺"和"尿"古音相同，就像胡适所说："古人叫做溺，今人叫做尿；古人叫悬梁，今人叫上吊。"最开始"尿"字就写作"溺"，所以古书里很多屎尿的"尿"都写作"溺"。"录"的甲骨文是用尖底瓶打水的样子，这里是地名，可能是饮水处。后面"鬼亦得疾"要重新断句为"……鬼，亦得疾。"全句意思是：三日丁卯这天，果然有灾害出现。在狩猎时，子豊跑到打水处撒尿（他可能是有病了）……丁巳这天追赶麇子，子豊又去撒尿………他是撞到鬼了……这天又得病了。

　　第二种解读。"豊"字显然就是甲骨文的"礼"字的初文，举行祭祀的意思。举行祭祀的地方一般都以井水作为圣水，"单祊人豊溺于录"说是单祊人举行祭祀时跑到打水处撒尿，"魔子豊溺"后面有残缺，全句当是"魔子豊溺于录"，意思是魔子这个人在祭祀时也跑到打水处撒尿。显然是对鬼神不敬，鬼神大怒，这两人受到惊吓，回来就得了疾病。这种解释似乎也有道理。

　　第三种解读。"单祊人豊"指方国单的祊人，名字叫"豊"。古书中"宗祊"就是宗庙的意思，"祊人"就是指在宗庙里主持祭祀的人员。"豊"就是举行祭祀的意思。"溺"在此处不是撒尿，而是溺水的意思。"溺于录"就是在"录"地淹死了。整句意思就是：（商朝的附属国）单国举行祭祀礼仪的人在录地淹死了，魔国举行祭祀礼仪的人也淹死了，鬼方的将领又得了疾病。注意鬼方是商朝的敌国，这里可能是鬼方附属的一支，归顺了商朝。

第四节　《甲骨文合集》第 137 反，宾组

　　这一版共有三条，讲的都是征战情形，现在从右至左讲解。

　　1. 右边释文为：

　　（癸未）卜，（某贞）：（旬）亡祸？王占曰："有祟，有梦，其有来艰。"七日丁丑，允有来艰（自北），戈化乎告：方征于我示……

　　这一条前面都不用解释，从验辞开始解释。"七日丁丑，允有来艰（自北），戈化乎告：方征于我示……"是说丁丑日这天，果然有坏消息从北方传来，戈化急忙前来呼告：方国征讨我示这个地方。

　　2. 中间释文为：

　　四日庚申亦有来艰自北，子娀告曰："昔甲辰方征于屰，俘人十又五人。五日戊申，方亦征，俘人十又六人。"六月在敦（郭）。

　　中间这条卜辞，保存相对完整。"四日庚申"是验辞，反推占卜日子，得出四天前是丁巳。而此版正面出现"丁巳"相关刻辞，这天正好"魔子豊溺……鬼，亦得疾"，也就是说魔子豊撒尿遇见了鬼，回来吓得卧病在床。于是当时进行了占卜。其实可以推想，魔子豊撒尿不是遇见鬼，而是遇见敌方埋伏人员。这条就是接着往下写的。庚申这天，北方也出现灾害，子娀前来报告：在过去甲辰这天，方征讨屰，俘虏十五人，甲辰后五日即戊申，方国又来征讨屰，俘虏十六人。而当时商王在敦这个地方。

　　这里详解几个字。娀这个字的甲骨文左边是女，右边两个"旡"，只能隶定为娀。屰字的甲骨文左边是屮右边是又，与"牧"相近，但也是权且识读为屰。

　　"六月，在敦"是说这片卜辞的时间是六月，商王在"敦"，这个"敦"有时候识读为"郭"，表示城郭的意思，这里是地名。

　　3. 左边释文为：

　　甲子允有来自东，……亡于辇。

　　这里也仅仅只有验辞，说甲子这天果然有祸害从东而来，……在辇地丧失了。

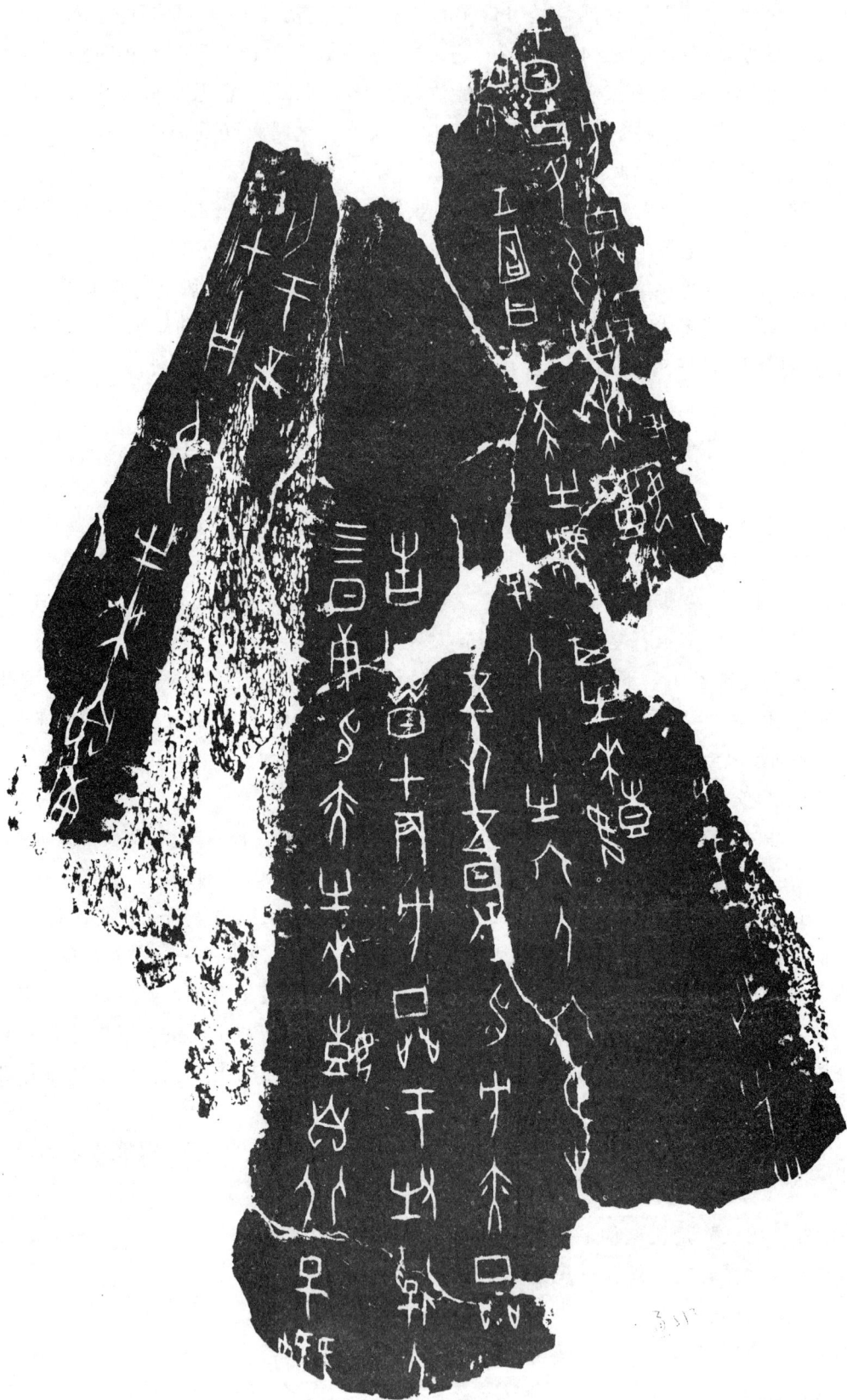

▶第六章

甲骨文书法

第六章　甲骨文书法

目前社会上甲骨文书法乱象横生，诸如滥用假借，生造文字，甲金混杂，形体不一等，实在是破坏了甲骨文书法的基本规矩。

本章首先介绍商代甲骨文的书写常识，旨在让我们从源头上知晓，甲骨文的刻写与今天汉字的书写，无论是书写工具、材料，还是书写方法，都大相径庭。我们没有办法完全按照甲骨文最初的书写方法来书写甲骨文。然后介绍学界对甲骨文字形和书体的研究，使我们从总体上知道，殷墟的历史至少有五个分期，各个分期的甲骨文表现出不同的风格。接着介绍近代学人因研究甲骨文的需要而临摹甲骨文，进而走上了自觉的创作甲骨文书法艺术作品的道路。他们的甲骨文书法，有许多经验值得今人学习，也有教训值得吸取。最后根据我们教学的实践，谈谈甲骨文书法的学习步骤及基本的练习方法。

本章的最终目的不是引领读者进行甲骨文书法艺术创作，而是出于甲骨文学习的需要，讲一些基本的甲骨文书写常识和规矩。

第一节　甲骨文书写常识

一、书写工具和材料

中国古代什么时代出现笔？到目前为止，中国现存的最早的毛笔实物可追溯到战国时期。1954 年在长沙的一座战国古墓里面发现了一支毛笔，如下图。[①]

这只毛笔的笔杆是木质的，杆长 18.5 厘米，径 0.4 厘米，毛长 2.5 厘米，全长 21 厘米。经鉴定该笔是用细丝将上好的兔箭毛捆在笔杆一端而成，外面再施漆胶固定，又用竹管作为笔筒。

在原始社会，人们喜欢在岩壁上刻画诸如飞禽走兽、田猎劳作场景等，这些刻画的图画或可是象形文字的雏形，而所用的刻画工具当然就是早期中国人使用的笔了。仰韶文化时期的陶盆上有人面鱼纹图，其他陶片上也画有鸟、狗等动物，这也表明早在原始社会，就已经出现了书写和描画的工具。学界认为：至少在四五千年前中国人已经有了类似于毛笔的书写工具。

---

① 吴铭生. 长沙左家公山的战国木椁墓 [J]. 文物参考资料，1954，(12)：3-19.

仰韶文化时期陶盆上的人面鱼纹图

在商代的甲骨骨片中，已经发现了在几块牛肩胛骨上写了字而未刻画的文字，证明了商代已经有了毛笔。这些用毛笔书写的文字，因年代久远，已经泛黄，但泛黄的颜色深入骨质，所以至今看得出是文字的痕迹。当然也发现了先刻文字后再施加红色或者黑色饰料进行装饰的甲骨文骨片。无论是先写后刻，还是先刻后写，都证明了类似于毛笔的书写工具的存在。

此外，在河南的安阳出土了商代的一个玉戈，上面用红笔写了些文字，此即学界所谓的"朱书玉戈"。它也证明了商代已经使用毛笔书写。这个朱书玉戈的摹本如下图。[①]

朱书玉戈摹本

此外，甲骨文中已经有"典""册"两字，都是简牍的形象，甲骨文中的"聿"字写作，像以手持毛笔的形象，这都从侧面证明当时可能已经使用毛笔。

董作宾先生认为甲骨文是先书写后契刻。但陈梦家先生认为甲骨文中有的字小如蝇头，不可能先书写后契刻。胡厚宣先生综合以上二人观点，认为小字不用书写直接刀刻，而大字则先书写后刀刻。因为大的甲骨文需刻多次，契刻者需要考虑整体布局，而小字随刀而刻，即兴成行。

在殷墟甲骨发掘的过程中，发现了适宜于镌刻的小铜刀和玉刀。专家认为这是当时契刻甲骨文的工具。

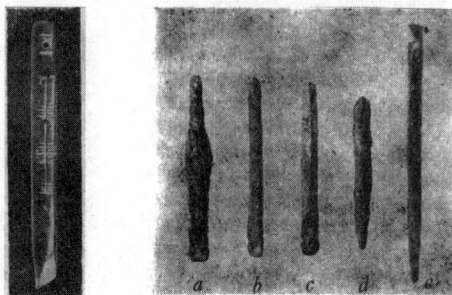

左图：安阳出土碧玉刀笔。右图：安阳出土铜刻刀。[②]

---

① 吴雪飞. 安阳小屯 18 号墓出土玉戈朱书考 [J]. 殷都学刊, 2016, 37（02）: 12-16.
② 赵铨, 钟少林, 白荣金. 甲骨文契刻初探 [J]. 考古, 1982,（01）: 85-91.

甲骨文的书写材料是龟甲和兽骨，也有少量人骨，当然主要还是龟甲。在安阳殷墟曾经出土了比较完整的无字龟甲，那就是甲骨文最原始的书写材料。甲骨文刻写的过程，图示如下。

首先是将龟甲进行整治，背甲和腹甲一分二，如下图一、图二。然后在背甲的凹面、腹甲的内侧，竖着钻椭圆形的浅坑窝，不钻透，浅孔的一侧又横着钻一个小坑窝，形成铆钉形象，如图三。然后用尚未熄灭的蓍草类的根茎对着较大的坑窝进行灼烧。卜人可能一边灼烧，一边口中念念有词，龟甲的另一面就会出现"卜"形的裂纹。一般是王根据裂纹的形状，确定占卜的好坏，然后刻写者将占卜的卜辞刻写在龟甲的另一面，如图四。

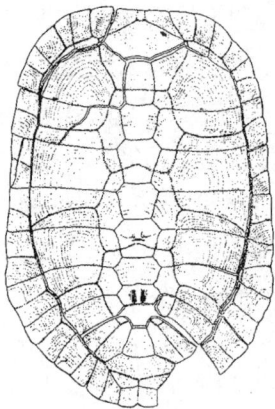 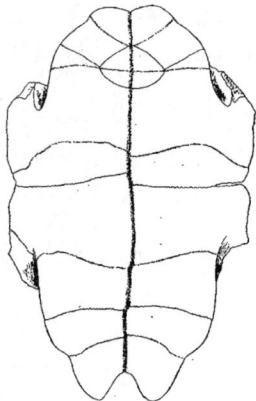

图一：背甲　　　　　　　　图二：腹甲

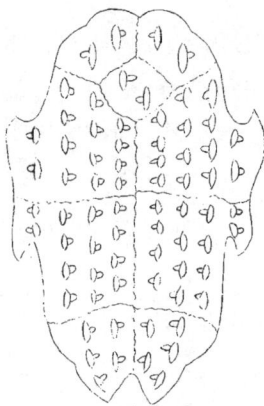 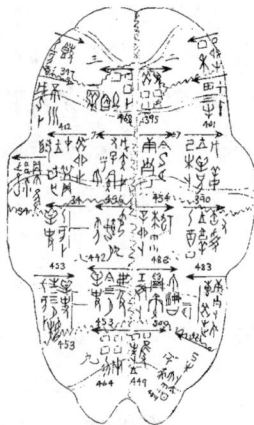

图三：钻灼　　　　　　　　图四：刻字

图片来源：李济《安阳发掘报告》第三期第 443、445、101、113 页

二、图画和文字

甲骨文脱胎于图画，这是不争的事实，所以它的笔画并不固定。尤其是一些文字还未完全抽象为文字符号，完全具有图画的特征。所以，我们常常无法搞清楚某些甲骨文到底有多少画。我们发现，即使是同一个贞人书写同一个尚未脱离图画的甲骨文，他每次书写的笔画多少和字体形状也不都一样。

我们先来看看下面两图。

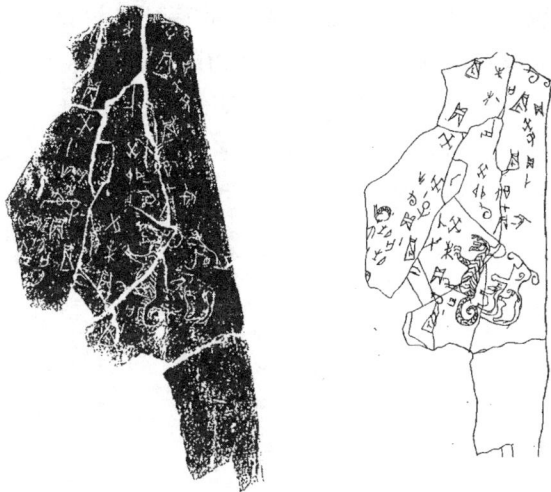

图片来源：左图，《合集》21472；右图，李济《安阳发掘报告》第 3 期第 528 页

　　左图是原版甲骨，右图是临摹。该版甲骨文特征明显，刻写用力不稳，分布凌乱，笔画幼嫩，仿佛小孩练习写字。更令人称奇的是在右下刻有大象，大象肚子中又刻有大象，大象腹下刻有一只鹿，鹿下又刻有一只凶猛的老虎。在此版的左边还刻有蜗牛形象的图案。此版内容无一成句，似乎是在练习常见的甲骨文，诸如纪日的"癸巳""癸未""癸丑""癸卯"等，以及常见的"旬""贞""祸"等字。该版整体上字不成句，排列次序也十分随意，毫无章法。类似情形再如下两图。

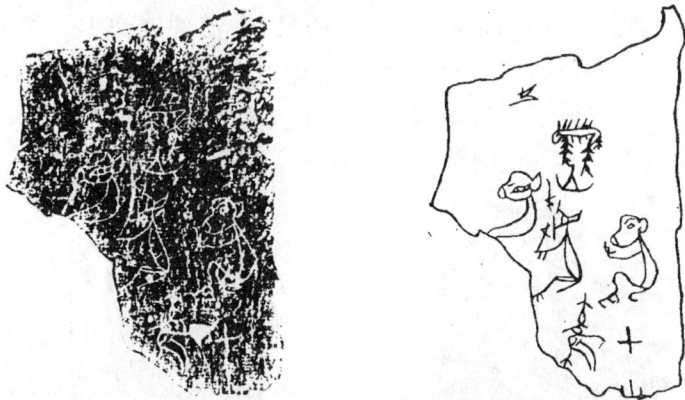

图片来源：左图，《合集》35269；右图，李济《安阳发掘报告》第 3 期第 528 页

　　同样，左为原版甲骨，右为临摹。这是廪辛康丁时期的一版甲骨，最明显的是刻画了三只猿猴的形象，也就是甲骨文"夒"字（或识读为"猱"字）。最左边的那只腿尾残缺，但与右边的那只颇为相似，又与中间这只明显不同。该版甲骨下有"七""矢"和"佳"等字样，"佳"像画又像字。上为复笔刻画的类似"马"的形象，马下胡乱刻有两串尾巴形象的东西，然后又刻有一个"火"字。整版有字有图，布局和刻画手法都十分幼稚。

　　董作宾认为：这两片甲骨，实际上是某些史官初学契刻时练习的稿子。他们不能专心所学，就像现在的小孩写字，大人一转身，他们便在上面画一些有趣的图案。这两版甲骨，也向我们展示了殷商时代的人如何学写甲骨文，给我们无限遐想的空间。不过同时也提醒我们，初学契刻者既然敢随意刻画图案而不怕老师或长辈的批评，或因为得到了他们的允许，甚至褒扬。因为甲骨文并没有脱离象形的特征，许多文字还处于简单的图画阶段，这些图画，本身也是文字。他们随意刻画动物的形象，未必不是甲骨文的书写练习。同理，今人练习甲骨文，当练习尚未脱离象形的那部分甲骨文时，是无法讲究笔画的多少和笔顺的先后的，只能按照绘画的手法来表现文字的意蕴。而那些脱离象形特征，抽象程度较深的甲骨文，在书写它们时，则应是另有一套规矩。

三、笔画和笔顺

最简单的笔画是横和竖。我们今天汉字的书写习惯是先横后竖，先左后右，而甲骨文的书写顺序却出乎我们的意料。

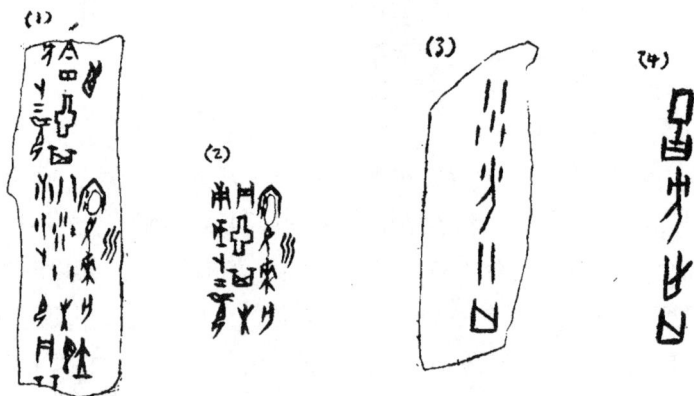

图片来源：董作宾《甲骨文断代研究例》第 418 页

董作宾曾经举例证明甲骨文的书写是先刻竖画，再刻横画，他曾临摹了两幅甲骨，内容如上图（1）、（3）。图（1）中间一段文字有的只有竖，或者斜竖，根据上下文同版卜辞内容来补充，中间的内容当如图（2），即："庚子卜口贞亚其口往来亡灾"（口为未识读字）。图（3）也是缺乏横画，补充完整则当为图（4）内容。这两例足以证明，甲骨文是先刻竖画，然后再刻横画。刻横画时可能转动甲骨 90 度，以便于刻写。又如下图。

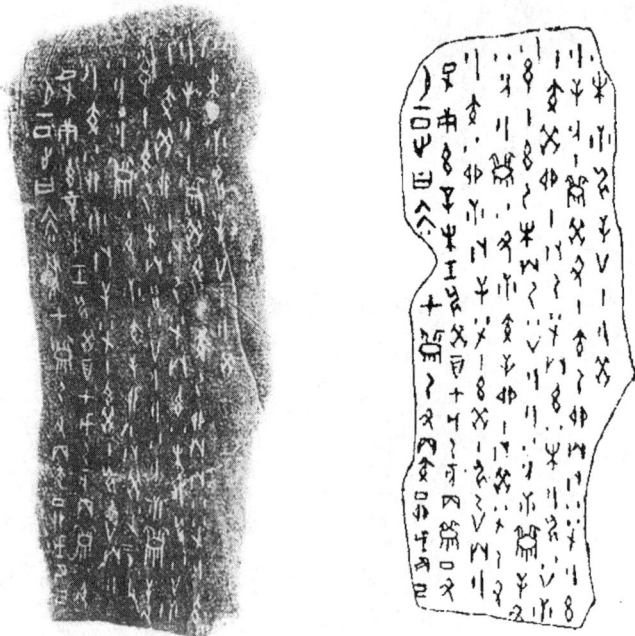

图片来源：左图，罗振玉《殷虚书契后编》卷下第 1 页；右图，李济《安阳发掘报告》第 1 期第 125 页

　　这一版甲骨文，从左至右共八纵行，主要内容是六十甲子表。除了最左边二纵行不缺横画，第四行末尾"二月"的"二"有横画外，其余各纵行均缺横笔。由此可以推想，此版甲骨文也是初学契刻的人练习的草稿，也是先竖后横。有学者认为，所有字都先竖后横的刻法并不是普遍规律，而是依照先竖后横刻完一字再刻另一字。当然还有学者认为，对于密密麻麻的甲骨文，刻写者最可能先写后刻，也不排除他们对甲骨文异常熟悉，不用写直接刻。

　　先竖后横是甲骨文书写的总体笔顺，但到底其余笔画怎么书写？现代学者利用显微镜和笔迹学的原理，进行了细致入微的研究。如甲骨文"御""史""牢"三字的笔画和笔顺，图示如下。

图片来源：《甲骨文契刻初探》

　　根据显微镜观察刻写笔迹，"一般应右手执刀，刀柄后倾，刀身右偏，以左侧刃尖从后向前推刻，同时，左手食、中指也可帮助推刀"。"甲骨刻字以刀为笔，故不同于用毛笔书写。刻时无论横竖，凡直线均为推刻而成。但推刻的顺逆则根据骨料的形状而定，以便于把握及运刀为准，不受任何限制。如在骨料左下方边部刻字，竖画多由下而上推刻，横画多由左而右。在骨料右上方边部刻字，竖画多自上而下，横画多由右而左。在骨料中部刻字，笔顺则可灵活掌握"。[1]

　　又有学者在显微镜下观察甲骨文 （酉）字，认为其书写顺序依次是：中间两短竖笔、下面三短横、两边斜画、上部两竖笔、上部两横画。[2] 该字从中间往下写，然后往上写，这完全打破了我们对甲骨文书写顺序的既有认知。

第二节　甲骨文的字形和书体

　　前贤在研究甲骨文的分期和断代时，涉及甲骨文的字形和书体，无意间为甲骨文的书法风格研究奠定理论基础。董作宾在《甲骨文断代研究例》中提出十条断代依据，其中便有"字形"和"书体"依据。他将甲骨文书体按照殷王继位先后分为五期，每期各有不同。董作宾总评道："早期武丁的时代，不但贞卜及所记事项重要，而且当时史官书契的文字，也都壮伟宏放，极有精神。第二、三期，两世四王，不过守成之主，史官的书契，

---

① 赵铨，钟少林，白荣金. 甲骨文契刻初探 [J]. 考古，1982，(01)：85-91.
② 赵孝龙. 显微技术在甲骨学研究中的应用 [J]. 南方文物，2019，(06)：177-180.

也只能拘拘谨谨，维持前人成规，无所进益；而末流所至，乃更趋于颓靡。第四期中，武乙终日游田，书契文字，亦形简陋。文丁锐意复古，力振颓风，所惜当时文字也只是徒存皮毛，不见精彩。第五期帝乙、帝辛之世，贞卜事项，王必躬亲，书契文字极为严密整饬，虽届亡国末运，而文风丕变，制作一新，功业实不可淹没。"[①] 董作宾对甲骨文书体的总体评价，影响深远。但今天的学者也提出了不同看法，认为其观点过于主观。甲骨文书体的演变，并非泾渭分明。上一时期的贞人，有时也在下一时期出现。但本书在于总体展示甲骨文书体的变化，并不是要做深入的学术研究。所以，我们认为董作宾对甲骨文书体的总体评判，尚符合人们对甲骨文的直观感受。下面在董氏观点的基础上，补以实图，以便体悟甲骨文在不同时期的不同书体和风格。

第一期书体特征：雄伟。

这一期即盘庚、小辛、小乙、武丁时期，约一百年时间。书体受时代影响，其精气神莫不反映时代的鼎盛和衰败。第一期甲骨文的雄伟实受武丁盛世影响，给人的第一印象是字体肥大、苍劲有力，曲折圆转，皆极雄劲。但也有小字，甚至同版大字小字相呼应。本书前面所讲"甲骨文成片识读"的几版甲骨文，皆为典型代表。下面再附几图，以便论述。

图片来源：罗振玉《殷虚书契前编》卷七

以上几版甲骨文，若逐字观察，用心揣摩，则能体悟雕刻之娴熟，用力之均匀，气势之雄伟。如最后一版的囷字，整个字体略微向右上左下倾斜，但外框转角圆滑，竖线左右笔直对称。该字里面的"占"字，上面"卜"字的短竖随手起笔，用力均匀，落笔处戛然而止，毫不拖泥带水，写短竖时屏气敛神，尽显用心。然后从短竖中间扎刀，先轻后重，斜右上方猛然一挑，整横呈从左下至右上、先粗后细之态。下面的"口"明显是两笔写成，无论是先横后曲，还是先曲后横，都左右对称，直曲分明。整个字线条均匀，大气磅礴。

第二期书体特征：谨饬。

这一期自祖庚至祖甲，约四十年。董作宾说此两人皆可算是守成的贤君，所以这一时期的甲骨文书法，能看到谨饬守法的态度。这一期的甲骨文文体继承了第一期的主要特征，但没有奔放恣睢气息，大小适中，行款均匀整齐，故董作宾名之整饬阶段。下列三版即能表明这一时期甲骨文的文体特征。

---

① 董作宾，甲骨文断代研究例［C］// "国立中央研究院"历史语言研究所集刊外编第一种·庆祝蔡元培先生六十五岁论文集铅印本，1933：417.

图片来源：《甲骨文合集》

第三期书体特征：颓靡。

自廪辛至康丁，约十四年。董作宾认为，此期虽然也有不少工整的书体，但是不讲章法，错落参差，可证是殷代文风凋敝之秋。虽然也还有不少工整的书体，但布局错落参差，已不那么守规矩，而且极其幼稚、柔弱、纤细。错乱讹误的文字，比比皆是。

图片来源：《甲骨文合集》

第四期书体特征：劲峭。

图片来源：《戬寿堂所藏殷虚文字》三十上

自武乙至文丁，约十七年。这期甲骨文的特点是不著贞人名字，所以出现没有贞人的卜辞，基本上可断定为该时期卜辞。这期的甲骨文，纤细的笔画带有刚劲的力量，劲峭耸立，有如钢筋铁骨。殷王文丁锐意复古，所以曰"文"。正因如此，许多在第二三期流变的字体被革令废黜，新的写法则效仿第一期的写法。比如说"王"字，则完全是恢复了武丁时代的雄伟气势。总体来说，这期甲骨文书法风格劲峭有力，呈现中兴之气象。

第五期书体特征：严整。

图片来源：左图摘自《合集》第 36511 片；右图摘自罗振玉《殷虚书契前编》卷一第 26 页

从自帝乙至帝辛，八九十年。该期甲骨文书法风格趋于严谨，无论是祭祀征伐，还是田猎卜辞，结构都比较整齐、严密。卜辞整体也布局方正，竖行笔直，一改前朝糜烂随意之风。这一时期，记载贞人的少，整段的排列，比较整齐而有规律，字体疏密有致，中规中矩。国王事必躬亲，事无巨细，处处留意。所以这些字体与第四期的潦草敷衍之风迥然有别。如上左版卜辞是甲骨文中最长的一版，但行款均匀，字形大小一致，布局整齐。

第三节 学术界的甲骨文书法

甲骨文发掘后，很快就有人进行书法艺术创作。最早进行甲骨文书法创作的是一批甲骨学专家，他们收集、考释甲骨文时，需要制作拓片，也需要临摹。久而久之，他们自然对甲骨文书写艺术的精髓心领神会，从而进行主动的艺术创作。所以，他们的经验值得我们学习。

一、罗振玉：近代甲骨文书法开创者

罗振玉早年练习大小篆书，中年接触甲骨文后，师法一变，遂把甲骨文也写成方块字。1921 年 2 月，由罗振玉手书的《集殷虚文字楹帖》墨迹本出版，"不仅是甲骨文书法史上一件石破天惊的大事，也是现代中国书法史上一件具有划时代意义的历史事件。"①此事被视为甲骨文书法艺术的开端。许多书写甲骨文者视《集殷虚文字楹帖》为"法帖"。

图片来源：罗振玉《集殷虚文字楹帖》第 10 页

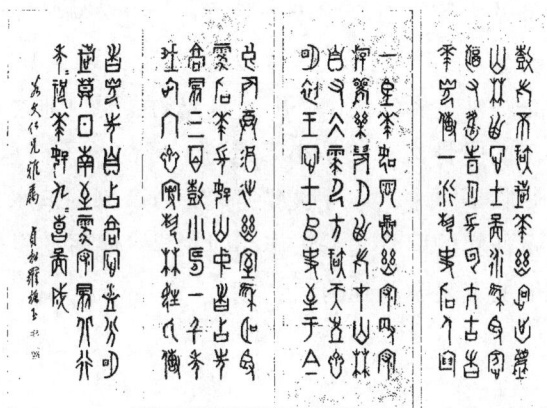

罗振玉甲骨文书法四条屏

罗振玉的甲骨文书法作品，温文尔雅，风格独特。非常明显，他将篆书的元素加入其

---

① 陈爱民. 甲骨的终结与甲骨文书法的艺术转换——论罗振玉《集殷虚文字楹帖》的书学意义和价值 [J]. 艺术百家, 2006, (05)：183-185.

甲骨文的书法创作之中。无论是单个字的形体呈现，还是总体上的谋篇布局，都对称工稳，大小一致，颇有篆书的味道。但它的甲骨文书法作品，单个字缺乏个性，意趣欠佳。正因为从笔画到整篇，过于单调，缺乏变化，又被人称为"火柴棍"式甲骨文书法。

二、商承祚：甲骨文书法中掺入金文气息

商承祚是罗振玉的学生，受罗的影响，将小篆气息带入甲骨文书法。但是商氏的甲骨文作品还是有较大突破，如下图。

商承祚甲骨文书法作品

商氏的甲骨文书法作品，虽然没有完全摆脱"火柴棍"的样式，但线条已经富有变化，明显地粗细有别，颇有甲骨文的雕琢味道。又因为商承祚主攻金文，其甲骨文书法作品明显地掺入了金文形体的元素①。

三、董作宾：甲骨文书法名家

董作宾被称为"殷墟发掘的开创人，一代甲骨学大师"，毕生致力于甲骨文研究。董作宾十四岁就能刻印章补贴家用，对篆书十分熟悉。这也影响到他的甲骨文研究和书法。他鉴定甲骨文真伪的一种方法，即是从刻写的刀法入手，可见其对甲骨文的字体了如指掌。他认为甲骨文摹写是一件重要的工作。出于研究的需要，他本人曾摹写过数万片甲骨文的卜辞。他评价罗振玉的甲骨文写法是小篆运笔，罗的弟子商承祚写甲骨文也是如此，有失本真。因此，他主张临摹原本，才可欣赏到书写与镌刻的艺术，不得已看影片，再不得已看拓片。时人评价董作宾的甲骨文书法作品时说："他写的甲骨文，名满天下，他的写法有深邃的功力，一般朋友是学不到的。"②

---

① 夏瑜. 甲骨文书法创作研究［D］. 吉林大学，2018；20-21.
② 董玉京. 我的父亲与甲骨文书法［C］∥江苏省哲学社会科学界联合会，江苏省甲骨文学会，江苏省教育工会. 江苏纪念甲骨文发现 100 周年甲骨文与商代文明国际学术研讨会论文选集. 1999；3.

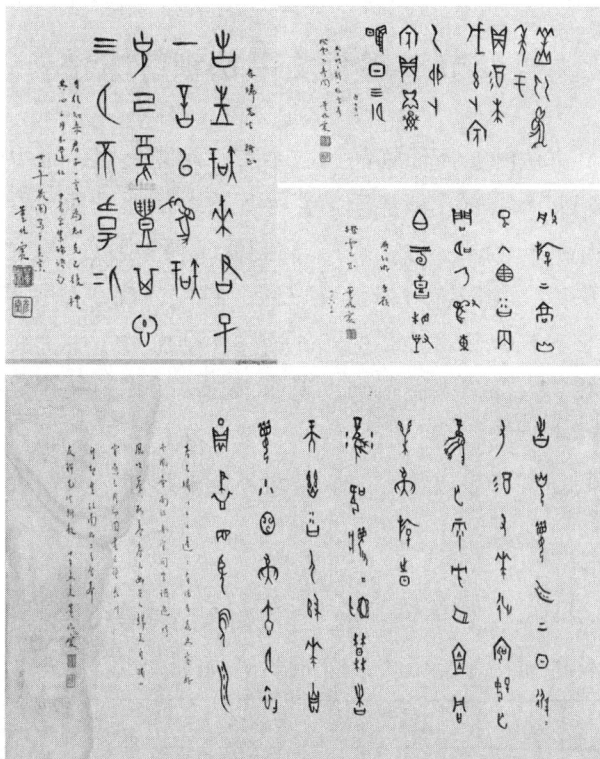

董作宾甲骨文书法作品

董作宾的书法作品，最符合甲骨文本来面目，用笔如刀，粗细有度，尖起尖收，被称为"船形"笔画。董作宾把甲骨文形体分为五期，至今犹是研究甲骨文断代和书法的重要依据。

其他文字学家如唐兰、于省吾等也有甲骨文书法作品留世，此不多论。至于当下自诩或被吹捧为甲骨文书法大家者，往往对甲骨学研究毫无建树，不仅其书法不能展现甲骨文本身的精气神，而且妄改文字，滥用假借，各字风格不一，实不足一论。

四、启示

首先，甲骨文具有一定的艺术性，但今天用甲骨文来进行书法艺术创作，也具有局限性。我们学习甲骨文书法主要是为了体会其精气神，是为了学习甲骨文的需要。

其次，甲骨文是刀刻文字，而今天的书写材料和书写工具发生了巨大变化。现代书法艺术下的甲骨文书法艺术需要转型。可以说，这个转型至今尚未完成。前贤将篆书和金文的元素渗入甲骨文，尚且遭到批评，今人的甲骨文书法作品，往往每字风格都不统一，颇显轻慢和随意，更不足言。所以，临摹整版甲骨拓片是最好的学习方法。

前贤多是研究甲骨文的大家，他们的甲骨文书法严谨而工稳，具有文人气息，不生搬硬造，假借亦有据。今天的甲骨文书写者，多不熟悉甲骨文，对甲骨文的形体演变也仅略知皮毛，他们的甲骨文书法，随意滥用假借字，借用金文和篆书，甚至造字，这是十分恶劣的行径，将对甲骨文书法艺术造成负面影响。此尤不值得效仿。

第四节 甲骨文书法训练方法

我们在练习甲骨文书法时，所面临的第一个棘手问题是同一个甲骨文的异体、异形较多，笔画差异较大，同一个字有几种甚至上百种写法。例如甲骨文中的"福"字，徐中舒先生主编的《甲骨文字典》收入了 127 个临摹字体，仔细观察，这 127 个"福"字字体都不相同。严格意义上来说，我们练习甲骨文书法，首先当确定摹写哪一期的甲骨文风格，明确这一期当中的某字当有哪些写法和构形，这样才会忠实于甲骨文构形的历史本身。但这种要求实在太高，我们大部分人做不到。退而求其次，我们至少要知道甲骨文是以象形为主，尚未完全脱离对事物的临摹，所以同一个甲骨文，它有图画式的直接描绘，也有符号化的间接指代，中间还有许多过渡写法。针对不同的形体，我们进行书法练习的方法是不同的。

一、从图画到文字

比如说"虎"的甲骨文，除了实描外，还有简单的符号化写法。实描的写法无法分清其笔画的多少，符号化的写法显然是可以分析其笔画的。如下表。

来源	《合集》21472	《合集》9273	《合集》33378
原文			
临摹			
说明	实物的刻画	轮廓的勾勒	符号化的写法

显然，从实物描写到符号化，中间有许多的过渡形体。实物刻画的甲骨文更具象形性，符号化后象形性大大削弱。符号是有限的、有形的，所以我们认为符号类甲骨文的书写有规可循。那么，介于二者之间的甲骨文形体，既有符号化的特征，又有绘画的特征，似简笔画，且每一个形体都与众不同，我们在书写时将之归为图画类甲骨文。

许多学者不考虑甲骨文从图画到文字的演变轨迹，试图穷尽性地区分出甲骨文的有限笔画数目和种类，结果都徒劳无功。因为图画类甲骨文无法分清其笔画多少和种类。我们只能将常见的符号化的甲骨文的笔画种类析出，以便于书法练习。学者冯寿忠也认为分析甲骨文笔画是有可能的，他也认为非象形字的甲骨文如指事字、会意字、形声字等，已经很少有图画特性，符号化程度非常突出，因此对他们进行笔画分析是毫无问题的。[①]

二、图画类甲骨文的书写只能是绘画式临摹

我们把写实类的甲骨文和轮廓式勾勒的甲骨文统一归为图画类甲骨文。图画类甲骨文中尚保留了大量具有图画特性的文字，是无法确定其笔画多少、笔画形状和笔画顺序的。学生根据自己的习惯来描写就可以了。如下面这些甲骨文就是如此。

---

① 冯寿忠. 甲骨文笔画系统试析［C］//中国应用语言学会，教育部语言文字应用研究所. 第四届全国语言文字应用学术研讨会论文集. 2005：11.

原文	临摹	识读	来源
		猱	《合集》35269
		象	《合集》10222
		虎	《合集》17849
		兕	《合集》10430

而图画类甲骨文每字又有不同的写法，就像绘画一样，有写实有写意，有工笔有速写，如下表甲骨文"豹"的部分写法就是如此。

原文							
临摹							

这些写法，无法说孰优孰劣，根据个人感受和理解选择形体，写法也可因人而异。

三、符号类甲骨文的书写有规可循

1. 笔画练习方法

由前文可知，据学者考证，甲骨文的原始写法是先竖后横，先下后上，有些还是先书写后契刻。这种方法我们今天是无法沿袭的。今天我们写甲骨文也不可能用刀刻，更不可能杀龟取壳作为刻写的材料。在书法中，书写材料和书写工具会影响到书写文字的笔画、笔顺乃至字体。我们长期用钢笔或毛笔来写现代汉字，形成了固定的笔画、笔顺以及书写习惯，这对我们书写甲骨文也有巨大的影响。我们也不可能为了甲骨文的书写而过度地改变积习已久的书写习惯和方法，只能结合现代汉字的书写习惯来书写甲骨文，如先横后竖、先上后下、先正后斜等。但是，为了练习的方便，我们将符号类甲骨文笔画粗略地分为两类：一类是与现代汉字相同的甲骨文笔画，需按照现代汉字笔画的书写方式进行练习。一类是甲骨文特有的笔画，需我们重点练习。冯寿忠试图穷尽性地析出甲骨文笔画系统，[①] 我们认为这实际上不可能，因为即便是符号化的甲骨文，其符号变体也非常多。我们只能就某些常见的甲骨文的笔画略微举例，加以练习。

表 1　与现代汉字相同的甲骨文笔画举例

名称	长横	短横	长竖	短竖	撇	捺	横折	竖折
笔画	一	一	丨	丨	丿	㇏	㇆	㇃
例字	4531	16435	27456	22073	27497	26508	20610	20610
识读	一	元	示	少	公	八	行	行

---

① 冯寿忠. 甲骨文笔画系统试析［C］∥中国应用语言学会，教育部语言文字应用研究所. 第四届全国语言文字应用学术研讨会论文集. 2005：11.

表 2　甲骨文特有笔画举例

名称	形体	例字（出处）	识读	名称	形体	例字（出处）	识读
上曲	⌒	6483 正	下	斜折		13563	宅
下曲	⌣	808 正	上	竖双折		28014	追
曲横		27939	走	女字折		32418	祝
折横		36317	昔	女字折		2331	兄
左斜横		屯 108	乎	斤字折		9468	兵
右斜横		4855	元	曲勾		137 正	自
一弯		24432 正	岁	直勾		28170	祀
二弯		花东 391	分	折弯勾		8895 正	得
弓形弯		10693	射	回形框		28003	宣
左横折		20610	行	圆	○	137 正	单
竖左折		20610	行	交口		32044	叀
上横		36515	余	椭圆		32285	册
下横	∨	6732	中	回形圆		13397	云

说明：表（1）、表（2）中的甲骨文截取自《甲骨文合集》及《商代文字字形表》

甲骨文的笔画形态变化万端，上两表所举的例子也是挂一漏万。且不论相似笔画，相通笔画，即使同一笔画，也有许多变体。如我们举斜折笔画为 ㄣ，还有 ㄱ 这样的笔画，也有反向 ㄈ 和 ㄕ 这样的笔画。又如我们举曲勾笔画为 ㄑ，同时也有类似的反向的 ㄋ 存在。再如"回形框"的甲骨文笔画还包括 ㄹ。我们认为，基本的笔画单位必须一笔完成，不排除有些笔画既可以一笔，也可以两笔甚至多笔完成。如"椭圆"这种甲骨文笔画，我们考察有些甲骨文是一笔完成，有些是两笔完成，有些是先写两长横，再在两端连曲线。但只要不排除一笔完成的可能，就可以作为笔画单位。

2. 单字练习方法

（1）先"单笔"后"连笔"

练习了甲骨文的笔画后，接着进入单字书法练习。因为受到现代汉字书法的影响，我们在练习甲骨文单字的书法时也不可能摆脱现代汉字的书写方法和方式。根据一般经验，写现代汉字的时候，是先写楷书，后写行书，先一笔一画地书写，再写连笔。通过前文我们知道，商代的人在初学甲骨文雕刻时，对动物的刻画是图画式的描绘，不讲究笔画和笔顺的规矩。而对于比较抽象的符号化的甲骨文，则是很稚嫩的一笔一刀的刻画，没有连笔。同一个甲骨文，古人在书写的时候，常有形态是一笔一画的精雕细刻，也有行云流水般的奋刀疾书。我们在教学实践中，认为应该先练习一笔一画的"单笔体"，再练习颇具行书意味的"连笔体"。如下表。

文字	女	子	羊	牛	若
单笔体					
连笔体					

（2）先独体后合体

甲骨文的合体字多是由独体字构成，我们书写甲骨文主要是为了学习的需要。所以，先独体后合体是练习甲骨文书法的基本步骤。任何复杂的甲骨文，都可拆成笔画相对简单的独体字。

輦 = ＋ 夫 + 夫 + 夫 + 夫 （輦＝车+夫+夫+夫+夫）

蓐 = 林 + 辰 + 左 （蓐＝林+辰+左）

麓 = 林 + 鹿 （麓＝林+鹿）

卿 = 卩 + 皀 + 卩 （卿＝卩+皀+卩）

3. 成片临摹方法

董作宾被称为甲骨文书法大家，是因为他最初出于识读和研究甲骨文的需要，大量临摹甲骨文原片。如董作宾《新获卜辞写本》[①]，临摹 381 片甲骨。今对照相关拓片，发现

---

① 李济. 安阳发掘报告第一册 [M]. 台北：南天书局有限公司. 1978：131-179.

它的临摹从一笔一画到字体结构，都惟妙惟肖，可谓书法精品。如图：

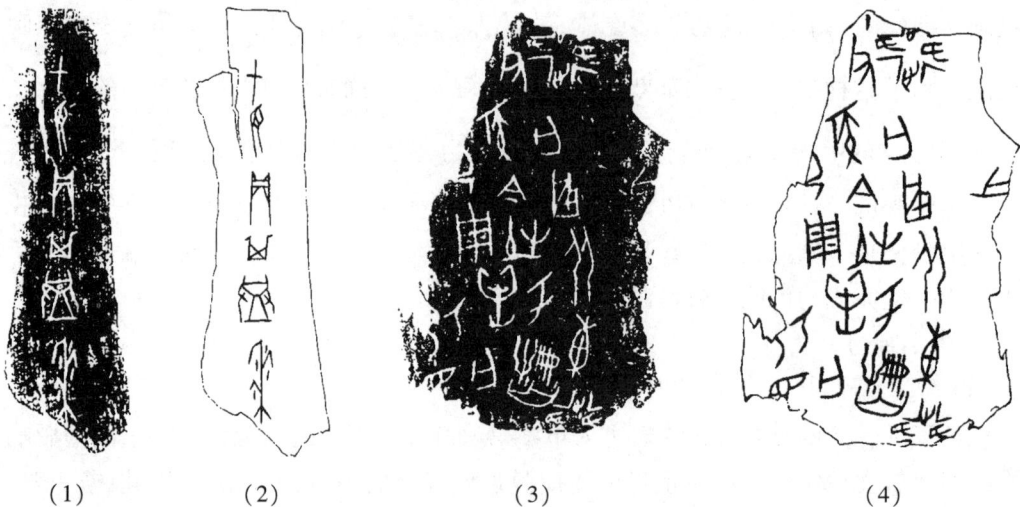

　　(1)　　　　　　(2)　　　　　　　　(3)　　　　　　　　　(4)

　　图片来源：图（1）、（3）摘自《合集》第 34587、20074 片，图（2）、（4）为董作宾临摹。图（2）、（4）见《安阳发掘报告》第一册第 144、165 页

　　今天我们学习甲骨文书法，熟悉单字后，当临摹整片甲骨文。董作宾说：有甲骨文原版龟甲则看原版龟甲，不得已看影片，再不得已看拓片。原版龟甲我们只有在博物馆才能看到，但随着数字化技术的普及，我们可以轻易地找到甲骨文的相关电子图片。现代书籍中的彩色甲骨图片，很多都已经过放大处理，能够显示甲骨文的细微之处，实与电子图片和原版无异，这有利于我们揣摩甲骨文的笔画、章法和书风，从而在临摹中学到甲骨文的精髓。

　　临摹的方法多种多样，我们在教学中常用的方法是复写、覆临和对临。所谓复写，就是利用电脑将原甲骨拓片先做处理，在现代信息技术的帮助下，将拓片中的甲骨文笔画加粗，文字放大，打印出来，学生即可在打印出来的纸张上直接复写甲骨文，类似于书法上所谓的"描红"。如下图。

　　　原版拓片（《合集》6057 正）　　　　电脑处理后放大笔画的拓片

　　也可将原拓片打印出来，用透明的纸覆盖在打印拓片的纸上，再在纸上描写甲骨文，即为覆临。如下图。

原版拓片（《合集》10405 正）　　　　王友谊覆临①

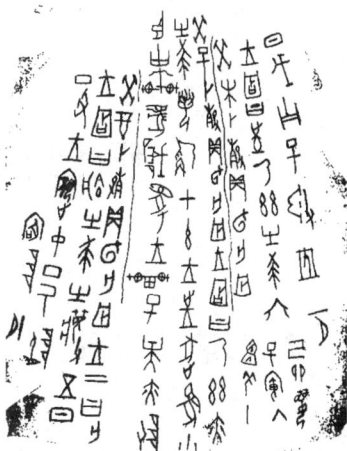

　　对临就是对着甲骨文电子图片、彩色图片或拓片，直接摹写。这是练习书法的重要途径，练习甲骨文书法也当如此，它有利于帮助我们体会甲骨文的笔画结构和精气神，体会甲骨文布局的意境。

　　整片临摹能够了解同期甲骨文的风格，熟悉不同书体的结构特征，不至于将不同时期的书体、书风混为一谈。整片临摹还可以熟悉甲骨文在不同时期的结构特征，了解甲骨文演变的历史和规律，也有利于学习甲骨文所记载的卜辞内容。

----

① 转自刘颜涛《如何临摹甲骨文》（https://baijiahao.baidu.com/s?id=1637549358870913971）。

配套作业及测评

第三章《甲骨文"根字"学习》课后作业

一、人体

1. 描述下列甲骨文的形象并写出对应的现代汉字。例如 🔆，描述为：这是一个人正面站立在地面的形象，识读为"立"。

甲骨文	描述	对应的现代汉字

2. 实践题：许慎在《说文解字》中说"近取诸身、远取诸物"，请模仿甲骨文"卩""大""女""老"字所刻画的姿势或动作，感受下甲骨文的象形特征。

二、器官

1. 描述下列甲骨文的形象并写出对应的现代汉字。例如 🔆，描述为：这是一个人正面站立在地面的形象，识读为"立"。

甲骨文	描述	对应的现代汉字

2. 实践题：中国画讲究虚实之分，甲骨文也有写实写意的区分，请指出上题中哪些甲骨文侧重于"写实"，哪些侧重于"写意"。课后请到附近的农贸市场，在肉食摊位看能否寻找到与甲骨文"首""骨""歺"三字字形相似的实物。若能遇到，请将其拍照留存，并在课堂上与老师、同学进行分享、交流和讨论。

三、动物（一）

1. 描述下列甲骨文的形象并写出对应的现代汉字。例如 ᄉ，描述为：这是一个人正面站立在地面的形象，识读为"立"。

甲骨文	描述	对应的现代汉字
𐤊		
𐤊		
𐤊		
𐤊		
𐤊		
𐤊		
𐤊		

2. 实践题：猪、牛、羊、犬、马是我们常见的动物，请抽空对这五种动物的形体特征、动作姿势及生活习性等进行深度观察，再对比相应的甲骨文，感受这些甲骨文是如何体现这些动物的主要特征的。将自己的观察过程、结果记录下来，并在课堂上与老师、同学进行分享、交流和讨论。

四、动物（二）

1. 写出下列文字的甲骨文并描述其构形的主要特征

根字	甲骨文	主要特征
兕		
象		
龟		
兔		
虍		
豹		
麋		
鹿		
廌		
龙		

2. 描摹题：甲骨文本是刻在龟甲或兽骨上的文字，因为年代久远、甲骨腐蚀等，常造成字形残缺或模糊不清。又加之甲骨文尚处于文字发展的初期阶段，尚未定型，同一文字往往异体字或异形字较多，所以对其进行准确的辨识和临摹尤其重要。描摹是我们学写

甲骨文的主要方式。下面是甲骨文"豹"字的主要形体，请对其进行准确的辨识，残缺笔画根据其他形体进行推测，然后将相应的描摹形体写入对应的空格。

原字								
描摹								

3. 分析题：由具体到抽象、由图画到文字、由实物描摹到符号化，是汉字发展演变的总趋势。甲骨文对实物的描摹能让我们体悟到古老文字的美感，其形体符号化的过程又能让我们感受到古人造字时独特的智慧。学界考证，下表中最左边的这幅图是商代的甲骨文初学者刻写的某种动物形象，请仔细观察，它可能是哪种动物？表中五个甲骨文，实际上是同一个字，是对该动物不同的刻写形式，请分别说明：每个字形突出了这种动物的什么特征，分别填写在对应的方框内。

1	2	3	4	5

五、动物（三）

1. 仿照左列甲骨文字体书写三遍并识读。

甲骨文	仿写三遍			对应的现代汉字

甲骨文	仿写三遍			对应的现代汉字

2. 通过观察各种事物，了解其与对应甲骨文之间的联系，是学习甲骨文的有效方法。请抽空去动物园观察大象、犀牛、蛇、猴、鹿等动物，再比照对应的甲骨文，谈谈这些文字如何取象于物。而有些甲骨文如"鱼""龟"等，我们不用对照实物也能过目不忘，但像"辰"这样的甲骨文，我们即使对照实物也难以一下明白该字为何如此刻写。而"辰"是甲骨文中重要的根字，请查阅蚌的相关知识，了解它的形体结构和爬行姿势，阐述该甲骨文为何如此刻写。

六、神灵

1. 根据根字及对应的甲骨文，解读下列甲骨文的含义。

现代汉字	甲骨文	含义
示		
帝		
尞		
且		
吊		

2. 用传世文献与地下考古实物相结合的方法进行学术研究，叫"二重证据法"，这是王国维提出来的。后来王国维的学生徐中舒在"二重证据法"的基础上，主张结合民风民俗、民族史、人类学等知识进行综合的学术研究，从而提出了"三重证据法"。民风民俗具有经久不变的特性，往往蕴含着远古的文化因子，能反映古人复杂的思想世界和独特的情怀。结合现实生活中的民风民俗来分析甲骨文，这也是我们学习甲骨文的绝好途径。根据你的见闻，谈谈你的家乡有关鬼神、祭祀、庙拜等方面的传说、风俗习惯或逸闻趣事。说说几个与甲骨文如"祝""燎""祭""死""鬼"等字相似的场景，并结合你的相关见闻阐释这些甲骨文的构形特征。

七、自然（一）：天空宇宙

1. 描述下列甲骨文的形象并书写。

甲骨文	描述	书写一遍

2. 教育学的相关原理表明：把未知的知识建立在已有知识的基础上，形成系统的、富有逻辑性的知识体系，这才是深度学习。我们学习甲骨文需要死记硬背，但绝不能完全死记硬背。根据已经学过的甲骨文根字，试着进行推理、识读下列甲骨文，并将识读出的现代汉字写在对应的方框内。

甲骨文					
现代汉字					

八、自然（二）：大地山川

1. 描述下列甲骨文的形象并书写。

根字	甲骨文	描述	书写一遍
土			
山			
丘			
火			
石			
田			
阜（阝）			
京			
水			

2. 东汉许慎的《说文解字》是我们学习古文字的重要工具书。但该书主要根据汉代可见的篆书解说汉字，且受时代和个人思想的影响，对某些汉字的解说往往不够准确。某些字的甲骨文形体往往修正了《说文解字》的解说。下表中第1字是"水"的篆书，许慎即以此字形解读"水"的含义。而第2—6字是我们从甲骨文原版拓片中截取的"水"的不同写法。请仔细观察甲骨文"水"的不同形体，先对这几个字的形体进行分类，然后与篆书的"水"作对比，评价《说文解字》的说法："水，準也。北方之行。象众水并流，中有微阳之气也。"（"準"即"准"字，也就是平的意思。）

1	2	3	4	5	6

九、自然（三）：草木

1. 描述下列甲骨文的形象并书写。

根字	甲骨文	描述	书写一遍
屮			
木			
屯			
生			
禾			
来			
才			

2. 试着识读下列甲骨文。

甲骨文					
现代汉字					

十、器物（一）

实践题：甲骨文演化为今天的汉字，形体发生了重大改变。甲骨文是汉字的源头，具有很强的象形性，其与实物之间的联系非常紧密，生动有趣，所以学起来更加轻松，完全不必有畏难情绪。但是，虽然有些甲骨文刻画的对象今天都还存在，比如大地山川、星河日月、飞禽走兽等，但也有许多甲骨文刻画的对象今天不存在了，我们需要借助考古实物方能理解其本来含义。下表是有关"其"的甲骨文形体。

其	1	2	3	4
	合 20070 师	合 20408 师	合 21793 子	合 32003 历

甲骨文的"其"字像畚箕的形状，是"箕"的初文。也就是农村筬筬的形象，又有人说像罗兜的样子，属于象形字。我们发现考古学家已发掘出了商代竹器，如下图。

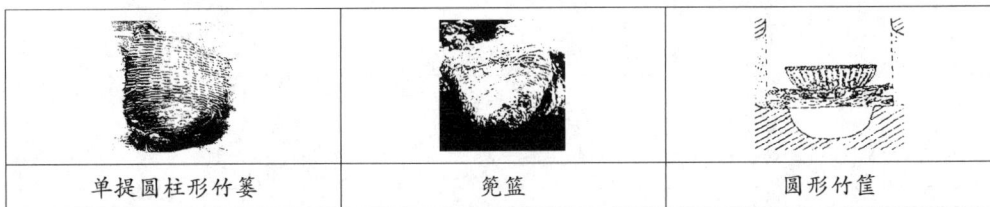

单提圆柱形竹篓	筬篮	圆形竹筐

注：图片转引自张小开、孙媛媛《基于甲骨文与出土文物的商代竹器造物考证研究》一文①

将上面的文字与实物两相对照，我们便豁然开朗，一下子明白了为何"其"字如此构形。

请仿此收集有关商代酉、虗、鼎、鬲、皀（簋）、壹、豆、戈、刀、卣、爵、车的考古实物照片，对照相应的甲骨文，解说每个甲骨文的构形特征。

十一、器物（二）

1. 描述下列甲骨文的形象。

楷字	甲骨文	描述
叀		
幺		
网		
巾		
衣		
束		
黹		

2. 阅读及课外探究活动

我们学习甲骨文的最终目标在于结合其他多种资料，探究古代的历史文化。甲骨文中

---

① 孙小开，孙媛媛. 基于甲骨文与出土文物的商代竹器造物考证研究［J］. 南京艺术学院学报（美术与设计），2018，（6）：67–70.

的"叀"字我们今天很难理解，但是结合古代的纺织知识便一目了然，原来它就是纺专（即纺砖）的形象，但是"纺专"又是什么？今人还是难以理解，有学者结合考古实物对纺专进行了复原（如下表图2）。"纺专是由捻杆和纺轮两部分组成。捻杆多是木、竹、骨、金属制成，甚至还有玉制捻杆。……纺轮多是石、木、陶、骨制成，多为中间穿孔的圆饼状物体。纺专多为将捻杆插入纺轮，捻杆和纺轮正是通过这种所谓的'榫卯'结构固定，即可组装成最简单的纺专。纺专纺纱的操作程序：先把要纺的麻、葛等纤维捻一段缠在捻杆上，然后垂下，一手通过绕在纺专上纤维线将其提起，一手转动纺轮。纺专自身重力使一堆乱麻似的纤维牵伸拉细，纺轮旋转时所产生的力偶，使拉细的纤维加捻而成麻花状。在纺专不断旋转的过程中，纤维牵伸和加捻的力也不断沿着与纺轮垂直的方向，即捻杆的方向，向上传递，纤维不断被牵伸加捻。当使纺轮产生转动的力消耗完的时候，纺轮便停止转动，这时将加捻过的纱缠绕在捻杆上，然后再次给纺轮施加外力旋转，使它继续'纺纱'。待纺到一定的长度后，就把已纺的纱缠绕到捻杆上去，如此反复，一直到纺专上绕满纱为止。"[1] 纺出的纱线就可以用来织布了。甲骨文的"专"字正是以手转动纺专的形象。

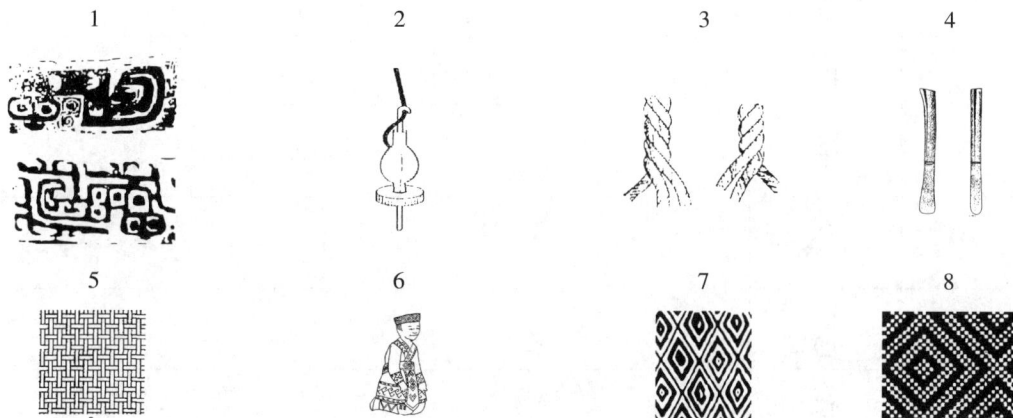

上面图1是商代铜器上的蚕纹（看出来了吗？非常形象生动），图2是纺专复原图，图3是两种纺纱方式，图4是商代用牛肋骨磨制的断纱骨刀，图5是商代铜器上纺织品残痕复原图，图6是根据出土的商代玉人复原的商代奴隶主服饰，图7是商代玉人头饰上的回形纹，图8是学者推测商代回形纺织纹的放大图。[2]

学者们非常巧妙地利用各种材料，再结合相关甲骨文，推导出商代纺织技术的相关情况，尤其是根据铜器外面曾有的纺织品的残留痕迹，复原其纹路，又根据出土玉人的服饰纹路，复原其纺织方法，推导过程可谓步步精彩。

下面，请同学们查阅"蜀""桑""专""初""敝"以及我们所学与"丝"相关的甲骨文和资料，继续探究商代的纺织情况，可适度联想引申。

十二、器物（三）

1. 描述下列字形形状和含义，并加以记忆。然后书写一遍。

---

① 李强、李斌、李建强. 中国古代纺专研究考辨［J］. 丝绸，2012，49（08）：57-64.
② 王若愚. 纺轮与纺专［J］. 文物，1980（03）：75-77；袁建平. 湖南出土新石器时代纺轮、纺专及有关纺织问题的探讨［J］. 湖南省博物馆馆刊，2013，（00）：125-138；等等。

根字	甲骨文	描述	书写
工			
帚			
爿			
向			
斗			
力			
王			
午			
用			
单			
竹			
丙			
于			
聿			
册			
其			
户			
宀			
囧			
井			

2. 玩味甲骨文：英国著名的科技史专家李约瑟在《中国科学技术史》中称中国为"竹子文明的国度"。通过一些甲骨文我们也可以了解商代人的一些用竹情况。"册"或是用竹条编制成的书籍的样子；"典"就像双手捧着典籍放在一个台子上；"丙"像是用竹条编制的花纹席子；"宿"像屋里面人仰卧在席子上；"聿"像手握毛笔的形象；"其"就像编制的竹筐；"龠"就像口吹竹管形乐器；"于"像今天的笙的形象。以上与竹相关的甲骨文形体都非常生动独特，颇有民族文化气息，请写出相应的甲骨文，并玩味其构形特征。

十三、武器、刑具

至此我们对基本的甲骨文根字已经学习完毕，同学们应该对一般的合体甲骨文具有结构拆分和意义辨识的基本能力。试着查阅下列甲骨文的写法，摘取一种形体写入相应的方框内，然后分析其形义关系。

根字	甲骨文	写出相关甲骨文				
弓		引	射	发	弦	
矢		疾	至	晋	畀	
𠂤		官	追	师	归	
戈		伐	戍	武	戎	
刀		利	刃	初	刚	
斤		析	斫	新	折	

十四、抽象符号

1. 归纳与推理题：大量甲骨文具有图画的性质，它们的构形中有许多抽象符号，这些符号现在找不到对应的汉字偏旁，但我们可以通过相同符号的不同甲骨文形体来归纳总结该符号的具体含义。比如下表：

甲骨文					
今字	宣	洹	旬	云	亘

表中的甲骨文都有一个或向左弯或向右弯的回旋状符号，这个"回状符"是现代汉字所没有的。请查阅上述甲骨文的含义，反推这个"回状符"表达的含义，然后谈谈这对我们学习甲骨文有什么启示。

2. 方法与能力训练：甲骨文中相同或相似的抽象符号，未必表义相同。这是因为世界上万事万物之间，总是难免形体相似，从而导致认识上的含混。而取象于实际事物的甲骨文，其中的某些符号看似相同，其实描摹的是不同对象，表达的是不同的含义。请看下表中的甲骨文和对应的今字。

甲骨文								
今字	今	合	食	仓	簋	亩	龠	竽

以上诸字，其甲骨文都有一个相同的"A"形符号，在甲骨文中有时省略为"∧"形。《说文》认为在"今""合""食""仓""龠"这几字中，这个符号是"亼"（jí），篆书中都写作"∧"，"亼"也就是"集""积"的意思。所以，"今"也就是积时成今；"合"也就是积众口成合；"食"也就是积米成食，同时"亼"在"食"中也表声；"仓"的繁体是"倉"，从食省从口，也可理解为积粮为仓；"龠"字积众多音符为龠。而《说文》认为篆书"亩"字中的"A"形符为"入"，表示把粮食装入回形的粮仓内。而"簋""竽"的篆书没有这个符号，所以《说文》另有说解。

通过甲骨文的构形和表义关系，我们可以归纳"A"形符号具有以下几个意思：（1）表示盖子。"簋"这种器皿有青铜器实物为证，上面有盖子，侧面看就是"A"形，或者圆弧形，这种器皿也可用竹条、柳枝编成，所以后来从竹，用来盛饭。"食"不过是盛在簋中的实物，其甲骨文形体的上面也是盖子。"仓""亩"二字明显是粮仓的盖子或房盖。（2）表示"口"的含义。"竽"的甲骨文中的"A"形符处明显是口吹奏的地方。"龠"字下面是排箫的形状，上面是口在吹奏的样子。（3）表示"亼"的意思。"今"字我们今天没有更好的说解，许慎的积时成今的说法并非无据。"合"字说成积众口为合也不错，但"合"字的甲骨文上面说成盖子，下面"口"旁说成器皿也讲得通。

甲骨文中还有很多类似于此的抽象符号，比如横曲线、竖曲线、圆圈等（详见本书第六章《甲骨文书法》第四节），请以甲骨文中的"○"符号为例，收集具有此符号的甲骨文，根据其形义关系进行分类，归纳出"○"符号在甲骨文中的主要含义。

第四章《甲骨文单字详解》课后作业

　　下表中这 198 个甲骨文，囊括了本书第三章所学的所有"根字"和抽象符号。多轮教学实践表明，掌握这 198 个核心甲骨文，既是对前一阶段甲骨文"根字"学习的复习和巩固，还可有效提高学生对甲骨文的结构拆分能力和识读能力，为下一阶段识读成片甲骨文奠定基础。

　　请识读下列甲骨文单字。如果识读不出，也先别查阅本章所学内容，应先仔细观察、想象、理解，分解出每个甲骨文的主要根字或抽象符号，然后再查阅本章相关内容，对照完成。每次 11 字，若实在做不出，请填写出你所看出的根字或字符，也视为正确。还是做不出，请根据常识想象，如实填写你看到了什么。为增强学生的辨字识读能力，这 198 个甲骨文，全部从原版拓片中截取而来。

甲骨文	楷化字	甲骨文	楷化字	甲骨文	楷化字

甲骨文	楷化字	甲骨文	楷化字	甲骨文	楷化字

甲骨文	楷化字	甲骨文	楷化字	甲骨文	楷化字

甲骨文	楷化字	甲骨文	楷化字	甲骨文	楷化字

甲骨文	楷化字	甲骨文	楷化字	甲骨文	楷化字

第五章 《甲骨文成片识读》课后作业

一、因年代久远，被发现的甲骨往往七零八碎，所以甲骨学中有一个分支就是研究甲骨的"缀合"，也即把本来是同版的甲骨碎片缀合在一起。这项工作很烦琐，但非常有趣，学者在缀合之前一般先识读碎片上的文字，分析语意是否连贯；观察各碎片甲骨形体，看碎片边缘能否弥合或大致弥合；分析字体形态，看书写是否一致；等等。以下图片选自《甲骨文合集》（第1-5号），多是碎片甲骨，但各个碎片上的文字能够互补，可以让我们掌握它所要表达的大致意思，请同学们试着识读其中的文字，圈出这些字：年、受、令、众（眾）、协（協）并说说这几版甲骨文大致要表达什么意思。

1

2

3

4

5

二、下面左图截取自《甲骨文合集》154，这版甲骨贞问妇好是否生孩子以及呼"多羌"去狩猎是否有收获，非常生动有趣。请试着识读，注意回顾下妇、好、冥（娩）、逐、羌这几个甲骨文。

三、下面右图截取自《甲骨文合集》1075正，请识读此版甲骨文卜辞，然后根据后面答案提示进行校正。

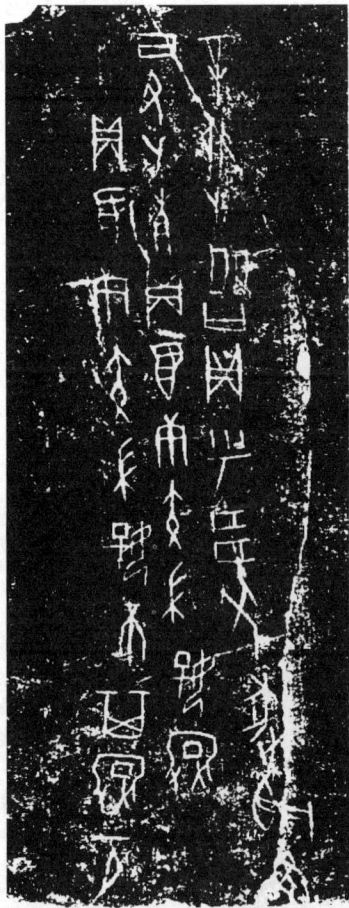

《合集》154

《合集》1075正

答案提示：

甲午卜，㱿贞，有于羌甲。

甲午卜，亘贞，异乙未易日。

王占曰：有祟，丙其有来艰，三日丙申允有来艰自东画。

庚子卜，王贞，王占曰，其有来闻，其隹甲不……

四、下图选自《甲骨文合集》（第 1532 号），这片不识读，请在图中圈出这些字：

旬、王、庭、阜、逐、兕、车、马、子、央。

《中学甲骨文》结业考试试卷

学科	《中学甲骨文》	课程类别	选修；知识拓展课
时间	60分钟	命题	
总分	100分	学校	

考生姓名		性别	年级

得分	评语

一、识读下列甲骨文单字（每字1分，共30分）

甲骨文	楷化字	甲骨文	楷化字	甲骨文	楷化字

甲骨文	楷化字	甲骨文	楷化字	甲骨文	楷化字

二、默写六十甲子和解读卜辞（20 分）

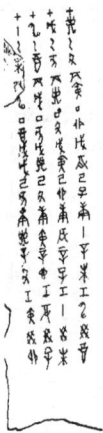

图一

图二

1. 默写六十甲子，若背不下来，请参阅图一。（10 分）

2. 识读图二这条卜辞，指出其前辞、命辞、占辞、验辞，并解释本条卜辞含义。（10 分）

三、书法题（18 分）

1. 仿写下列甲骨文，每个字写 5 遍。（10 分）

甲骨文	1	2	3	4	5

2. 用甲骨文书写下列汉字。（8 分）

好	好	学	习	天	天	向	上

四、东汉许慎《说文解字·叙》把汉字的结构和使用方法归纳为"六书"，翻译下面关于"六书"的定义并进行适当阐述或说明。（20 分）

一曰指事，指事者，视而可识，察而见意，上下是也；

二曰象形，象形者，画成其物，随体诘诎，日月是也；

三曰形声，形声者，以事为名，取譬相成，江河是也；

四曰会意，会意者，比类合谊，以见指㧑，武信是也；

五曰转注，转注者，建类一首，同意相受，考老是也；

六曰假借，假借者，本无其字，依声托事，令长是也。

五、问答题（12分）

1. 下表 5 个甲骨文都是"渔"字，其中第 1、2、3 字的形体一目了然，从水从鱼，所以可确识为"渔"，但为何第 4、5 字的形体也识读为"渔"？请仔细观察，予以说明。甚至有人认为第 5 字描绘的是一种独特的捕鱼方式，请发挥你的想象，试着阐释。（8分）

1	2	3	4	5	
合 2985 宾	合 713 宾	合 2973 宾	合 28429 无	合 10475 无	临摹

2. 你学习本课程后有哪些收获？你对老师运用现代数字化技术于甲骨文课堂教学有什么感受和建议？（4分）

索　引

说明：本索引综合了笔画法和号码法。检索方法是先数要查找字的笔画，再看表中是否有该字，若有则表明有该字对应的甲骨文。然后根据表中该字后面的检索编码，直接在本书第四章翻阅，即可速得，无须顾及页码。若某栏同笔画的字太多，则按照起笔［一］、［丨］、［丿］、［丶］、［一］的顺序继续分类，以便检索。

另外，本书在详解甲骨文单字时，多列对应的简体字为字头，少数不得已列对应的繁体字为字头。若本书中甲骨文对应的楷化字以繁体出现，则对应的简体字也列为检索字头。如"買"是十二画，在对应的表格中可查找到"買（238）"，据检索编号 238 可很快在本书翻到该字的详解。而"買"对应的简化字是"买"，"买"的笔画是六画，在六画对应的表格中也可以查找"买（238）"，同样可以迅速查阅到该字对应甲骨文的详解。对于异体字，如"殸"与"磬"，则分别列为检索字头。

笔画		检索字（索引号）
一画		乙（613）、一（634）
二画		人（1）、匕（2）、儿（70）、力（489）、丁（615）、二（635）、七（640）、八（641）、九（642）、十（643）、入（658）
三画	一	兀（3）、矢（29）、才（375）、干（503）、于（515）、工（551）、三（636）、万（646）、下（655）
	丨	上（653）
	丿	及（20）、夕（291）、川（359）、乇（492）、门（537）、凡（544）、千（645）、乞（656）
	丶	之（150）
	一	习（478）、弓（555）、刃（579）、己（617）、子（622）、巳（627）、卫（677）
四画	一	比（8）、元（15）、天（25）、夫（27）、旡（44）、左（129）、尤（130）、友（134）、艺（149）、韦（157）、云（302）、屯（374）、丰（435）、专（446）、井（543）、五（638）、区（663）、车（683）
	丨	见（88）、日（111）、水（358）、中（654）、少（657）、内（668）
	丿	介（6）、从（7）、化（12）、长（19）、夭（28）、欠（43）、父（123）、凤（213）、户（230）、今（437）、仓（540）、丹（545）、勿（559）、分（580）、斤（585）、仆（590）、壬（620）、午（628）、爻（671）、公（678）

笔画		检索字（索引号）
	、	亢（30）、文（36）、为（251）、火（308）、方（490）、冗（528）、户（536）、六（639）
	一	允（18）、巴（45）、艮（55）、尹（124）、叉（131）、収（135）、央（142）、𡿨（316）、队（350）、引（558）、丑（623）、毌（660）
五画	一	甘（112）、古（120）、扰（143）、正（153）、龙（195）、石（325）、玉（495）、戋（576）、丙（614）、戊（616）、未（629）、东（647）、左（651）、右（652）
	丨	兄（24）、央（32）、叩（53）、占（117）、史（133）、叴（160）、旧（213）、舟（223）、旦（275）、卢（340）、归（611）、甲（612）、申（630）、四（637）、北（650）
	丿	令（51）、印（54）、丘（305）、生（376）、乌（379）、乐（454）、册（518）、用（549）、卯（625）
	、	立（9）、讯（65）、广（481）、永（676）、必（681）、宁（682）
	一	孕（17）、尻（39）、母（58）、奴（66）、民（81）、圣（102）、司（127）、疋（154）、幼（455）、发（560）、弘（561）
六画	一	夹（34）、夸（37）、尧（47）、老（76）、臣（80）、吉（115）、死（161）、有（163）、邦（337）、束（381）、权（398）、西（512）、至（563）、夷（564）、戍（573）、戎（574）、韧（583）、执（596）、成（598）、戌（632）、百（644）、西（649）、亚（669）、亘（679）
	丨	吕（122）、尘（256）、光（320）、贞（419）、网（458）、刚（460）、因（513）、同（546）、吊（568）、岁（600）、曲（662）、囝（666）
	丿	旨（14）、众（22）、休（23）、名（114）、舌（118）、合（121）、伊（125）、争（138）、凤（147）、企（151）、各（152）、牝（166）、多（290）、旬（303）、年（389）、朱（404）、血（407）、缶（436）、舟（441）、传（447）、竹（507）、向（526）、任（553）、伐（572）、刖（582）、行（674）、延（675）
	、	并（10）、亦（33）、安（60）、交（67）、兴（140）、农（247）、庆（257）、州（360）、决（362）、氾（366）、汝（369）、齐（403）、衣（466）、妆（483）、宅（524）、问（538）、亥（633）
	一	妓（63）、如（64）、孙（73）、丞（136）、寻（145）、牟（164）、观（221）、买（238）、阳（279）、妇（475）、羽（476）、劦（493）、聿（508）、尽（511）、阱（548）、弪（562）
七画	一	弄（137）、龙（182）、进（216）、赤（313）、戋（317）、声（335）、甫（338）、麦（382）、杕（395）、杞（397）、豆（422）、束（471）、巫（552）、戒（577）、折（589）、辰（626）、酉（631）
	丨	邑（48）、吹（52）、呈（321）、卤（342）、男（343）、困（393）、员（418）、囷（541）
	丿	身（16）、何（21）、免（50）、每（59）、孚（71）、肘（128）、牡（165）、狈（183）、角（243）、役（333）、谷（361）、利（387）、饮（416）、皂（421）、系（450）、兵（587）、我（602）、余（659）
	、	弃（75）、吝（116）、言（119）、牢（169）、羌（170）、祀（265）、社（267）、灾（315）、沈（363）、沐（365）、沚（373）、初（468）、洪（548）、辛（619）
	一	尿（5）、尾（41）、君（126）、驳（188）、鸡（209）、坠（350）、即（426）、妊（554）、制（581）

笔画		检索字（索引号）
八画	一	妻（62）、麦（77）、直（82）、取（99）、若（148）、忝（175）、责（237）、昔（285）、雨（294）、者（377）、林（391）、郁（394）、枚（399）、析（400）、孟（412）、重（445）、其（520）、武（578）、幸（594）
	丨	非（13）、咙（198）、鸣（220）、贮（235）、败（240）、虎（259）、昕（286）、昌（287）、明（289）、果（405）、易（410）、罗（459）、典（519）、畀（566）
	丿	臾（40）、服（56）、采（132）、受（139）、乳（144）、往（158）、牧（167）、物（168）、狐（181）、鱼（222）、贪（239）、念（241）、兔（252）、昏（283）、岳（318）、周（341）、季（384）、秉（385）、帛（462）、依（467）、朋（498）、侄（569）、肸（588）、臽（664）
	丶	沫（92）、庞（197）、泷（199）、宝（233）、祉（262）、宜（270）、炎（309）、炘（319）、宫（328）、京（352）、享（356）、泊（364）、河（368）、亩（485）、单（502）、祈（505）、宗（527）、定（534）、妾（591）、官（610）、庚（618）、学（673）
	乛	巫（4）、承（57）、驶（189）、降（348）、姓（380）、艰（429）、录（438）、帚（474）、戕（484）、弦（556）、函（570）、契（583）
九画	一	面（84）、相（90）、奏（263）、春（280）、封（306）、厚（326）、砍（330）、破（331）、柳（401）、带（465）、珏（496）、咸（601）、南（648）
	丨	苟（46）、省（95）、品（113）、峁（159）、虐（192）、虹（196）、昜（276）、星（278）、昱（284）、畋（344）、幽（453）、圃（661）、胄（670）
	丿	保（72）、顺（91）、复（156）、再（227）、鬼（271）、泉（372）、香（383）、食（423）、侵（480）、狩（504）、律（509）、竿（516）、叟（531）、侯（567）、追（608）
	丶	美（31）、逆（38）、闻（100）、洎（109）、前（155）、姜（171）、祝（266）、祐（268）、祏（327）、亯（356）、洹（370）、帝（396）、兹（452）、室（525）、宫（532）、斿（607）、宣（680）
	乛	屎（42）、眉（85）、陟（349）、既（427）、绝（457）、昼（510）、癸（621）
十画	一	耄（78）、莽（184）、获（202）、冓（225）、莫（281）、晋（282）、索（456）、袁（470）、秦（499）、毁（547）、剡（584）、逐（609）
	丨	敊（79）、监（93）、眔（97）、鬥（146）、圁（180）、羣（274）、畐（347）
	丿	钦（49）、智（96）、臬（105）、臭（107）、狼（185）、豹（258）、逢（307）、卿（425）、般（442）、朕（443）、奚（451）、射（557）
	丶	竝（11）、竞（26）、效（68）、羞（172）、恙（173）、家（179）、烎（314）、畜（346）、高（353）、毫（354）、郭（355）、涂（367）、益（408）、酒（415）、唐（439）、旁（491）、宾（529）、宰（535）、疾（565）、旅（605）
	乛	娠（250）、隹（351）、陷（665）
十一画	一	黄（69）、猷（186）、龚（200）、萑（211）、雩（300）、殸（334）、専（446）、曹（473）、替（477）、梦（482）、啬（487）、春（500）、基（523）、戚（599）、教（672）
	丨	曼（141）、雀（203）、唯（215）、盅（231）、晜（486）、圉（595）
	丿	敏（61）、豚（177）、得（234）、祭（264）、盘（332）
	丶	望（89）、淮（210）、渔（224）、鹿（255）、庶（329）、庸（440）、率（449）、敝（463）、宿（514）、寇（530）、啟（539）、旋（604）、族（606）、寅（624）、商（667）

笔画	检索字（索引号）
十二画 一	壴（78）、联（101）、聑（104）、葬（162）、椎（207）、桼（269）、焚（312）、朝（378）、森（392）、喜（430）、彭（433）、辇（444）、琮（497）、棋（522）、碅（603）、萬（646）
丨	買（238）、惄（242）、晶（277）、閔（323）、晙（345）、韴（464）
丿	脽（208）、集（219）、魯（229）、飍（273）、黍（386）、鑄（411）、御（501）、禽（506）
丶	湄（87）、童（94）、雇（218）、焱（310）、曾（339）、敦（357）、温（371）、尊（413）、奠（414）、粪（521）、哉（575）
𠃌	媚（86）、厵（178）、登（424）
十三画	聖（103）、献（187）、雜（206）、雛（217）、遣（226）、蜀（232）、解（244）、晨（248）、蓐（249）、鷹（260）、鼠（261）、睯（288）、腹（292）、黿（295）、雷（304）、楚（406）、鼓（428）、巒（448）、裘（469）、寢（479）、盟（542）、新（586）、辟（592）
十四画	舞（35）、毓（74）、臧（83）、鼻（106）、翟（205）、寧（236）、塵（256）、膏（293）、霈（301）、墙（488）、耤（494）、盡（511）、籥（550）、蔑（571）
十五画	暴（193）、緐（228）、熯（322）、章（357）、稼（336）、嬉（431）、樂（454）、寮（533）、衛（677）
十六画	剄（108）、叚（176）、艕（194）、舊（212）、霍（214）、醜（272）、窶（297）、霖（299）、燀（324）、盧（340）、穆（388）、盦（409）、鷹（417）、熹（432）、橐（472）、稟（485）、薛（593）
十七画	濘（110）、穀（245）、麋（254）、需（296）、燮（311）、聲（335）、爵（420）、簋（421）、鞨（461）、僉（517）
十八画	嚻（98）、舜（174）、雔（204）、馘（246）、橋（402）、豐（434）、熬（597）
十九画	麀（253）
二十画	騂（191）
二十一画	罶（190）
二十二画	龖（201）、霾（298）、穌（390）

参考文献

一、著作

董作宾：《殷虚文字甲编》，台北："中研院"史语所，1948年。

董作宾：《殷虚文字乙编》，台北："中研院"史语所，1948年。

陈梦家：《殷虚卜辞综述》，北京：科学出版社，1956年。

郭沫若主编：《甲骨文合集》（共十三册），北京：中华书局，1978年—1982年。

许进雄：《怀特氏等收藏甲骨文集》，加拿大：皇家安大略博物馆，1979年。

于省吾：《甲骨文字释林》，北京：中华书局，1979年。

中国社会科学院考古研究所编：《小屯南地甲骨》，北京：中华书局，1980年。

徐中舒主编：《甲骨文字典》，成都：四川辞书出版社，1988年。

胡厚宣编集：《苏德美日所见甲骨集》，成都：四川辞书出版社，1988年。

赵诚编著：《甲骨文简明词典》，北京：中华书局，1988年。

（清）李实著、黄仁寿校：《蜀语校注》，巴蜀书社，1990年。

李学勤、齐文心、［美］艾兰：《英国所藏甲骨集》，北京：中华书局，1992年。

徐中舒：《先秦史论稿》，成都：巴蜀书社，1992年。

彭裕商：《殷墟甲骨断代》，北京：中国社会科学出版社，1994年。

于省吾主编：《甲骨文字诂林》，北京：中华书局，1996年。

李学勤、彭裕商：《殷墟甲骨分期研究》，上海：上海古籍出版社，1996年。

（南唐）徐锴：《说文解字系传》，北京：中华书局，1998年。

徐中舒：《徐中舒历史论文选辑》，北京：中华书局，1998年。

彭邦炯、谢济、马季凡：《甲骨文合集补编》，北京：语文出版社，1999年。

胡厚宣主编：《甲骨文合集释文》，北京：中国社会科学出版社，1999年。

宋镇豪、段志洪主编：《甲骨文献集成》，成都：四川大学出版社，2001年。

晁福林：《先秦民俗史》，上海：上海人民出版社，2001年。

阮元：《十三经注疏》，北京：中华书局，2003年。

中国社会科学院考古研究所编：《殷墟花园庄东地甲骨》，昆明：云南人民出版社，2003年。

常金仓：《周代礼俗研究》，哈尔滨：黑龙江人民出版社，2004年。

李学勤：《中国古代文明研究》，上海：华东师范大学出版社，2005年。

曹锦炎、沈建华编著：《甲骨文校释总集》，上海：上海辞书出版社，2006 年。

冯时：《中国古代的天文与人文》，北京：中国社会科学出版社，2006 年。

陈昭容主编：《古文字与古代史》第 1 辑，台北："中研院"史语所，2007 年。

孟世凯：《商史与商代文明》，上海：上海科学技术文献出版社，2007 年。

邹晓丽编著：《基础汉字形义释源》，北京：中华书局，2007 年。

沈建华、曹锦炎编著：《甲骨文字形表》，上海：上海辞书出版社，2008 年。

中国社会科学院考古研究所编：《殷墟小屯村中村南甲骨》，昆明：云南人民出版社，2012 年。

李宗焜编著：《甲骨文字编》，北京：中华书局，2012 年。

裘锡圭：《裘锡圭学术文集》，上海：复旦大学出版社，2012 年。

（东汉）许慎：《说文解字》，北京：中华书局，2013 年。

（清）段玉裁：《说文解字注》，北京：中华书局，2013 年。

刘钊主编：《新甲骨文编》（增订本），福州：福建人民出版社，2014 年。

（西汉）扬雄：《方言》，北京：中华书局，2016 年。

（清）朱骏声：《说文通训定声》，北京：中华书局，2016 年。

夏大兆编著：《商代文字字形表》，上海：上海古籍出版社，2017 年。

何景成编撰：《甲骨文字诂林补编》，北京：中华书局，2017 年。

晁福林：《夏商西周史丛考》，北京：商务印书馆，2018 年。

二、论文

李学勤：《评陈梦家〈殷虚卜辞综述〉》，《考古学报》1957 年第 3 期。

李学勤：《论殷代亲族制度》，《文史哲》1957 年第 11 期。

徐中舒：《殷商史中的几个问题》，《四川大学学报（哲学社会科学版）》1979 年第 2 期。

杨升南：《从殷墟卜辞中的"示"、"宗"说到商代的宗法制度》，《中国史研究》1985 年第 3 期。

杨升南：《殷墟甲骨文中的"河"》，殷墟博物苑、中国殷商文化学会编，《殷墟博物苑苑刊》创刊号，北京：中国社会科学出版社，1989 年。

晁福林：《论殷代神权》，《中国社会科学》1990 年第 1 期。

朱凤瀚：《殷墟卜辞所见商王室宗庙制度》，《历史研究》1990 年第 6 期。

李学勤：《释"郊"》，《文史》1992 年第 36 辑。

杨升南：《殷契"河日"说》，《殷都学刊》1992 年第 2 期。

朱凤瀚：《商周时期的天神崇拜》，《中国社会科学》1993 年第 4 期。

林志强：《殷代河岳崇拜的衰落及其原因》，《河北大学学报（哲学社会科学版）》1996 年第 2 期。

林志强：《卜辞所见河岳神之地位》，《福建师范大学学报（哲学社会科学版）》1996 年第 2 期。

晁福林：《商代的巫与巫术》，《学术月刊》1996 年第 10 期。

晁福林：《商代易卦筮法初探》，《考古与文物》1997 年第 5 期。

沈长云：《说殷墟卜辞中的"王族"》，《殷都学刊》1998 年第 1 期。

王震中：《先商社会形态的演进》，《中国史研究》2005 年第 2 期。

赵林：《论商代家族的亲属结构关系》，《中国史研究》2006 年第 2 期。

李方重：《民国初期甲骨文书法创作研究》，《中国书法》2017 年第 12 期。

李丹杨、李发：《"方帝""帝方"再辨》，《殷都学刊》2018 年第 4 期。

夏瑜：《甲骨文书法创作研究》，吉林大学硕士论文，2018 年。

池现平：《从象形到艺化的蜕变——甲骨文书法创作寻绎》，《北京师范大学学报（社会科学版）》2018 年第 1 期。

刘绍刚：《甲骨文发现与近代甲骨文书法艺术》，《中国书法》2019 年第 12 期。

杨磊：《21 世纪甲骨文书法文献情状述论》，《中国美术》2020 年第 4 期。

李方重：《浅论孙诒让对甲骨文书法的贡献》，《美术观察》2021 年第 2 期。

后　记

　　2010 年秋，我开始在重庆市杨家坪中学的高中部进行信息技术手段下中学甲骨文教学的课堂实践，同时开发相关的校本课程。敢于进行这样的教学探讨是本着一种直觉：信息技术展示的形象性能够与甲骨文构形的象形性有效整合。我最开始的实践从单个甲骨文的教学开始，大胆而盲目。估计哪个甲骨文生动有趣、简单易懂，就先讲哪个字，来不及考虑知识的系统性和课堂的逻辑性。常常讲了上节课，不知道下节课该讲什么，只有硬着头皮往前冲，将商代的历史、先秦的文化、现实中的民风民俗、传说中的逸闻趣事等也融入甲骨文的教学中。现在想来，真的感谢我所在的单位给我们开选修课的老师提供的教学实践平台和自由的教学探讨空间。一轮讲下来，至少印证了我最初的直觉：信息技术能与中学甲骨文教学有效整合，把每一个古老的甲骨文演绎成生动形象的历史故事，从而激发学生的学习热情。就在那学期期末，我编制了音序排检的中学甲骨文教材，只有单个的甲骨文文字讲解，此即为本书的雏形。

　　当一个人对某事物充满极大的热忱，便会对其魂牵梦绕。甲骨文课堂上的情景总是不自觉地一幕幕地浮现在脑海，不分白天与黑夜，我就以这种方式来进行"教学反思"。接下来几年的探索，促使我从教学手段的调试进入到教学内容的调整。当我采用不同的数字化手段进行甲骨文教学，而在效果上不能突破时，我不得不思考是否教学内容的呈现次序和呈现逻辑需要改进。而当在教学手段和教学内容上均进行了调整和改进，还是达不到理想的教学效果时，我又不得不从更高层次思考我的教学是否符合学生的识字心理和认知水平。这项科研就这样牵一发而动全身，一开始就非孤立地进行。当我发现：数字化教学手段下的甲骨文教学，先具体后抽象、先独体后合体、先"根字"后"字族"的教学内容安排，能让学生的学习效果事半功倍时，当我发现我的研究当从教育手段、教学内容、教学对象等多个方面综合进行时，其快乐难以言表。我将我的发现写成一篇论文——《论信息技术在中学甲骨文教学中的运用》，于 2015 年 6 月获得重庆市教委组织的科研征文一等奖并在重庆市《电教世界》上发表。很快又收到重庆市教育信息技术与装备中心的邀请信，前去进行学术交流和讲座。

　　2015 年，我全程参与了学校以"数字化背景下的课堂教学改革研究"为题，申报重庆市普通高中教育教学改革研究重大课题的工作。市里的专家对我校申报的课题大加赞赏，批准了该课题。同年，获九龙坡区科委"软科学"项目资助，研究"信息技术在中学甲骨文教学中的运用"。现在我们国家高度重视发展冷门绝学，在此回望本课题的起步，真离不开我所在教育和行政区有关领导及老师的包容、支持和鼓励。

在参与学校所承担的重庆市重大课题"数字化背景下的课堂教学改革研究"的过程中，我先从大学、中学和社会团体三个层次调研了全国范围的甲骨文教学现状及其主要特点，从而为本研究准确定位。拟定以教学手段（数字化技术）为突破核心、辅之以教学内容（甲骨文）和教学对象（中学生）研究的具体方向，开发一门教学方法可复制，教学内容具有系统性、逻辑性，符合学生认知水平和识字心理的中学甲骨文教程。到 2017 年，我终于在利用数字化手段对甲骨文单字教学方面取得突破性进展。在全面对可识的甲骨文进行结构分解和形旁系联的基础上，确立了"根字+单字+字族"这种适合数字化的教学模式。对每一甲骨文到底适不适合采用数字化手段，如利用图片、动图或视频等进行教学，都有了一定的实践经验积累，对学生的识字心理也有了一定的理解。可惜以前编写的教材只好作废，另起炉灶异常艰辛，但又乐在其中。2017 年 12 月，我的研究成果得到重庆市政府的表彰，荣获市政府教学成果奖。同时受市教委信息技术与装备中心及其他部门、单位之邀，又多次前去开讲座或进行学术交流。

2017 年至 2019 年，我在继续研究"应用数字化手段进行甲骨文课堂教学"的过程中，开始了数字化技术、甲骨文字理、学生认知心理相互兼容的理论化探讨阶段，开始有针对性地进行教学实验，收集数据进行统计，并在课后运用教育学、心理学、文字学等相关理论，试图从深层次解释某些教学现象背后的原因。这又是一个蝶变的过程，本书的第一、二章就是两年来呕心沥血的成果。在此基础上，教学内容也开始跟着调整，向"根字+单字+字族+成片识读+书法实践"纵深拓展。我想我的研究需要更多实践的检验，方能走向更广阔的天地。2019 年，我又获批主持了重庆市社科联社科规划与普及项目"快乐甲骨文"（编号 2019KP04）。这是一个应用项目，我将我的研究成果开始物化，开发了全套 PPT 课件，在实践中一遍又一遍修改适合于数字化教学手段的同步教材。后该项目以"优秀"结题。

本研究从校本选修课、小课题发展为区级课题，再发展为市级重大课题及市级社科应用项目，实属不易，而我本人的目光其实已经开始朝向全国。也许本书将是全国第一部中学甲骨文教程，或许一些有志青少年能从中获益，走上研究古文字的道路。从 2020 年 10 月至 2021 年 4 月，本书进行出版前的一次严苛的修改。"朴学"精神的激励让我不敢有丝毫怠慢，每截一图都斟酌再三。在一两个小时内弄好一个甲骨文的图片，那是上天的恩赐，为截取一个理想的甲骨文的图片花费一两天时间也是家常便饭。加班到深夜一两点更是常事，通宵达旦地工作也并非一两次。这样耗时耗月的艰苦工作，让我时时腰酸背疼，腿脚发麻，若没有对该项研究铭肌镂骨的热爱，我早已开始怀疑人生。而一旦从拓本中截取到一个构形传神、雕刻工稳、笔画完整的甲骨文，便不由为之神魂颠倒，拍掌而舞。本书连书后所附习题的修改也是费尽心思，我相信若有同道中人看到这些题目，也会感受到出题者的良苦用心。

感谢学校领导、同事和广大的学生！感谢李勇校长、何曲书记、何政文副校长、刘柏梁副校长、王天海副校长，感谢刘谦主任、胡姗主任以及对本书进行学术审核的校外专家！本书的顺利出版，离不开李勇校长的高瞻远瞩，离不开刘谦主任和胡姗主任的牵线作伐，离不开课堂内外伴我度过快乐时光的杨中的莘莘学子，我铭记于心。

特别感谢四川辞书出版社和责任编辑胡彦双，期待下次合作。

最后要说明的是，本书在编写过程中参考借鉴了大量资料，解说也多采择他人成果，或有疏列，在此一并致谢。筚路蓝缕，多有荆棘。若有学者或同好不吝赐教，或共同致力于中学甲骨文教学，则久旱逢甘露，书里遇故知，笔者将会不胜荣幸和感激。

陈勇明

2021 年 4 月 6 日于彩云湖畔